Kaspar Colling Nielsen

Der Europäische Frühling

Aus dem Dänischen
von Günther Frauenlob

WILHELM HEYNE VERLAG
MÜNCHEN

Die Originalausgabe erschien 2017 unter dem Titel
Det europæiske forår bei Gyldendal, Kopenhagen

Unter www.heyne-hardcore.de finden Sie das komplette Hardcore-Programm, den monatlichen Newsletter sowie alles rund um das Hardcore-Universum.

Weitere News unter www.heyne-hardcore.de/facebook

Sollte diese Publikation Links auf Webseiten Dritter enthalten, so übernehmen wir für deren Inhalte keine Haftung, da wir uns diese nicht zu eigen machen, sondern lediglich auf deren Stand zum Zeitpunkt der Erstveröffentlichung verweisen.

Verlagsgruppe Random House FSC® N001967

Copyright © 2017 by Kaspar Colling Nielsen und Gyldendal
Copyright © 2018 der deutschsprachigen Ausgabe
by Wilhelm Heyne Verlag, München,
in der Verlagsgruppe Random House GmbH,
Neumarkter Straße 28, 81673 München
Printed in Germany
Redaktion: Thomas Brill
Umschlaggestaltung: Johannes Wiebel / punchdesign nach einer
Gestaltung von © Andreas Kjaergaard / A. Based in part on
Jan Brueghel II's *Still Life with Flowers in a Glass*
(c. 1625 – c. 1630, oil paint on copper), Rijksmuseum
Satz: Satzwerk Huber, Germering
Druck und Bindung: GGP Media GmbH, Pößneck

ISBN: 978-3-453-27170-8

www.heyne-hardcore.de

Ich danke meinem Sohn, Alfred Louis Kirkegaard, meiner Tochter, Alma Elvira Kirkegaard, und meiner Lebensgefährtin, Line Kirkegaard, die mir beim Schreiben meiner Bücher immer wieder interessante und wichtige Hinweise gibt. Ich danke meinem Vater, Timm Nielsen, für die Idee zu einem schönen Kunstwerk. Ein Dank auch an Nicolas Bro und Jacob Zeuthen für all die gelesenen Seiten und die anschließenden Diskussionen. Ich danke Allan Evald Nielsen und Anders Øland für ihre Expertenmeinungen als Ärzte oder Wissenschaftler auf dem Gebiet der künstlichen Intelligenzen. Ein weiterer Dank geht an Henrik Okkels, der unermüdlich die schwächsten Teile des Textes aufs Korn genommen hat. Danke, Mik Thobo-Carlsen, für deine Kommentare und Aufmunterungen. Mein größter Dank geht allerdings an meine Redakteurin, Janne Breinholt Bak, für ihr enormes Engagement und ihren unermüdlichen Willen, den Text zu verbessern und der Geschichte schärfere Konturen zu verleihen.

Inhalt

	Viel später	9
Kapitel 1:	Nastig	11
Kapitel 2:	Elisabeth und das RAID	30
Kapitel 3:	Christian und Mia	44
Kapitel 4:	Emma unternimmt einen Selbstmordversuch	53
Kapitel 5:	Wie Stig Galerist wurde	58
	Viel später	74
Kapitel 6:	Leichen, aus denen Bäume werden	81
Kapitel 7:	Emma zieht nach Hause	93
	Viel später	97
Kapitel 8:	Der Rattenkünstler	102
Kapitel 9:	Der Tod der Psychologie und die Zweisamkeit der Bakterien	108
	Viel später	125
Kapitel 10:	Dinge, die verschwinden	130
Kapitel 11:	Die Blutbuche	136
Kapitel 12:	Elisabeth auf Lolland	145
Kapitel 13:	Stig auf Lolland	148
	Viel später	151

Kapitel 14: Wenn Christian Mia nicht vögeln darf,
 will er auch nicht mehr malen 157
Kapitel 15: Emma und die Frage der Empathie 167
Kapitel 16: Elisabeth und das RAID 182
Kapitel 17: Mia wird gekauft 187
 Viel später 201
Kapitel 18: Elisabeth und die Sixtinische Kapelle 208
Kapitel 19: Stig wird depressiv 216
Kapitel 20: Emma zieht nach Mosambik 221
Kapitel 21: *Flora Danica* 230
Kapitel 22: Christian und Mia bekommen ein
 Au-pair-Mädchen 241
Kapitel 23: Frederiksstad 251
 Viel später 268
Kapitel 24: Elisabeth und Hybrid Intelligence 272
Kapitel 25: Ein großer Bryan Ferry 280
Kapitel 26: *Retarded Girl* 289
Kapitel 27: Christian als Behinderter 318
Kapitel 28: Emma und Milat 322
 Viel später 333
Kapitel 29: *Der Europäische Frühling*, eine Performance . . 343
Kapitel 30: Der Affe Felix 360
Kapitel 31: Emma kehrt heim 364
Kapitel 32: Eine Renaissance für die Kunst 369
Kapitel 33: Die Strafe der Unsichtbaren 374
Kapitel 34: Ein Bericht für eine Akademie 377
 Viel später 383
 Sehr viel später 389

Viel später

Jack und Wilhelm saßen unter einer großen Eiche auf der Wiese und beobachteten die Drohnen, die über den Feldern und Wiesen unermüdlich hin und her flogen, um ihre Arbeit zu verrichten.
Jack dachte nach.
»Tiere begehen wohl keinen Selbstmord, oder?«, fragte er.
»Doch«, antwortete Wilhelm.
»Ich habe aber nie von Tieren gehört, die Selbstmord begangen haben, nicht unter uns intelligenten Tieren jedenfalls.«
Wilhelm lachte. »Ach Jack, es gibt noch so viel, was du nicht weißt.«
»Wie meinst du das?«
»Es hat nichts zu bedeuten, dass du nie von Tieren gehört hast, die Selbstmord begangen haben. Das gibt es durchaus, du weißt nur nichts davon, weil diese Todesfälle nicht registriert werden. Die Dunkelziffer ist hoch, was Tiere und Selbstmorde angeht. Das hat aber nicht nur mit der fehlenden Registrierung zu tun, sondern auch damit, dass Tiere sich nicht erhängen oder eine Kugel in den Kopf schießen. Nimm zum Beispiel meinen Onkel Jens. Er ist gegen eine Scheibe geflogen und … bumm, war er tot. Es ist schwer zu sagen, ob er das mit Absicht gemacht hat. Wir wissen es nicht, wir können nur schlussfolgern, dass wir kaum Ahnung haben, was Tiere und deren Todesursachen angeht. Wie würdest du Selbstmord begehen, wenn du könntest?«
Jack hob den Kopf und sah nachdenklich in den blauen Himmel.

»Ich weiß es nicht. Vielleicht würde ich vor ein Auto laufen oder eine ganze Gruppe von Rindviechern angreifen.«

»Ja, und was, glaubst du, würden die Leute denken, wenn man dich tot und blutig im Wald findet, aufgerissen von den Hörnern der Tiere? Doch wohl ganz sicher nicht, dass du Selbstmord begangen hast. Sie würden glauben, dass ein Hund einen Bullen angegriffen und den Kampf verloren hat.«

»Was ja auch ziemlich egal ist, schließlich ist man dann tot.«

»Nein, das ist eben nicht egal, Jack. Es geht darum, dass wir dieselben psychischen Leiden bekommen wie die Menschen und deshalb auch darüber reden müssen. Es ist ein Riesenproblem, wenn jeden Tag viele Tausend Tiere Selbstmord begehen.«

»Jeden Tag?«

»Na ja, vielleicht nicht jeden Tag, aber sicher im Monat. Die Pointe ist ganz einfach, dass wir es nicht wissen.«

Jack nickte. Wilhelm begann, seine Federpracht zu reinigen.

Kapitel 1

Nastig

Stig warf einen Blick auf sein Telefon, während das Wasser für den Kaffee kochte. Er hatte eine Nachricht von Ulrik Haagerup bekommen, einem Künstler Ende fünfzig, der seit Jahren nur Ölbilder malte, die Kreise in verschiedenen Farben und Größen zeigten. Seine Werke waren beinahe unverkäuflich, weshalb Stig ihm vor ein paar Wochen vorsichtig nahegelegt hatte, auch um seiner selbst willen, das Repertoire zu erweitern. Allem Anschein nach hatte er bei Ulrik damit eine heftige Krise ausgelöst; die Nachricht war um 3.47 Uhr abgeschickt worden.

»Habe SEHR VIEL nachgedacht über das, was du gesagt hast …« Aber damit endete die Nachricht auch schon. Er schrieb weder, zu welchem Schluss er gekommen war, noch, warum er diese Nachricht mitten in der Nacht abgeschickt hatte.

Stig goss das kochende Wasser in die Tasse mit dem Nescafé und ging zum Rauchen in den Wintergarten an der hinteren Treppe. Elisabeth saß bereits mit ihrem Laptop dort. Sie hatte geduscht und war bereit, zur Arbeit zu fahren.

Er zündete sich eine Zigarette an und blickte in den Himmel. Die Sonne färbte die Wolken hellrot und orange. Es war kalt. Er drückte das Fenster etwas weiter zu.

»Sie haben noch einmal Kontakt mit mir aufgenommen«, sagte sie.

Stig sah sie wortlos an.

»Das klingt wirklich absolut faszinierend, Stig.«

Stig sagte noch immer nichts. Irgendein Forschungszentrum versuchte Elisabeth abzuwerben, aber das Institut lag auf Lolland, und wer in dem Institut arbeiten wollte, musste dort auch wohnen. Elisabeth drehte den Laptop, sodass er einen Blick auf den Bildschirm werfen konnte.

»Guck dir das mal an, Stig. Sieht doch echt toll aus, oder?« Sie versuchte, Begeisterung auszudrücken, aber in ihrem Blick lag eine Unruhe, eine Nervosität, wie er sie in den fünfundzwanzig Jahren, die sie jetzt zusammenwohnten, nur selten gesehen hatte. Auf dem Bildschirm war ein idyllisches Bauernhaus zu sehen.

»Nicht schon wieder«, sagte Stig ärgerlich und sah noch einmal gen Himmel.

Warum hörte sie mit diesem Scheiß nicht endlich auf? Er musterte sie. Ihr Mund bewegte sich, aber Stig hörte nicht zu. Er wusste ohnehin, was sie sagte. Hatte das alles schon oft gehört. Das Morgenlicht ließ sie alt aussehen, aber sie war ja auch wirklich nicht mehr jung. Ihr Mund war durch die Falten, die sich vom Mundwinkel nach unten zogen und Kinn und Wangen wie bei einem Nilpferd trennten, irgendwie breiter geworden. Sie war nicht dick. Nein. Sie gehörte gewiss nicht zu den Frauen, die mit dem Alter fett wurden. Eher im Gegenteil, ihre Beine waren knochig wie bei einem alten Pferd. Warum wollte sie aufs Land ziehen? Da wohnten doch nur Leute, die irgendwie krank waren, degeneriert, ja gefährlich.

»Das könnte richtig toll werden, meinst du nicht auch?«, fragte sie mit angestrengtem Lächeln.

»Aber Schatz, das geht doch nicht. Wie soll ich das denn machen?«, erwiderte Stig und lächelte etwas herablassend.

»Warum soll das denn nicht gehen?«

Stig sah ihr in die Augen, sie hielt seinem Blick aber stand. Es machte ihm langsam Sorgen, dass sie immer wieder mit dieser Sache ankam. Es war jetzt bestimmt schon das zehnte Mal, dass sie diesen Job ansprach. Sie schien es wirklich ernst zu meinen. Stig wusste, dass er sich alle Mühe geben musste, damit der Kelch, von Kopenhagen aufs Land zu ziehen, an ihm vorbeiging. Und nicht einfach nur aufs Land, sondern nach Lolland.

»Das geht aus vielen Gründen nicht«, begann Stig und reihte die Argumente im Kopf auf. Er lächelte noch einmal, um zum Ausdruck zu bringen, dass die Sache einfach abwegig war und beruflich für ihn nicht infrage kam.

»An erster Stelle steht natürlich, dass ich dann die Galerie aufgeben müsste.«

Elisabeth lehnte sich enttäuscht zurück und sah aus dem Fenster. Sie kannte seine Argumente, hatte aber gehofft, dass er sich die Sache noch einmal überlegt hätte.

»Du kannst doch pendeln. Außerdem musst du ja nicht jeden Tag in der Galerie sein. Maximal ein paar Tage pro Woche«, fuhr sie fort.

»Es ist wichtig für das Geschäft, dass ich in Kopenhagen bin«, sagte Stig und nahm einen tiefen Zug von der Zigarette. »Wir haben doch schon mal darüber gesprochen. Ich begreife nicht, dass du das nicht verstehst.«

»Ich verstehe das wirklich nicht. Du bist achtundfünfzig, Stig.« Sie drückte die Zigarette aggressiv im Aschenbecher aus.

»Es wirkt völlig lächerlich und blöd, immer auf diesen dummen Vernissagen herumzustehen. Die haben doch keinerlei Bedeutung. Früher vielleicht, aber heutzutage ist das doch vertane Zeit. Willst du wirklich einer dieser Alten werden, die am Rollator durch Kopenhagen zöckeln?«

»Ja, das will ich«, antwortete Stig trotzig. »Und was ist mit Emma? Vielleicht denkst du auch mal an sie?«

»Was soll mit ihr sein? Sie ist einundzwanzig.«

»Du weißt ganz genau, wie ich das meine. Es ist wichtig, dass wir dort sind, wo sie ist!«

Elisabeth sah ihn müde an und klappte den Computer zu. Er hatte gewonnen. Sie zündete sich eine weitere Zigarette an und sah resigniert aus dem Fenster, als sähe sie ihr Scheißleben in Großaufnahme irgendwo über den Dächern der Nachbarhäuser vorbeiziehen. Nur eine Frau Mitte fünfzig, die ein Kind geboren und großgezogen und ihr ganzes Leben gearbeitet hatte, konnte auf diese Art und Weise aus dem Fenster blicken, wenn sie sah, wie ihr das Leben durch die Finger rann, dachte Stig. Angestrahlt vom Morgenlicht wirkte ihr Gesicht wie aus einem Bild von David Hockney kopiert. Stig hatte keine Angst, dass sie ihn verlassen würde, denn trotz all ihres Missmutes spürte er auch den Respekt vor seiner Entscheidung. Sie war traurig, weil ihr mit der Zeit immer deutlicher wurde, dass aus dem Umzug nichts werden würde und sie das akzeptieren musste. Ihr Mund bewegte sich wieder, und Stig beobachtete ohne zuzuhören, wie ihre Lippen Worte formten und die Haut ihrer Wangen vibrierte.

»… also sag nicht, dass das was mit Emma zu tun hat«, schloss sie und ging zur Tür. »Dabei wäre es bestimmt toll für sie, uns dort besuchen zu können. Vielleicht hätte sie sogar Lust, mit uns dorthin zu ziehen.« Elisabeth verschwand in der Wohnung.

»Mann, sie ist einundzwanzig! Die will doch nicht bei ihren Eltern wohnen!«, rief Stig ihr hinterher.

Ärgerlich zog er an seiner Zigarette. Die Packung lag im Fensterrahmen. Darauf ein Bild von einem Säugling in einem Aschenbecher.

Er betrachtete seine langen, dünnen, übereinandergeschlagenen Beine. Die Haut war gelblich bleich, und unter den Haaren waren zahllose Knötchen, über die er sich keine Gedanken machen wollte. Die Haut eines Menschen verändert sich mit den Jahren. Es tauchen dabei immer wieder seltsame Sachen auf. Wie bei einem Bild, das langsam entsteht.

Er hatte nicht vor, sich beruflich zurückzuziehen. Warum auch? Die Arbeit als Galerist war physisch nicht gerade anstrengend, außerdem hatte er nur diese Arbeit. Andererseits hatte Elisabeth vielleicht wirklich recht, er musste nicht unbedingt in der Stadt bleiben. Im Grunde war das nur eine alte Gewohnheit, und vielleicht würde es Emma tatsächlich guttun, aufs Land zu ziehen.

Er drückte die Zigarette aus und zündete sich eine neue an. Es war 8.22 Uhr. Er hatte alle Zeit der Welt.

Noch einmal musterte er seine Beine. Sie sahen wirklich nicht wie Menschenbeine aus. Waren viel zu lang und ließen den Morgenmantel kurz wirken. Eher erinnerten sie an die Beine einer gehäuteten Gazelle. Er sah aus wie ein kolumbianischer Drogenbaron oder ein Pornofilmregisseur in L.A. Dabei war er gar nicht mehr so dünn wie in seiner Kindheit in Roskilde.

Im Sommer mit Badehose hatte er damals so grotesk gewirkt, dass die Leute in der Stadt sich Sorgen gemacht hatten, erst über ihn und dann über die Menschheit als Ganzes. Sein knochiger Körper hatte Erinnerungen an die Grausamkeiten geweckt, die die Nazis den Juden angetan hatten. An all das Schreckliche, das noch heute in den Kriegen überall auf der Welt passierte, und damit daran, dass der Mensch im Grunde schlecht war.

Stig hielt sich als Jugendlicher die meiste Zeit in seinem Zimmer auf, hörte Musik und spielte Gitarre. Die Songs der Sechziger faszinierten ihn: Hendrix, Beatles, Stones, Kinks, The Who, Pink Floyd, all das alte Zeug. Später dann Slade, Sweet, Alvin Stardust, Bowie, T.Rex und Roxy Music. An den Wochenenden arbeitete er an einer Tankstelle, ansonsten kam er nicht viel raus.

Mit achtzehn, im Frühling 1981, zog er nach Kopenhagen in die Wohnung seines Onkels Knud. Sie lag in der Griffenfeldsgade, damals der reinste Slum. Als er im Umzugsbulli saß und aus der Einfahrt rollte, konnte er sich nicht des Gedankens erwehren, dass seine Mutter erleichtert wirkte. Sie blieb jedenfalls nicht draußen stehen und winkte, als der Wagen davonfuhr.

Mit einem Mal wohnte Stig in Nørrebro, ohne auch nur irgendjemanden in Kopenhagen zu kennen. Er arbeitete Teilzeit in einem Kindergarten, es belastete ihn aber mehr und mehr, dass er keine Freunde hatte, mit denen er einfach abhängen konnte. Er hatte damit gerechnet, dass sich das schon entwickeln würde, wenn er erst in der Großstadt war. Irgendwie war er davon ausgegangen, dass die Leute in der Stadt weniger beschränkt wären als in der Provinz. Ein Irrtum, der ihm zunehmend zu schaffen machte. Wenn er abends vor dem Fernseher aufgewärmte Fertignahrung aß und das blaue Licht auf sein blasses Gesicht und die kahlen, weißen Wände fiel, überkam ihn eine Einsamkeit, die sich mit der Zeit zu einer richtigen Paranoia auswuchs. Er bekam Wahnvorstellungen, fürchtete, dass jemand die Wohnungstür eintreten und ihn abschlachten könnte. Wenn er von der Arbeit oder vom Einkaufen nach Hause kam, suchte er erst alle Zimmer und Schränke nach möglichen Einbrechern ab, ehe er ganz leise den Kühlschrank füllte, damit ihm kein Laut entging, sollte er doch irgendwo jemanden übersehen haben. Nachts lag er wach und lauschte den Geräuschen des Hauses, die ihm umso geheimnisvoller und rätselhafter vorkamen, je mehr er sich darauf konzentrierte.

Nach ein paar Monaten in Kopenhagen schaffte Stig kaum noch etwas anderes, als bei lautlos gestelltem Fernseher auf seinem Sofa zu sitzen. Es musste sich etwas ändern, und an einem dieser unzähligen Abende rappelte er sich tatsächlich auf und entschloss sich, wieder unter Menschen zu gehen. Auf dem Weg zur Arbeit hatte er junge Leute auf Rollschuhen durch die Stadt fahren sehen, was ihn begeistert hatte, weshalb er sich am folgenden Morgen ein Anzeigenblättchen kaufte. Tatsächlich fand er gebrauchte Rollschuhe für 250 Kronen, die er noch am selben Tag in Herlev abholte. Sie sahen wie ganz normale, kräftige Boots mit Rädern aus. Zufrieden fuhr er mit dem Bus nach Hause, neben sich die Irma-Tüte mit den Rollschuhen. Trotzdem nutzte er sie nur selten, denn mit den Rollschuhen sah er noch größer und dünner aus. Außerdem waren sie etwas zu klein, Größe 46, sodass seine Zehen verkrampften, wenn er sie zu lange trug. Auf einer dieser Rollschuhtouren geriet er durch Zufall ins Viertel Pisserenden. Er war mit zu viel Fahrt durch die Rådhusstræde gerollt und hatte einfach nicht mehr abbiegen können.

Die Stimmung in Pisserenden war anders als im Rest der Stadt und vollkommen anders als in Nørrebro. Überall waren Punks, die trotz der Wärme Lederjacken trugen, und auf einer Treppe saßen zwei Schwule in der Sonne und küssten sich. Die ganze Straße brodelte vor Sommer, Sex und Energie. Sogar die Häuser schienen hier kräftigere Farben zu haben. Er rollte langsam durch die Larsbjørnsstræde und sah sich alles an. Die Menschen schienen sich hier alle irgendwie zu kennen. In der Teglgårdsstræde saßen die Nutten in ihren Netzstrümpfen in den Fenstern, und als er vorbeirollte, riefen sie: »Wie sieht's aus, Seemann? Lust auf eine Runde?« Stig schüttelte freundlich den Kopf und blickte geniert zu Boden.

Abends saß er zu Hause und aß Reis und Dorschrogen aus der Dose, den er in Scheiben geschnitten und in der Pfanne angebraten hatte. Der laue Sommerabend und das Summen der Stadt lockten ihn, sodass er sich schließlich entschloss, noch einmal zurück ins Viertel Pisserenden zu gehen.

Auf den Straßen waren weniger Menschen, nur vor einer gerade erst eröffneten Bar standen einige Leute. Der Laden hieß Floss.

Die Gäste waren fast ausschließlich Punks, die meisten waren schon deutlich angetrunken. Einer taumelte nach hinten, stieß mit Stig zusammen und drehte sich um. Seine Augen wirkten total wild, wie bei einem tollwütigen Affen. Zum Glück zog ihn einer seiner Freunde weg, bevor der Punk auf Stig losgehen konnte. Trotz der aggressiven Stimmung betrat Stig die Bar.

Die aufgeheizte Stimmung faszinierte ihn, die dröhnende Musik und die unnahbar und hart wirkenden Menschen. Stig wollte schon wieder gehen, als der Barkeeper ihn fragte, was er wolle. Er bestellte ein Bier und bekam aus irgendeinem Grund zwei. Er kannte Punks, hatte auch in Roskilde schon mal welche gesehen, trotzdem waren diese hier anders. Alles war düsterer. Beinahe so, als wäre man in Berlin. Wenn Berlin denn so war, wie er sich die Stadt vorstellte, denn er war nie dort gewesen. Er trank nur anderthalb Bier, bevor er wieder ging, denn er sollte am nächsten Morgen helfen, einen Schuppen im Kindergarten zu streichen. Auch einige Eltern würden kommen, weshalb er nicht nach Bier riechen wollte.

Obwohl das Floss etwas Abschreckendes hatte, ging Stig von nun an jedes Wochenende dorthin, manchmal sogar werktags, wenn er am nächsten Morgen nicht arbeiten musste. Irgendwie schenkte der Ort mit all seinem Chaos, seinem Lärm und seinen verrückten Menschen seiner Seele Ruhe. Es gefiel ihm, dort zu sein, einfach am Tresen zu stehen, Bier zu trinken und die Menschen zu beobachten, die vorbeitaumelten. Es fühlte sich an, wie in einem Film mitzuspielen oder ein Theaterstück hautnah mitzuerleben. Nach ein paar Monaten fingen die Leute an, ihn zu grüßen, und manchmal wechselte der eine oder andere auch ein paar Worte mit ihm. Die Leute respektierten ihn, ohne dass er verstand, warum. Er kaufte sich enge T-Shirts und Doc Martens, um besser zu den anderen Gästen zu passen. Später eine Lederjacke und eine etwas zu kurze Levis. Wieder etwas später kam er mit einem Mann ins Gespräch, der sichRæzor nannte. Ræzor war klein, vielleicht eins sechzig, und hatte knallrote Haare. Er kam aus Jersie unweit von Solrød und hatte ähnliche Erlebnisse hinter sich wie Stig. Auch er hatte dort, wo er aufgewachsen war, nicht ins Bild gepasst. In Jersie spielten alle Handball, sagte er, und dafür sei er zu klein, außerdem hasste er Handball. Er war in seinem Heimatort der einzige Punk gewesen.

Eines Abends zog Ræzor ein kleines Tütchen mit einem weißen Pulver aus seiner Hosentasche und hielt es grinsend vor Stigs Nase. Er zog ihn hinter sich her aufs Klo, wo sie das Zeug schnieften, noch ehe Stig irgendwelche Einwände vorbringen konnte. Speed war die ultimative Befreiung, nein, mehr als das, es überwältigte Stig und gab ihm das Gefühl berauschender Unüberwindlichkeit. Ræzor war total aus dem Häuschen, als sie »I Wanna Be Your Dog« von den Stooges spielten, während Stig an diesem Abend kaum noch etwas tat. Er stand bloß am Tresen, grinste breit und genoss es zum ersten Mal, so groß zu sein, dass er die ganze, bis zum Rand gefüllte Bar überblicken konnte. Er hatte immer gedacht, dass seine Größe ihn für die höhnischen Blicke der anderen exponierte, doch jetzt war er es, der die Menschen beobachtete und bewertete: Details ihrer Kleidung, ihrer Haare. Er hörte auch Bruchstücke ihrer Gespräche. Sie redeten über Kunst und über etwas, das Bowie gesagt hatte, und über die Frage, welche seiner Platten die wichtigste war. Die Energie, die die Menschen ausstrahlten, war beinahe mit Händen zu greifen, und immer ging es um Kunst und Musik. Manchmal begannen auch einer oder mehrere, wie besessen zu tanzen, und vielleicht waren sie das auch wirklich – besessen.

Ræzor spielte Schlagzeug in einer Band und kannte fast alle im Floss. Er stellte Stig vor und half ihm, die richtigen Klamotten anzuziehen, zum Beispiel schwarze statt blauer Levis. Dann rasierte er ihm an einem Sonntagvormittag auf einem Stuhl in der Griffenfeldsgade die Seiten des Schädels, färbte den verbliebenen Kamm schwarz und zeigte Stig, wie man Eyeliner auftrug.

Sie gingen auf Punkkonzerte, auf denen Stig die für ihn neue Erfahrung machte, dank Alkohol und Speed auch selbst vollkommen auszurasten. Er kündigte seine Arbeit und bezog Stütze, was auch nicht viel weniger Geld war. Er wollte nichts mehr erreichen.

Eines Abends war er im Saltlageret auf einem Konzert der Gruppe Before. Etwas Vergleichbares hatte er nie zuvor erlebt. Der Sänger war dünn und rothaarig und wirkte vollkommen fertig. Später fand er heraus, dass der Mann Fritz Fatal hieß. Fritz lief vollständig Amok, weshalb Stig auf diesem Konzert mehrmals dachte, dass Fritz den Abend nicht lebend überstehen würde. Trotzdem fühlte er sich ungeheuer verbunden mit ihm und nahm all seine Energie auf. Jedes Mal, wenn Fritz zu Boden ging oder zu zittern begann, spürte Stig ein umso größeres Selbstvertrauen.

Ræzor fragte irgendwann, ob Stig nicht mit in seiner Band spielen wolle, ihnen fehle ein Bassist. Stig sagte, dass er Gitarre und nicht Bass spiele, aber Ræzor meinte, das sei egal.

»Das Wichtigste ist, dass du nasty aussiehst.« Ræzor hörte einen Moment lang der Musik zu und lachte dann laut. »Überhaupt, so könnten wir dich nennen. Nastig.«

Stig realisierte schnell, dass er eigentlich zu den besten Musikern der Band gehörte. Sie übten dreimal die Woche in einem Lokal des Gymnasiums in Rødovre und nannten sich Kronisk Kampe, später dann nur noch Kronisk. Ib, der sich Ib Ned nannte, war der Sänger. Auch er verausgabte sich bei den Proben und den wenigen Konzerten und war anschließend immer so fertig, dass er nur noch zitternd auf dem Boden des Übungsraums sitzen konnte. Ib Ned war auf Heroin, funktionierte anfangs aber noch ganz gut, weil seine Familie Geld hatte; seine Eltern waren die Besitzer des renommierten Fischgeschäfts am Højbro Plads. Bei den Auftritten schnitt er sich manchmal selbst, und einmal mussten sie ihn anschließend sogar ins Krankenhaus bringen. Er hatte eine wichtige Ader unter der Brust verletzt. Sie mussten wie Aliens ausgesehen haben, oder wie Leute aus der Zukunft, als sie mit dem halb nackten Ib ins Krankenhaus getaumelt waren.

Stig und Ræzor blieben die ganze Nacht im Krankenhaus und diskutierten darüber, ob Bowie mit der *Young Americans*-Platte aus dem Jahr 1975 seine Ideale verkauft hatte. Ræzor war überzeugt davon und diskutierte so wild, dass Ib irgendwann die Schnauze voll hatte, sich den Tropf aus dem Arm zog und wütend aus dem Krankenhaus marschierte. Stig und Ræzor blieben in der Klinik, denn eine der Krankenschwestern – sie kannten sie aus dem Floss – hatte ihnen zum Frühstück Zigaretten und etwas zu essen versprochen.

Ib war immer häufiger komplett stoned, trotzdem liebten die Leute ihn. Mit der Zeit hatten aber Stig und Ræzor in der Band das Sagen, und irgendwann sagte Ræzor etwas, dass Stig nie mehr vergessen sollte.

»Wenn die Atombombe fällt, wird es ein paar Wochen dauern, bis wir alle an der Strahlenkrankheit eingehen. Und dann, in diesen Wochen, spielen wir das ultimative, letzte Konzert. Und darauf müssen wir uns vorbereiten.«

Ib Ned lebte Ræzors Visionen. Er bespuckte das Publikum und provozierte mehrmals mitten im Auftritt irgendwelche wilden Prügeleien. Aber auch Stig genoss die Zeit und das Gefühl, auf der Bühne zu stehen und die Musik durch den Körper fließen zu lassen. Nein, ganz so stimmte es nicht: Er stand auf der Bühne, und die Töne regneten über ihn wie die Pisse von Tausenden von Todesengeln, während der Rhythmus in sein Knochenmark vordrang und wie Spasmen durch seine langen Beine jagte.

Sie spielten ein paar Mal im Gymnasium und in anderen Hallen, einmal sogar im Saltlageret als Vorgruppe einer deutschen Band, bis sie schließlich ihr legendäres Konzert im Gammel Kongevej 13 AB gaben, wo auch Sods und No Knox spielten. Nach anderthalb Jahren löste die Band Kronisk sich auf, weil Ib Ned nach Berlin zog, um voll und ganz in die Junkieszene einzutauchen und ansonsten nur noch Gedichte zu schreiben. Stig hatte immer angenommen, dass Ib an einer Überdosis gestorben war oder irgendwo an der Grenze zwischen Kreuzberg und Neukölln Selbstmord begangen hatte. Doch viele Jahre später traf er ihn im Irma in Birkerød, wo er mit seiner Frau und seinen drei Kindern wohnte. Er war Zahnarzt geworden. Es stellte sich heraus, dass er nicht nach Berlin gegangen war, sondern in eine Kleinstadt in Bayern, wo sein Onkel wohnte. Er war durch die bayerischen Berge gewandert und clean geworden. Ib behauptete, dass er das nicht nur der sauberen Bergluft, sondern vor allem Heideggers *Sein und Zeit* zu verdanken habe. Er hieß jetzt Ib Aksel Nedergaard.

Damals zählte für Stig nur die Musik, und so war es ganz natürlich, dass er den anderen Bands in der Szene nach dem Ende von Kronisk half. Er trug das Equipment für sie und arrangierte Konzerte. Er hängte Plakate auf und kümmerte sich um Licht und Sound.
   Natürlich war es nicht dasselbe, selbst zu spielen oder zu denen zu gehören, die zuhörten oder halfen, aber diese Unterschiede waren unwesentlich, denn alle gehörten sie zur selben Szene, zur selben Bewegung. Sie waren wie ein Ameisenhaufen, in dem die Ameisen unterschiedliche Funktionen innehatten, aber alle dasselbe Ziel verfolgten. Alle respektierten einander, und die Drogen stärkten das

Gemeinschaftsgefühl in der Szene und grenzten sie von den anderen ab. Stig lief in seinen schwarzen Klamotten und der Ray-Ban-Sonnenbrille durch die Stadt, und wenn er nicht auf Speed war, wusste er dieses Gefühl zu genießen und auszukosten. Er war nicht mehr einfach nur Stig, er war Nastig oder Stiggy. Die Menschen begegneten ihm mit Respekt, vielleicht auch mit Furcht oder Abscheu, und wenn er von Skins Prügel bezog, wie es ihm einmal nachts am Triangel widerfahren war, geschah dies nicht, weil er hässlich oder schwach war, sondern weil er sich dazu entschieden hatte, die Kleider zu tragen, die er trug, und *Nastig* zu sein. Die Punkszene war für alle Anzugträger und besonders die Ökos mit ihren Vollbärten und Norwegerpullovern wie ein ausgestreckter Mittelfinger. Stig stand endlich auf der richtigen Seite. Auf der anderen waren die Kleinbürger, die mit ihren fettigen Händen und runden Köpfen in ihren pragmatischen Scheißleben feststeckten. Stig lebte den Augenblick, darüber hinaus gab es nichts, das es wert gewesen wäre, sich damit zu beschäftigen. Sein Leben hatte kein Ziel, er musste nichts erreichen. Für ihn gab es nur den großen, funkelnden, lärmenden, mutierenden Moment, in dem er sich befand.

Anfangs waren die Drogen etwas Positives. Ja, sogar die Tragödien, die sie mit sich brachten. Heroin war wie Speed nur eine andere, noch intensivere Energie. Die Drogen gaben dem Augenblick eine neue Intensität, betonten das Künstlerische daran. Nicht nur für die, die sie nahmen, sondern auch für alle anderen. Alle großen Musiker nahmen Heroin oder waren schon mal auf Heroin gewesen, und ihre Musik war dadurch nur noch besser geworden. Ein Mädchen im Floss fing an, anschaffen zu gehen. Sie hieß Unni. Sie war eine der Ersten aus der Szene, die sich Männern in Vesterbro anboten, um Geld für die Drogen zu haben. Ihr Leben und Leiden wurde schlagartig ein Teil der Szene und betraf alle, weil es dem Ganzen noch eine Dimension hinzufügte. In gewisser Weise opferte sie sich für alle anderen, für die Bewegung, die sie losgetreten hatten, auf jeden Fall musste sie im Floss nie mehr ihre Getränke zahlen. Sie war die Nutte unter den Ameisen, und auch sie wurde im dystopischen Floss-Haufen gebraucht. Die Bands schrieben Lieder über und für sie.

Die Musiker und Künstler waren damals ganz anders als die Künstler, die Stig heute repräsentierte. In den Achtzigern wurde die Kunst viel wichtiger genommen. Musik war etwas Wesentliches, alles hatte Bedeutung, die ganze Szene. Stig liebte die Musiker und bewunderte ihre Radikalität, ihren Mut und ihre Kompromisslosigkeit. All das, was sie gaben. Sie opferten ihr Leben für einen Auftritt, ob sie nun vor ein paar Hundert Menschen spielten oder vor zwanzig. Es gab keine Risikoanalyse, keinen Karriereplan, keine Überlegungen für die Zukunft oder auch nur den nächsten Tag. Es gab nur das Hier und Jetzt, keine anderen Verpflichtungen, als dem Augenblick seine gesamte Energie zu entlocken.

Stig war einmal auf einem Konzert, bei dem die Hose des Sängers blutgetränkt war, weil dieser sich unmittelbar vor dem Auftritt für 500 Kronen im H.C. Ørstedsparken in den Arsch hatte ficken lassen. Der Sänger erzählte das zwischen zwei Songs, unterbrach das Konzert aber nicht, sondern sang einfach weiter. Mit noch mehr Ekstase und Energie als sonst. Die Leute flippten komplett aus. Stig erinnerte sich an seine Bewunderung für die Band und diesen Sänger. Er stand im Publikum, aber die Leute wussten, dass er die Band persönlich kannte, was ihn mit Stolz erfüllte. Stolz, ein Teil des Ganzen zu sein. Er war im inneren Kreis angekommen, wenn auch vielleicht am Rand des inneren Kreises.

Hübsche Frauen redeten mit ihm und setzten sich auf seine harten, dünnen Beine, wenn er nach den Konzerten mit den Bands Bier trank. Er liebte die Menschen, mit denen er zusammen war. Sie gingen ihren Weg bis ganz zu Ende, schreckten vor nichts zurück und ließen ihn frei sein. Er selbst machte nicht viel, aber das war gar nicht nötig, denn sie taten es für ihn. Sie zogen ihn mit sich, wenn sie auf ihren Konzerten für legendäre Augenblicke sorgten, die niemand je vergaß. Augenblicke, die sie, ihn und alle Konzertbesucher für immer definierten. Egal, ob es Bowie war, Velvet Underground, Roxy Music, Iggy Pop, Stooges, Joy Division oder all die anderen, deren Namen vielleicht nicht so bekannt waren, die aber trotzdem alles gaben, die Energie war dieselbe.

In dieser Zeit entwickelte Stig, ohne sich selbst darüber bewusst zu sein, das charakteristische, laute Lachen, das ihn für immer prägen sollte. Ein Lachen, das nicht ansteckend war und auch niemanden zum Lächeln brachte, sondern eher verächtlich klang, höhnisch. Die Karikatur eines Lachens, wie man sie bei Figuren aus Zeichentrickfilmen fand. Nastig lachte so. Stigs Lachen hatte zuvor immer nervös geklungen, besonders wenn er unter Leuten gewesen war, deren Blicke oder Worte ihn wie Ohrfeigen ins Gesicht trafen. Die lauten, heiseren Geräusche, die er jetzt von sich gab, waren vielleicht als ein Fingerzeig in eine bessere, würdigere Richtung zu deuten, obwohl auch dieses Lachen sicher ein Handicap war.

Stig drückte seine vierte Morgenzigarette aus, öffnete das Fenster des Wintergartens, damit der Rauch entweichen konnte, und ging zurück in die Wohnung. Elisabeth war längst gegangen. Er badete und rasierte sich. Zu so früher Stunde sah sein Gesicht immer älter aus. Die Säcke unter seinen Augen hatten sich im Laufe der Nacht geleert und hingen schlaff herunter, seine halblangen, grauen Haare standen in alle Richtungen ab. Er nahm einen Kamm und kämmte sie nach hinten.

Er zog seinen dunklen Wollmantel an und radelte auf seinem schwarzen Raleigh-Fahrrad zur Galerie in der Bredgade. Es war windig und kalt. Er hatte seine Handschuhe vergessen.

In der Gothersgade stauten sich die Räder, weil ein weißer BMW mitten auf dem Radweg angehalten hatte, sodass niemand vorbeikam. Wie alle anderen fuhr er verärgert auf den Bürgersteig. Eine junge Mutter mit einem Kind auf dem Fahrradsitz musste absteigen und das Rad an dem Auto vorbeischieben. Ihre Tochter warf sich hysterisch hin und her. Stig hätte am liebsten mit der Faust auf das Dach des Wagens geschlagen. Diese Idioten regten ihn auf. Andererseits war der BMW tiefergelegt, ein richtiges Gangsterauto, weshalb er es nicht tat. Er warf aber einen Blick in den Wagen. Der Fahrer telefonierte. Es war ein junger, muslimisch aussehender Mann mit rasiertem Schädel und kleiner Haarinsel ganz oben auf dem Kopf. Eine Militärfrisur, wie sie neunzig Prozent aller jungen Muslime zu haben schienen. Auf jeden Fall die Männer. Der Mann grinste entspannt und saß bequem zurückgelehnt auf dem Fahrersitz. Halt dein blödes Maul, du Idiot, dachte Stig.

Eigentlich hatte er unterwegs in einem Café noch einen Kaffee trinken wollen, aber trotz der in der Sonne stehenden Bänke sah er nun davon ab. Er musste bis zwölf noch einige Mails beantworten, danach wollte er einen albanischen Videokünstler zum Mittag treffen. Es würde ihm aber sicher noch reichlich Zeit bleiben, in der Galerie einen Kaffee zu trinken und ein paar Zigaretten zu rauchen. Und vielleicht konnte er sich auch einen Stuhl auf den Bürgersteig stellen und so doch noch die Wintersonne genießen.
 Als er um die Ecke der Bredgade bog, sah er, dass Bujar bereits vor der Galerie stand und auf ihn wartete. Zwei Stunden zu früh. Mist. Er hätte doch in dieses Café gehen sollen.

Bujar war klein wie ein Zwerg und hatte schlechte Zähne. Es heißt, dass man den sozialen Status eines Mannes an dessen Schuhen ablesen kann, bei Künstlern ist das aber anders. Die größten und reichsten Künstler der Welt können in löchrigen, ausgetretenen

Schuhen herumlaufen oder in Sandalen voller Farbspritzer. Will man wissen, ob ein Künstler Erfolg hat, muss man auf seine Zähne achten. Haben Künstler schlechte Zähne, sollte man mit ihnen keine Geschäfte machen. Stig hätte daran denken sollen, als er Bujar das erste Mal begegnet war.

Stig lachte sein lautes Lachen, als er Bujar die Hand gab.

»I'm a little bit early because I have an important meeting later«, sagte Bujar.

Stig wollte gar nicht darüber nachdenken, was Bujar vorhatte oder wen er treffen wollte. Es war ihm mehr als egal, außerdem ging er davon aus, dass es eine Lüge war. Aber so brauchte er ihm wenigstens kein Mittagessen zu zahlen.

»It's fine, Bujar. Please come in.«

Stig servierte frisch gemahlenen Kaffee und schaltete den Computer ein.

Bujar hatte drei Videowerke dabei. Alles Filme, in denen er selbst die Hauptrolle spielte. Im ersten Film, *Bad Timing*, lief er im Sommer mit Skischuhen, Skianzug und Skiern durch eine Großstadt. Er setzte sich in ein Café, trank etwas in der Sonne und schnallte sich dann die Ski an, obwohl kein Schnee lag. Irgendwann flippte er total aus und warf die Ski frustriert weg. Stig lächelte Bujar an und sagte: »Very good«, obwohl es der totale Schwachsinn war.

Bujar nickte, fletschte seine braunen Zähnen und sagte: »Climate Change!«

Es musste irgendeine Krankheit im Mund sein, dachte Stig, denn nicht einmal extrem schlechte Zahnhygiene konnte dieses Braun hervorrufen.

»Oh yes, of course«, antwortete Stig und nickte ernst. Bujar lächelte. Der zweite Film hieß *Oral Pleasure* und lief absichtlich in zu schnellem Tempo. Während des gesamten Films redete Bujar in sein Handy, wobei er alles Mögliche unternahm. Er trug einen Anzug und einen Mantel und wollte damit vermutlich wie ein

Geschäftsmann aussehen. Die Sachen sahen aber aus wie aus einem Gebrauchtladen, sodass seine ganze Erscheinung schäbig und irgendwie dreckig wirkte. Bujar aß, während er telefonierte, und nahm dann den Bus, was auch seltsam war, wenn er als Geschäftsmann durchgehen wollte. Es sei denn, in Albanien machte man das so. Er kaufte beim Telefonieren ein und bekam schließlich auch noch einen Blowjob. Man sah es in dem Film, und es versetzte Stig einen Stich, als Bujars kleiner Schwanz plötzlich am unteren Rand des Bildschirms zu sehen war.

»Everything for art«, sagte Bujar grinsend. Sein Atem stank nach Fischabfällen, die irgendwo in einem südeuropäischen Industrieviertel mehrere Wochen in der Sonne gelegen hatten. Die Videos waren Schrott, aber trotzdem nickte Stig anerkennend und lachte sein schneidendes, lautes Lachen, wofür er sich selbst hasste. Der letzte Film war kurz. Er hieß *Making Art*. Bujar stand darin nackt auf einem Feld. Er trank aus einem großen Krug Wasser, ohne abzusetzen, und als der Krug halb leer war, begann er zu pinkeln. Er trank dabei weiter, bis der Krug leer war und schließlich nur noch die Pisse lief. Es war ein feiner, kurzer Film. Der kleine, nackte Bujar hatte darin etwas Rührendes. Ein zentraleuropäischer Hobbit auf einem nassen, dunklen Acker. Man konnte tatsächlich auf den Gedanken kommen, dass es kleine Wesen wie Bujar waren, die die Felder düngten und fruchtbar machten. Außerdem war das Timing perfekt, es sah wirklich so aus, als liefe das Wasser nur durch ihn hindurch. Er musste vor der Aufnahme ungeheure Mengen Wasser getrunken haben.

»That's really good, Bujar«, sagte Stig aufrichtig und versuchte, nicht zu überrascht zu klingen.

»Yes, it's a corpus, the three films together.«

»Yes, yes, of course.«

Neben den Installationen hatte Bujar Zeichnungen von Strichmännchen gemacht, die auf alle nur erdenklichen Weisen Sex hatten. Stig wusste, dass diese Zeichnungen wertlos waren, er machte sich aber keine Gedanken darüber. Vielleicht hatte er im Laufe seines Galeristenlebens so viel Blödsinn gesehen, dass er es nicht mehr bemerkte. Wie die Einwohner bestimmter Städte auf dem Land den Güllegestank auch nicht mehr wahrnahmen.

Als Bujar gegangen war, setzte Stig sich endlich mit einer Tasse Kaffee auf den Bürgersteig in die Wintersonne. Danach wollte er in den Laden an der Ecke und sich ein bisschen Käse und Schinken, ein paar Cornichons und drei Brötchen kaufen.

Kapitel 2

Elisabeth und das RAID

Elisabeth arbeitete in Nørrebro in der Fakultät für Neurowissenschaften. Auf dem Weg zur Arbeit kam sie an den Absperrungen der Einwandererzone am Ende des Tangensvej vorbei. In der Fakultät angekommen, holte sie sich einen Kaffee, begrüßte ihr Team und verschwand in ihrem Büro. Sie hatten gerade ein langjähriges Projekt abgeschlossen, in dem sie Mäuseföten menschliche Stammzellen eingesetzt hatten, um so das Potenzial der Stammzellentherapie zu untersuchen. Konkret war es um die Frage gegangen, ob damit bislang unheilbare Krankheiten wie Huntington, Parkinson oder Alzheimer behandelt werden könnten. Die untersuchten Proben aus dem Hirngewebe der erwachsenen Mäuse hatten ebenso eindeutige wie interessante Ergebnisse geliefert, auch wenn noch vieles unklar geblieben war. Die mit Stammzellen behandelten Mäuse waren deutlich intelligenter als die Tiere der unbehandelten Vergleichsgruppe. Bis zu viermal schneller hatten sie die ihnen gestellten Aufgaben gelöst. Noch interessanter im Hinblick auf die mögliche Behandlung von Menschen war aber die Tatsache, dass aus den dreihunderttausend Stammzellen, die sie den Mäuseföten eingesetzt hatten, zwanzig Millionen Zellen bei den erwachsenen Tieren geworden waren. Die Humanzellen überlebten also nicht nur, sondern teilten sich und übernahmen Teile des Hirns.

Besonders interessant war dabei die Tatsache, dass es sich bei den eingesetzten Zellen nicht um Neuronen gehandelt hatte, sondern um sogenannte Gliazellen, denen man bisher für die Funktion des Gehirns weniger Bedeutung beigemessen hatte. Da Elisabeth schon in früheren Studien darauf hinweisen hatte können, dass Gliazellen eine wichtige und noch relativ unbekannte Rolle für gesunde, gut funktionierende Hirne spielten, hatte man sich entschlossen, diese Zellen auch für die nun abgeschlossene Versuchsreihe zu nutzen.

Das menschliche Gehirn ist aus Neuronen und Gliazellen aufgebaut. Neuronen sind zuständig für unsere Gedanken und unsere Persönlichkeit. Ein menschliches Gehirn besteht aus mehr als hundert Milliarden Neuronen, die miteinander kommunizieren. Jedes einzelne Neuron hat Tausende von Verbindungen zu anderen Neuronen. Neuronen entsenden kleine, elektrische Impulse, die an den Synapsen geringe Mengen chemischer Stoffe freisetzen. Bei den Synapsen handelt es sich um mikroskopisch kleine Zwischenräume zwischen den Verbindungslinien der Neuronen. Wenn wir Matheaufgaben lösen, entsteht im Gehirn eine ganz bestimmte Struktur, eine spezifische Verbindung zwischen den Neuronen, die sich sofort wieder ändert, wenn man etwas anderes macht. Fühlt man sich bedroht, gibt es dafür eine bestimmte Struktur, wie auch für das Laufen, für die Liebe und so weiter. Das Gehirn ist ein neutrales Netzwerk aus Milliarden von Zellen, die beständig Tausende von Milliarden von Verbindungen herstellen – mehr, als es Sterne im Universum gibt. Das Gehirn verbraucht dabei in etwa die gleiche Menge Strom wie ein tragbarer Computer.

Bei den Gliazellen, die Elisabeth und ihr Team den Mäusen injiziert hatten, handelte es sich in gewisser Weise um Hilfszellen der Neuronen, die dafür sorgten, dass die Verbindungen auch richtig funktionierten. Des Weiteren wird in den Gliazellen die

Cerebrospinalflüssigkeit hergestellt, in der das Hirn gebettet ist. Die Zellen regulieren den Säuregrad im Gehirn und sorgen im Allgemeinen für optimale Bedingungen für die Neuronen. Es gibt verschiedene Gliazellen, aber diejenigen, die sie den Mäusen injiziert hatten, entwickelten sich zu Astrozyten, sternförmigen Zellen mit Fangarmen, die den Neuronen helfen, Verbindungen miteinander aufzunehmen. Elisabeth sah in den Astrozyten so etwas wie ein Schmiermittel für das Gehirn. Ihr Versuch zeigte, dass die menschlichen Astrozyten die kleineren, mauseigenen Astrozyten verdrängten.

Elisabeth sah sich noch einmal die Datensätze an, die ihre PhD-Studenten erstellt hatten. Sie wollte die Analyse selbst noch einmal durchgehen, ohne ihnen dies mitzuteilen, denn sollten sie Fehler gemacht haben, würden diese Fehler ihr angelastet werden. Sie überprüfte immer alle Datensätze.

Es würde einen Monat dauern, alle Daten zu verifizieren, und dann sicher noch einmal ein Jahr, die entsprechenden Artikel darüber zu schreiben, obwohl sie sich darauf verstand. Elisabeth hatte früh erkannt, was man tun musste und was wichtig war. Dieser Tatsache hatte sie es zu verdanken, dass sie schon mit vierzig Professorin geworden war. Viele ihrer Kollegen, durchaus fähige Leute, hatten nie verstanden, wie sehr es darauf ankam, sein Wissen zu dosieren, damit man auf Basis der Resultate so viele Veröffentlichungen wie nur möglich verfassen konnte. Viele waren der Meinung, es gehe darum, den einen Superartikel zu schreiben, aber ein solches Vorgehen war das reinste Lotteriespiel. In der Regel überlebte man damit in einer Akademie wie der ihren nicht lange, und ganz sicher wurde man so nicht Professor.

Mit ihrer Karriere war es unaufhaltsam bergauf gegangen. Mit jeder Beförderung hatte sie mehr Freiheit, mehr Geld oder leichteren Zugang zu den interessantesten Forschern in ihrem Themengebiet bekommen.

In letzter Zeit hatte sie sich zu fragen begonnen, worauf sie im letzten Teil ihrer Karriere noch Lust hatte. An der Universität konnte sie nicht viel weiter kommen – und auch international war es kaum möglich, die Leiter noch eine Stufe höher hinaufzuklettern. Sie zählte in ihrem Fachgebiet zu den am meisten zitierten Wissenschaftlern weltweit, was in Anbetracht der Tatsache, dass sie ihr ganzes Leben in Dänemark geforscht hatte – mit dem entsprechend begrenzten Budget –, mehr als gut war. Was also war ihr Ziel? Sie sah aus dem Fenster, aus dem sie auf drei verschiedene Betonmauern blickte: die Wand des Hauses unmittelbar gegenüber, die eines anderen, etwa fünfzig Meter entfernt, und schließlich noch die des neuen Gebäudes, das noch etwas weiter entfernt gerade erst errichtet worden war. Es konnte stürmen oder vollkommen windstill sein. Von alldem bekam sie in ihrem Büro nichts mit. Sie öffnete das Fenster. Die Luft strömte herein und wirbelte ein paar Unterlagen von ihrem Schreibtisch. Sie legte sie zurück und beschwerte sie mit ihrer Tasse. Dann schloss sie die Augen und atmete tief durch, aber auch die Luft wirkte irgendwie künstlich, wenn sie erst in ihrem Büro war. Was war das eigentlich für ein seltsames Experiment, Menschen in Städten wohnen zu lassen, ohne jede Natur, wenn man doch wusste, dass sie mindestens die letzten zweihunderttausend Jahre draußen in der Natur verbracht hatten. Und da hatte man die frühen Formen der Menschheit noch gar nicht berücksichtigt. Aus evolutionsbiologischem Blickwinkel war das wirklich grotesk. Gehirn und Körper des Menschen hatten sich entwickelt, um in der Natur zurechtzukommen, Menschen sollten sich in großen Städten nicht wohlfühlen, und vermutlich war das auch so. Vielleicht war Emma deshalb krank geworden. Vielleicht war sie in Wahrheit nur ein ganz normales Mädchen in einer unnormalen, inhumanen Umgebung?

Sie schloss das Fenster, hörte aber noch eine Reihe von Polizeiwagen in hohem Tempo über den Tagensvejen fahren. Sicher auf dem Weg zur Einwandererzone in Nørrebro, vermutlich gab es dort wie so oft Krawalle.

Der Anschlag auf die Carolinenschule, bei dem sechs Kinder und vier Erwachsene ums Leben gekommen waren, lag gerade einmal zwei Jahre zurück. Im selben Jahr hatten vier Dschihadisten den Louvre angegriffen. Drei von ihnen hatten sich mit Messern Zugang zum Museum verschafft und im Innern des Museums eine Bombe gezündet. Der vierte hatte sich und zahlreiche Besucher draußen vor dem Eingang in die Luft gesprengt. Der Anschlag kostete zweiundsechzig Menschen das Leben, überdies verlor die Welt unschätzbare Kunstwerke, unter anderem die *Mona Lisa*, auf die die Terroristen es ganz gezielt abgesehen hatten. Dann hatte es die Schießerei im Casino Logo in Hamburg gegeben, bei der zweiundfünfzig Menschen umgekommen waren, gefolgt von dem Anschlag mit dem Lastwagen auf den Markt Naviglio Grande in Mailand, wo vierunddreißig Menschen starben. Der Abschluss war der Bombenanschlag auf The Den in Bermondsey im südlichen London, das Heimstadion von Millwall, bei dem ganze dreihundert Menschen den Tod fanden.

Europa hatte sich im Laufe von zwei Jahren dramatisch verändert, und damit auch das Bild, das man von den Muslimen hatte. Was nicht nur mit den Terroranschlägen zusammenhing. Auch nicht damit, dass Muslime in den Gewalt- und Kriminalitätsstatistiken überrepräsentiert waren, oder mit der Tatsache, dass die dritte Generation der Einwanderer in den Schulen ebenso schlecht zurechtkam wie ihre vor Jahrzehnten eingereisten Großeltern. Eine ganz neue Erkenntnis hatte sich Bahn gebrochen: Europa befand sich im Krieg mit dem Islam, und dies nicht, weil die Europäer sich das wünschten, sondern weil die meisten Muslime dies so sahen.

Elisabeth hatte diese Entwicklung erst in Zusammenhang mit den Untersuchungen nach dem Bombenanschlag auf die Carolinenschule bemerkt. Die beiden Schuldigen waren ein siebenundzwanzigjähriger Däne marokkanischer Abstammung und ein einundzwanzigjähriger Däne mit palästinensischen Wurzeln. Die beiden hatten sich mit Küchenmessern gewaltsam Zugang zur Schule verschafft und sich selbst auf dem Schulhof in die Luft gesprengt. Die Analysen des Sicherheitsdienstes zeigten schließlich, dass mindestens vierzig Menschen im Mjølnerparken, wo die Terroristen wohnten, von deren Plänen gewusst hatten, ohne versucht zu haben, sie aufzuhalten oder die Polizei zu informieren. Die Menschen im Milieu kannten die Pläne, unschuldige Kinder zu ermorden, trotzdem hatte niemand eingegriffen. Diese Tatsache war von größerer Bedeutung als der eigentliche Anschlag, zeigte sie doch, dass Sympathie und Akzeptanz für derartige Terroranschläge unter den ganz normalen Muslimen weitverbreitet war, wie verrückt die Anschlagspläne der Dschihadisten auch sein mochten.

Zwei Wochen nach dem Anschlag hatte es eine Gedenkfeier für die Toten gegeben, auf der Ministerpräsidentin Mette Frederiksen eine historische Rede gehalten hatte, die erste ihrer Art. Sie forderte darin nämlich nicht zu Besinnung und Versöhnung auf, sondern verlangte stattdessen, dass die Muslime Farbe bekannten und sich öffentlich vom Terrorismus distanzierten. Taten sie das nicht, würde man sie als mitschuldig betrachten. Vermutlich hat kein Ministerpräsident zuvor jemals solche Beifallsstürme geerntet wie sie an diesem Abend, denn sie sprach genau die Wut an, die sich in den Menschen aufgestaut hatte. In den Wochen danach unternahm die Polizei Hausdurchsuchungen in Hunderten von Wohnungen in den dänischen Gettos. Überall im Land kam es zu gewaltsamen Zusammenstößen zwischen der Polizei und den Bewohnern.

Gleichzeitig begannen rechtsradikale Gruppierungen, Muslime auf offener Straße zu überfallen, ihre Opfer waren insbesondere Männer mit langen Bärten und verschleierte Frauen. In manchen Fällen gerieten diese Konfrontationen zu regelrechten Straßenschlachten in den mehrheitlich von Muslimen bewohnten Vierteln. Die Polizei versuchte erfolglos, die Konfliktparteien zu trennen, sodass schließlich das Militär eingesetzt werden musste. Ähnliche Konflikte entwickelten sich in vielen anderen europäischen Ländern. Das Militär patrouillierte durch die Gettos, und auch wenn die offizielle Erklärung für die Anwesenheit des Militärs der Schutz der muslimischen Mitbürger war, fühlten die Muslime sich eingesperrt, sodass es schließlich allabendlich zu Auseinandersetzungen zwischen jungen muslimischen Männern und Soldaten kam. Die Unruhen wurden in den Medien breitgetreten, und Elisabeth hatte die dramatische Entwicklung wie alle anderen intensiv verfolgt. Die jungen Muslime warfen mit Steinen und Molotowcocktails, und manchmal beschossen sie die Soldaten sogar mit Pistolen. Die Soldaten durften das Feuer natürlich nicht erwidern, schließlich standen ihnen ja größtenteils minderjährige Zivilisten gegenüber. Das Militär versuchte deshalb, die Angreifer mit Gummigeschossen und Wasserwerfern in Schach zu halten, was sich als nicht sonderlich effektiv erwies, weshalb die Soldaten oft zurückweichen mussten und die Kämpfe sich immer häufiger auch auf normale Wohnviertel ausdehnten. Die Situation wurde zunehmend unerträglich. Schließlich entschloss man sich dazu, Stacheldrahtzäune um die Gettos zu ziehen und bewachte Ausgänge einzurichten, wo man sich einer Leibesvisitation unterziehen und seinen Ausweis vorzeigen musste, um passieren zu dürfen. Die Maßnahme dämpfte die Konfrontationen und führte dazu, dass die Kämpfe sich nunmehr nur noch innerhalb der Gettos abspielten.

Die europäische Bevölkerung forderte immer lauter, dass die Außengrenzen für Flüchtlinge und Einwanderer geschlossen wurden.

Gleichzeitig wollte man aber auch die Kontingente einhalten, da die sonst drohenden Konsequenzen unüberschaubar waren. Denn was würde passieren, wenn die Nachbarländer der Konfliktregionen, die nach wie vor die meisten Flüchtlinge aufnahmen, ihrerseits auch nicht mehr bereit wären, ihre Kontingente einzuhalten? Würden sich dann Millionen von Flüchtlingen auf den Weg nach Europa machen und die Länder in ein unabsehbares Chaos stürzen?

Der dänische Staat hatte für die Lösung dieses Problems einen ganz eigenen, innovativen Ansatz. Er pachtete einen Landstrich in der Größe von etwa hundert Quadratkilometern an der Ostküste von Mosambik nördlich von Namula. Das Gebiet hatte Botschaftsstatus, und der Pachtvertrag lief über neunundneunzig Jahre. Dort baute man aus umgebauten Maersk-Containern eine Stadt mit Platz für dreihunderttausend Menschen. Hier wollte Dänemark in Zukunft seine Flüchtlinge empfangen. Die auf dem Pachtgrund neu errichtete Stadt hieß Frederiksstad. Sie war ein Flüchtlingslager, eine Flüchtlingsstadt, die aber eine sichere und perspektivreiche Alternative zu den bedrohten Leben in den Heimatländern der Flüchtlinge darstellte. Jedem Bewohner wurde ein kleines Containerhaus mit einem ebenso kleinen Garten zugewiesen. Es gab Straßen und Plätze wie in einer richtigen Stadt, Krabbelstuben, Kindergärten, Schulen, Gymnasien und Universitäten. Es gab ein Rathaus, ein Gericht und eine Polizeistation. Ein Versammlungshaus und diverse Freizeitaktivitäten: Theater, Kino, zwei Schwimmbäder und Kunstrasenplätze mit Flutlicht. Auch Banken und Versicherungen siedelten sich an. Darüber hinaus gab es vier Moscheen. Mit der Zeit sollte sich ein stabiles Wirtschaftssystem bilden, die Ländereien rund um die Stadt sollten bestellt werden, damit die Leute auch weiterhin in der Landwirtschaft arbeiten und die Bevölkerung selbst ernähren konnten. Noch bevor Frederiksstad fertig gebaut war, hatten die meisten europäischen Länder das dänische Flüchtlingsstadtmodell kopiert.

Kopenhagen war in der letzten Zeit immer militärischer geworden. Abends, wenn sie ins Bett gingen, hörte Elisabeth oft die schweren Militärfahrzeuge durch Christianshavn in Richtung Urban Planen rollen. Die Geräusche verhießen nichts Gutes, sie klangen wie die Mobilmachung für einen bevorstehenden Krieg. Elisabeth wollte raus aus der Stadt. Sie wollte an einen Ort, an dem Ruhe und Frieden herrschten.

Noch einmal streckte sie die Hand nach dem Umschlag aus, der auf ihrem Schreibtisch lag. Auf dem Absender stand dick RAID. Sie nahm das Schreiben heraus. Es war zehn Seiten lang. RAID stand für Research in Artificial Intelligence and Drones. Es war eine neue dänische Forschungseinheit, die ihr eine attraktive Stellung auf Lolland anbot. Das RAID war inspiriert vom Forschungszentrum DARPA (The Defense Advanced Research Project Agency) in den USA, das unter Präsident Obama ein kleineres Vermögen an Forschungsgeldern bezogen hatte. Das RAID sollte zwei verschiedene Themengebiete erforschen: künstliche intelligente Systeme und die Entwicklung von Drohnen und Robotern, samt einer Kombination aus beiden. Besonders aufsehenerregend fand sie, dass sie mit dem DARPA kooperieren wollten, denn das DARPA war in Verruf geraten, unseriöse Forscher zu beschäftigen, die sich unrealistische, unerreichbare Ziele gesetzt hatten, nur um noch mehr Forschungsgelder zu bekommen. Die meisten Wissenschaftler verachteten die DARPA-Leute, weil ihre eigenen Projekte verglichen mit den DARPA-Projekten verblassten – und das, obwohl sie häufig realistischer und interessanter waren. Gleichzeitig waren alle aber auch neugierig darauf, ob sie im DARPA tatsächlich erreichen konnten, was sie sich vorgenommen hatten. Schon die Hälfte wäre eine Sensation gewesen. Außerdem waren alle neidisch auf die Forschungsbudgets des DARPA.

Ein dänischer IT-Milliardär, Morten Lund, führte die Gruppe der Investoren an, die in das RAID eine Milliarde investieren wollten.

Es sollte ein interdisziplinäres Umfeld geschaffen werden, in dem die Hirnforschung ein wichtiger Bestandteil war. Elisabeths Freund und Mentor, James McIntyre – er war Professor an der Cornell University im US-Bundesstaat New York –, hatte ihr persönlich geschrieben und unterstrichen, wie sehr sie explizit an ihr interessiert waren, weil sie eine der renommiertesten Hirnforscherinnen der ganzen Welt sei. Seine schmeichelhaften Worte rührten sie. Nahm sie die Stelle am RAID an, würde sie mit den besten Wissenschaftlern der Welt zusammenarbeiten können. Viele kannte sie bereits persönlich. Und neue Fachgruppen würden hinzukommen und mit ihnen kooperieren: IT-Leute, Immunologen, Neurobiologen, Ingenieure und gewöhnliche Erfinder. Ihre Aufgabe wäre es, Systeme mit genereller Intelligenz zu entwickeln; intelligente Netzwerke, die nicht darauf beschränkt waren, spezifische Aufgaben zu lösen und ihr Wissen in einem begrenzten Umfeld zu entwickeln, sondern die interagierten, voneinander lernten und so Aufgaben in vielen verschiedenen Zusammenhängen und Milieus lösen konnten.

Es kribbelte in Elisabeths Bauch, als sie den Brief vom RAID las. Nichts auf der Welt würde sie lieber tun, als diesen Job anzunehmen. Aber sie konnte nicht, denn Stig wollte nicht umziehen, weil er meinte, auf Vernissagen von talentlosen Künstlern gehen zu müssen. Es war wirklich lächerlich. Sie sah Stig vor sich, wie er, viel zu laut lachend, in irgendeiner unbedeutenden Galerie stand.

Sie trank einen Schluck Kaffee. Er war mittlerweile kalt geworden. Es ging gar nicht nur um den Job. Sie spürte, dass auch in ihrem Leben etwas geschehen musste. Entweder nahm sie diese Arbeit an, oder sie ließ sich scheiden, suchte sich einen Lover oder hatte einfach nur Sex mit einer ganzen Reihe von Männern. Ihre Freundin Tone hatte Verhältnisse mit mehreren jungen Männern, obwohl sie seit dreißig Jahren mit einem Historiker verheiratet war.

Sie behauptete, es gebe Unmengen von jungen Männern, die auf alte Frauen wie sie abfuhren. Elisabeth hatte ernsthaft darüber nachgedacht. Einmal war sie sogar mit Tone in der Stadt gewesen, aber die Kerle, die sie aufs Korn genommen hatten, waren einfach zu jung gewesen. Sie war nie den Gedanken losgeworden, dass diese Männer Emma kennen könnten oder vielleicht sogar schon mal mit ihr zusammen gewesen waren. Außerdem hatte sie die offene Geilheit und Aufdringlichkeit dieser Männer abgestoßen, trotz der vier Gin Tonic, die sie getrunken hatte. Tone hatte mit einem von ihnen Sex auf der Toilette gehabt, und sie meinte, Elisabeth sei zu wählerisch, sie solle sich einfach gehen lassen. Vielleicht hatte ihre Freundin recht. Ihr Sexleben war nicht gut. Eigentlich inexistent. Schon nach Emmas Geburt war es bergab gegangen, und als Emma zwölf oder dreizehn war und ihre Probleme wirklich Fahrt aufgenommen hatten, war die Intimität zwischen Stig und ihr beinahe vollkommen zum Erliegen gekommen. Sie hatte keine Lust. Sie fand Stig abstoßend. Insbesondere seinen langen, dünnen, unappetitlich rosafarbenen Schwanz. Er sah eher aus wie ein inneres Organ, wie der Schwanz eines Hundes, nur eben länger. Wenn sie gelegentlich doch noch miteinander schliefen, fühlte es sich an, als wühlte Stig mit einem Stöckchen in ihrer Scheide herum, als suchte er da drinnen nach irgendetwas.

Manchmal wünschte sie sich, dass Stig nicht mehr da wäre. Das würde alles so viel einfacher machen. Sie könnte einen anderen treffen. Sie hatte schon öfter darüber nachgedacht. Nur an der Sache mit Emma würde das nichts ändern, und hätte ein neuer Mann Verständnis für Emmas Probleme? Bestimmt nicht in einem solchen Grad wie Stig. Stig liebte Emma, und Emma liebte ihn, da war Elisabeth sich sicher. Er war ein guter Vater. Warum wächst die Liebe zu einem Kind mit den Jahren, während die zu einem Partner verblasst? Sie kannte nicht ein Paar, das schon Jahre zusammen war und dem es immer noch gut ging. Als sie nach dem Abend mit Tone mit dem Fahrrad nach Hause gefahren war, hatte sie darüber nachgedacht, dass sie in all den Jahren nur eine richtige Freundin gehabt hatte – Berit, mit der sie zur Schule gegangen war. Elisabeths Vater war Arzt gewesen, und ihre Mutter hatte sich als Hausfrau um sie und ihre kleine Schwester gekümmert. Sie wohnten in einem gelben Haus in Rungsted. Als Kind hatte sie oft gedacht, dass sie eine normale Familie waren, die in einem ganz normalen Einfamilienhaus wohnte. Erst in der Pubertät wurde ihr bewusst, dass es ihnen besser ging als den meisten anderen. Berit wohnte an der Grenze zur Gemeinde Virum, ihre Mutter trank, weshalb Berit oft bei Elisabeth war. In dieser Zeit hatte Elisabeth ein richtig schlechtes Gewissen für ihre heile Familie und dafür, dass es ihr so gut ging. Es war immer leckeres Essen im Kühlschrank, und ihr Vater arbeitete zwar viel, doch er liebte seine Mädchen und hatte zu Hause niemals schlechte Laune. Elisabeth und Berit begannen, sich schwarz zu kleiden und kräftiges Make-up zu tragen. Sie toupierten sich die Haare, rauchten und ließen sich nicht mehr dazu herab, mit den anderen in der Klasse zu reden. Elisabeth nannte sich nur noch Beth. Beth und Berit waren unzertrennlich, bis sie im Gymnasium auseinanderglitten. Berit war die Schule leid und ging ein Jahr vor dem Abi ab. Elisabeth wusste nicht, was mit ihr geschehen war, und sie hatte es auch nie gewagt, auf Facebook nach ihr zu suchen. Seither hatte sie nie eine richtige enge Freundin gehabt.

Elisabeth blätterte zur letzten Seite des Briefes, auf der die Pläne für Lolland beschrieben wurden. In Wahrheit handelte es sich um eine Annektierung der gesamten Insel. Eine Gruppe von Investoren wollte gemeinschaftlich zehn Milliarden Kronen investieren. Sie hatten ein Konsortium gegründet unter der Leitung von Persönlichkeiten aus der Gemeinde, von Repräsentanten des Wirtschaftsbündnisses Lolland-Falster-Business, einem Vertreter von Vestas in Nakskov und einem Bürgervertreter. Falster war von den

Plänen nicht betroffen. Man wollte Nakskov, Sakskøbing, Maribo und die anderen Städte restaurieren. Die Insel sollte zu einem Cutting-Edge-Experiment sowohl für verschiedene Arten grüner Energie als auch für IT-Technologie und Technologieentwicklung werden. Die Landwirtschaft sollte auf ökologische Verfahren umgestellt werden, ja man wollte sogar noch weiter gehen und nur noch nachhaltige Produkte in bestmöglicher Qualität herstellen.

All die hässlichen, modernen Gebäude sollten abgerissen werden. Allem voran die Viertel mit den Sozialbauten, sodass nur blieb, was architektonisch ästhetischen Wert hatte. Summa summarum sollten achtzig Prozent der bestehenden Bausubstanz verschwinden. Bürger, die Sozialhilfe bezogen und trotz der steigenden Mieten die Kommune nicht verlassen wollten, sollten in andere Gemeinden des Landes umgesiedelt werden. Die dortigen Verwaltungen erhielt dafür Pro-Kopf-Prämien, die die erwarteten Sozialkosten mehr als deckten. Die neuen Häuser, die laut Plan von wohlhabenden Neuankömmlingen gebaut und bezahlt werden sollten, waren Fachwerkhäuser im klassisch nationalromantischen Stil, sodass die Städte schließlich wieder den Charme mittelalterlicher Städte hatten, in denen Plätze und Märkte durch kleine Gassen miteinander verbunden waren. Im Brief waren auch Bilder und Fotomontagen, wie Nakskov einmal aussehen sollte, wenn es fertig war. Man war bereits weit gekommen. Mit den Jahren sollten auf Lolland auch alle privaten Motorfahrzeuge verboten werden. Stattdessen sollten Pferdefuhrwerke eingesetzt werden oder Esel, um kleinere Lasten zu tragen. Tiere sollten wieder zu einem festen Bestandteil der Menschen werden.

Außerhalb der Städte sollten Elektroautos oder Elektromopeds erlaubt sein, schließlich basierte die Idee ja darauf, im neuen Lolland eine andere Gesellschaft zu implementieren – eine Gesellschaft, die weniger stromlinienförmig und funktionalistisch war und in der Transport und Fortbewegung nicht nur verlorene Zeit darstellten, die schnellstmöglich hinter sich gebracht werden musste, sondern Teile des Lebens waren, für die es entsprechend Platz geben musste und die vielleicht sogar wichtiger waren als das eigentliche Ankommen. Lolland sollte ein Ort werden, an dem die Düfte, die Sinneseindrücke und die Geräusche angenehmer und besser waren.

Elisabeth legte den Brief auf den Tisch. Warum zum Teufel reagierte Stig so abweisend gegenüber alldem? Vielleicht sollte sie einfach gemeinsam mit Emma dorthin ziehen, wenn ihre Tochter denn Lust dazu hatte. Sie musste mit ihr darüber reden und hören, ob sie offen für eine derartige Veränderung war. Elisabeth starrte aus dem Fenster und stellte sich vor, dass sie mit Emma über eine Wiese ritt. Sie hatte immer vom Reiten geträumt, doch es war nie etwas daraus geworden. Auf Lolland würden sie gemeinsam reiten können.

Kapitel 3

Christian und Mia

Christian Funder hatte sie bei der Vernissage eines albanischen Künstlers gesehen, zu der Stig, sein Galerist, ihn eingeladen hatte. Christian war nur wegen der Gratisgetränke gekommen, und wegen der Frauen, die es immer auf diese Vernissagen zog. Als bekannter Maler waren seine Chancen, eine Frau abschleppen zu können, nicht schlecht. Frauen liebten Erfolg, sie ließen sich von ihren Männern scheiden, wenn diese es zu nichts brachten, und tauschten sie gegen bedeutendere ein. Hatte ein Mann es bis zu seinem vierzigsten Lebensjahr beruflich nicht geschafft, wurde er von seiner Frau verlassen. Natürlich schoben sie andere Gründe vor, aber Christian kannte das Spiel und wusste, dass das kein Zufall sein konnte. Frauen hassten Verlierer, sie empfanden es wie Verrat, wie einen Verstoß gegen ihr Abkommen, wenn ihre Männer versagten. Erfolg hingegen wurde vergöttert, kamen Frauen auch nur in die Nähe davon, wurden sie gleich feucht.

Früher, vor seinem Durchbruch als Künstler, war er häufiger in Stripklubs gegangen, hatte an der Bar gesessen, Bier für hundert Kronen getrunken und den Stripperinnen zugesehen. Am meisten aber hatten ihn all die Huren fasziniert, die um die Gäste herumschlichen. Dass man einfach dasitzen, nackte Frauen beobachten und darauf warten konnte, dass sie zu ihm kamen und ihn anbettelten, ihnen einen Champagner zu bestellen. In der Regel war er immer erst ablehnend, damit sie an ihm herummachten und seinen Schwanz berührten. Er erinnerte sich an eine sehr schöne Afrikanerin, die einmal sein halb erigiertes Glied berührt und überrascht ausgerufen hatte: »Oh, it's big and strong.« Er wusste genau, dass sein Schwanz eher klein war, umso mehr hatte ihn das Kompliment gefreut.

Viele Jahre später, als er mit seiner ersten Frau und ihren beiden Kindern in Thailand gewesen war, hatte er noch einmal die Nähe von Huren gesucht. Er war zu einer Masseuse gegangen, die ihre Dienste in einer kleinen Hütte am Strand angeboten hatte. Er hatte der Frau klargemacht, dass er wirklich nicht mehr wolle als eine ganz normale Massage, da seine Frau und seine Kinder nur ein paar Hundert Meter entfernt am Strand in der Sonne lagen. Heute wäre ihm das egal, aber damals war er noch jung und tugendhaft gewesen. Sie hatte seine Anweisung allem Anschein nach verstanden, doch als er fertig war und aufstehen wollte, zog ihm die Masseuse doch noch das Handtuch herunter. Beim Anblick seines schlaffen Glieds und des faltigen Hodensacks, der schläfrig in der tropischen Wärme herunterhing, legte sie den Kopf auf die Seite und sagte: »Oh beautiful!«, als wäre ihr das Baby eines Freundes vorgestellt worden. Und dann blies sie ihm einen, ohne weiter nachzufragen. Christian ließ es geschehen und dachte: Ist doch alles egal. Anschließend waren sie zur Kasse gegangen. Er hatte bezahlt, und die Frau hatte sich auf herzlichste Weise verabschiedet. Als sie die Hände zusammenlegte und sich verbeugte, sah er, dass sie noch Sperma in den Haaren hatte. Das Ganze war so natürlich und mit einer derartigen Professionalität ausgeführt worden, dass er zu keinem Zeitpunkt ein schlechtes Gewissen bekommen hatte, nicht einmal, als er Sekunden später mit seinen Kindern gebadet und dann auf dem Liegestuhl gelegen und die Hand seiner Frau gehalten hatte. Thaihuren waren irgendwie ein Wunder, ein ganz besonderer Zweig der menschlichen Rasse.

In Kopenhagen mied er die Striplokale, seit er mit zwei afrikanischen Huren und einer Flasche Champagner für zweitausend Kronen in einem kleinen Separee gesessen hatte. Eine der Frauen hatte in seine Hosentasche gegriffen, um seinen Schwanz zu berühren, und dabei fünftausend Kronen herausgezogen. Sie hatte nicht versucht, das Geld zu stehlen, sondern mit den Scheinen in der Hand in sein Ohr gesäuselt: »You give me this, and you can fingerfuck my pussy.« Er war kein Anfänger und wusste, dass man mit diesen Mädchen alles verhandeln konnte. Für fünfhundert hatte er ihr schließlich einen Finger in ihre hellrote, von schwarzen Schamlippen umgebene Muschi geschoben. Der Spaß war aber nur von kurzer Dauer, denn sie hatte gleich darauf einen Rückzieher gemacht und seinen Kopf zwischen ihre Brüste gedrückt. Ein Ablenkungsmanöver. So war es immer. Nicht nur bei den Afrikanerinnen, sondern bei allen Nutten (abgesehen von den Thailänderinnen, die waren etwas Besonderes). Man musste immer verhandeln und gab sein Geld schließlich doch für nichts aus. Diese Frauen spielten nicht mit, auf jeden Fall nicht lange. Es ging immer nur ums Geld. Damals war ihm irgendwann der Gedanke gekommen, dass sie ihn in Wahrheit vielleicht viel lieber töten als ficken würden. Wahrscheinlich würden sie, stellte man sie ohne Repressalien vor die Wahl, vor nichts zurückschrecken. Der Gedanke hatte Christian nie wieder losgelassen, weshalb er in keine Stripbar mehr ging. Bestimmt wären dieselben Frauen weniger aggressiv und auch nicht so geizig, was ihre Dienste anging, würde man sie in Afrika treffen. Christians Meinung nach war Dänemark daran schuld. Selbst die Huren waren hier ein Rädchen in der sozialen Maschinerie, eine Komponente in einem größeren System, das irgendetwas mit dem Arbeitsmarkt und dem dänischen Modell zu tun hatte. Zielstrebigkeit und Ehrgeiz breiteten sich überall in Dänemark aus und verdarben selbst den Huren die Lust am Spielen. Man musste wirklich froh sein, wenn man jemanden traf, den das System noch nicht korrumpiert hatte, als würde die dänische Luft jeden infizieren und verleiten, Ansprüche zu stellen. Vielleicht waren es wirklich die Luft oder das Wetter: die kurzen, kalten Tage, die laufenden Nasen, wer weiß? Auf jeden Fall machte Christian mittlerweile einen Bogen um jede Hure. Stattdessen vögelte er die Frauen, die auf die Vernissagen kamen. Die wollten wenigstens gevögelt werden.

Weil er in Kunstkreisen bekannt war, konnte er an der Bar einfach darauf warten, dass eine Frau zu ihm kam und sich anbot. Irgendwie erinnerte ihn das an die alten Zeiten in den Striplokalen. Es lief auf jeden Fall nach dem immer gleichen Muster ab. Und Frauen, die Künstler fickten, wurden nicht schief angesehen. Ganz anders als die Frauen, die auf reiche Männer standen. Andererseits schadete es auch nicht, dass seine Werke für mehr als fünfhunderttausend Kronen das Stück verkauft wurden. Es war wirklich so, dass Frauen, die sich Künstlern auf die schamloseste Weise anboten, sowohl von der Gesellschaft als auch von Freunden und Familie akzeptiert wurden.

Christian sah sich um. Es war noch früh, sodass noch niemand zu ihm gekommen war, er nahm aber wahr, dass einige ihn bereits erkannt hatten und die Auswahl dieses Mal wirklich nicht schlecht war. Die meisten Frauen waren Ende vierzig oder Anfang fünfzig, was okay war. Er hatte nichts gegen Frauen im Dildo-Alter, am liebsten waren ihm die mit erwachsenen Kindern und ein oder zwei Scheidungen hinter sich, da diese im Bett richtig frech waren. Sie verlangten förmlich danach, in den Arsch gefickt zu werden oder sein Sperma zu schlucken. Diese Frauen hatten nichts mehr zu verlieren. Problematisch war nur, dass sie anschließend über Kunst diskutieren wollten, das heißt eigentlich weniger über

Kunst als über die Leute in der Branche, wer wen kannte, wer was gemacht hatte, ob auch jemand neben dem Malen Gedichte schrieb, und so weiter. Ihn nervte das. Er hatte keine Lust zu diskutieren, am wenigsten über Kunst, und vor allem, weil er Leute hasste, die in ihrer Freizeit malten oder Gedichte schrieben. Er sagte immer freiheraus, dass er keine Lust habe, über ihre schwachsinnigen Ideen zu reden. Die meisten Frauen akzeptierten das. Es war der Preis, den diese zivilisierten Huren zahlen mussten, und es gab auch kein Geld oder irgendwelche Geschenke. Dafür durften sie ihren Freunden, ja, wenn sie wollten, Gott und der Welt von ihren Affären mit ihm erzählen. Ihr Lohn war es, sich damit zu brüsten und sich – in Ausnahmefällen – auch einmal mit ihm in der Öffentlichkeit zeigen zu können. In gewisser Weise war auch das ein Handel, nur eben viel zivilisierter als mit den afrikanischen Huren. Die Frauen redeten mit ihren Freundinnen über die kurzen, oberflächlichen Affären, und waren die Künstler richtig berühmt, teilten sie ihre sexuellen Eskapaden vielleicht sogar mit ihren Enkeln. Die Sache war gesellschaftlich derart akzeptiert, dass sich manchmal sogar die Enkel mit dem Sexleben ihrer Großmutter brüsteten und ganze Bücher darüber schrieben.

Christian hatte gerade sein fünftes Glas Rotwein geleert, als er sie inmitten in einer größeren Gruppe erblickte. Sie redete und lachte und strahlte dabei etwas aus, was keine der anderen hatte. Sie wirkte so frisch, so jung. Christian nahm an, dass sie erst Anfang zwanzig war, vielleicht sogar noch jünger. Ihre Haut war straff und glatt wie Frühlingsblätter. Ihre langen, roten Haare glänzten, und ihre Zähne waren schneeweiß. Sie trug Jeans und ein abgewetztes, weißes T-Shirt. Durch die dünne, verwaschene Baumwolle waren ihre Brustwarzen zu erkennen. Während er zuhörte, was eine Dildo-Frau sagte, fasste die andere mit den Händen ihre Haare zu einem Pferdeschwanz zusammen. Ihre Achselhaare waren rot. Das konnte zwischen ihren Beinen nicht anders sein. Er starrte die junge Frau so lange an, dass sie es bemerken musste. Er wollte ihr sein Interesse zeigen, auch wenn er dreimal so alt wie sie war. Auch wenn sein jüngster Sohn älter als sie war. Irgendwann kam sie zur Bar, um etwas zu bestellen. Sie stand direkt neben ihm, und ihr säuerlicher Duft nach Schweiß machte ihn unheimlich an. Sie hatte die Ellbogen auf den Tresen gestemmt, sodass er wieder ihre verschwitzten Achselhaare sehen konnte. Er wollte etwas sagen, ließ es aber bleiben. Stattdessen glitt sein Blick an sich selbst herab. Der extragroße Sweater, den er am Morgen angezogen hatte, straffte sich über seinem dicken Bauch. Seufzend nahm er noch einen Schluck Rotwein, drehte ihr aber zur Sicherheit sein Gesicht zu, vielleicht sah sie ihn ja doch an. Sie bestellte vier Bier und Jägermeister, was ihn nur noch mehr anstachelte und ihm plötzlich seinerseits Lust auf einen Jägermeister machte, obwohl er so etwas seit Jahren nicht mehr getrunken hatte. Das war der Anlass, den er brauchte, um etwas zu sagen, das nicht zu plump wirkte.

»Jägermeister! Ist das lange her, dass ich den getrunken habe«, sagte er voll echter Freude und lächelte sie an. Sie erwiderte sein Lächeln voller Herzlichkeit.

»Kann ich auch einen kriegen?«, fragte er den Barkeeper.

»Ist doch gut, dass es unter den jungen Menschen noch vernünftige Wesen gibt, die Jägermeister trinken.«

Sie sah ihn fragend an.

»Warum haben Sie das so lange nicht getrunken, wenn es Ihnen schmeckt?«

Er wusste nicht, was er sagen sollte. Er war entlarvt. Ihren grünen Augen, umrahmt von einer Unmenge supersüßer Sommersprossen, die von der Nase bis hinunter zu ihren festen Brüsten reichten, war das deutlich anzusehen.

»Weiß ich auch nicht«, antwortete Christian, drehte sich um und ärgerte sich stumm.

»Sind Sie nicht dieser Maler?«, fuhr sie fort.

Ihre Frage ließ ihn voller Hoffnung zusammenzucken, sodass er den Jägermeister auf seinen Pulli verschüttete. Er versuchte, die Tropfen wegzuwischen, während er die Selbstkontrolle wiederfand. Dass sie ihn kannte, war ein gutes Zeichen.

»Mag schon sein. Wobei ich natürlich nicht weiß, welchen Künstler Sie meinen.«

Sie lachte und berührte seine Haare, sodass ihre Achselhaare noch einmal zum Vorschein kamen. Er fühlte sich für einen Moment verarscht, so sehr begehrte er sie, doch dann tat sie etwas, was alles auf den Kopf stellte. Sie wischte den Jägermeister von seinem Bauch, und während sie seine dicke Wampe streichelte, grinste sie ihn herausfordernd an. Wie ein geisteskrankes Kind einen riesigen lebendigen Teddy streicheln würde.

Sie nahm ihren Jägermeister und prostete ihm zu, und er war so überrascht, dass er erneut zusammenzuckte und wieder Jägermeister auf seinen Pulli schüttete. Beide mussten lachen, sie noch lauter als er. Und während das Lachen ihren schönen Körper erbeben ließ, betrachtete er ihr Gesicht und lauschte ihrer hellen Stimme. Wie sie wohl aussehen und welche Geräusche sie machen würde, wenn er sie vögelte?

»Du bist süß«, sagte sie und ging.

Zwei gar nicht so schlechte Dildo-Frauen boten sich im Laufe des Abends an, beide Ende fünfzig. Ihre Zähne waren in Ordnung, und sie sahen gut aus. Als junger Mann hatte er etwas ältere Frauen bevorzugt. Als Siebzehnjähriger war er mal mit einer Siebenundvierzigjährigen zusammen gewesen, und als Zweiundzwanzigjähriger hatte er eine Frau Mitte sechzig gevögelt. Zu einem gewissen Zeitpunkt hatten sie ihm nicht alt genug sein können. Wie er mit seinem jungen Körper den älteren Frauen die Slips auszog, hatte etwas Freches, außerdem konnte er sie wieder und wieder vögeln, fünfmal oder siebenmal, wenn es sein musste. Jetzt, da er selbst älter war, zog er jüngere Frauen vor, vielleicht sogar aus

denselben Beweggründen wie damals. Allein wegen des Gegensatzes: das Alte und das Junge miteinander verwoben. Während er mit sich ausmachte, welche der beiden Frauen er mit nach Hause nehmen sollte, beobachtete er die Rothaarige, und auch sie sah noch manches Mal in seine Richtung. Plötzlich, während er am Tresen lehnte, hörte er sie fragen:»Ist das da deine Frau?« Sie nickte zu einer der Dildo-Frauen hinüber, mit der er im Laufe des Abends gesprochen hatte und die jetzt vor der Toilette wartete.
»Nein, nein.«
»Was meinst du? Sollen wir dann nicht zu dir nach Hause gehen?«

Als er die Vernissage mit der Rothaarigen verließ, warfen die Dildo-Frauen ihm die bösesten Blicke zu, die man sich nur vorstellen konnte, aber das war ihm egal. Im Grunde freute ihn das nur.

Auf dem Weg durch die verschneite Stadt zu seiner Wohnung liefen sie einfach nur redend nebeneinander her. Ihr Name war Mia. Sie küssten sich nicht, erst auf dem Flur seiner Wohnung kam es dazu, sie hielt ihn aber etwas auf Abstand, spielte die Schüchterne. Dann platzierte sie ihn auf dem Bett und begann sich auszuziehen. Sie strippte für ihn und zeigte ihm ihre kleinen, schneeweißen Brüste, die sie noch nackter aussehen ließen. Zum Schluss zog sie ihren Slip aus und präsentierte einen kleinen, aber wild wuchernden, roten Busch. Er zog sich aus und setzte sich aufs Bett. Sie nahm seinen in diesem Augenblick außergewöhnlich großen und steifen Schwanz und begann, ihn zu küssen und damit zu spielen. Sie vögelten die ganze Nacht. Er kam fünfmal. Bei einer durchschnittlichen Dildo-Frau kam er einmal, maximal zweimal, wenn es denn hoch herging. Am Morgen hatten sie noch einmal Sex, bevor sie einen Kaffee tranken und Mia verschwand.

In den folgenden Tagen malte er ununterbrochen. Er überprüfte immer wieder seine Facebookseite, bekam aber keine Nachricht von ihr. Nach ein paar Tagen begann er sich Sorgen zu machen, dass sie schwanger geworden sein könnte, und schrieb ihr die Nachricht: »Bist du schwanger?«, löschte sie aber gleich wieder. Dann schrieb er: »Bist du okay?«, löschte aber auch diese Nachricht gleich wieder. Was, wenn ihr Vater oder ihre Mutter ihr Profil checkte und heimlich ihre persönlichen Nachrichten las? Wie alt war sie eigentlich? Christian war unfähig, das Alter junger Frauen zu schätzen. Er tippte auf irgendetwas zwischen sechzehn und dreißig.

Ein paar Wochen vergingen, es wurde Weihnachten, aber er konnte sie nicht vergessen. Eines Abends, als er Rotwein trinkend auf der Suche nach Frauen sein Telefonbuch durchblätterte, realisierte er, dass Mia die einzige war, die er sehen wollte. Sie hatte ihm all seine Lust auf andere genommen. Sie war nicht nur jung, schön und sexy. Sie war besonders. Wie aus einer anderen Welt. Ein Fabeltier. Er schloss die Augen und stellte sie sich nackt vor, rittlings auf einem fliegenden Walross, quer über den Atlantik.

Er schloss die Augen und ließ den Ozean unter sich passieren, während die magische Mia mit ihrer Muschi seinen Walrossschwanz massierte.

Er suchte ihre Nummer heraus und rief sie an.

Kapitel 4

Emma unternimmt einen Selbstmordversuch

Emma lief über den Bürgersteig, nur dass sie den Bürgersteig nicht sah. Sie lief durch die Stadt, aber nirgendwo waren Häuser. Sie war auf dem Weg zu einer Vorlesung in der Copenhagen Business School, sah um sich herum aber keine Menschen, sondern nur schwarze Gestalten, die sich durch einen Schneesturm kämpften. Überall war es weiß. Nur weiß. Sie war wie einer der Charaktere in der russischen Geschichte, die ihre Mutter ihr erzählt hatte, als sie noch klein gewesen war. Ein reicher Mann wollte mit seinem Diener in die Stadt, aber es gab ein schreckliches Unwetter. Der Mann hatte seine Frau immer wieder betrogen und seine Dienerschaft geschlagen. Sein Diener riet ihm, zu Hause zu bleiben, bis das Wetter besser war, aber der Hausherr beachtete den Rat nicht. Sie fuhren hinaus in den Schneesturm und verirrten sich. Nach einer Weile konnten die Pferde nicht mehr, sie brachen zusammen und starben. Auch den Diener verließen nach einer Weile die Kräfte, doch dann geschah das Seltsame: Der ansonsten so unangenehme Herr legte sich auf seinen sterbenden Diener, nicht um von dessen letzter Wärme zu profitieren, sondern um ihn gegen das Wetter abzuschirmen. Emma verstand die Geschichte nicht, aber das

Wetter erinnerte sie an die fehlende Orientierung, die jeden überkommt, der sich in einen Schneesturm begibt. Vielleicht war es die eigentliche Pointe der Geschichte, dass ein Schneesturm alle Unterschiede beseitigt – auch zwischen Dienern und Herrn.

Die U-Bahn hatte sie nicht nehmen können, sie schaffte es nicht, sich auf die Sitze zu setzen, ertrug den Geruch nicht, verkraftete es nicht, so viele Menschen auf einmal um sich zu haben. Und zum Radfahren war der Wind zu stark, außerdem waren die Straßen nicht geräumt worden. Blieb also nur, zu Fuß zu gehen. Der Wind wehte ihr direkt ins Gesicht. Es war kaum jemand auf der Straße. In gewisser Weise war das perfekt. Sie dachte, dass das Wetter ihr recht gab, zu ihr passte. Der Frost reinigte alle Oberflächen und säuberte die Luft. Würde es doch immer so bleiben, wünschte sie sich. Vielleicht sollte sie nach Kanada ziehen? Andererseits reagierte man auf Schnee und Kälte mit gemütlichen Wohnzimmern und Feuer im Kamin, wovon einem die Nase zu laufen begann. Dann wachten auch die Bakterien auf. Und darauf hatte sie keine Lust. Sie wollte nur hier im Schneesturm bleiben und lief weiter in Richtung CBS. Niemand sah sie, niemand wusste, dass sie zu Fuß nach Frederiksberg ging. Die Luft war weiß von winzigen Schneeflocken, als hätten Himmel und Erde sich vereint. Alle Geräusche waren gedämpft und leise. Ihre langen, hellen Haare versteckten sich unter Mütze und Schal, den sie sich auch ums Gesicht gewickelt hatte. Nur ihre Augen waren zu sehen. Sie hätte an Stig oder Elisabeth vorbeigehen können, ohne erkannt zu werden.

Sie folgte dem leuchtenden Pfad des Schnees. Rechts und links davon war es dunkel, dort war nichts. Warum das so war, wusste sie nicht. Es hatte wie ein Spiel begonnen, als sie noch ein Kind gewesen war. Ganz unschuldig. Hätte sie damals besser aufpassen müssen, damit das Dunkel sich nicht ausbreitete und immer mehr von ihrer Welt und ihr selbst in Besitz nahm?

Geblieben war nur der schmale Pfad, die leuchtende Brücke. Manchmal nur Punkte oder Flächen, auf die sie treten konnte, als liefe sie über einen riesigen See. Ja, das war ein gutes Bild. Sie lief über einen zugefrorenen See, das Eis schmolz, und sie konnte jederzeit einbrechen. In Gedanken sah sie das Eis splittern und ihren Körper langsam im Wasser versinken. Bei der Kälte kamen Körper nie wieder an die Oberfläche. Sie sanken zu Boden, ins Dunkle, wo keine Stimmen sie jemals erreichen konnten und alles langsam und still vor sich ging. So wollte sie leben. So sollte es in der Welt sein, und so würde es sein, wenn sie etwas ändern könnte. Sie wollten sicherstellen, dass alles ganz langsam und still vor sich ging: keine schreienden Menschen, keine Autos, die sich plötzlich lärmend näherten, keine Krebszellen und Bakterien, die in der Wärme mutierten.

Sie schluckte etwas Speichel und spürte, wie ihr Hals sich zusammenzog, bis ihre Speiseröhre nur noch stecknadelkopfgroß war. Sie zog die Handschuhe aus, obwohl es eiskalt war. Wollte untersuchen, ob die Knoten an ihrem Hals größer geworden waren. Sie spürte nichts, wusste aber, dass sie da waren. Sie öffnete den Mund, damit die Luft sie durchspülen und ihren Hals reinigen konnte. Vielleicht vertrugen Krebszellen ja keinen Frost? Vielleicht würde die Kälte sie abtöten, wenn sie den Mund lange genug offen ließ, so wie Läuse und Parasiten in einer Gefriertruhe starben. Sie wollte den Mund offen lassen, bis sie nicht mehr konnte. Die Kälte schnitt ihr in den Hals, ein läuternder Schmerz. Sie suchte nach einem Ort, an dem sie sich hinsetzen konnte, einem Ort, an dem die wenigen Menschen, die unterwegs waren, sie nicht sahen. Sie verließ den Pfad und ging zu einem Spielplatz, der etwas abseits lag. Auf der Rasenfläche lag der Schnee überraschend hoch, ihre Füße verschwanden bei jedem Schritt, den sie machte. Sie setzte sich hinter eine Spielhütte, wo niemand sie sehen konnte. Hielt den Mund offen. Die Kälte sammelte sich langsam in ihren

Lungen. Sie hob den Kopf, schloss die Augen und konzentrierte sich auf ihre Atmung. Es war nicht so beängstigend wie sonst. Die Kälte brannte in ihren Lungen, schnitt und zerrte, beseitigte Krankheiten und Ungeziefer in ihrem Inneren. In Gedanken sah sie sich zum Grund des Eismeeres sinken. Es wurde dunkler und dunkler und ganz, ganz still.

Emma kam zu sich, als eine Frau sie schüttelte. Sie war bei vollem Bewusstsein, konnte sich aber nicht bewegen und auch nicht hören, was die Frau rief. Sie registrierte nur, dass sie telefonierte und mit Emma zu reden versuchte. Emma wollte ihr antworten, sagen, dass alles okay sei, dass sie keine Hilfe brauche, dass alles gut sei und sie sich nur ein bisschen hingesetzt habe, aber es ging nicht. Dann kam der Krankenwagen. Das Blaulicht erstickte fast im Schneegestöber. Zwei Männer hoben sie auf eine Trage. Ihr Bein brannte, als sie es ausstreckten. Sie schloss noch einmal die Augen. Es war, als wäre sie wieder ein Kind, als trügen Mutter und Vater sie in der Nacht zum Auto. Man schlief, registrierte aber trotzdem, wie man durch die Luft flog und schließlich in seinem eigenen Bett landete. Sie erinnerte sich an einen Sommer, als sie noch klein gewesen war. Sie hatten das Elternhaus ihrer Urgroßmutter in einem Dorf in Jütland besuchen wollen. Es war am Tag nach der Beerdigung der alten Frau gewesen. Sie fuhren über einen schmalen Feldweg, aber dort, wo eigentlich das Dorf liegen sollte, war der Weg ganz einfach zu Ende. Das Dorf war weg, es existierte nicht mehr. Nicht ein einziges Haus war geblieben, keine Mauer, nicht einmal ein alter Schuppen oder ein paar Ziegel. Niemand hatte je erklären können, wie das Dorf hatte verschwinden können.

Sie wachte im Krankenhaus auf. Elisabeth saß neben ihrem Bett und hielt ihre Hand. Sie drehte den Kopf und lächelte ihre Mutter an, versuchte sie zu beruhigen.

»Ich wollte mich nur ein bisschen hinsetzen«, sagte sie mit leiser, heiserer Stimme. Elisabeth nickte und drückte ihre Hand. Emma sah, dass ihre Mutter geweint hatte. Ihr Körper tat weh, als wäre er eingeschlafen und wachte jetzt wieder auf. Das Blut eroberte ihn zurück. Emma legte den Kopf auf das Kissen und stellte sich vor, wie eine Flutwelle durch ihre Adern strömte, die trockenen Ufer überspülte und ganze Bäume mitriss, die dann alle schlafenden Zellen weckten. Das war der Schmerz, den sie spürte. Ihr Körper oder Teile davon mussten sich schon tot gewähnt haben. Sie schloss die Augen, und alles wurde schwarz wie das Blut, das durch sie strömte. In ihrem Körper war es dunkel, ein einziges schwarzes Versteck. Auch das Blut wurde erst rot, wenn es den Körper verließ.

Vielleicht ritzen die Menschen sich deshalb, dachte sie. Vielleicht wollen sie, dass das Blut rot wird?

Irgendwo zwischen Traum und Wirklichkeit stellte sie sich vor, dass ihre Organe ursprünglich einmal Meerestiere gewesen waren, die Gott im Hohlraum der menschlichen Körper platziert hatte, wo sie im Laufe von Tausenden von Jahren auf simple Funktionen reduziert worden waren. Die Leber war ursprünglich ein glänzender Lachs und das Herz ein Tintenfisch gewesen.

Kapitel 5

Wie Stig Galerist wurde

Als Emma ins Krankenhaus eingeliefert wurde, saß Stig in einer Besprechung mit der Künstlerin Nina Hjort, die sich darüber beschwerte, dass ihr Kunstkurs von der Gemeinde gestrichen worden war. Sie fragte Stig, wovon sie jetzt leben solle, als wäre das sein Problem oder etwas, worüber er ernsthaft nachdenken würde. Ihr Kleid war zu eng. Es betonte ihren Bauch auf fast vulgäre Weise, aber das schien ihr egal zu sein. Niemand mit einer gewöhnlichen Arbeit würde jemals ein solches Kleid tragen, dachte Stig.

»Wirklich blöd«, sagte er, denn mit Sympathieerklärungen kam man üblicherweise weit.

»In der Tat, ich habe nicht mal genug Geld für das Material, kann also auch nicht malen«, sagte sie lächelnd, als wäre es eine letzte und vollkommen absurde Strafe für die Welt. Stig wusste, dass sie auf Unterstützung hoffte. Wenn nicht auf eine Soloausstellung, so doch auf einen Vorschuss.

Elisabeth rief an. Er nahm das Gespräch sofort entgegen, denn Elisabeth meldete sich nur, wenn es wirklich wichtig war. Er ging in die Küche der Galerie.

»Stig, Emma hat versucht, sich das Leben zu nehmen«, sagte Elisabeth. Stig sackte einen halben Meter durch den leeren Raum, bis er wieder in seinem Körper landete. Dann unterrichtete Elisabeth ihn, dass Emma schon seit zwei Stunden im Krankenhaus war.

»Sie schläft jetzt.«

»Ich komme sofort«, sagte Stig und legte auf. Nina las etwas auf ihrem Handy. Er hasste sie dafür, ihrem Scheiß gelauscht zu haben, während seine Tochter fast gestorben und ins Krankenhaus gekommen war.

Er nahm seine Jacke und sagte Nina, dass er gehen müsse, seiner Tochter gehe es nach einem Selbstmordversuch sehr schlecht. »Shit«, antwortete sie, redete dann aber weiter über sich, während Stig die Tür schloss.

»Und Arbeitslosenhilfe kriege ich auch nicht, weil ich nicht lange genug gearbeitet habe.« Stig hatte eigentlich vorgehabt, ihr eine Gruppenausstellung in ein paar Monaten anzubieten, um ihr etwas zu helfen, hätte ihr jetzt aber am liebsten ins Gesicht geschlagen.

Er fuhr mit dem Fahrrad bis nach Hvidovre. Natürlich hätte er auch ein Taxi nehmen können, aber er konnte nicht klar denken und wollte einfach nur weg von Nina. Kurz vor dem Krankenhaus musste er einen Umweg fahren, weil Muslime aus der Einwandererzone Steine in Richtung einer Demonstrantengruppe warfen, auf deren Bannern und Plakaten Sprüche zu lesen waren wie »Islam raus aus Dänemark« oder »Islam = Nazismus«. Ein Soldat bat Stig freundlich, die andere Straßenseite zu nehmen. Stig warf einen Blick durch den Zaun. Die jungen Muslime grinsten die Demonstranten auf der anderen Seite provozierend an. Als er weiterfuhr, kam ihm plötzlich der Gedanke, dass diese Leute auch Emma antasten könnten. Er stellte sich vor, wie sie sie lachend festhielten und Emma sich zu befreien versuchte. Stig stellte das Fahrrad ab und rief: »He, du da! Lass meine Tochter los!« Der junge Typ ließ sie gehen und kam selbstsicher auf Stig zu. Dann starrte er ihn voller Bosheit an, nichts davon ahnend, dass es Stigs Traum war und nicht sein eigener. Er versuchte, Stig zu schlagen, der allerdings elegant abtauchte. Für einen Moment sah Stig so etwas wie Zweifel im Blick des Arabers. Dann griff er erneut an. Stig zuckte mit dem Kopf zur Seite und rammte ihm die Faust ins Gesicht. Der Araber hob die Hände und taumelte zurück. Stig trat ihm an die Seite seines Knies, sodass es brach. Der Araber sackte schreiend zu Boden, und noch im Fallen trat Stig ihm gegen den Kopf, sodass der Schädel des jungen Mannes auf den Asphalt knallte. Der Mann lag bewusstlos auf dem Bürgersteig, als Stig mit Emma an der Hand den Ort des Geschehens verließ. Sie sah lächelnd zu ihm auf, und er drückte ihre Hand und erwiderte ihr Lächeln. Keiner der anderen Einwanderer versuchte etwas, dafür war Stig zu beeindruckend gewesen, seine Technik war einfach überlegen. Emma sah noch einmal zu ihm auf und drückte sich an ihn.

Am Krankenhaus angekommen, stellte er das Fahrrad ab, rannte hinein und stürmte kurz darauf in Emmas Zimmer. Elisabeth saß an ihrem Bett. Er setzte sich auf die andere Seite und sah Emma besorgt an. Sie schlief.

»Ist sie okay?«, fragte er flüsternd.

Elisabeth nickte, war aber den Tränen nahe. Stig musterte Emma. Ihr Gesicht war das eines Kindes. Sie hatte weiße Flecken auf Nase und Stirn.

»Was ist passiert?«, flüsterte er. Elisabeth stand auf und nickte in Richtung Tür. Sie setzten sich auf den Flur. Gegenüber stand ein Bett, in dem eine alte Frau schlief. Ihr Po ragte unter der Decke hervor. Sie trug eine Windel. Etwas weiter entfernt lagen drei weitere Alte. Daneben saß ein dünner, alter Mann mit gelber Haut, der mit offenem Mund in Stigs Richtung starrte. Ob er ihn aber wirklich sah oder nur vor sich hin starrte, war nicht zu erkennen.

»Sie hat sich einfach so in den Schnee gesetzt«, sagte Elisabeth.

»Gesetzt?«

»Ja, sie …« Elisabeth begann zu weinen. So hatte Stig sie wirklich noch nie gesehen. Sie versuchte, die Tränen zurückzuhalten, aber es ging nicht. Er legte seinen Arm um sie.
»Sie hat sich einfach in den Schnee gesetzt, Stig.«
Stig hielt sie fest, während sie weinte. Nach einer Weile wischte sie sich die Augen ab.
»Was wollte sie denn da?«, fragte Stig.
»Nichts. Einfach nur sitzen. Der Arzt meint, dass sie mindestens zwei Stunden dort gesessen haben muss«, schluchzte Elisabeth.
»Zwei Stunden«, wiederholte er.
Sie war immer schon hartnäckig gewesen. Stig dachte spontan an eine Episode, als Emma vielleicht vier Jahre alt gewesen war. Er war in ihr Zimmer gekommen, um sie ins Bett zu bringen, aber sie hatte »Nein« gesagt und sich standhaft geweigert. Sie war nicht ausgeflippt, hatte weder geschrien noch geweint, wie andere Kinder es vielleicht getan hätten. Sie sagte einfach nur »Nein«, als wäre ihre Einschätzung ebenso viel wert wie seine. Irgendwann hatte er einfach aufgegeben, war besorgt ins Wohnzimmer gegangen und hatte ferngesehen, dabei aber immer wieder auf die Spielgeräusche aus ihrem Zimmer gelauscht. Erst gegen elf Uhr war er wieder zu ihr gegangen, und auch nur, weil Elisabeth bald nach Hause kommen würde. Emma hatte inmitten ihres Spielzeugs auf dem Boden ihres Zimmers geschlafen. Stig hatte sie daraufhin aufs Bett gelegt und ihr die Kleider ausgezogen. Sie war schlaff wie eine Stoffpuppe gewesen. Dann war er neben ihr ins Bett gekrochen, und sie hatte sich zufrieden an ihn gekuschelt. Er erinnerte sich noch, dass das damals einer der glücklichsten Momente seines Lebens gewesen war.
Elisabeth zupfte an seiner Jacke, als der Arzt kam. Ein dynamischer Mann in den Fünfzigern mit Brille auf der Stirn, weißen Arzthosen, einem T-Shirt und extrem behaarten Armen. Locken umrahmten seine hohe Stirn. Er sah aus wie ein in die Jahre gekommener Surfer.

»Da haben wir also die Eltern«, sagte er in Anbetracht der Situation etwas zu laut und forsch. Beide gaben ihm die Hand, und sogar Elisabeth musste sich seiner Ausstrahlung unterwerfen. Er sprach leiser weiter, während seine blauen Augen Elisabeth fokussierten, die er allem Anschein nach als würdigere Ansprechpartnerin einschätzte.

»Wenn ich richtig informiert bin, sind Sie auch Ärztin?« Elisabeth nickte. »Emma wurde mit einer akuten Hypothermie eingeliefert. Sie hat einen erhöhten Laktatspiegel, und es besteht die Gefahr von Arrhythmien. Deshalb behalten wir sie über Nacht erst einmal hier und beobachten sie. Sie hat reaktive Hyperämie aufgrund der zuvor erlittenen Vasokonstriktion an Händen, Füßen und Nase. Sie hat ziemlich lange da draußen gesessen.« Er warf einen Blick in seine Unterlagen und hielt sich die Brille vor die Augen.

»Der Test auf Intoxikationen ist negativ ausgefallen.« Er schob die Brille wieder auf die Stirn und wandte sich dann an Stig. »Wir behalten sie hier, bis wir uns ganz sicher sind, dass sie okay ist. Aber ich würde mir keine Sorgen machen.« Er reichte beiden die Hand und ging.

»Was hat er gesagt?«, fragte Stig.

»Sie lassen sie am EKG, um zu sehen, ob ihr Herz durch die Unterkühlung Schaden genommen hat«, sagte Elisabeth.

Stig bekam Angst. »Er glaubt aber nicht, dass sie etwas am Herzen hat, oder?«

Elisabeth sah ihn müde an. »Nein.«

»Gut«, antwortete Stig und wollte ihr über den Rücken streicheln, aber sie schob seine Hand weg.

Elisabeth ging wieder zu Emma ins Zimmer, und Stig folgte ihr. Sie setzte sich zu ihr, und Stig nahm auf der anderen Seite des Bettes Platz. Beide betrachteten Emmas schlafendes Gesicht.

»Ich ziehe um«, sagte Elisabeth.

»Du willst dich scheiden lassen?«, fragte er überrascht.

»Nein, du bist herzlich eingeladen, mit mir zu gehen. Aber ich ziehe nach Lolland, und ich nehme Emma mit.«

Stig schwieg. Er wusste nicht, was er sagen sollte. Als er sich nach einer Weile wieder gefangen hatte, fragte er: »Ist der Zeitpunkt für so eine Diskussion nicht schlecht?«

»Da gibt es nichts zu diskutieren.«

Eine Schwester kam ins Zimmer und klebte Elektroden auf Emmas Brust. Sie schaltete das EKG ein und überprüfte den Bildschirm.

»Die muss sie bis morgen tragen«, sagte die Krankenschwester und lächelte freundlich.

Elisabeth und Stig starrten auf den Bildschirm.

»Ich habe mich entschlossen. Ich denke ja schon sehr lange darüber nach.«

Stig wollte etwas sagen, über seine Lippen kam aber nur ein unzufriedenes Brummen.

Eine ganze Weile saßen sie schweigend da, nur unterbrochen von Stigs Zigarettenpausen. Gegen Abend wachte Emma auf, sodass sie ein paar Worte wechseln konnten. Emma machte keinen traurigen Eindruck, sie war einfach nur erschöpft und schlief schnell wieder ein.

»Du musst nicht hier sein«, sagte Elisabeth.

»Nein, aber ich möchte hier sein.«

»Wolltest du nicht zu einer Vernissage? Du kannst ruhig gehen, ich bin ja hier«, sagte sie.

Stig stand auf, dabei wollte er bei Emma bleiben. Eigentlich war das der einzige Ort, an dem er auf dieser unbequemen Welt sein wollte. Er wollte die ganze Nacht ihre Hand halten, zog aber trotzdem seine Jacke an und sagte: »Okay, na dann ... sehen wir uns irgendwann zu Hause.«

Er ging, weil er als Kind gelernt hatte, dass man dafür einen Fuß vor den anderen stellt. Er fuhr mit dem Aufzug nach unten, ging zu seinem Fahrrad, schloss es auf, setzte sich auf den Sattel und begann, in die Pedale zu treten, schließlich kann man nicht auf einem Fahrrad sitzen, das sich nicht bewegt. Und da er vor Elisabeths Anruf eigentlich auf die Vernissage von Nikolaj Markman hatte gehen wollen, fuhr er in diese Richtung. Im Grunde hatte er jedoch nicht die geringste Ahnung, warum er tat, was er tat, wie er auch nicht wusste, warum Dänemarks größter Galerist ihn überhaupt eingeladen hatte. Aber vielleicht lud er ja immer andere, zweitrangige Galeristen ein, sodass Stig ganz logisch irgendwann an der Reihe gewesen war.

Er stellte das Fahrrad auf dem Parkplatz zwischen all die teuren Autos. Der Künstler war der Amerikaner Phillip Todd, der eine feste Ausstellung im renommierten Kunstmuseum Louisiana hatte. Stig versuchte, ein Programm zu finden, aber es gab keins. Stattdessen nahm er ein Glas Wein. Die Gäste waren ganz anders als die, die zu seinen Vernissagen kamen und vielleicht nur auftauchten, um gratis ein Glas Bier oder Wein zu trinken. Hier waren es vor allem ältere Männer in maßgeschneiderten Anzügen mit Frauen in teuren Kleidern. Er pickte einen heraus und fragte ihn, ob er die Preise der ausgestellten Werke kenne, doch der Mann lächelte nur und sagte, es sei alles längst verkauft. Die Gäste waren ausnahmslos vornehmer gekleidet als Stig, selbst die dicken, alten wirkten eleganter als er. Ihre Frisuren hatten etwas Harmonisches, der Stoff ihrer Kleider fiel besser, und ihre Gesichter waren ausdrucksstärker als Stigs, als würden sie andere Nahrung zu sich nehmen und ein besseres Shampoo benutzen. Versehentlich sah er sich dann auch noch im Spiegel. Er wirkte müde, trug ein verwaschenes Hemd, eine schwarze Jeans und ein rotes Halstuch. Im Spiegel hinter sich sah er einen jungen Künstler, den er kannte, Emil Schönemeyer. Er drehte sich um, grüßte ihn freundlich und vielleicht etwas zu auffordernd, denn so gut kannten sie sich auch nicht. Emil und seine modeldünne Begleiterin erwiderten reserviert den Gruß und gingen weiter. Stig erinnerte sich, dass er Monate zuvor bei einer Vernissage in der Galerie Asbæk ein Gespräch zwischen Emil und einem anderen Künstler mitbekommen hatte, als er zum Rauchen nach draußen gegangen war. Emil hatte den anderen gefragt, wo die Textilmalerin Charlotte Mogensen ausstelle, und der andere hatte erwidert: »Bei Stig.«

»Bei Nazi-Stig?«, hatte Emil fragend wiederholt, und dann hatten die beiden verschworen gelacht, bis sie ihn bemerkt hatten. Etwas später hatte der andere Emil zu verteidigen versucht.

»Das war nicht böse gemeint«, hatte er gesagt, während Stig nur dumm gelächelt hatte. »Das ist bestimmt, weil viele Sie Nastig nennen, und das klingt ja ein bisschen wie Nazi, oder? Sie sind ihm doch nicht böse deswegen?«

»Nein, natürlich nicht, in mir hat immer ein Nazi geschlummert«, hatte Stig erwidert, sein charakteristisch schneidendes Lachen angestimmt und sich innerlich dafür gehasst.

Es ging ihm nicht anders, als er etwas später auf der Toilette seinem Spiegelbild begegnete: die halblangen, grauen Haare, das Halstuch und die enge Jeans. Elisabeth hatte recht, es war lächerlich, auf Vernissagen zu gehen und mit irgendwelchen bekloppten Künstlern zu reden. Vielleicht wäre es für sein Ansehen wirklich das Beste, aus der Stadt zu ziehen. Wer etwas von ihm wollte, konnte ja zu ihm kommen.

Er dachte an Emma. Was machte er hier überhaupt? Er stellte sein Glas ab, um zurück nach Hvidovre zu fahren, als Nikolaj Markman zu ihm kam und ihn herzlich begrüßte. Auch ein junges Mädchen im Blaumann grüßte ihn freundlich, ohne dass Stig wusste, wer das war. Markman redete vertraulich mit ihm, als würden sie sich gut kennen.

»Hallo, Stig. Schön, dass du kommen konntest.«

»Danke«, sagte Stig. »Es sieht alles ... wirklich spannend aus.«

»Ja, ziemlich klassischer Phillip Todd. Ich habe schon seit fünf Jahren eine Vereinbarung mit ihm, dass er bei mir ausstellt, aber wie das manchmal so ist, konnten wir das erst jetzt realisieren. Er hatte ein halbes Jahr, um die Ausstellung vorzubereiten, und letzte Woche rief er dann tatsächlich an und sagte, er sei jetzt mit dem letzten Bild fertig.« Markman grinste verschworen. Auch Stig lächelte, obwohl er nicht erkannte, was witzig daran war. Markman erzählte Stig, dass Todd ziemlich exzentrisch sei. Er habe ein System mit seinen Fingern. Mit der linken Hand bildete er mit Zeigefinger und Daumen einen Kreis, stieß mit dem rechten Zeigefinger hinein und versuchte, den Kreis zu brechen. Gelang ihm das, hieß das »ja«, gelang es ihm nicht, hieß das »nein«. Dabei sei wirklich jedem klar, dass es Todd war, der entschied, ob das passierte oder nicht. Er sei ja schließlich der Herr über seine Hände. Trotzdem behauptete Todd, dass es eine gute Methode sei, um Entscheidungen zu treffen. Eine bewusste Möglichkeit, unbewusst zu handeln. Ein paar Stunden vor Beginn der Vernissage habe Todd dann die Lokale inspiziert und sie mit seinem Fingersystem überprüft. Mit dem Resultat, dass eine sechs Meter lange Wand laut Todds Unterbewusstsein zu kurz war und um vier Zentimeter verlängert werden musste. Markman lachte, als er diese Geschichte erzählte.

»Also, dann geh mal rum und sieh dir alles an. Anschließend gibt es noch etwas zu essen, wenn du möchtest.«

Stig nickte lächelnd, aber er wollte zurück ins Krankenhaus. Er verstand wirklich nicht, warum er nicht bei Emma geblieben war. Aber bevor er ging, wollte er wenigstens einen Blick auf die Ausstellung werfen.

Stig kannte Todd, er wusste, dass er ein Postminimalist war und das Ziel verfolgte, dem Betrachter so wenig wie möglich zu geben. Trotzdem erschütterte ihn das übertrieben Geizige, extrem Minimalistische der Ausstellung. Todd hatte ein paar Spanplatten angesägt, allem Anschein nach vollkommen willkürlich, und dann hier und da ein paar Farbkleckse auf die Platten gemalt. Die

Platten sahen aus, als hätten ein paar Schüler darauf das Bühnenbild für ein mittelmäßiges Theaterstück zusammengezimmert. Die übrigen Skulpturen bestanden aus Styroporplatten, die zu simplen, abstrakten Formen zusammengesetzt und weder bemalt noch sonst irgendwie verändert waren. Unter den Skulpturen lagen Styroporkügelchen, sodass Stig sich die Frage nicht verkneifen konnte, ob diese Kügelchen jetzt auch von besonderem Wert waren. An der Wand hingen Bleistiftzeichnungen. Sie stellten einen Halbkreis und einen Punkt dar. Mehr nicht. Die Skulpturen kosteten, wie er inzwischen erfahren hatte, sechshunderttausend Kronen und die Zeichnungen einhundertachtzehntausend. Bei seinem Rundgang stieß Stig auf Christian Funder. »Ist das ein Scheiß«, brummte der Maler. Stig wusste nicht, ob es wirklich Scheiß war, denn er verstand es nicht.

Trotz seines Vorsatzes, zu Emma zu fahren, blieb Stig dann doch mit ein paar anderen bis zum Essen mit dem Künstler. Hauptsächlich wegen Christian Funder, seinem wichtigsten Künstler. Todd hielt eine sehr schöne Rede, in der er unter anderem auf sein Fingersystem zu sprechen kam, das ihn, wie er meinte, durchs Leben geleitet und ihn zu dreiundachtzig Prozent die richtigen Entscheidungen habe treffen lassen. Es war bizarr, dass ein derart intelligenter, zurückhaltender Mann sich auf diese Weise leiten ließ. Todd hörte sich ansonsten vollkommen vernünftig an. Er schien wirklich etwas von der Gesellschaft zu verstehen, ohne dabei wie ein Schulmeister zu wirken. Stig musste sich unwillkürlich die Frage stellen, welchen Unsinn seine Künstler bei einem vergleichbaren Essen erzählt hätten. Er wagte den Gedanken nicht einmal zu Ende zu denken. Stig saß Christian gegenüber, der von zwei Frauen flankiert war. Nikolaj Markman stand auf und sagte ein paar Worte, um Todds Rede abzurunden. Er erklärte, welch Ehre es für ihn sei, diese Ausstellung arrangieren zu dürfen, und erzählte dann noch einmal die Geschichte, dass Todd sechs Monate am der Ausstellung gearbeitet habe und erst letzte Woche mit dem letzten Bild fertig geworden sei. Alle lachten, Todd eingeschlossen. Und auch Stig lachte wieder, obwohl er die Pointe noch immer nicht verstanden hatte. Markman verkaufte an diesem Wochenende Werke für mehr als sechs Millionen Kronen.

Es war dunkel und stürmte, als Stig auf seinem alten Fahrrad zurück zum Krankenhaus in Hvidovre fuhr. Er hatte ein seltsames Gefühl im Körper, eine Unruhe, die er nicht einordnen konnte. Er wusste nicht, ob das wegen der Sorgen um Emma war oder ob es an Todds Ausstellung lag.

Die Kunstszene hatte sich verändert, seit er Galerist geworden war. Es war nicht mehr wie in den alten Tagen im Floss, wo die Dinge einfach geschahen, ohne dass Stig sich groß Gedanken darüber machen musste. Damals war alles einzig und allein vom Zufall bestimmt gewesen. Sogar die Tatsache, dass er Galerist wurde. Stig hatte sich zu dieser Zeit nicht sonderlich für Kunst interessiert, bis Mogens, ein schwuler Stammkunde, irgendwann 1983 Aids bekam. In den letzten sechs Monaten seines Lebens begann Mogens ohne jede Vorbildung zu malen und schuf insgesamt mehr als fünfzig Bilder. Alle wild und expressiv. Er hatte sich dabei nicht nur auf die Leinwände beschränkt, sondern seine ganze Wohnung genutzt, die Decke bemalt, die Wände und alle Möbel. Betrachtete man die Kunstwerke heute mit etwas mehr Abstand, hätte man sie vermutlich für wertlos gehalten, aber Mogens war Stammgast im Floss und bei allen beliebt. Außerdem war Kunst damals etwas anderes gewesen. Es ging bei den Bildern viel mehr als heute um den Ausdruck, um die Härte und Verzweiflung, die aus ihnen sprach. Stig bot Mogens an, die Bilder in dem Keller auszustellen, der zu seiner Wohnung gehörte. Er holte sie sogar bei Mogens ab und hängte sie eigenhändig auf. Der eine oder andere sah in diesen Bildern so etwas wie einen Todesschrei, was dann auch zum Namen der Ausstellung wurde. Anders, ein anderer Floss-Stammgast, machte ein Foto, auf dem Mogens vor dem Floss auf einem Stuhl saß, während einige der anderen Stammkunden hinter ihm standen. Es war ein fantastisches Foto, aber das wusste damals natürlich noch niemand. Stig hatte noch immer einen Abzug des Bildes in seiner Galerie hängen. Mogens saß vor allen anderen, während Stig nur wie ein Zaungast im Hintergrund zu erkennen war. Er war auf dem Bild nicht privilegiert, nicht als Galerist zu erkennen, sondern einfach nur jemand, der einem Bekannten half. Machte man heute Plakate, Flyer oder Homepages, diskutierte man, wie die eine oder andere Präsentationsart von der Zielgruppe angenommen werden würde und was man auf jeden Fall vermeiden musste. Über solche Fragen hatten sie sich damals keine Gedanken gemacht. Es musste einfach ein Plakat her. Anders hatte sich von seiner Mutter eine Kamera geliehen, und natürlich wollten alle mit auf das Foto, um Mogens zu unterstützen. Ebenso klar war, dass das Foto vor dem Floss aufgenommen wurde, wo ja sowieso alle waren. Niemand machte sich Gedanken über die Wirkung des Bildes oder wer es sehen würde und was derjenige möglicherweise dabei dachte. Hatte man damals solche Gedanken, verlor man seinen Job. Ebenso wurde man gekündigt, wenn man laut darüber nachdachte, wie man sich selbst in Szene setzen konnte, oder was man tun musste, um seiner Karriere neuen Schwung zu geben. Gedanken dieser Art waren damals ein absolutes Tabu.

Mogens' Gemälde würde heute niemand mehr ausstellen, auf jeden Fall nicht in einer Galerie mit einem gewissen Ruf. Trotzdem kamen das gesamte Floss und die Schwulengemeinschaft zur Vernissage. Mogens saß blass und dünn in eine Decke gehüllt in seinem Rollstuhl, vollgepumpt mit Speed und Heroin. Einen Monat später war er tot. Die Vernissage wurde zu einem der größten Events in Kopenhagen, über das noch viele Jahre danach geredet wurde. Die Vernissage war eine wichtige Referenz, wie ein Before-Konzert mit Fritz Fatal. Alle waren da, und wer nicht da war, log sich zu den anderen. Das Fest dauerte die ganze Nacht und endete erst am Morgen mit Sandwiches im Kaffeesalon. Die Zeitung *Politiken* wollte ein Interview mit Mogens, der aber zu schwach war, sodass schließlich Stig an seiner Stelle interviewt wurde. In der Zeitung stand tags darauf, dass die Ausstellung ein Tritt in den Magen der verknöcherten Kunstszene Kopenhagens gewesen sei, Stig wurde als Galerist bezeichnet, ja sogar als »König der Undergroundkunst«. Einen Tag später wurde er von einer ganzen Reihe von Künstlern kontaktiert, die alle ihn als Galeristen wollten. Im Laufe von einer Nacht und einem Tag war Stig von jemandem, der sich kaum für Kunst interessierte und nichts darüber wusste, zum heißesten Undergroundgaleristen Kopenhagens geworden. Er dachte damals keine Sekunde daran, dass daraus ein Job werden könnte oder dass damit Geld zu verdienen war. Von den Künstlern, die sich an ihn wandten, wählte er die drei aus, die ihm spontan am vielversprechendsten vorkamen. Er nahm sie mit ins Floss und stellte sie seinen Leuten vor. Das Floss war das Epizentrum für eine ganze Generation. Es war ein Pluspunkt, dort zu verkehren und das Klientel zu kennen. Selbst gestandene Journalisten der wichtigsten Zeitungen oder des dänischen Fernsehens waren im Floss ganz normale Gäste. Stig war mittlerweile mit allen bekannt, schließlich zählte er seit der Eröffnung zu den Stammgästen. Er war immer dort gewesen, hatte getrunken, gekifft und mit allen geredet. Er hätte damals niemals gedacht, dass ihm das einmal helfen oder gar positiven Einfluss auf sein Leben und seine Karriere haben würde. Er war einfach gern dort, nicht mehr und nicht weniger.

Stigs Künstler waren hot, weil er hot war. Ihre Werke verkauften sich, und zu den Vernissagen kamen die richtigen Leute. Natürlich war es nicht mehr wie beim Todesschrei, aber trotzdem.

Außerdem nahm er weniger Prozente als die übrigen Galeristen, was Stig damals allerdings nicht wusste. Die Galerie stand in Opposition zum Louisiana und der etablierten Kunstszene, und alle fühlten sich irgendwie echter.

Stig hatte damals gedacht, dass er einen guten Sinn für Kunst habe und seine Künstler deshalb Erfolg hätten. Es war jedoch nicht auszuschließen, dass dieser Erfolg mehr mit seinem Netzwerk zu tun hatte, wie man es später genannt hätte, oder vielleicht sogar damit, dass er eben gerade wenig Ahnung von Kunst hatte, auf jeden Fall nicht mehr als die meisten seiner Kunden. Seine Künstler gehörten nie zu den größten oder modernsten des Landes, sie würden niemals im Louisiana ausstellen. Was sie produzierten, war irgendwie einfacher. Es war Kunst, die für viele verständlich war.

Stig und Elisabeth hatten sich an einem der frühen Floss-Tage kennengelernt. Sie hatte damals an der Peripherie der Szene verkehrt. Sie war beim Todesschrei dabei gewesen und später auch im Kaffeesalon. Sie blieb aber immer etwas auf Abstand, mehr wie eine stille Betrachterin. Später traf er sie dann im Dan Turèll wieder, dem Szenetreffpunkt Ende der Achtzigerjahre. Das Floss existierte zwar noch, war aber in eine sehr harte Ecke abgedriftet. Das Heroin hatte den Ort im Laufe weniger Jahre drastisch verändert, sodass die Szene sich langsam auflöste. Es war bezeichnend für die Periode, dass die Menschen jetzt ins Dan Turèll gingen, eine Bar benannt nach einem Punkpoeten, der von der ursprünglichen Punkszene aber nie akzeptiert worden war. Die Bar hatte bestenfalls äußerlich etwas mit der Szene zu tun. Die Menschen, die hierherkamen, waren nicht wie die im Floss. Sie waren berufstätig, arbeiteten in den Medien, waren Schauspieler, Geschäftsleute, Architekten, Investmentbanker und Rechtsanwälte. Mit der Gesellschaft und der Ökonomie des Landes war es seit Jahren bergauf gegangen. Jede Familie spürte das auf ihre Weise.

Immer gab es einen, der als Erster der Familie Abitur gemacht hatte und auf eine Universität ging. Studenten aus Arbeiter- oder Bauernfamilien lebten jetzt ein ganz anderes Leben irgendwo in einer Stadt, in der alles aufwärtsging. Die Kunst war das letzte Stadium der urbanen, menschlichen Entwicklung. Sie stand über Wissenschaft und Wirtschaft, wie eine Art Nirwana, dem alle entgegeneiferten. Menschen, die Teil der Kunstszene waren, allem voran erfolgreiche Künstler, galten Ende der Achtziger, ja bis Mitte der Neunziger als mystische Genies.

Elisabeth stand an jenem Abend an der Bar. Es war 1990. Stig war siebenundzwanzig Jahre alt, Elisabeth sechsundzwanzig. Sie hatte ihr Studium abgeschlossen und machte ihr praktisches Jahr am Rigshospital. Sie war cool und lustig, nahm hin und wieder etwas Koks und hatte die Fähigkeit, all den Scheiß zu durchschauen, der einem überall begegnete. All die Leute, die sich aufbliesen und als etwas darstellten, das sie nicht waren. Dass sie sich ausgerechnet für ihn entschied, berauschte Stig wie nichts anderes.

Ein halbes Jahr später zogen sie gemeinsam in eine zweihundertfünfzig Quadratmeter große Wohnung in Christianshavn. Sie kostete dreihundertzwanzigtausend Kronen. Elisabeths Vater schenkte ihnen einen Volvo, und damit fuhren sie am Wochenende und in den Ferien herum und sammelten auf den Flohmärkten in der Provinz alte, dänische Designermöbel.

Stig nahm für die Wohnung einen Kredit auf und mietete größere Räumlichkeiten in der Bredgade an, unweit von Bruun Rasmussen. Seine erste Ausstellung in der neuen Galerie war eine Fotoausstellung mit einem New Yorker Künstler namens Jonathan Appleworth, den er zwei Jahre zuvor über das dänische Fotomodell Lisbeth Bonde kennengelernt hatte. Es war genau die richtige Ausstellung für die neuen Räumlichkeiten, weil die Fotos der angesagtesten Kunst- und Musikstars in New York die Galerie auf eine coole Weise prägten. Außerdem richtete die Ausstellung sich wirklich an alle: von alten Hippies bis zu Punks, denn sie umfasste Fotos von John Lennon und Yoko Ono, Iggy Pop, Velvet Underground, Andy Warhol, Rolling Stones und vielen anderen, oft auch noch zusammen auf denselben Bildern. Anfang der Neunziger gab es noch kein Internet, das solche Bilder allen zugänglich machte. Außerdem spielten die subkulturellen Grenzen eine geringere Rolle als noch wenige Jahre zuvor im Floss, wo sie den Umgang mit Hippies noch gescheut hatten wie der Teufel das Weihwasser. Jetzt war eine Gemeinschaft möglich, weil alle irgendwie zum Underground gehörten, jeder auf seine Weise. Es war eine Art Reality-Unterhaltung, wenn der Begriff damals auch noch vollkommen unbekannt war. Jonathan kam zur Vernissage und verliebte sich total in Kopenhagen, insbesondere in die Kopenhagenerinnen. Er hatte seinen Freund und Künstlerkollegen Sam Ferell mitgebracht, der seinerseits bei Stig ausstellen wollte. Sam machte Collagen von New York. Später heiratete er eine Schwedin und zog nach Stockholm.

Stig war irgendwann in Hvidovre und schlief bis zum Morgen auf einem Stuhl. Elisabeth hatte ein Bett bekommen, vermutlich, weil sie auch Ärztin war.

Emma wachte gegen sechs Uhr auf und wollte nach Hause, und da ihre Werte gut waren, wurde sie entlassen. Die Frauen fuhren mit einem Taxi nach Hause. Stig radelte, obwohl sie das Fahrrad auch in den Kofferraum des Wagens hätten legen können.

Es war kalt, und alles war mit einer dünnen, weißen Reifschicht überzogen. Vier Soldaten patrouillierten vor dem Zaun der gemeinnützigen Wohnungsbaugesellschaft. Auf dem Boden lagen Glassplitter, Steine und Feuerwerkskörper, die notdürftig zur Seite gefegt worden waren. Im Laufe der Nacht musste es einen Kampf gegeben haben.

Viel später

Jack versuchte sich anständig hinzusetzen. Dann legte er sich auf den Bauch, rollte aber gleich wieder auf den Rücken und setzte sich schließlich frustriert auf seinen Po und ließ sich nach hinten kippen, bis er mit dem Rücken am Baum lehnte. Wilhelm beobachtete ihn.
 »*Transformative Dissonanz*«*, sagte Wilhelm.*
 »*Häh?*«
 »*Transformative Dissonanz. Ich habe erst kürzlich darüber gelesen. Wir intelligenten Tiere erleben so etwas immer wieder. Gemeint ist damit das Gefühl, dass unsere Körper nicht zu unseren Gehirnen passen. Sieh mich an, ich kann ja nicht mal ein Buch lesen.*« *Wilhelm breitete einen Flügel aus.*
 »*Doch, kannst du. Ich habe dich doch schon viele Bücher lesen sehen. Du blätterst mit dem Schnabel um.*«
 »*Ja, ja, war vielleicht ein schlechtes Beispiel. Aber … dann nehmen wir was anderes … Wenn du läufst, dann läufst du doch auf allen vieren?*«
 »*Ja, die meiste Zeit schon.*«
 »*Ja, und das heißt dann doch wohl, dass du mit deinen Pfoten nichts anderes machen kannst*«*, Wilhelm zeigte mit einem Flügel voller Ernst in die Luft.* »*Und wenn du die Pfoten dann irgendwann frei hast, so sind es doch nur*«*, Wilhelm machte mit den Flügeln Anführungszeichen,*

»… Pfoten und keine Hände. Ich meine, Pfoten sind nicht gerade für Feinmotorik und hirnstimulierende Aktivitäten gemacht. Es gibt mit anderen Worten eine Dissonanz zwischen deinem Bewusstsein und deinem Körper, und das ist genau das, was du da eben erlebt hast.«

»Das ist nur, weil, weil … wenn ich so liege«, Jack legte sich auf den Rücken, »fühle ich mich irgendwie so … krankhaft verspielt, und wenn ich mich umdrehe, steht alles kopf, und ich kriege Lust, nach allem zu schnappen, weil es mir neu vorkommt. Verstehst du?«

Wilhelm nickte ernst. Jack fuhr fort.

»Und wenn ich so liege«, er legte sich auf alle viere, »habe ich das Gefühl, Wache halten zu müssen. Du weißt schon, wenn man sich auf den Boden drückt, ist man in der Landschaft nicht zu sehen, kann aber trotzdem alles im Auge behalten. Und wenn ich das hier mache …«, er legte den Kopf auf die Pfoten, »… will ich gleich einschlafen.« Jack schloss die Augen. Wilhelm sah Jack, der illustrierte, wie müde er vom Liegen wurde, nachdenklich an, bis er irgendwann registrierte, dass sein Freund wirklich eingeschlafen war.

»JACK«, krächzte Wilhelm und hüpfte auf der Stelle. Jack wachte auf. »Jack, du Idiot. Du bist eingeschlafen. Mitten in deiner Erklärung.«

»Oh, Entschuldigung, aber genau darum geht es ja.« Jack lehnte sich wieder mit dem Rücken an den Baum. »Nur wenn ich so sitze, fühle ich mich wie ein Mensch, oder wie auch immer man das nennen soll, dann kann ich meine Pfoten nutzen, um beim Reden zu gestikulieren.«

»Das ist sehr interessant, Jack«, erwiderte Wilhelm. »Das ist dann eine Abart der transformativen Dissonanz, eine gefühlsorientierte Variante. Dein Körper weckt gewisse Gefühle oder reizt bestimmte Bereiche im Gehirn, die unpassend und unerwünscht sind. Ich denke, auch dafür gibt es einen Begriff, vielleicht ist der nur noch nicht definiert worden.«

»Wie meinst du das jetzt wieder?«

»Ich meine, dass das, was du gerade beschrieben hast, einen Namen bekommen sollte, eine klare Definition. Jedes Tier kennt doch, was du gerade in Worte gefasst hast.«

»Ist das so?«

»Ja, bei der transformativen Dissonanz geht es ja um die Unzulänglichkeit des tierischen Körpers als Erkenntniswerkzeug, während das, was du gerade beschrieben hast – jedenfalls so, wie ich es verstanden habe –, eher beschreibt, wie sich unsere Tierkörper geradezu krankhaft an ihre Tierhirne klammern. Deine Pointe ist phänomenologisch.«

»Phänomeno… was?«

»Phäno-meno-logisch.«

»Nie von gehört.«

»Erkenntnis ist immer intentional.«

»Was bedeutet das jetzt schon wieder?«

»Dass man immer irgendetwas tut, wenn man die Welt erfährt. Man konzentriert sich auf etwas Bestimmtes. Was man tut, ist immer irgendwie zielgerichtet. Das Bewusstsein richtet sich immer auf etwas Konkretes. Man macht ja nicht einfach nichts, und täte man das, würde man ja doch etwas tun, nämlich nichts. Was ich damit sagen will, ist, dass man immer irgendetwas macht: ein Boot bauen, ein Pferd reiten, ein Haus bauen, so etwas …«

»Okay, und was willst du damit sagen?«

»Dass unsere Wahrnehmung der Welt nie neutral ist, sondern irgendwie spezifisch. Es gibt neben der menschlichen Wahrnehmung noch andere Faktoren, die Einfluss haben, nämlich dass wir uns immer irgendwie in einem Umfeld befinden, das an sich schon Bedeutung hat. Eine ganz eigene Pointe. Ich will damit sagen, dass auch die konkrete Situation, in der wir uns befinden, mitentscheidend ist – also du und ich hier unter dem Baum –, oder die Tatsache, dass wir immer zu einer Gruppe gehören mit Regeln und Normen, die wiederum Teil einer Gesellschaft ist mit Kultur und Tradition. Und so weiter und so weiter. Aus diesem Gedanken ist der Poststrukturalismus entstanden, denn was heißt es eigentlich, sich in einer bestimmten Situation zu befinden? Das ist ein weiter Begriff. Es gibt nämlich sowohl die konkrete Situation als auch eine bestimmte kulturelle und soziale Wirklichkeit.« Wilhelm sah, dass Jack nicht verstand, was er zu erklären versuchte.

»*Aber lassen wir das. Die nächste phänomenologische Pointe ist, dass unsere Erkenntnisse immer auch körperlich sind. Wir haben alle einen Körper und sind immer irgendwie damit beschäftigt, die Welt mit diesem Körper zu erforschen. Nur auf diese Weise nehmen wir die Welt wahr. Wenn du da rüberrennst, nimmst du die Welt auf eine andere Weise wahr, als wenn du hier sitzt oder an irgendetwas schnupperst. Das ist doch in etwa das, was du gesagt hast, oder?*«

»*Ja, vielleicht.*«

»*Wir sollten eine Philosophie für intelligente Tiere schreiben. Mag ja sein, dass die menschlichen Körper gut zu ihren Gehirnen passen, auf uns trifft das aber nicht zu. Allein schon die Tatsache, dass wir keine Hände haben ...*«

»*Ja, und wir nehmen mehr wahr ...*«

Wilhelm dachte nach. »*Ich bin mir nicht sicher, ob das immer so ist. Es gibt ja auch blinde Tiere.*«

»*Na ja.*«

»*Aber du hast wahrscheinlich recht, wenn du sagst, dass unsere Körper ... irgendwie körperlicher sind.*«

»*Ja, körperlicher.*« *Jack lächelte.*

Sie saßen eine Weile da und starrten vor sich hin, dann sagte Jack: »*Die Körper der Menschen sind hässlich. Ich kann gut verstehen, dass sie Kleider tragen.*«

Wilhelm lachte und nickte mit dem Kopf, wie Elstern es tun, wenn sie lachen.

»*Andererseits wären wir auch nicht so schön, wenn wir nicht unseren Pelz oder unser Federkleid hätten.*« *Wilhelm lachte weiter, flog lachend eine Runde und landete vor Jack, der plötzlich ganz traurig aussah.*

»*Ach, komm, hör auf, was ist denn jetzt schon wieder? Was ist los, Jack?*«

Wilhelm flog krächzend um ihn herum.

»*He, hör auf damit.*«

Wilhelm landete wieder.

»*Also was?*«

»Ach nichts, ich finde das nur nicht lustig.«
»Das mit dem Pelz?«
»Jetzt hör auf!«
»Okay, okay, beruhige dich.«

Sie saßen schweigend da und sahen sich um. Dann begann Wilhelm, das Gefieder mit seinem Schnabel zu reinigen. Er riss sich eine große Feder aus der Brust. *»Ah, tut das gut, die hat mich schon seit mehreren Wochen gejuckt.«*

Dann schwiegen sie wieder. Wilhelm sah zu Jack, der nur auf Hundeweise vor sich hin starrte, sodass man unweigerlich Lust bekam zu fragen, was denn los sei.

»Was ist denn los, Jack?«
»Nichts, es ist nichts.«
Wieder folgte ein Moment der Stille.
»Ich spüre doch, dass dich irgendetwas beschäftigt. Hat das mit deinem Fell zu tun? Hast du dich wieder in irgendetwas gerollt?«
»Nein, ich will nicht mehr darüber reden.«
»Jetzt hör aber auf, ich bin dein bester Freund.«
»Ja, aber ... es ist etwas ... Persönliches.«
»Was?«
»Ach ...«
»Was, Jack? Jetzt red schon.«

Jack sah sich um, als wollte er sich vergewissern, dass niemand in der Nähe war. Dann spreizte er die Beine.

»Guck mal, mir ist hier das Fell ausgegangen.« Er zeigte mit der Pfote auf seinen Schritt. Wilhelm legte den Kopf auf die Seite, um besser sehen zu können.

»Da?« Wilhelm zeigte mit dem Flügel auf eine Stelle in Jacks Schritt.
Jack nickte und legte die Beine wieder zusammen.
»Das geht jetzt schon seit Monaten so. Wenn das nicht aufhört, bin ich irgendwann kahl.«
»Ich bin mir nicht wirklich sicher, ob das was Schlimmes ist. Hat man in dieser Region nicht immer weniger Fell?«

»Doch, schon. Es fühlt sich aber wirklich so an, als würde ich Fell verlieren.«

»Hast du mit jemandem darüber gesprochen?«

»NEIN!«

»Ist ja gut. Und warum nicht?«

»Weil das peinlich ist.«

»Ist es nicht.«

»Ist es doch.«

»Filmen die etwa?« Jack zeigte auf zwei Drohnen, die über ihnen vorbeiflogen.

»Nein, oder … keine Ahnung. Auf jeden Fall filmen die nicht uns.«

»Ich weiß, dass das total paranoid ist … das mit dem Fell.«

»Red doch mal mit Stig darüber.«

»No way.«

»Dann mit Elisabeth. Sie ist immerhin Ärztin.«

»Schon.«

»Ja, aber dann sprich das doch mal an. Ich habe erst neulich gelesen, dass wir Tiere noch schlimmer sind als die Menschen, was Arztbesuche angeht.«

»Ja, es ist nur so, dass …«

»Dass was?«

»Wenn das was ist, was weitergeht … Ich meine, wer will denn schon einen kahlen Hund?«

»Du hast recht. Genau darum geht es. Aber was bitte ist daran so schlimm? Wenn du nichts gesagt hättest, hätte ich das doch gar nicht bemerkt.«

»Du hast nur deshalb nichts bemerkt, weil ich immer mit geschlossenen Beinen dasitze.«

»Darf ich mir das noch mal angucken?«

Jack spreizte die Beine, und Wilhelm inspizierte die Stelle noch einmal gründlicher.

»Also, da ist wirklich nichts«, sagte Wilhelm. *»Das sieht vollkommen normal aus.«*

Jack legte die Beine zusammen und blinzelte ins Sonnenlicht. Dann streckte er sich lang aus. »Aber ich fühlte mich nackt, und dann stimmt das doch irgendwie.«

Wilhelm hüpfte nachdenklich herum und sagte schließlich: »Interessant, dass …«

»Ach, hör auf, Wilhelm. Ich habe darauf keine Lust mehr.«

Sie gingen zurück in die Stadt. Wilhelm saß auf Jacks Rücken.

»Gehen wir zu mir?«, fragte Wilhelm.

»Ja, okay. Hast du was zu essen, das nicht aus Körnern besteht?«

»Ja klar. Da ist er ja wieder, der gute alte Jack«, rief Wilhelm glücklich und flatterte mit den Flügeln.

Kapitel 6

Leichen, aus denen Bäume werden

Mia ging gleich ans Telefon, als Christian anrief.

»Hallo, hier ist Christian«, sagte er und fragte sich, ob sie überhaupt wusste, wer am Apparat war, oder ob sie ihn bereits wieder vergessen hatte. »Also Christian Funder. Wir haben uns auf der Vernissage getroffen.«

Sie lachte. »Hallo. Ich gehe schnell mal aus der Küche.«

»Höre ich da deine Mutter im Hintergrund?«

»Warum, bist du interessiert?« Sie lachte wieder.

»Nein, nein, so war das nicht gemeint.«

»Das ist meine Schwester. Wir kochen gerade Spaghetti Bolognese. Das ist mein Leibgericht.« Sie lachte wieder.

»Hm, klingt lecker. Du musst entschuldigen. Ich wollte einfach nur wissen, ob mit dir alles okay ist. Du weißt schon, was ich meine.«

»Ja, mir geht es gut«, erwiderte sie.

Christian wusste nicht, wie er das Gespräch fortsetzen sollte, als sie ganz unvermittelt sagte: »Soll ich zu dir nach Hause kommen, wenn ich gegessen habe?«

»Äh, ja, gerne. Dann mache ich eine Flasche Wein auf.«

»Lieb von dir. Bis gleich dann«, sagte sie und legte auf.

Christian saß mit dem Telefon in der Hand und spürte bereits das Pochen in seinem Schwanz.

Er leerte das Glas und sah aus dem Fenster. Es erregte ihn, dass sie das Wort »Leibgericht« benutzt hatte und jetzt auf einem Stuhl auf ihrem kleinen, roten Busch saß und Spaghetti aß. Für einen Moment fragte er sich, ob ihre Beziehung etwas Pädophiles hatte. Aber sie musste doch achtzehn sein? Ja, mindestens. Dann gingen seine Gedanken zu der Schwester. War sie älter oder jünger? Und hatte sie wohl auch so rote Haare wie Mia? Wenn sie ebenso promiskuös war wie Mia, konnten sie vielleicht ja mal einen flotten Dreier machen. Einen Dreier mit ihm und seinem alten, fetten Körper und zwei rothaarigen Sexgöttinnen. Verflucht! Er überlegte, ob er sich gleich einen runterholen sollte, wollte aber lieber warten. Er wollte seinen Samen nicht verschwenden, wollte so oft wie möglich über ihren weißen Körper kommen. Und was, wenn ihre Schwester jünger als sie war? Wenn sie noch eine Spange trug und sechzehn oder siebzehn war? Mann, war das ein frecher Gedanke. Christians Schwanz wurde steif und presste sich wütend gegen den Stoff der Hose. Er stellte sich vor, wie er in ihre Küche kam und Mia ihn zu küssen begann, während ihre Schwester noch am Tisch saß und Spaghetti aß. Und wie Mia ihre Schwester dann ganz plötzlich fragte, ob sie nicht mitmachen wolle. Die Schwester lacht nickend, und gleich darauf hat sie seinen Schwanz in ihrem Spangenmund. Er nimmt sie abwechselnd von hinten auf dem Küchentisch, und sie strecken ihm lachend ihre frechen kleinen Pos entgegen.

Er stand auf, ging in die Küche, schnitt sich ein Stück Gorgonzola ab und drückte es auf eine Scheibe Knäckebrot. Dann goss er sich ein weiteres Glas Wein ein. Das Einzige, was er noch wirklich schmeckte, waren kräftiger Käse und Chili. Er leerte die Flasche, stellte sie weg und öffnete eine neue, damit sie die leere nicht sah.

Als es klingelte, zog er Mia schnell in die Wohnung, damit die Nachbarn sie nicht sahen.

»Hallo!«, sagte sie und fasste ihm in den Schritt. Das ist ja wie in einem Pornofilm, dachte er, oder träume ich das alles nur? Es gab nur diese beiden Möglichkeiten. Sie kniete sich noch im Flur lachend hin und knöpfte seine Hose auf. Sein Schwanz sprang heraus wie ein Geschoss, und Mia leckte los, als ginge es um ihr Leben. Stöhnend sah sie zu ihm auf. Er konnte sich nicht zurückhalten.

»Ich komme!«, brummte er und kam in ihren Mund. Sie schluckte alles herunter, leckte seinen Schwanz ab und saugte den letzten Rest Sperma mit der gleichen Entschlossenheit heraus, wie seine alte Großmutter den Putzlappen mit ihren faltigen Händen ausgewrungen hatte. Dann öffnete sich ihr sommersprossiges Engelsgesicht hinter seinem Glied zu einem breiten Lachen. Es sah aus wie ein Bild von Raffael.

»Du freust dich aber wirklich, mich zu sehen«, sagte sie. Er nickte wie gelähmt, konnte es nicht fassen, warum wollte sie ihn? War das wirklich ein Pornofilm? Nahm sie alles heimlich auf, um den Film später im Internet zu veröffentlichen? Wollte sie Geld?

Sie gingen ins Schlafzimmer, wo sie sich sofort auszog. Er legte sie auf das Bett, schob ihre Beine auseinander und begann, sie zu lecken. Stöhnend drückte sie ihren Unterleib hoch. Dann drehte er sie um und nahm sie von hinten. Sie rotierte mit ihrem kleinen Po, und ihr After zog sich zusammen und öffnete sich, als wollte er ihn locken. Er erinnerte ihn an die Meerespflanzen, über die er mal eine BBC-Dokumentation gesehen hatte. Schließlich zog er seinen Schwanz aus ihrer Scheide und steckte ihn in ihren After, der sich sogleich um ihn legte wie eine Seeanemone um einen Fisch. Sie drehte sich um und lächelte ihn überrascht an. Er kam und spritzte Hunderte von Millionen kleiner kregler Samenzellen in ihren Darm. Sie wurde total wild, als ginge in ihrem Körper etwas ab, das sie nicht kontrollieren konnte. Anschließend ging sie auf die Toilette.

Er zündete sich eine Zigarette an und schenkte sich ein Glas Rotwein ein. Dann rauchte er eine zweite Zigarette und schließlich eine dritte, sie war aber noch immer nicht zurück. Was machte sie denn? Er ging zur Badezimmertür und hörte ihre Stimme hinter der geschlossenen Tür. Sang sie, oder redete sie mit sich selbst? Er blieb einen Moment lauschend stehen, dann legte er sich wieder aufs Bett. Schließlich kam sie zurück.

»Ich musste nur mal scheißen«, sagte sie mit einem Lachen. »Ich weiß wirklich nicht, was das ist, aber immer wenn mir einer in den Arsch spritzt, muss ich gleich danach aufs Klo.« Sie lachte nicht mehr, sondern schien wirklich verwundert über den Zusammenhang zu sein.

Sie schliefen noch einmal miteinander und redeten anschließend über alles Mögliche: Filme, die sie mochten, Musik. Sie spielte Musik für ihn und er für sie. Sie war so süß und liebevoll. Alles, was sie sagte, handelte von etwas, das sie mochte und bewunderte, und ihr gefiel sogar seine Musik. Sie war so positiv, und irgendwann wurde ihm klar, dass er sich wirklich in sie verliebt hatte. Also über das hinaus, was es brauchte, um jemanden in den Mund und Arsch zu spritzen. Sie war lustig und hübsch, vor allem war sie aber das absolute Gegenteil zu all seinen zänkischen und mürrischen Exfrauen. Das alles kam ihm vor wie ein einziges, unerklärliches Wunder. Er nahm ihre Hand und fragte sie, ob sie seine Geliebte sein wolle. Und sie sah ihn mit ihren großen, grünen Augen an und antwortete: »Nein.« Christian versetzte es einen Schlag, die Trauer war ihm schlagartig anzusehen, und sie begann zu lachen, schlang die Arme um ihn und rief: »Aber ja.« Er freute sich wie ein kleines Kind, und dann taten sie es noch einmal, dieses Mal aber stiller und inniger, und vielleicht war dieses eine Mal das Beste, das er jemals gehabt hatte. Sie liebte es, seinen Schwanz in ihrem Po zu spüren, und einmal bedankte sie sich sogar dafür, während er fett und verschwitzt auf dem Rücken lag und ihm das

Blut vom Schwanz rann und langsam hinter dem Bauch verschwand wie die Sonne hinter einem Hügel.

Als sie sich das erste Mal nach dem Sex bei ihm bedankte, hielt er das für einen Witz, einen ironischen Kommentar, weil er zu schnell gekommen war, aber so war es nicht gemeint. Sie war wirklich dankbar.

Mia ging auf die Tanzschule und wollte gerne mit Tieren arbeiten, wenn sie älter war. Ganz sicher war sie sich aber nicht, schließlich war sie aber auch erst achtzehn. Sie stand aus seinem Bett auf und ging in die Küche.

»Was machst du?«, fragte er, als er sie mit etwas hantieren hörte.

»Ich mache Kaffee, du rauchst doch eh, oder?«

»Ja!«, rief er.

Es störte sie nicht, dass er im Bett rauchte, während sie da war. Sie akzeptierte alles und kochte ihm sogar einen Kaffee. Wenn auch viel zu stark, aber das würde sie auch noch lernen.

»Willst du Biologie studieren oder Tierarzt werden?«, fragte Christian.

»Nein«, sagte Mia lächelnd. »Ich will einfach gerne mit Tieren spielen. Mit kleinen Löwen oder so. Magst du keine Tiere?«

»Doch, schon«, sagte Christian und versuchte vergeblich, auf ein Tier zu kommen, das er mochte.

»Was ist dein Lieblingstier?«

Christian dachte nach: »Geräucherter Aal, glaube ich.« Er lachte.

»Nein, nicht zum Essen«, sagte sie und schlug ihm auf die Schulter. »Wenn du nicht sagst, was dein Lieblingstier ist, esse ich deinen Schwanz.«

»Dorsch!« Sie nahm den Schwanz in den Mund.

»Schwein. Schweinesteak!« Sie zog die Stirn in Falten und pumpte los.

»Hühnchen, Kuh, Pute, Lachs, Forelle.« Sie versuchte, noch wütender auszusehen, während ihr Kopf auf und ab ging wie der Kolben eines Dieselmotors.

»Hähnchen, Dromedar, Kellerassel.«

Sie schluckte sein Sperma.

Christian und Mia wurden wirklich ein Paar, sie schrieben einander Nachrichten, und sie schickte ihm Nacktfotos. Das Schreiben lag ihr aber überhaupt nicht, sie machte unglaublich viele Fehler, doch das machte ihn nur noch mehr an. Zum Beispiel hatte sie unter ein Bild geschrieben, auf dem sie nackt auf ihrem Bett inmitten ihrer Teddys saß: »Figg mich.«

Christian war extrem produktiv. Er arbeitete an einer Bilderreihe, die er *Tote Menschen werden zu Bäumen* getauft hatte. Alle Bilder stellten Tote dar, begrabene Menschen, die sich in der Erde mehr oder weniger aufgelöst hatten und zu Bäumen geworden waren. Die Wurzeln wanden sich um die Hände und Füße der Toten, um ihre Knochen und Haare, wobei das Hauptmotiv immer der Baum war. Entdeckte man die Toten nicht, waren es nur naturalistische und sehr detailgetreue Bilder von Bäumen. Je größer die Bilder und Bäume waren, umso zersetzter und weniger sichtbar waren die Leichen. Das letzte, größte und teuerste Bild stellte nur einen Baum dar.

Tagsüber besuchte Mia ihn in seinem Atelier. Sie lag nackt auf seinem Sofa und blätterte durch Zeitschriften, während er malte. Er konnte ihre Scheide durch den Dunst der Ölfarben riechen. Manchmal beobachtete er sie von seiner Leinwand aus. Mikroskopisch kleine Luftpartikel aus ihrer Scheide mischten sich mit der Farbe und wurden zu einem Teil des Bildes. Es war ein Klischee: die Muse nackt auf dem Sofa. Manchmal setzte sie sogar einen Hut auf oder zog eines seiner Hemden an, wenn es kalt war, um das Klischee zu vollenden. Sie trank Kaffee und las Zeitschriften, simste oder surfte im Internet. Sonst tat sie nichts. Manchmal schlief sie. Es kam vor, dass er zu ihr ging und ihre Scheide leckte, und sie wurde dann schlagartig feucht. Ihr Gesicht öffnete sich in diesen Momenten zu einem einzigen, überraschten Lächeln, und sie gab sich ihm hin und begann gleich zu stöhnen. Sie schliefen immer wieder miteinander. Er konnte sich nicht daran erinnern, wann er jemals so viel Sex gehabt hatte. Er hatte keine Erektionsprobleme, andererseits war er sich sicher, dass sie auch sein schlaffes Glied lecken und so zum Leben erwecken würde. Hatten so auch die wirklich großen Künstler gelebt? Hatte Picasso gemalt, wie er jetzt malte? Machten Scheidenpartikel, die sich mit der Farbe vermischt hatten, einen Teil der Faszination seiner Bilder aus? Christian war kein Anhänger von Picasso, allenfalls von dessen frühen Werken, aber er respektierte den Schlag, den Picasso bei den Frauen gehabt hatte.

Christian hatte nie zuvor so effektiv gearbeitet. Das Atelier roch nach ihr, auch wenn sie nicht da war. Ihre langen, roten Haare, ihre Haut und ihr Körper hinterließen Duftspuren, die ihn die ganze Zeit an sie denken ließen. Pheromone lagen wie unsichtbarer Staub auf allem. Er hielt es nicht aus, wenn sie nicht da war, und erwischte sich immer dabei, wie er aus dem Fenster schaute, in der Hoffnung, sie in ihrem Kunstpelz und mit der blau-weiß gestreiften Tasche über der Schulter kommen zu sehen. Wenn sie da war, sagte sie nie etwas über seine Bilder. Es war fast so, als interessierten sie sie nicht.
»Gefällt dir das?«, fragte er sie eines Tages, als er ein großes Bild betrachtete, das wie alle anderen einen verwesten Leichnam darstellte, der zu einem Baum geworden war – in diesem Fall eine Birke. Sie legte den Kopf zur Seite und sah es sich an.
»Ich hoffe, es gefällt dir«, sagte er und begann, ihre Brüste zu küssen.

»Ist sie tot?«, fragte sie.

»Wer?«

»Das Mädchen auf dem Bild.«

»Woher willst du wissen, dass es ein Mädchen ist?«

»Sie sieht aus wie ein totes Mädchen.«

Sie sah Christian ernst an und fragte, als würde sie ihn wirklich bitten, ein unangenehmes Geheimnis zu lüften: »Ist sie tot?« Sie sah traurig aus.

Er lachte. Er glaubte, sie mache einen Spaß, hielt aber inne, als er realisierte, dass ihre Frage ernst gemeint war. Ihr Gesicht war plötzlich matt wie eine Pflanze, die seit Wochen kein Wasser bekommen hatte.

»Ja, das ist sie. Wie alle anderen auch«, sagte er. »Willst du einen Kaffee?«

Sie antwortete nicht.

Als er mit dem Kaffee zurückkam, weinte sie. Dicke Tränen rollten über ihre Wangen. Er hatte nie zuvor jemanden derart große Tränen weinen sehen.

»Aber Schatz, das ist doch nur ein Bild.«

»Aber warum ist sie tot?«

»Das weiß ich nicht. Wir müssen doch alle sterben.« Er setzte sich neben sie.

Ihr Weinen wurde noch intensiver. Sie begann zu schluchzen, und die Tränen spritzten fast aus ihren Augen und legten sich als dunkle Flecken auf den Betonboden. Es war wie die Illustration in einem Comic. Er legte die Arme um sie.

»Beruhige dich ... das ist doch nicht so schlimm. Ich bin mir sicher, dass sie ein gutes Leben hatte«, versuchte er. Er beugte sich etwas vor, um zu sehen, ob seine Worte Wirkung zeigten. Es gefiel ihm nicht, sie zu trösten, andererseits faszinierte ihre Reaktion ihn auch irgendwie. Die Kraft, mit der sie weinte, adelte sein Werk in gewisser Weise, ihre Reaktion war so anders als die, die er auf den Vernissagen bekam, wenn irgendwelche intellektuellen Ärsche mit ihren kleinen Weißweingläsern in den trockenen Händen leise murmelnd herumstolzierten. Ihr Weinen war so wahrhaftig, diese Tränen mussten irgendwie die Wahrheit sprechen.

»Komm mal und sieh dir das hier an«, sagte er und stand auf, während er sie an der Hand hielt und noch einmal vor das Bild zog.

»Siehst du das hier?«

»Was?«

»Siehst du nicht, dass sie dabei ist, zu einem schönen Baum zu werden? Sie stirbt nicht wirklich. Sie verwandelt sich in einen Baum. Wird zu einem der tollen Bäume, die im Wald stehen.«

»Aber was ist mit ihrer Familie?«, schniefte sie.

Christian musste nachdenken, bevor er antwortete.

»Sie bekommt jetzt eine neue Familie ... die anderen Bäume und Tiere im Wald. Stell dir doch mal vor, ein Baum zu sein und draußen im Wald zu stehen, während ein Eichhörnchen auf dir herumturnt oder sich ein Vogel auf einen deiner Zweige ...«

Christian begann zu husten. Er drückte die Zigarette auf dem Boden aus und brauchte seinen ganzen Körper, um auszuhusten. Es klang wie ein Donnerknall oder wie wenn Tausende von Klettverschlüssen gleichzeitig aufgerissen wurden. Geräusche, wie sie nur jemand hervorbringen konnte, der mehr als vierzig Jahre lang mehr als vierzig Zigaretten am Tag geraucht hatte. »... setzt. Vielleicht ein Specht«, schloss er mit Tränen in den Augen.

Sie betrachtete noch einmal das Bild.

»Gibt es da auch Mäuse?«, fragte sie.

»Ja ...« Er hustete noch einmal, um den Hals zu reinigen, und fuhr sich mit der Hand über die Augen. »Da gibt es all die Tiere, die es im Wald gibt: Mäuse und Füchse und so weiter.«

Mia dachte nach: »Aber Füchse fressen doch Mäuse, oder?«

Er sah sie nachdenklich an. War sie nicht ganz normal? Der Gedanke, dass sie vielleicht irgendwie zurückgeblieben war, kam ihm nicht zum ersten Mal. Andererseits war sie nackt, sexuell mehr als reif und jederzeit bereit zu experimentieren. Und süß war sie auch, ein liebenswertes Wesen.

»Hör mal. Wenn man ein Baum ist, steht man in der Sonne. Man hat Tausende von Blättern, die das Licht einfangen. Weißt du, wie es ist, wenn man im Frühling in der Sonne sitzt und die Sonnenstrahlen auf dem Gesicht spürt?«

Sie nickte.

»Gut, genau so fühlt sich das an, nur tausendmal schöner und spannender, weil man so viele Blätter hat.«

Sie lächelte und schniefte noch einmal. Ihre Nase war ganz rot.

»Es muss schön sein, ein Baum zu sein«, sagte sie.

»Ja, sehr schön. Das Wasser zieht man aus dem Boden und lässt es durch den Körper strömen und spürt dabei, wie man wächst und stärker wird.« Christians bemalte, von Farbe bespritzte Hand liebkoste ihre Beine und glitt dann langsam hoch zu ihren feinen, weißen Brüsten. Sie sah zu ihm auf und lächelte ihn frech an.

»Weißt du, was hilft, wenn man ein bisschen traurig ist?«, flüsterte er.

Sie schüttelte den Kopf. Ihre Hand massierte seine schlaffen Hoden.

»Analsex.«

»Uhm«, sagte sie lächelnd. »Das hilft?«

»Ja, da bin ich mir ganz sicher.«

Als er später im Bad stand und sich mit kaltem Wasser wusch, dachte er noch einmal über ihre Worte nach. Die Tiere im Wald. Sie war vielleicht nicht sonderlich klug, jedenfalls nicht auf herkömmliche Weise, aber er mochte sie wirklich. War ihre Sichtweise der Welt nicht viel fortschrittlicher als all das intellektuelle Gerede? Sie fühlte jedenfalls noch etwas, und sie brachte auch ihn dazu, etwas zu fühlen. Er spürte seinen Körper wieder, der ihm mit einem Mal auch wieder gehorchte. Er roch an der Hand, mit der er sich das Glied gewaschen hatte. Sie duftete nach Kiefernnadeln,

Wald und Moos. Er fühlte sich wie einer der Bäume auf den Bildern.

Früh am nächsten Morgen wachte Christian auf. Mia schlief noch tief. Er selbst konnte nicht mehr ausschlafen. Das war mit dem Alter gekommen. Er zündete sich eine Zigarette an, setzte Wasser auf und las die Nachricht von Nikolaj Markman, die er bekommen hatte: »Habe dir einen Vertrag geschickt. Sag Stig noch nichts, er soll erst deine neuen Werke verkaufen. Nur ein freundschaftlicher Rat. Ich freue mich auf unsere Zusammenarbeit und deine erste Ausstellung bei mir. Hab deinen Namen bereits bei den großen Festivals ins Spiel gebracht.«

Zusammenarbeit? Was meinte er denn damit? Als würde er mit jemandem zusammenarbeiten! Markman sollte bloß sein Galerist sein. Er goss sich eine Tasse Nescafé auf. Andererseits wäre es nicht schlecht, mal auf einer der großen ausländischen Messen oder auf einem internationalen Festival auszustellen. Da gab es noch mehr Frauen, bessere Frauen, als in der dänischen Kunstszene, da war er sich ganz sicher. Und bestimmt auch anderer ethnischer Herkunft. Vielleicht gab es sogar Messen in der arabischen Welt, und wenn man dort zum Schuss kam ... Er war nie mit einer Araberin zusammen gewesen, dabei hatte er sie oft auf den Straßen gesehen und aus weiter Ferne begehrt: die langen, glänzend schwarzen Haare, die schwarzen Augenbrauen und die schönen, braunen Augen.

Wie wohl Sex mit Frauen war, die im Patriarchat aufgewachsen waren? Waren sie untertäniger? Gefügiger? Jederzeit bereit, einem einen zu blasen? Die meisten hatten in ihrer Jugend sicher Bekanntschaft mit körperlicher Züchtigung gemacht. Wollten sie vielleicht sogar geschlagen werden, wenn man mit ihnen schlief? Christian hatte es nie geil gemacht, jemanden zu schlagen, aber vielleicht war ja auch das lernbar? Die thailändische Gesellschaft war ursprünglich eines der wenigen Matriarchate auf dieser Welt gewesen. Den Frauen gehörte der Boden, und sie vererbten ihn, was vielleicht erklärte, warum dort so viele Männer transsexuell waren. Aber warum waren die Thailänderinnen dann so gut im Bett und vor allem so freigebig?

»Gibt es Festivals in der arabischen Welt?«, schrieb er zurück, dachte nach und ergänzte dann noch: »Oder in Afrika?« Gleich darauf löschte er diesen Zusatz aber wieder. Afrikanische Frauen gab es genug, obwohl es natürlich interessant wäre, eine Schwarze zu vögeln, die keine Hure war. Das Arrangement mit Markman war nicht dumm. Stig sollte seine jetzige Ausstellung noch verkaufen – er stand ja auch noch unter Vertrag mit ihm –, und dann wollte er zu Markman wechseln. Es war sicher besser, Stig nichts zu sagen, bis die Bilder verkauft waren, sonst gab er sich bestimmt keine Mühe mehr.

Kapitel 7

Emma zieht nach Hause

Emma zog wieder bei Elisabeth und Stig ein, nachdem sie aus dem Krankenhaus entlassen worden war. Das Studentenzimmer hatte Elisabeth gekündigt. Anfangs war Emma zu schwach für die elementarsten Dinge, sie konnte nicht einmal über die Treppe nach oben gehen. Sie bekam ihr altes Zimmer, und als sie im Bett lag, war es, als hätte es das letzte Jahr gar nicht gegeben. Alles war unverändert, als wäre alles nur ein Traum gewesen.

An ihrem ganzen Körper – vor allem am Rücken – wuchs eine dünne, feine Körperbehaarung. Mit dieser Reaktion auf das Untergewicht versuchte der Körper sich zu schützen. Es war wie ein letztes Aufbäumen. Vielleicht verwandelte sie sich ja in einen Bären, dachte Emma. Sie hätte nichts dagegen gehabt. Es tat ihr gut, einfach nur im Bett zu liegen Sie fühlte eine tiefe Ruhe. Elisabeth und Stig brachten ihr Essen, aber sie hatte keinen Appetit und wollte nicht gestört werden. Sie verkraftete jetzt keine Nahrung. Elisabeth gab sich alle Mühe, unbesorgt zu wirken, wenn sie zu Emma ins Zimmer ging oder zur Arbeit aufbrach. Trotzdem war der Kummer ihr anzusehen. Und man hörte ihn auch, wenn sie zurückkam und laut und schrill »Hallo!« rief. Antwortete Emma nicht gleich, stürmte sie mit verzweifeltem Blick in Emmas Zimmer, als rechnete sie damit, ihre Tochter tot aufzufinden.

Emma fühlte sich wie eine alte, kranke Frau. Elisabeth war in Gedanken ihr Kind, das sie durchschaute und verstand. Als ihre Gedanken noch einmal zu der Geschichte über den Mann zurückkehrten, der seinen Diener im Schneesturm beschützte, begann es draußen tatsächlich zu schneien. Emma sah darin ein Zeichen. Abends fragte sie Elisabeth, was für eine Geschichte das genau war. Tolstoi, antwortete Elisabeth und brachte ihr am nächsten Tag, als sie von der Arbeit zurückkam, zwei Bücher mit, eines von Tolstoi, das andere von Dickens. Beides kurze Romane oder längere Novellen. In dem einen ging es um den Schneesturm. Auch das Buch von Dickens handelte von einem reichen Mann und seinem Diener, und auch in diesem Buch war der reiche Mann voller Bosheit. Er quälte und schlug seine Untergebenen. Peitschte sie aus und behandelte sie auf die übelste Weise, sodass alle Diener ihn hassten. Eines Tages aber erkrankte der reiche Mann. Er wurde mit jedem Tag schwächer, bis er schließlich nur noch in seinem Bett lag und auf den Tod wartete. Während der Mann auf dem Krankenbett lag, schwand der Hass bei seinen Dienern. Je weniger Kraft er hatte, desto mehr Sympathie hatten sie für ihn, und schließlich kam ihre Fürsorge wirklich von Herzen. Der Mann überlebte auf wundersame Weise und fand langsam zurück zu alter Stärke. Und mit der Kraft, die in seinen Körper zurückkam, kam auch seine sadistische Persönlichkeit zurück, sodass er am Ende wieder so grausam war wie zu Beginn. Emma verstand auch diese Geschichte nicht. Warum hatten sie sich Sorgen um ihren Peiniger gemacht? Und warum war der reiche Mann nicht dankbar für die Fürsorge, die sie gezeigt hatten? Oder ist es zutiefst menschlich, sich um jemanden zu kümmern, der dem Tode nahe ist? Wird dieser Instinkt geweckt, wenn man mit Schwachen oder Kranken zusammenkommt? Aber warum empfand der reiche Mann dann keine Fürsorge für seine Diener, als *er* der Starke war?

Emma sah aus dem Fenster. Eine Möwe flog kreischend vorbei. Es klang ebenso unverständlich wie aggressiv. Oder ging es in der Geschichte darum, dass alle Beziehungen zwischen Menschen, alle sozialen Machtverhältnisse von Krankheiten annulliert wurden? Gab die Krankheit allen Beteiligten neue Rollen, die sie annehmen mussten? Dickens schien sich dafür zu interessieren, was von einem Menschen übrig blieb, wenn man all das Kulturelle und Soziale entfernte.

Aber was war mit ihr und ihrem Verhalten Stig und Elisabeth gegenüber? Wollte sie sie zu ihren Helfern machen und so ihre Aufmerksamkeit und Fürsorge einfordern?

Sie schob die Beine aus dem Bett und stellte die Füße auf den kalten Boden. Als sie aufstand, drehte sich alles, sodass sie sich erst noch einmal hinsetzen musste. Dann versuchte sie es noch einmal, dieses Mal langsamer. Sie ging in die Küche und aß einen Joghurt und etwas Müsli mit Apfelstückchen.

Vielleicht ging es weniger um Fürsorge, vielleicht wollte sie ihre Beziehung einfach auf etwas Simples reduzieren. Aber war sie auf diese Weise wirklich wahrhaftiger? Sie war sich unsicher. Auf jeden Fall ging das alles in die falsche Richtung. Sie wollte ihre Fürsorge nicht. Nicht auf diese Weise.

Sie musste sich zusammenreißen, schluckte den Joghurt herunter und kaute auf den Apfelstückchen herum, bis das Fruchtfleisch so trocken war, dass sie es kaum noch herunterbekam. Trotzdem aß sie alles auf. Anschließend warf sie den Becher weg und stellte den Löffel in die Spülmaschine. Sie zog einen alten Trainingsanzug an, breitete eine Yogamatte im Wohnzimmer aus und machte ein paar Übungen. Es bereitete ihr Freude, und sie entschloss sich, das Training so bald wie möglich wieder aufzunehmen.

Eine Woche später waren Emma und Elisabeth bei einer Psychiaterin in Bispebjerg. Die Ärztin meinte, es sei ein großer Fehler gewesen, Emmas Medizin abzusetzen, als sie zu Hause ausgezogen war und an der CBS angefangen hatte. Der Studienbeginn sei an sich schon stressig genug gewesen. Emma wollte keine neuerliche Medikation, sodass sie sich entschieden, erst einmal abzuwarten, wie ihr die Zeit bei ihren Eltern bekam. Die Psychiaterin verwies sie an einen Psychologen, der Erfahrungen mit ähnlichen Fällen hatte.

Viel später

Wilhelm lief gemeinsam mit einem Waschbären namens Missi durch Nakskovs schmale Gassen.
　»Jack hockt jetzt tatsächlich schon seit zwei Monaten drinnen im Haus. Er weigert sich beharrlich, nach draußen zu gehen«, sagte Wilhelm tief besorgt.
　»Das klingt aber gar nicht gut.«
　»Nein«, antwortete Wilhelm und musterte Missi, die sich auf den Boden gesetzt hatte, um Datteln aus einer Tüte zu essen, die sie im Rucksack hatte.
　»Du kannst echt froh sein«, sagte Wilhelm.
　»Wieso?«
　»Du hast Hände und kannst alles Mögliche. Wenn ich Hände hätte, würde ich ein Buch schreiben.«
　»Wir sind echt unterschiedlich«, antwortete Missi und pflückte minutiös ein kleines Haar von der Dattel, die sie essen wollte. Dann ließ sie es mit dem Wind fliegen. Wilhelm blickte neidisch auf Missis kleine, zarte Finger.
　»Du kannst das doch einlesen.«
　»Das ist nicht dasselbe. Alle großen Schriftsteller haben ihre Bücher selbst geschrieben.«
　»Du kannst dafür aber fliegen.«

»Ja, aber das tue ich nicht mehr. Jedenfalls nicht mehr hoch. Überall sind Raubvögel. Ich fliege nur noch ganz tief. Maximal vier Meter. Außerdem gibt es an jeder Ecke Katzen. Es ist echt lebensgefährlich, ein Vogel zu sein. Eigentlich sollte ich derjenige sein, der deprimiert ist.«
»Ich habe keine Feinde.«
Wilhelm sah Missi irritiert an.
»Dafür hast du einen bescheuerten Namen.«
»Na, deiner ist auch nicht besser!«
»Was ist an Wilhelm denn auszusetzen?«
»Ich weiß genau, dass du in Wahrheit Piepmatz heißt.«
»Nicht mehr. Ich habe ganz offiziell den Namen geändert. Für fünfhundert Kronen. Ich heiße jetzt Wilhelm. Piepmatz war mein Sklavenname.«
»Okay, Piepmatz.«
»He, warum provozierst du mich so?«
Wilhelm erblickte etwas und flog auf einen Zweig.
»Was ist denn los?«
»Da drüben«, Wilhelm streckte seinen Flügel aus. Auf der anderen Straßenseite saß eine Katze. Ein großer, roter Kater, dem ein Stück Ohr fehlte.
»Das ist der rote Preben. Ein echter Teufel. Der tötet alle.«
»Beruhige dich, ich passe ja auf dich auf.«
»Es ist echt unverständlich, dass die Leute Katzen einfach so frei herumlaufen lassen dürfen. Ich habe das schon ein paar Mal angeprangert. Die Leute fänden es bestimmt auch nicht gut, wenn hier Tiger rumlaufen würden. Ich bin jeden Tag in Lebensgefahr. Auf dem Weg zum Bäcker, ja bei jedem kleinen Ausflug.«
Missi ging einfach weiter.
»Gehst du?«
»Ja.«
»Du hast doch gerade noch gesagt, dass du auf mich aufpassen willst.«
»Ich bin doch nicht deine Dienerin. Außerdem muss ich aufs Klo.«
»Sehen wir uns später?«

Missi ging einfach. Wilhelm sah zu Preben hinüber, der still dasaß und sein Fell putzte.

»*HAU AB! KSSSS, KSSSS!*«

Der rote Preben sah müde zu Wilhelm hinüber und legte sich hin, um zu schlafen.

»*Scheißkatze!*«

Wilhelm sah in den Himmel und hielt nach Raubvögeln Ausschau. Als er sich sicher war, dass keine Gefahr drohte, flog er über Jacks Haus davon. Er landete im Garten, wo zu seiner Überraschung Elisabeth saß.

»*Oh ... hallo, Elisabeth.*«

»*Hallo, Wilhelm, wie geht's?*«

»*Ganz okay. Ist Jack zu Hause?*«

»*Ja, er liegt drinnen. Ich weiß nicht, was mit ihm los ist.*«

»*Ist er wieder down?*«

»*Ja, sieht so aus. Ich mache mir echt Sorgen. Er frisst auch nicht mehr. Hat er dir was gesagt?*«

»*Nein.*« *Wilhelm kratzte sich unbeholfen mit dem Fuß im Nacken.*

»*Ich gehe mal rein.*«

Wilhelm hüpfte ins Wohnzimmer.

»*Jack!*«*, rief er, bekam aber keine Antwort. Wilhelm hörte Musik aus Jacks Zimmer. Er flog hin, setzte sich auf die Klinke und hackte mit dem Schnabel gegen die Tür.*

»*Jack! Bist du da?*«

»*Hau ab, ich will keinen Besuch.*«

»*Lass mich rein! Nur kurz!*«

Jack stand vom Boden auf, schlurfte zur Tür und öffnete sie. Wilhelm flog ins Zimmer.

»*Uh, Mann, hier stinkt's.*«

Jack furzte und legte sich wieder hin. Wilhelm bemerkte den Spiegel am Boden.

»*Wofür brauchst du denn den Spiegel?*«

Jack antwortete nicht.

»Geht's um die Haare, die dir ausgehen? Hast du das mit dem Spiegel überprüft?«

Jack blieb ihm erneut die Antwort schuldig.

»Jetzt hör mir mal zu, da ist wirklich nichts zu sehen. Kein bisschen, ich schwöre, dass mit dir alles in Ordnung ist.«

Jack sah ihn mit müden Augen an und sagte schließlich: »Ja, und genau das ist das Problem.«

Wilhelm starrte Jack entgeistert an. Er wusste nicht, was er sagen sollte. Dann hüpfte er zu ihm.

»Angst«, sagte er. »Ist es das?«

Wilhelm verlor sich in seinen Gedanken und sagte schließlich: »Eigentlich ist das ziemlich amüsant.«

»Amüsant? Du findest das amüsant?«

»Nein, nein ... nicht so, wie du das meinst. Nur die Tatsache, dass ich dich immer um deine Stärke beneidet habe. Darum, dass alle Katzen vor dir Reißaus nehmen«, sagte Wilhelm lachend.

»Warum sagst du das?«

»Es ist einfach so, dass ich dich immer darum beneidet habe, dass du nie vor irgendetwas Angst haben musst. Jetzt verstehe ich allerdings, welch schreckliche Konsequenz das für dich hat. Wie dich das leiden lässt.«

Jack hob den Blick. »Ja, ich leide wirklich.«

»Hör mal«, Wilhelm hüpfte bis dicht vor Jacks Kopf. »Angst ist grundlose Furcht.«

»Grundlos?«

»Ja, Furcht vor etwas, für das es keine Basis gibt, keinen Grund, wie soll ich das erklären ... Angst zu haben, ohne wirklich vor etwas Angst zu haben. Nee, das ist falsch. Man hat Angst vor etwas, aber die Angst kommt, bevor es dafür überhaupt einen Grund gibt.«

Jack starrte traurig in Wilhelms kleines Gesicht mit den verstörend hartnäckigen Augen.

»Also, denk an mich. Ich habe keine Angst, obwohl ich die ganze Zeit über in Lebensgefahr schwebe. Ich frage mich ständig, ob irgendwo

jemand auf der Lauer liegt und mich überfallen will. Das ist Furcht, während du ... ja, du erfindest Sachen, vor denen du Angst haben kannst. Gestern war es das mit dem Fell, morgen vielleicht etwas ganz anderes.«

»Und wie wird man das los?« Jack richtete sich auf.

Wilhelm lachte nervös.

»Tja ... das ist nicht einfach, mein Freund.« Wilhelm sah Jack mitleidig an.

»Magst du mal die Platte von Dean Martin auflegen?«, fragte Jack und legte sich mutlos wieder auf den Boden. Wilhelm flatterte hinüber und setzte den Saphir auf den Beginn der Platte. Dann legte er sich neben Jack und sah nach oben an die Decke. Dean Martins »You're nobody till somebody loves you« erfüllte den Raum. Seine Stimme war sanft und lockend.

»Das muss das traurigste Lied auf der Welt sein«, sagte Jack.

»Wie meinst du das?«

»Es stimmt doch, was er sagt. Man ist wirklich nichts, wenn man nicht von irgendjemandem geliebt wird.«

Wilhelm lachte, schaute nach kurzer Zeit aber selbst apathisch an die Decke.

Kapitel 8

Der Rattenkünstler

Stig hatte den ganzen Vormittag Bilder in der Galerie aufgehängt. Er bereitete die Ausstellung von Ulrik Haagerup vor, der wieder Kreise gemalt hatte. Nach eigener Aussage hatte er wirklich versucht, etwas anderes zu malen, aber ohne Erfolg. Es schien ihm ernsthaft leidzutun. Stig hatte ihm aus Mitleid eine Soloausstellung angeboten, dabei war es so sicher wie das Amen in der Kirche, dass er allenfalls für vierzigtausend Kronen verkaufen würde. Aber der Mann war jetzt schon seit so vielen Jahren bei ihm. Ulrik half ihm beim Aufhängen und lächelte Stig dankbar an, der sich hingesetzt hatte, um einen Ausstellungstext zu schreiben. Gegen drei ging Ulrik.

Die Sonne schien, sodass Stig sich draußen vor der Galerie auf einen Stuhl setzte und einen Kaffee trank und ein paar Zigaretten rauchte. Gedankenverloren starrte er in die Frühjahrssonne, als er plötzlich eine Stimme sagen hörte: »Ja, wenn das nicht Stig ist?«
  Stig hob den Blick und sah eine kleine, unscheinbare Person vor sich stehen. Die Haare des Mannes waren fettig, die Kleider abgetragen, und der Körper hatte Schlagseite, als wäre ein Bein kürzer als das andere. Stig hatte den Mann vor vielen Jahren schon einmal gesehen. Er war Künstler, und Stig ahnte, dass der Mann

nicht wirklich zufällig vorbeigekommen war, sondern einen ganz konkreten Wunsch hatte oder für irgendetwas Hilfe brauchte.

»Höchstpersönlich«, antwortete Stig lachend.

»Darf ich mich setzen?«

»Aber natürlich«, antwortete Stig und holte einen zweiten Stuhl.

»Wie war noch mal dein Name?«, fragte Stig verlegen.

»Henrik«, der Mann streckte ihm eine kleine Hand entgegen. Seine Augen waren irgendwie unangenehm. Groß und so dunkelbraun, dass die Pupillen mit der Iris zu einer schwarzen Scheibe verflossen. Irgendwie fehlte ihnen der Ausdruck. Waren da Medikamente im Spiel? Auch die Haut des Mannes war seltsam, sie schuppte sich, als wollte er sich häuten.

»Willst du einen Kaffee?«, fragte Stig.

»Ja, gerne«, sagte Henrik und starrte Stig mit seinen leeren, dunklen Scheiben an.

Stig holte Kaffee.

Dann saßen sie schweigend nebeneinander vor der Galerie, es war sehr unangenehm und seltsam.

»Also ... was führt dich zu mir?«, fragte Stig schließlich und versuchte, den formellen Ton durch ein Lachen abzuschwächen.

»Ich würde gerne mit dir über etwas reden«, sagte Henrik.

»Schieß los.« Stig ärgerte sich wieder. Warum redete er so seltsam?

»Können wir das drinnen besprechen?«, fragte Henrik und starrte Stig an, ohne zu blinzeln. Er sah aus wie eine rasierte Ratte, Stig glaubte sogar, in den Mundwinkeln Schatten von Schnurrhaaren zu erkennen.

»Kein Problem.«

Sie gingen hinein, und Stig holte ein Mineralwasser aus dem Kühlschrank.

Als er zurückkam, stand eine kleine Dose auf dem Tisch. Aus Silber. In der Größe einer Streichholzschachtel. Oben war wie eine Antenne ein dünner Kupferstab montiert.

»Was ist das?«, fragte Stig.

»Was ist das wert?«, fragte Henrik lächelnd.

»Ist das ein Werk?«, fragte Stig und gab sich alle Mühe, neugierig zu wirken.

»Sag du mir das.«

»Darf ich die mal in die Hand nehmen und anschauen?«, fragte Stig.

»Ja, ja.«

Stig untersuchte die Dose. Sie war aus feinstem Silber und sorgsam gearbeitet, Henrik hatte sie mit Sicherheit nicht selbst gemacht. Vielleicht hatte mal jemand Streichhölzer darin aufbewahrt. Stig öffnete sie. Innen war die Dose mit rotem Samt ausgestattet. Vermutlich der einzige Beitrag des Künstlers, sah man einmal von der »Antenne« ab, denn der Samt war plump hineingestopft und unpräzise angeklebt worden. Auf einer Seite stand er zu weit vor, sodass die Dose nicht richtig schloss, außerdem waren an mehreren Stellen Leimreste zu erkennen.

»Was ist das?«, fragte Stig.

»Das weiß ich nicht. Wofür hältst du es?«

»Eine Dose.«

»Wenn ich dir die geben würde, was wäre die dann wert?«

»Was sie wert ist?«

»Ja, ich habe zwei Jahre daran gearbeitet.« Er lächelte wieder auf irritierende, irgendwie besserwisserische Art.

Stig lachte, aber Henrik erwiderte das Lachen nicht. In seinen ausdruckslosen Augen war möglicherweise sogar so etwas wie Verletztheit zu erkennen.

»Ich bin sehr an Transaktionen interessiert«, fuhr Henrik fort.

»Transaktionen?«

»Ja, also an der Frage, was Dinge wert sind. Verdammt, die Dinge sind doch überall um uns herum, auf der ganzen Welt, im Gleichgewicht. Das Equilibrium des Universums. All so Dinge, die zur selben Zeit dasselbe wert sind. Du weißt schon, ein Stuhl für einen Hundewelpen, eine Uhr für ein Reisegrammophon. All die Dinge, die zu einem bestimmten Zeitpunkt denselben Wert haben. Und das Verhältnis zwischen den Dingen, verstehst du? Verstehst du, was ich meine?«

Stig schüttelte unsicher den Kopf.

Henrik musste sich erst etwas beruhigen, bevor er das besser erklären konnte. »Denk doch mal an all die Dinge auf der Welt.«

»Ja.«

»Diese Dinge sind im Gleichgewicht miteinander, weil man sie gegeneinander eintauschen kann; das eine für das andere, ohne dass dabei Geld im Spiel ist. Es gibt beständig Verbindungslinien zwischen allem. Wie unsichtbare Fäden, verstehst du? Und all diese Dinge umkreisen uns. Die ganze Zeit.«

Stig starrte Henrik an und versuchte, still zu nicken, als hätte er verstanden, wovon sein Gegenüber redete. Dann hob Henrik plötzlich seine geballte Faust und hielt sie vor Stigs Gesicht. Keiner der beiden sagte etwas, bis Henrik plötzlich, wie ein Zauberkünstler, der ein Tuch wegzaubert, die Hand öffnete.

»Da, jetzt gehört sie dir. Jetzt hast du sie bekommen. Hast du's gespürt?«

Stig sah Henrik verwirrt an.

»Was ist sie wert? Jetzt, da sie dir gehört?«

Stig lachte nervös.

»Ich glaube, ich verstehe dich nicht, Henrik. Ist das ein Werk, das du gemacht hast?«

»Gehen wir doch einfach mal davon aus«, antwortete Henrik. »Stell dir vor, dass diese Dose das Einzige ist, was in der Galerie ausgestellt wird, und dass sich … zoooooom … alles in ihr sammelt.« Henrik lächelte gestört. »Weißt du, was verrückt ist?«

Stig schüttelte den Kopf.

»Sie steht überhaupt nicht zum Verkauf.« Henrik lächelte schelmisch.

»Nicht?«, fragte Stig.

»Nein. Man kann sie nicht kaufen. Die Leute bezahlen, um sie sehen zu dürfen. Dreißigtausend Kronen. Wir wollen nur die wirklich schweren Jungs, nicht all die kleinen Schmarotzer. Also, was ist sie wert?«

»Das weiß ich nicht, Henrik.«

Henrik starrte auf die Tischplatte. Er war wütend. Richtig wütend.

»Ich glaube, du verstehst mich nicht, Stig. Ich bin durch die Hölle gegangen, um das hier zu machen. Ich wohne in einem Keller in Allerød. Es regnet hinein, und dann haben sie letzte Woche auch noch bei mir eingebrochen und alles geklaut, was ich besaß. Ich halte das nicht mehr aus.«

»Wer hat bei dir eingebrochen?«

»Irgendwelche Idioten. Ich wohne da seit zwei Jahren, und zwar aus einem ganz bestimmten Grund.« Henrik zeigte lächelnd auf die Dose, die Stig noch in der Hand hielt.

»Ich weiß nicht, was ich sagen soll, Henrik.«

»Das sind dreifach, ja vierfach abgesicherte Pläne, über die wir sprechen, Stig. In der Dose da, da sind zehn Milliarden Sterne, und deshalb bin ich so ruhelos, so ohne Frieden. Es gibt niemanden, der mich noch sehen will.«

»Warum nicht?«

»Weil die alle total sauer auf mich sind, Mann. Schließlich habe ich ihr *Mojo* gestohlen, oder wie ihr das heute nennt. Das da, das ist das reinste Diebesgut.« Er zeigte auf die Dose. »Die wird alles ändern, alles auf den Kopf stellen.«

»Ich verstehe nicht ganz, was du von mir willst, Henrik. Was soll ich tun?«

Henrik schloss die Augen. Er konzentrierte sich, um sein Werk ein letztes Mal zu erklären.

»Du bist doch ein großer Mann, Stig. Du hast Macht. Also. Was ist sie wert?«

»Die Dose? Ich verstehe das nicht, Henrik.«

Henrik starrte Stig leer an. Stig reichte ihm die Dose, aber er wollte sie nicht annehmen.

»Nein, nein, nein, sie gehört jetzt dir. Ich kann die Verantwortung dafür nicht mehr übernehmen. Das ist ein Geschenk für DICH, STIG.« Henrik war sichtlich wütend, seine schwarzen Augen stachen noch unangenehmer.

»VERSTEHST DU DAS JETZT, STIG? ICH BIN DURCH DIE HÖLLE GEGANGEN, UM DIE FÜR DICH ZU MACHEN.« Henrik nahm seine Jacke.

»Aber ... ich verstehe nicht ... was du willst.«

Henrik ging zur Tür.

»Brauchst du Geld? Ich habe ein bisschen Bares hier.«

Henrik antwortete nicht, sondern starrte Stig nur abwesend an.

Stig kramte in seiner Tasche und holte zweihundert Kronen hervor.

»Sind zweihundert okay?«

Henrik öffnete die Tür.

»Nimm sie schon.«

Stig hielt ihm das Geld hin, aber Henrik wollte es nicht haben.

»Mach's gut«, sagte Stig.

Henrik stürmte enttäuscht durch die Tür, ohne sich zu verabschieden. Bevor er aber um die Ecke in die Palægade verschwand, blieb er stehen und schrie die Autos an, die langsam über die Bredgade rollten: »SCHEISS FASCHISTEN: FASCHIIIIIIISTEN!«

Kapitel 9

Der Tod der Psychologie und die Zweisamkeit der Bakterien

Emma wurde an einen neuen Psychologen überwiesen. Peter Sindal – ein Spezialist für Essstörungen – bat darum, dass Stig und Elisabeth beim ersten Termin dabei waren. Stig hielt Emmas Anblick fast nicht mehr aus. Sie war so schön, wie konnte sie da so krank sein? Er wollte für sie da sein, wollte auf jeden Ratschlag hören, den der Psychologe ihnen gab. Stig nahm Emma noch einmal in seine Arme, bevor sie die enge steile Treppe zum Wartezimmer hochgingen. Es war niemand sonst dort. Kurz darauf ging die Tür auf, und der Psychologe steckte den Kopf heraus.
»Emma?«
Peter Sindal war erst Mitte dreißig. Seine Haare waren ungekämmt, und er wirkte nicht wie ein Psychologe, sondern eher wie der Bassist einer Rockband. Stig hätte ihn am liebsten gefragt, ob er als Psychologe arbeitete, weil aus seiner Musikerkarriere nichts geworden war. Er hatte intensive, eng sitzende Augen und erinnerte irgendwie an ein Nagetier. Keine Maus oder Ratte, eher etwas Größeres, ein Biber vielleicht. Er blätterte durch Emmas Krankenakte.

»Du leidest also an Anorexie?«, fragte er und sah lächelnd zu Emma, als wäre das etwas Lustiges.

Emma nickte.

»Und du warst schon in der Jugendpsychiatrie in Bispebjerg?«

»Ja«, erwiderte Elisabeth. »Emma ist jetzt einundzwanzig, als sie dreizehn war, waren wir das erste Mal da.«

Der Psychologe legte die Akte lächelnd beiseite, als wäre das Dokument vollkommen ohne Wert.

»Warum antworten Sie für Ihre Tochter? Kann sie nicht selbst reden?«, fragte er Elisabeth.

»Doch«, Elisabeth sah verlegen zu Emma.

»Lassen Sie mich erst kurz erklären, wie ich die Dinge sehe. Mein Blickwinkel ist nicht sonderlich konventionell«, sagte der Psychologe noch immer lächelnd. Weder Stig noch Emma oder Elisabeth erwiderten sein Lächeln, was ihn aber nicht zu stören schien. Seine Schneidezähne waren groß, die Hände dagegen sehr klein. Er musste in einem früheren Leben wirklich ein Biber gewesen sein. Stig konnte sich lebhaft vorstellen, wie er in einem Bach herumschwamm, die eng sitzenden Augen immer dicht über der Wasseroberfläche.

»Ich stehe der modernen Psychologie sehr kritisch gegenüber, ja der Psychologie im Allgemeinen.« Er lachte. Als wäre seine Aussage lustig oder eine Provokation, die ihn besonders interessant oder bewundernswert machte.

»Und was machen wir dann hier?«, fragte Elisabeth.

»Das weiß ich nicht. Genau das wollen wir doch herausfinden.« Er lächelte wieder.

»Und wie soll das dann ablaufen?«, fragte Stig ungeduldig.

»Ich will Ihnen ja gerade sagen, wie ich arbeite. Ich schlage vor, dass wir diese erste Konsultation nutzen, damit Emma ein bisschen über sich selbst reden kann, anschließend erkläre ich Ihnen dann, wie ich arbeite. Ist das okay?« Sie nickten und richteten ihre Blicke auf Emma, die für alle sichtbar rot wurde.

»Vielleicht sollte ich …«, begann Stig, um ihr zu Hilfe zu eilen.
»Nein, lassen Sie Emma reden«, unterbrach der Psychologe ihn.
Emma sah zu Boden, ehe sie zu sprechen anfing. »Ich weiß nicht, ich würde ja gerne Nahrung zu mir nehmen, aber wenn ich dann soll, dann muss ich immer denken, dass …«
»Was?«, fragte Peter.
»Also ich will, aber wenn es dann so weit ist, kann ich nicht. Als würde das Essen in meinem Mund aufquellen. Mein Hals schnürt sich dann zu. Außerdem kommt es mir vollkommen abwegig vor, so viele fremde Sachen in meinen Körper zu stecken. Ich spüre die ganze Zeit, wie dieses Zeug durch meinen Körper wandert.«
Emma sah noch immer zu Boden und schüttelte den Kopf.
»Das machst du aber doch auch, um abzunehmen?«, fragte Elisabeth, wandte sich an den Psychologen und fuhr fort: »Sie führt Buch darüber, was sie isst. Ein richtiges Tagebuch. Eigentlich dachten wir, dass es ihr besser geht, aber …«
»Du möchtest abnehmen?«, fragte Peter.
»Ja«, antwortete Emma.
»Rede weiter«, bat Peter.
»Ja, ich möchte gerne abnehmen.« Sie hob den Blick und sah zu Peter.
»Gut, sehr gut«, sagte Peter und lehnte sich auf seinem Stuhl zurück.
»Wollen Sie nicht mehr hören?«, fragte Elisabeth. »Wir sind mit Emma seit Jahren in Behandlung. Aber was wir auch tun, sie macht weiter. Inzwischen wiegt sie nur noch zweiundvierzig Kilo.«
Emma sah zu Boden.
»Doch, sicher«, sagte Peter. Sein Lächeln war langsam irritierend.
»Sind Sie fertig?«, fragte Peter Elisabeth und legte seine kleinen Biberhände unter sein Kinn.
Sie sah ihn verwundert an.
»Gut, dann werde ich Ihnen jetzt erklären, wie ich arbeite.«

Er beugte sich vor und sah alle drei voller Ernst an.

»Als Erstes möchte ich Ihnen sagen, dass die Psychologie tot ist. Mausetot. Da brauchen wir keine Hilfe zu suchen. Freud war nur ein Philosoph, der gemacht hat, was viele andere Philosophen schon vor ihm gemacht haben. Natürlich, er hatte ein paar neue Gedanken, aber diese Gedanken basieren auf keinerlei Empirie. Es ist eher eine Geschichte über das menschliche Bewusstsein, die er da geschrieben hat. Seine Gedanken sind in der Akademie aber trotzdem auf fruchtbaren Boden gefallen, wie die Gedanken vieler anderer Denker vor ihm. Nach seinem Tod wurden neue Institute und Fakultäten errichtet, die seine Gedanken weiterspannen. Genau wie bei Kant oder Hegel und all den anderen Philosophen vor ihm ... Sie sind Galerist, nicht wahr, Stig?«, fragte Peter.

Stig nickte überrascht, woher wusste der Mann das?

»Lassen Sie mich versuchen, Ihnen das aus kunsthistorischer Perspektive zu erklären. Wie Sie sicher wissen, haben die Expressionisten Freuds Gedanken früh aufgenommen ... Fast wie eine Erklärung für ihr Projekt.« Er lachte wieder, aber niemand lachte mit ihm.

»Worauf wollen Sie hinaus?«, fragte Elisabeth.

»Meine Pointe kommt schon noch. Haben Sie ein bisschen Geduld. Es geht darum, dass ich wirklich überzeugt davon bin, dass die herkömmliche Psychologie Bullshit ist. Lüge, eine Fiktion. Ohne einen Funken Wahrheit. Sie ist nicht mehr als eine Geschichte, die aber zur autoritativen Geschichte über den Menschen wurde. Wir greifen auf sie zurück, wenn wir unser Leben zu verstehen versuchen. Das ist wie eine selbsterfüllende Prophezeiung. Wie gesagt, die Psychoanalyse hatte Einfluss auf die Kunst des beginnenden 20. Jahrhunderts, und in den Fünfzigern wurde sie dann durch etliche Verfilmungen richtiggehend zum Mainstream. Bergman und Hitchcock nutzten konkrete psychoanalytische Tricks, wodurch dieser Grundansatz sich immer weiter ausbreitete. Man muss aber bedenken, dass die Psychoanalyse, wie sie damals publik gemacht wurde, gar nicht das Original war, sondern bloß eine drastisch abgespeckte, vulgäre Version. Nichtsdestotrotz nutzen wir sie als Schablone, um unser Leben zu verstehen. Dieser simple, vulgäre Ansatz der Psychoanalyse besteht nur aus ein paar einfachen Komponenten. Erstens, dass wir über unsere Probleme reden, und zweitens, dass wir uns Zeit für unsere Probleme nehmen und uns damit beschäftigen. Die Grundidee ist, dass wir nur durch die Beschäftigung mit uns selbst weiterkommen können. Der Gedanke geht davon aus, dass in der Erkenntnis des Traumas ein emanzipatorisches Element verborgen ist. Gleichzeitig ist es natürlich von Bedeutung, unsere dysfunktionalen Muster zu erkennen, um neue Lebensstrategien entwickeln und die alten Verhaltensmuster bekämpfen zu können. Das Kernelement ist aber das emanzipatorische Element in der Erkenntnis des Traumas.«

Peter sah sie begeistert an, als hätte er gerade mit bloßen Händen einen Baum gefällt. Dann fuhr er fort.

»Was will ich Ihnen damit sagen? Nun, zum einen bedeutet das, dass wir der Vergangenheit in dem herkömmlichen Ansatz zu viel Platz einräumen. Dieser Ansatz folgt dem Credo, dass wir uns nur durch die Aufarbeitung der Vergangenheit ändern und entwickeln können. Dass wir sozusagen Gefangene unserer Vergangenheit sind, Funktionen unserer Vergangenheit. Die moderne, westliche Geschichte ist damit schlimmer als das Kastensystem der Inder. Hatten Sie eine schlechte Kindheit, werden Sie diese Fesseln niemals los. Wir werden damit alle zu Gefangenen unserer persönlichen Vergangenheit. Die Vergangenheit ist ein Gefängnis. Sehen Sie sich nur all die Filme und Bücher an, in denen Menschen versuchen, sich zu ändern. In aller Regel enden sie mit einer dramatischen Enttäuschung. Die Menschen werden für ihren Hochmut bestraft. Jeder muss sich seiner Vergangenheit beugen, jeder! Ich weiß aber genau, dass es so nicht ist. Die meisten Psychologen praktizieren schon länger als ich, aber das ändert nichts an der Tatsache, wie wir Menschen uns selbst sehen. Die Psychoanalyse steckt in uns allen. Wir denken alle, und zwar ohne darüber nachzudenken, psychoanalytisch.«

Elisabeth, Emma und Stig saßen still auf ihren Stühlen. Keiner von ihnen wusste, was sie sagen oder von Peter Sindals Durchgang der Psychologiegeschichte des 20. Jahrhunderts halten sollten.

»Wir leben in einer freudianischen Ära, aber die geht nun langsam dem Ende entgegen. Wir sind alle Freudianer, bis in zehn oder zwanzig Jahren ein neuer Philosophiekönig kommt, der den Menschen auf eine ganz neue Weise definieren wird.« Peter senkte den Blick, um die Gedanken zu fokussieren und Emmas Krankheit einzubeziehen. »Ich will zum wesentlichen Punkt kommen, und der lautet, dass das alles Fiktion ist. Die Psychoanalyse ist Fiktion. Sie passt nicht, ist nicht das richtige Werkzeug. Sie ist nur eine Geschichte, von deren Wahrheitsgehalt wir überzeugt sind, obwohl sie sich tatsächlich nur aus Lügen zusammensetzt.«

»Aber was hat das mit Emma zu tun?«, fragte Elisabeth.

»Ich habe eine ganz eigene Theorie über Anorexie.« Er legte seine verkümmerten Hände unter sein Kinn und sagte: »Für mich ist Anorexie eine Angststörung.«

Peter sah sie voller Ernst an.

»Eine Angststörung?«, wiederholte Stig.

»Ja, ein Anorektiker hat Angst. Und wer Angst hat, verhält sich ein bisschen wie ein Autist. Für ihn ist die Welt gefährlich, unverständlich, nicht vorherzusagen. Denkt man so, kriegt man all die schrecklichen Dinge, die immer und überall passieren, nicht aus dem Kopf. Man kann überfahren werden, oder die Liebsten können überfahren werden. Man kann eine tödliche Krankheit bekommen. Man kann plötzlich auf der Straße überfallen und vergewaltigt werden, was weiß ich. Vielleicht überwältigt einen das alles einfach.« Peter lachte sein bislang deplatziertestes Lachen, hielt aber inne, als niemand mitlachte.

»Ja, und um dieses Gefühl zu bekämpfen, müssen Angstpatienten alles planen und kontrollieren und werden so zu Neurotikern.

Das trifft auf jeden Fall auf viele zu. Einige entwickeln sogar Zwangsgedanken, die ihre Todesvorstellungen lindern oder ihnen helfen sollen, mit all dem Schrecklichen, das passieren könnte, klarzukommen.« Peter lächelte breit.

»Viele Anorektiker machen sich einen Plan. Und dieser Plan ist häufig so stark, dass er alles andere in den Schatten stellt. Ein Plan, der schlimmer ist als das schlimmste denkbare Szenario, es gibt aber einen wichtigen Unterschied.« Peter hob warnend seinen mikroskopisch kleinen Zeigefinger. »Man hat die Kontrolle darüber. Man ist auf einem abstrakten Niveau nicht mehr dem Chaos unterstellt, das in der Welt regiert, weil der eigene Plan noch weitergeht ... Man hat nämlich seinen eigenen Tod geplant.«

Peter lehnte sich zufrieden auf seinem Stuhl zurück und musterte sie.

»Das ist meine Meinung über Anorexie. Ich sehe die Krankheit als ein Projekt, einen Plan, der die betroffenen Personen in den Abgrund führt und mit ihrem Tod endet. Der Tod ist kein Nebeneffekt der Anorexie, wie die meisten glauben, er ist das Ziel. Oder zumindest, neben der Kontrolle, die wichtigste Komponente. Anorexie bedeutet, sich für den Tod zu entscheiden und die Kontrolle darüber zu bekommen. Weil wir alle uns irgendwann dem Tod stellen müssen, kann man dem nur zuvorkommen, indem man den Tod selbst wählt. Freiwillig.« Peter breitete die Arme aus. »Die Todesangst wird überwunden, indem man sie in einen aktiven Wunsch zu sterben umwandelt.«

Die drei saßen still da. Keiner von ihnen wusste, was er sagen sollte. Elisabeth war die Erste, die das Schweigen brach.

»Wollen Sie damit sagen, dass Emma ...« Elisabeth brachte die Worte nicht über die Lippen.

Peter vollendete den Satz an ihrer Stelle. »... sterben will? Ja. Todesangst impliziert den Wunsch zu sterben. Ich sehe das, wie gesagt, als eine nach unten führende Linie, die mit dem großen Finale, dem Tod, endet. Jeder Anorektiker weiß exakt, mit welcher

Neigung diese Linie nach unten führt und wo sie endet. Es gibt immer einen Endpunkt. Im Grunde ist das eine Verhandlung mit dem Tod.« Er lachte wieder. »Man geht einen Handel ein, der Preis ist sein eigenes Leben, im Gegenzug erhält man aber das Recht, selbst darüber zu bestimmen, wie und wann der Tod eintrifft. Jedes Salatblatt, das man wiegt, jedes Zählen von Kohlenhydraten ist eine geometrische Berechnung des Neigungswinkels. Denkt man richtig darüber nach, ist das fast schön.« Peter lächelte verzaubert und sah Emma auf unangenehme Weise an.

»Schön?« Stig blickte zu Elisabeth und Emma, um zu sehen, ob er sich aufregen durfte. Die beiden saßen aber nur still da und starrten Peter traurig an. »Sie meinen also, dass Emma ihren eigenen Tod plant?«

»Ja, das ist exakt richtig formuliert. Plant man seinen Tod, beruhigt man sich damit selbst. Es dämpft die Angst. Natürlich sind noch immer irgendwelche Unvorhersehbarkeiten möglich, aber die sind dann nicht mehr so tragisch, weil man seinen Tod ja ohnehin schon geplant hat. Doch diese Unvorhersehbarkeiten sind sehr unwahrscheinlich. Das Leben ist ja nicht mehr das verwirrende Chaos aus Erwartungen und Geschehnissen, die man nicht beeinflussen kann, sondern ein Weg, ein Pfad durch einen Wald, eine schnurgerade, langsam bergab führende Linie.«

»Dann wäre das doch Selbstmord«, sagte Stig.

»Ja, aber nicht konkret, denn die Anorexie ist in gewisser Weise ja auch ein Kampf ums Leben. Eine Verteidigung.«

Keiner von ihnen verstand, was er meinte.

»Betrachten Sie die Krankheit einmal aus dieser Warte. Was ist das Ziel des Lebens? In gewisser Weise geht es doch darum, zufrieden zu sterben. Sie wissen schon, wie ich das meine: am Ende des Lebens, müde nach all den vielen erfüllten Tagen. Man hat ein gutes, erfülltes Leben gelebt, hat einiges mitbekommen und manche Hürde erfolgreich genommen, und so weiter und weiter.«

»Aber ich will nicht sterben«, sagte Emma plötzlich und lief weinend aus dem Raum. Elisabeth folgte ihr.

Stig stand auf. Er wollte etwas sagen, wollte seiner Wut freien Lauf lassen, dass der Psychologe Emma zum Weinen gebracht hatte. Andererseits war er sich nicht sicher, ob das nicht ein gutes Zeichen war, sodass er bloß seinen Zeigefinger auf Peter richtete und irgendwann den anderen folgte.

Emma und Elisabeth saßen unten auf der Straße auf einer Treppe. Emma weinte. Elisabeth hielt sie in ihren Armen: »Du musst nicht zu ihm gehen, das ist ein verdammter Idiot.« Emma weinte weiter. Dann saßen sie beide still da.

»Bist du okay?«, fragte Elisabeth schließlich. Emma nickte. Ihr Gesicht war verweint. Sie standen auf, gingen zu ihren Fahrrädern und schoben sie über die beinahe menschenleere Einkaufsstraße. Es war kurz vor halb acht. Stig sagte nichts. Er hatte Hunger und hätte gern irgendwo etwas gegessen, sagte aber nichts. Stattdessen fragte er: »Wie war das für dich, Emma? War das okay?« Er lächelte Emma an.

Elisabeth starrte ihn entgeistert an: »Hast du sie eigentlich noch alle?«

Stig sah Elisabeth fragend an.

»DER SITZT DA RUM UND SAGT ALLEN ERNSTES, DASS DEINE TOCHTER STERBEN WILL! UND DU FRAGST, OB DAS OKAY WAR?« Stig verstand, was sie meinte, er war sich nur nicht sicher, was Emma wirklich brauchte. Wer wusste schon, was ihre Krankheit heilen konnte. Und der Mann war immerhin Psychologe.

»Ja, aber …«, antwortete Stig, breitete die Arme aus, wusste aber nicht, was er weiter sagen sollte.

»Manchmal verstehe ich wirklich nicht, was in deinem Kopf vor sich geht, Stig.« Elisabeth stieg auf ihr Fahrrad. »Komm, Emma.«

»Ja, aber ... verdammt, ich habe doch keinen Schimmer, was nötig ist, um die Dinge endlich von Grund auf zu ändern.«

Die beiden hatten sich bereits ein Stück entfernt.

»Mach, was du willst.«

Stig blieb allein in der Fußgängerzone stehen. War es denn *so* falsch, was der Psychologe gesagt hatte? Vielleicht zu hart, aber ... Er ging quer über den Nytorvet. Andererseits ... woran Emma auch litt, ihre Krankheit war schlimm, und dann konnte die Diagnose doch nicht gut sein. Außerdem lief ihre Krankheit ja wirklich auf den Tod hinaus. Vielleicht konnte Elisabeth einfach nicht damit umgehen, aber musste sie so sauer werden? Stig realisierte, dass er vor dem Riz Raz in der Kompagnistrædet stand, wo er seit dreißig Jahren nicht gewesen war. Eigentlich kaum zu glauben, dass es den Laden noch gab. Wo doch jetzt an jeder Ecke irgendwelche ethnischen Restaurants aufmachten, die sicher besser waren. Er schloss sein Fahrrad ab und ging hinein. Die Kneipe war genau so, wie er sie in Erinnerung hatte. Auf einem Buffet wurden allerlei mediterrane Gerichte angeboten. Ein heilloses Durcheinander neben einer traurigen Salatbar.

Eine dicke, dunkelhäutige Frau unbestimmbarer Herkunft kam an den Tisch, an dem er Platz genommen hatte. Er stand reflexartig wieder auf, weil man heute ja überall Tische zugewiesen bekam und sich nicht einfach setzte. Aber es war vollkommen leer im Lokal.

»Buffet?«, fragte sie.

Stig warf einen Blick auf die Speisekarte auf dem Tisch.

»Ja, gerne.«

»Getränke?«

»Ein Bier bitte, ein großes.«

Obwohl die Bestellung simpel war, tippte sie alles mühsam in ihr iPad ein. »Bedienen Sie sich einfach am Buffet.«

Es gab Curry, Köfte, Auberginen in Tomatensauce und alles Mögliche andere sowie als Beilage Couscous, den er sich selbst nach Belieben mit Rosinen und Kokos verfeinern konnte. Trotzdem hatten die verschiedenen Gerichte etwas Vulgäres. War das in Emmas Augen immer so? Wohl kaum. Stig verstand nicht, was in Emma vorging. Sie war als Kind so süß gewesen, so fröhlich.

Er nahm etwas Köfte und ein bisschen Salat. Die Gerichte mischten sich auf seinem Teller zu einem unansehnlichen Matsch, der noch dazu nicht sonderlich gut schmeckte. Als hätten sie die Gewürze ganz bewusst reduziert, um die Gerichte dem dänischen Geschmack anzupassen.

Noch einmal gingen Stigs Gedanken zu dem, was der Psychologe gesagt hatte. Die Worte des Mannes ergaben in gewisser Weise Sinn, andererseits konnte er nicht wissen, was Emma wirklich dachte. Aber vielleicht war der Psychologe ja ein Künstler, jemand, dem es in erster Linie darauf ankam, interessant zu klingen, sodass man ihm gerne zuhörte. Oder ging es ihm mehr um seine Selbstdarstellung als um die Hilfe für seine Patienten? Die Bereitwilligkeit, mit der er über sich selbst gesprochen hatte, war schon auffällig. Eigentlich war das sein einziges Thema gewesen, denn viel hatte Emma ja nicht erzählt. War Elisabeth deshalb so aufgebracht? Hätte ein guter Psychologe Emma besser zugehört, vielleicht sogar ihnen allen? Auf der anderen Seite hätte Stig wirklich gerne gewusst, was der Psychologe sagen wollte, als Emma nach draußen gestürmt war. Immerhin war es um die Verteidigung ihres Lebens gegangen.

Stig aß, was er auf dem Teller hatte, und ging wieder. Das Bier ließ er halb voll stehen. Er wollte einfach nur nach Hause zu Emma und Elisabeth. Er radelte über die Rådhusstræde und hielt am Springbrunnen an, um sich eine Zigarette anzuzünden. Ein junger Einwanderer kam zu ihm.

»Haben Sie Feuer?«, fragte er und sah Stig aggressiv an.

»Ja.« Stig reichte ihm sein Feuerzeug und versuchte dabei, so freundlich wie nur möglich auszusehen. Der Mann zündete seine Zigarette an und ging dann mit dem Feuerzeug weg. Unter normalen Umständen hätte Stig das einfach geschehen lassen, da er seine eigene Zigarette aber noch nicht angezündet hatte, rief er den Mann zurück.

»He, kommen Sie damit zurück!« Der Mann blieb stehen, drehte sich um und kam auf ihn zu, kraftvoll und immer schneller. Stig wusste, was passieren würde, und noch bevor er einen Plan B hatte, klatschte die rechte Gerade des Mannes auf seine Nase, sodass er nach hinten auf die Fahrbahn taumelte, das Fahrrad noch zwischen den Beinen. Er wollte sich aufrappeln, als ein Tritt seinen Mund traf und ihm das Bewusstsein nahm. Erst ein paar Minuten später kam er wieder zu sich.

Benommen setzte er sich auf eine Treppenstufe und bemerkte, dass er die Zigarette noch in seiner zusammengeballten Hand hielt. Er wischte sich die Tabakkrümel an der Hose ab und suchte nach einem weiteren Feuerzeug, fand aber keins. Trotzdem nahm er eine neue Zigarette aus der Packung und steckte sie sich zwischen die Lippen. Er war noch immer benebelt, irgendwie aber auch klar, als hätten die Schläge ein paar Dinge an die richtigen Plätze fallen lassen. Er betrachtete das Haus gegenüber. Der Asphalt glänzte nass, anscheinend regnete es. Dann hob er den Blick und begann ganz plötzlich zu weinen. Erst nur kurze Schluchzer. Dann begann sein Körper wie spastisch zu zucken. Er klang wie ein altes Auto, das nicht starten wollte. Die Tränen hatten lange auf sich warten lassen. Das letzte Mal hatte Stig geweint, als Emma auf die Welt gekommen war, damals waren es aber stille, lautlose Tränen des Glücks gewesen. Er versuchte, das Zucken seines Körpers zu verhindern, aber es ging nicht. Es war wie eine Flutwelle. Seine Augen schmerzten, vielleicht weil die Tränen sich nicht schnell genug durch die engen Kanäle pressen konnten. Vielleicht aber auch wegen der Schläge und Tritte, die er abbekommen hatte. Er heulte wie ein kleines Kind. Blut und Schnodder rannen aus seiner Nase und mischten sich mit den Tränen auf dem Asphalt. Er wusste nicht, wie lange er schon so dasaß, blieb aber sitzen, bis sein Körper sich wieder beruhigt hatte. Dann stand er auf, schwankte zu seinem Fahrrad und fuhr langsam nach Hause. Das Vorderrad schleifte leicht am Schutzblech. Erst auf der Knippelsbrücke kam er wieder ganz zu sich und sah mit einem Mal vollkommen klar. Er trat schneller in die Pedale. Das Rad schleifte rhythmisch wie eine alte, oft gehörte Platte. Er schmeckte Blut in seinem Mund. Er wollte nach Hause, wollte seine Meinung über das Gespräch mit dem Psychologen sagen. Elisabeth durfte nicht wieder einen neuen Psychologen suchen, nur weil sie selbst nicht damit klarkam, dass Emma lebensbedrohlich krank war. Für Stig ergab es Sinn, was der Psychologe gesagt hatte. Und dazu wollte er stehen.

Stig stürzte ins Haus und rief noch auf dem Flur: »Elisabeth! Emma!«

Elisabeth kam zu ihm. Sie trug ihren alten abgenutzten Bademantel. »Psst. Emma schläft!«, sagte sie. »Was ist denn passiert?«, fügte sie hinzu, als sie seine schiefe Nase sah.

»Ich bin überfallen worden. Aber das ist egal. Wir müssen Emma wecken. Ich glaube, dass der Psychologe recht hat.« Stig ging weiter und öffnete Emmas Tür. Sie lag auf dem Bett und schlief. Er streichelte ihre Wange. Auf seinen Zähnen und seinem Kinn war Blut.

»Emma! Emma, Schatz.« Elisabeth legte ihm die Hand auf die Schulter.

»Sie schläft, Stig. Ich habe ihr etwas zur Beruhigung gegeben.«

»Zur Beruhigung?«

»Ja, sie war vollkommen außer sich.«

»Was hast du ihr gegeben?«

»Nur was zum Schlafen. Morgen wird es ihr besser gehen.«

»Du sollst ihr doch nicht alles Mögliche geben.«

»Wie meinst du das?«

»Sie ist noch ein Kind. Du kannst ihr nicht alles geben.«

»Jetzt hör aber auf, Stig«, erwiderte Elisabeth ärgerlich. »Es ist jetzt wirklich das Beste für sie, wenn sie eine Nacht schläft. Wir können morgen weiterreden.«

»Aber verdammt! Es ist doch klar, dass sie vollkommen außer sich ist. Das sind wir doch alle. Sie ist dabei zu sterben. Unsere Tochter geht auf den Tod zu, und du gibst ihr etwas zum Schlafen? Das ist doch keine Lösung.«

»Nein, ist es nicht. Deshalb habe ich auch entschieden, dass wir umziehen.«

»Ich verstehe dich nicht, Elisabeth. Unsere Tochter stirbt, und du ...«

Elisabeth gab Stig eine knallende Ohrfeige und zeigte dann auf sein entgeistertes, blutiges Gesicht.

»Halt deinen Mund, ich will das nicht mehr hören!«

Stig stand still da, hielt sich die Wange und wartete darauf, dass er wütend wurde, es geschah aber nichts. Er war besiegt. Kampfunfähig gemacht durch einen einzigen Schlag. Er ging ins Wohnzimmer, setzte sich aufs Sofa und spürte plötzlich die Schmerzen in Nase und Hinterkopf. Auch sein Zeigefinger tat weh. Am liebsten hätte er geweint, aber seine Tränen waren versiegt, weshalb er einfach nur dasaß und vor sich hin starrte. Aus dem Wintergarten hörte er das Klicken von Elisabeths Feuerzeug. Trotzdem blieb er sitzen. Er konnte nicht mehr aufstehen. Wusste nicht mal, ob er noch reden konnte. Nach einer Viertelstunde kam Elisabeth zu ihm.

»Du kannst mitkommen, wenn du willst. Das ist deine Entscheidung, aber wir ziehen um. Es muss etwas passieren. So kann es nicht weitergehen.«

Stig sah sie an, als hörte er ihr zu und verstünde ihre Worte, aber sie drangen nicht bis in sein Hirn vor, als wäre da drinnen kein Platz für sie. Elisabeth setzte sich neben ihn. Erst sagte sie nichts, aber dann brach sie das Schweigen.

»Entschuldigung«, sagte sie.

Stig sah zu Boden.

»Entschuldige, dass ich dich geschlagen habe. Ich konnte einfach nicht ertragen, dass ... Ich mache das nicht, weil ich mich scheiden lassen will.« Sie musterte Stigs gebrochene Nase.

»Du brauchst Eis, die muss gekühlt werden.« Sie wickelte Eiswürfel in ein Fensterleder und hämmerte die Würfel auf dem Küchentisch klein. Das Hämmern weckte Stigs Lebensgeister. Er nahm den Lappen mit dem Eis, legte sich auf die Küchenbank und drückte ihn sich vorsichtig auf die Nase.

»Lass mich dich waschen, Schatz«, sagte sie, holte ein Handtuch und wusch das angetrocknete Blut von seinem Gesicht und seiner Brust. »Was ist denn passiert?«

»Ich bin von so einem Einwanderer verprügelt worden. Er wollte Feuer, und ich ... ich weiß nicht, warum er mich geschlagen hat.«

»Und dann habe ich dich auch noch geschlagen.« Sie küsste seine Wange. Dann zog sie ihm die Schuhe, die Hose und die Boxershorts aus und nahm sein schlaffes Glied in den Mund. Stig lag unbeweglich da, das kalte Leder auf der gebrochenen Nase. Sein Glied wurde schnell steif, vielleicht weil er nicht nachdachte. Er dachte wirklich an nichts. Sie zog den Morgenmantel aus und setzte sich über ihn. Er schloss die Augen. Es war Jahre her, dass sie das letzte Mal Sex gehabt hatten. Körper ändern sich während einer Beziehung, was nur teilweise etwas mit dem Alter zu tun hat. Die Körper werden größer, dominanter. Ihr Geruch wird stärker. Die Verdauung wird saurer. Die Poren in der Haut weiten sich und scheiden immer mehr und immer giftigere Substanzen aus. Die Körper gehen auf wie Teig in der Sonne, verlangen mehr Platz in den Zimmern, während die Menschen in diesen Körpern hinter all dem amorphen Fleisch kaum noch zu erkennen sind. Das Zahnfleisch zieht sich zurück und entblößt mehr von den verbrauchten Zähnen. Neunundneunzig Prozent der menschlichen DNA besteht aus der DNA fremder Mikroben. Vielleicht sind es diese Mikroben, die immer größere Kulturen bilden und in dem zur Verfügung stehenden Körpervolumen immer größere Teile in Anspruch nehmen. Ein Prozess, der sich durch immer stärkere, immer abstoßendere Gerüche äußert. Ein junges Paar riecht noch unterschiedlich, wenn es zusammenzieht, aber über die Jahre sterben Millionen von Mikroben, während einige wenige Stämme die Oberhand gewinnen. Vielleicht schaffen sie sich einen Hund an, der dann auf die Mikroben reagiert und an ihrem Geruch sein Zuhause erkennt. Wenn der Mann dann stirbt, läuft die Witwe durch einen Sumpf aus Mikroben, durch den Tod werden sie drastisch reduziert, und die übrig gebliebenen fühlen sich bedroht. Der Hund bellt und knurrt schon beim geringsten Geräusch: Fahrradfahrer, Kinder auf Laufrädern, andere Hunde. Geht ein Imperium zugrunde, übernimmt das Proletariat mit seinem Rassismus und seiner blinden Gewalt gegen alle äußeren Bedrohungen. Weder die Mikroben noch ihre Wirte verstehen, dass der Verlust nicht das Resultat einer Invasion war, sondern von einer Implosion; davon, dass sich etwas in seinem eigenen Inneren zusammengezogen und aufgelöst hat. Mikroben prägen den Geruch alter Menschen. Ein Sumpf aus Milliarden von mikroskopischen Organismen, die an allem kleben: der Kommode, den Bettpfosten, dem Teppich im Flur, dem Treppengeländer, dem Körper der Alten, überall.

Elisabeth wusch sich auf der Toilette, ließ Wasser und zog ihren Morgenmantel wieder über.

»Kommst du mit, eine rauchen?«

Stig stand zu schnell auf und musste erst einmal innehalten. Er war wirklich ziemlich fertig. Dann zog er vorsichtig seinen Morgenmantel an. Seine blau geschwollenen Knie schmerzten. Im Hintergrund hörte er das Klicken des Feuerzeugs. Er humpelte nach draußen. Elisabeth hatte sich bereits eine Zigarette angezündet. Sie lächelte ihm zu.

Stig setzte sich wortlos hin und zündete seine Zigarette an. Sie schmeckte nicht, und der Rauch brannte in Mund und Hals.

»Du willst also ausziehen?«, fragte er leise.

»Ja, aber ich hätte dich gerne dabei.«

Stig lächelte traurig.

»Willst du das wirklich?«

»Ja, Schatz«, sagte sie. »Ich will weg von alldem hier. Weg aus der Stadt. Ich will raus in die Natur. Ich will Tiere und einen Garten haben. Ich will in der Stadt nicht alt werden.«

»Man wird auch auf dem Land alt.«

»Ja.« Elisabeth musterte Stig. Sie wartete auf eine Antwort.

»Was ist das für ein Job da?«

»Ein privates Forschungszentrum namens RAID. Sie haben mich im Laufe des letzten Jahres schon dreimal gefragt. Ich würde da wahnsinnig gut verdienen. Doppelt so viel wie jetzt. Es klingt wirklich superattraktiv.«

Stig nickte, als verstünde er, was sie sagte. »Dann will ich aber einen Hund!«

Elisabeths Augen strahlten.

»Ja!«

Auch Stig lächelte, obwohl es wehtat.

»Einen Alaskan Malamute.«

»Nein, bist du verrückt? Die sind zu groß. Das sind doch fast Wölfe.« Elisabeth sah die Enttäuschung in Stigs Gesicht.

»Entschuldige. Ich werde mich da nicht einmischen. Das ist deine Entscheidung.«

Sie beugte sich vor und streichelte ihm über die Wange.

»Das wird wunderbar, Schatz.«

Stig nickte lächelnd und senkte den Blick.

»Es ist schön da, wo wir hingehen.«

Stig nickte wieder. Auf dem Boden war ein gelblicher Fleck. Farbe, die vor Jahren jemandem vom Pinsel getropft war. Noch aus der Zeit, bevor sie die Wohnung gekauft hatten. Der Fleck sah aus wie ein Bär, der einen Schmetterling vergewaltigte.

Viel später

Wilhelm und Jack stiegen auf den Onsebjerg etwas außerhalb der Ortsgrenze von Nakskov. Jack war deprimiert, trotzdem war es Wilhelm schließlich gelungen, ihn für einen Morgenspaziergang aus dem Haus zu locken.

»*Gut, dass du ein bisschen rauskommst, Jack. Du kannst nicht den ganzen Tag im Haus hocken.*«

»*Ist doch alles egal. Vollkommen wurscht, wo ich bin. Das hat doch keine Bedeutung.*«

Wilhelm flog auf seinen Rücken und sah zur schneebedeckten Spitze des Berges hinauf.

»*Dieser Berg hier wurde nur aus Bauschrott errichtet, nachdem sie all die Sozialbauten abgerissen hatten.*«

»*Wie meinst du das denn?*«

»*Na ja, bevor Lolland zu dem Lolland wurde, das wir kennen. Früher war das hier der ärmste Ort Dänemarks.*«

»*Das glaube ich dir nicht.*«

»*Ist aber so. Dieser Berg ist wirklich nur entstanden, weil man all die hässlichen Bauten abgerissen hat, in denen die Armen gewohnt haben. Dann hat man neue Häuser errichtet, schön und exklusiv, sodass die Armen es sich nicht mehr leisten konnten hierzubleiben. Onsebjerg ist ein Monument der Exklusion.*«

»*Das wusste ich nicht. Ich dachte, der Berg wäre schon immer hier gewesen.*«

»*Nein, nein, der ist von Menschenhand errichtet worden. Alles hier ist künstlich erschaffen worden, auch die Maribohügel.*«

»*Die Maribohügel? Das muss doch eine Heidenarbeit gewesen sein? Die erstrecken sich doch bis nach Nysted.*«

»*Ja, dann kannst du dir vorstellen, was hier für Sozialbauten gestanden haben. Auch der Wald, durch den wir gerade laufen, ist angepflanzt worden. Der Mount Kopenhagen ist aber noch viel größer, selbst wenn man die Maribohügel mitrechnet. Mount Kopenhagen und Onsebjerg sind überhaupt von demselben Architekten angelegt worden. Mik Thobo-Carlsen heißt der.*«

Wilhelm sah Jack verschmitzt an. Die zwei Freunde gingen schweigend weiter. Irgendwann blieb Jack stehen und ließ seinen Blick über die Landschaft schweifen. Sie waren bereits in mehr als sechshundert Metern Höhe. Unter ihnen, im Dunst des Morgens, lagen bewaldete Hügel, so weit das Auge reichte. Auf den Wiesen vor Nakskov weideten Europäische Bisons. Jack sog die frische Morgenluft ein.

»*Das Ganze ist künstlich, oder sagen wir: so etwas wie ein Zwischending zwischen Natur und Kulturland.*« *Er streckte seinen Flügel aus.* »*Sogar die Bisons da unten stammen aus dem Labor. Das glaube ich jedenfalls, wenn sie nicht irgendwo aus Osteuropa importiert worden sind*«, *fuhr Wilhelm fort.*

»*Hübsch ist es hier aber. Und es sieht gar nicht künstlich aus*«, *sagte Jack und seufzte traurig.*

»*Nein, deshalb hat man beim Pflanzen auch darauf geachtet, so viele Pflanzen- und Baumarten zu verwenden wie nur möglich. Mit der Zeit soll der Wald wie einer der Urwälder werden, die Europa vor ewigen Zeiten einmal bedeckt haben. Die Biodiversität ist hier auf jeden Fall viel höher als im restlichen Dänemark. Fast alle anderen Wälder dieses Landes sind eintönige Plantagen.*«

»*Schon verrückt, dass man etwas baut, das besonders natürlich sein soll*«, *sagte Jack und versuchte zu lächeln.*

»Stimmt.«

»Komm, ich will dir was zeigen«, sagte Wilhelm nach einer Weile.

»Okay.«

Wilhelm streckte seinen Flügel aus und flog voraus. Als sie den Berggipfel fast erreicht hatten, landete Wilhelm bei einem dicken, undurchdringlichen Busch.

»Es ist hier drinnen.«

Sie quetschten sich zwischen Zweigen und Brombeergestrüpp hindurch und kamen zu einer alten, rostigen Metalltür, die in einen Tunnel führte, an dessen anderem Ende eine weitere Tür zu erkennen war.

»Dürfen wir da rein?«, fragte Jack.

»Ja, ja, hier kommt eh keiner mehr hoch. Alles funktioniert jetzt automatisch.« Wilhelm trat zur Seite und ließ Jack die Tür öffnen. Dahinter war es vollkommen dunkel, man hörte aber Wasser über die Wände rieseln, und von irgendwoher kam ein tiefes Grummeln.

»Was ist das?«

»Hier ist irgendwo ein Lichtschalter«, sagte Wilhelm.

Jack fand den Schalter. Als das Licht brannte, sah er, dass sie sich in einem riesigen Raum befanden. Wände und Decken waren aus Beton, rechts und links verliefen große Stahlrohre. Es war feucht und warm.

»Jetzt bist du im Inneren des Berges«, sagte Wilhelm. »Das wollte ich dir zeigen. Der Berg sieht von außen ganz natürlich aus, aber im Inneren ist es überall wie hier. Man hat diesen Berg damals nicht nur zum Spaß gebaut. In den Rohren läuft ein Teil des Schmelzwassers nach unten. Damit wird in den Kraftwerken Energie gewonnen, und wenn es nachts besonders windig ist, nutzt man den Überschuss der Windenergie, um das Wasser in ein großes Reservoir zu pumpen, das noch über uns liegt und das man bei Bedarf dann wieder leeren kann. Das ist ein richtiger Energiekreislauf. Der Berg produziert die gesamte Energie, die wir auf Lolland und Fünen brauchen. Er ist ein Wasserkraftwerk und eine Riesenbatterie in einem.«

»Wow.«

»*Nicht wahr?*«

»*Aber hast du nicht gesagt, der Berg sei voller Bauschrott?*«

»*Ist er auch, aber der liegt am Boden und unter dem Berg in einer riesigen Grube, die im Winter auch noch als Wärmespeicher genutzt werden kann. Genial, nicht?*«

»*Schon.*«

Sie gingen wieder nach draußen. Obwohl es so knapp unter dem Gipfel recht kühl war, begannen Schnee und Eis zu schmelzen und in kleinen Rinnsalen nach unten zu fließen. Wenn der Sommer erst richtig kam, würden daraus reißende Ströme werden. Jack ging gedankenverloren weiter. Er war gerne oben auf dem Berg, weil es dort weniger Gerüche gab, die ihn sonst immer ablenkten. Er war hier viel ruhiger als unten im Wald oder in der Stadt.

»*Weißt du, Jack, in gewisser Weise sind wir wie der Berg: von außen natürlich, aber innerlich die reinsten Kunstprodukte*«, sagte Wilhelm.

»*Tja*«, antwortete Jack mit geschlossenen Augen, während die Bergluft auf angenehmste Weise mit dem Fell in seinem Gesicht spielte. »*Aber der Wind ist echt, und das Wasser ist echt und die Bienen und das Gras.*«

»*Ja, schon, aber der Berg wurde gebaut, um einen ganz bestimmten Zweck zu erfüllen.*«

»*Einen Zweck erfüllen. Klingt ganz schön blöd.*«

Die zwei Freunde ließen ihre Blicke über das Tal schweifen. Der Morgendunst hatte sich aufgelöst, und das Geräusch der Vögel und Insekten erfüllte die Luft.

»*Verstehst du das Gezwitscher der Vögel eigentlich? Also was sie sagen?*«

»*Manchmal.*«

»*Und was sagen sie?*«

»*Nicht das, was du glaubst.*«

»*Wie meinst du das?*«

»*Also wenn du glaubst, dass sie auf ähnliche Weise kommunizieren wie wir. Sie sagen wirklich das, was du hörst.*«

»*Häh?*«

»Sie sind dumm, Jack. Das ist nur Gesang, das sind nur Geräusche. Manchmal ist er schön, manchmal bedrohlich, dann wieder warnend oder neugierig. Es gibt keine konkrete Bedeutung, keinen Sinn, wie wenn wir miteinander reden. Jeder versteht den Gesang der Vögel, man muss nur zuhören. Es ist, wie wenn man Musik lauscht. Musik appelliert ja auch nur an die Gefühle, ohne einen konkreten Sinn oder eine Bedeutung zu haben.«

»Ja, das stimmt. Vielleicht kommt die Musik ja von dem Vogelgesang? Vielleicht war die erste Musik vom Gesang der Vögel inspiriert?«

»Vielleicht. Aber wenn wir reden, reden wir ja auch auf eine bestimmte Weise. Ich meine, es steckt ein Gefühl in der Art, wie wir reden. Zum Beispiel kann man aus der Art, wie du redest, entnehmen, dass du Depressionen hast.«

»Kann man das?«

»Ja, du sprichst die Worte auf eine mo-no-to-ne, langsame Art aus. Wenn man frisch und fröhlich ist, redet man schneller, die Stimme hat dann einen helleren Klang, und es gibt auch mehr Variationen.«

»Vielleicht bemerkst du das, weil du ein Vogel bist.«

»Glaube ich nicht.«

Sie standen eine Weile da und lauschten dem Vogelgesang, der aus Tausenden von Kehlen kam. Die Vögel zwitscherten, flöteten und krächzten. Normalerweise bemerkte man das gar nicht oder tat es als natürliches Hintergrundrauschen ab.

»Ich habe Hunger«, sagte Jack.

»Es ist doch erst eine Stunde her, dass wir gegessen haben.«

»Ich habe trotzdem Hunger. Vielleicht liegt das ja an der frischen Bergluft.«

»Ich dachte, man verliert den Appetit, wenn man Depressionen hat.«

»Tut man das? Bei mir ist es genau umgekehrt.«

Kapitel 10

Dinge, die verschwinden

Emma nahm ihr Studium stundenweise wieder auf, sodass sie bis zu den Sommerferien nur zwei Examen hatte. Gleichzeitig fasste sie den Entschluss, mit nach Lolland zu ziehen, wenigstens für eine Weile. Sie konnte ja wieder zurückziehen, sollte sie sich langweilen. Und im CBS musste sie ohnehin nur einen Tag die Woche sein.

Die Wohnung musste ausgeräumt und alles in Umzugskisten verpackt und abtransportiert werden, bevor sie einen Mieter finden konnten. Stig musste die Galerie verkaufen, und das neue Haus auf Lolland musste auch noch instand gesetzt werden, sodass sie alle Hände voll zu tun hatten. Elisabeth und Stig nutzten die Abende, um all ihre Sachen durchzugehen, auszusortieren, zu verpacken oder wegzuschmeißen. Emma half, wenn sie keine Arbeit für ihr Studium zu erledigen hatte. Doch es war irgendwie angenehm, diese Art von Zwischenbilanz zu ziehen. Sie fanden Dinge, die sie längst verloren geglaubt hatten, die aber nur jahrelang ganz hinten in einer Schublade geschlummert hatten. Emma hielt plötzlich ein Kissen in der Hand, das sie als Kind immer und überallhin mitgenommen hatte. Sie erkannte sogar noch den Geruch, warf es aber trotzdem weg.

An diesem Abend begann Emma, etwas anderes in ihr Tagebuch zu schreiben – nicht nur, was sie im Laufe des Tages gegessen hatte. Die Idee kam ihr, als sie abends im Bett lag und über die Dinge nachdachte, die im Laufe eines Lebens verschwanden, ohne dass einem dies bewusst war. Dinge, die zu einem gewissen Zeitpunkt Bedeutung gehabt hatten, dann aber verschwunden waren, ohne dass man es bemerkt hatte. Sie stand auf, holte ihr altes Tagebuch hervor und begann all die Dinge aufzuschreiben, die verschwunden waren: das Holzpuzzle, das sie als Kind geliebt hatte und das ein kleines Mädchen darstellte. Es hatte nur acht oder zehn Teile gehabt. Eines der Puzzleteile, der Fuß des Mädchens, war irgendwann verschwunden, weshalb Stig versuchte, ein neues Teil zu schnitzen. Es passte aber nicht so gut wie die anderen Teile. In derselben Zeit hatte sie auch einen gelben, gehäkelten Teddy mit Knöpfen als Augen gehabt, mit dem sie immer geschlafen hatte. Sie hatte zuvor nie darüber nachgedacht, aber irgendwie war es typisch, dass sie einen solchen Teddy gehabt hatte. Kuscheltiere, die Disneyfiguren darstellten, waren ebenso tabu gewesen wie alles andere aus den großen Supermärkten. Es hatte immer nur Selbstgemachtes gezählt. Mit dem Puzzle war es genauso. Außerdem hatte immer alles zur Einrichtung der Wohnung und zu den Designermöbeln passen müssen. Sie erinnerte sich an das alte, hölzerne Schaukelpferd, mit dem sie nie gespielt hatte, das ihre Eltern jedoch als passend für ihr Kinderzimmer erachtet hatten, weil es eher wie ein Kunstwerk als wie ein Kinderspielzeug aussah. Sie wusste noch, dass die Leute, die zu Besuch kamen, wie durch ein Museum gelaufen waren. Sie hatten die Bilder an den Wänden betrachtet, die teuren Stühle. Das Ganze hatte etwas Ungastliches, Unfreies gehabt. Man fläzt sich nicht einfach auf einen Stuhl für fünfzigtausend Kronen und legt die Beine auf den Tisch. Man läuft respektvoll herum und redet leise und zivilisiert. Wenn sie jetzt darüber nachdachte, war es wirklich fürchterlich gewesen. Warum strebt man eine solche Beziehung zu anderen Menschen an? Was ist das überhaupt für eine Beziehung, wenn man sein Haus so einrichtet? Ging es um Macht? Wollte man bewundert oder gefürchtet werden, oder sollten die Besucher sich kleiner fühlen? Vielleicht hatten ihre Eltern aber auch einfach nur Angst gehabt, nicht gut genug zu sein. Die Einrichtung schuf auf jeden Fall Abstand zu allen, die sie besuchten. Wenn sie darüber nachdachte, hatten ihre Eltern nie richtige Freunde gehabt. Manchmal kamen Leute zu Besuch, aber über diese Besucher wurde eigentlich immer schlecht gesprochen, wenn sie wieder gegangen waren. Vielleicht mochten ihre Eltern andere Menschen nicht. Sie beide, Stig und Elisabeth, redeten über das Floss und wie verrückt sie damals gewesen seien, aber das traf schon lange nicht mehr zu. Wie konnten sie an ihrem Selbstbild festhalten und gleichzeitig so gepflegt sein, so besessen von dem Status anderen gegenüber? Ihr kamen auch die Vernissagen in den Sinn, an denen sie als Kind teilgenommen hatte. Schon als Sechs- oder Siebenjährige hatte sie verstanden, wie man sich aufführen musste. Sie hatte immer hübsche Kleidchen getragen. Ihre Mutter hatte ihr die Haare gekämmt und sie den Gästen vorgestellt, und sie hatte alle freundlich begrüßt, sodass sie sie für älter gehalten hatten, als sie wirklich war. Sie war immer klüger gewesen, als ihre Eltern angenommen hatten, und sie hatte ihre Rolle bis zur Perfektion gespielt.

Emma versuchte noch mehr aus ihrer Erinnerung hervorzuholen und musste an Stigs Badehose mit den Chlorflecken denken, die er in all ihren Ferien getragen hatte. Er hatte sich geweigert, eine neue zu kaufen. Und ihr fiel das Flugzeug-Mobile ein, das über dem Sofa gehangen und das sie bei geöffnetem Fenster immer beobachtet hatte. Die kleine, filigrane, goldene Uhr, die sie von ihrer Großmutter geerbt hatte; ein paar rote, hochhackige Schuhe, die viel zu groß gewesen waren; eine Gitarre mit Aufklebern, ein Schmetterling in einem Holzrahmen, den sie von ihrem Großvater bekommen hatte, und ein ausgestopfter Papagei.

Sie beschrieb genau, wie sie sich an all diese Dinge erinnerte. Wie alt sie gewesen war und was sie damit gemacht hatte, wenn sie denn etwas damit gemacht hatte. Und sie beschrieb andere Gegenstände, mit denen diese Dinge irgendwie zusammenhingen. Beim Schreiben kamen ihr immer neue Sachen in den Sinn: ein alter Flurspiegel, der eines Tages weg gewesen war. Hüte, die sie gehabt und mit denen sie sich gemeinsam mit einer Freundin, die später weggezogen war, verkleidet hatte. Ihre Freundin hatte Anna geheißen. Auch an dieses Mädchen hatte sie seit Jahren nicht mehr gedacht. Auch sie war verschwunden. Nach Espergærde, meinte sie sich zu erinnern.

Sie wusste noch, dass sie von ihrem Zimmer aus auf eine alte Mauer des gegenüberliegenden Hauses geblickt hatte. Die abblätternde Farbe hatte wie eine Kuh mit langen Hörnern ausgesehen. Sie schrieb alles auf, und dann ging sie ins Bett.

Um 5.30 Uhr stand sie wieder auf und lief zehn Kilometer, während die Stadt noch kalt und ausgestorben war. Wie nach einem Krieg, bei dem alle Menschen umgekommen und nur die Gebäude geblieben waren. Bald würde das Gras über den Platten und Bürgersteigen und in den Ritzen im Asphalt wuchern. Bäume würden sich selbst mitten auf Kreuzungen pflanzen, und Tiere würden die Städte auf der Suche nach Nahrung durchstöbern. Einige würden bestimmt Schutz in den leeren, verfallenen Häusern suchen. Die Stadt war in ihren Gedanken nicht mehr als die Kulisse ihrer eigenen Fantasie. Es kam ihr vor wie ein Film aus den Fünfzigern, in dem ein Paar in einem Auto sitzt und redet, während man durch die Rückscheibe die Umgebung sieht und genau erkennt, dass alles nur in einem Studio aufgenommen worden ist. Sie war beim Laufen in ihrer eigenen Welt, bis sie wieder vor dem Haus stand, sich dehnte, die Musik ausschaltete und nach oben ging. Auf der Treppe wollte sie keine Musik hören, sie hatte Angst, nicht alles mitzubekommen. Vielleicht rief jemand etwas, vielleicht waren Einbrecher oder Vergewaltiger im Haus. Sie nahm ein Bad, spülte ihre Sportkleidung aus und hängte sie zum Trocknen auf, damit sie am nächsten Morgen wieder parat war. Dann aß sie einen Joghurt und ein paar Stücke Apfel und begann zu lernen. Sie hatte die Prüfung in Wissenschaftstheorie vor sich, kannte den Stoff aber bereits gut, weil sie keine Stunde und keine Übung verpasst und immer alles nachbereitet hatte. Aber das Fach war leicht, sodass es dumm gewesen wäre, sich hier nicht alle Punkte zu sichern. Sie hatte sich Notizen zu jedem Text gemacht und sich schon überlegt, welche Fragen ihr in der Prüfung gestellt werden könnten. Nachmittags radelte sie zum Schwimmbad in Nørrebro und schwamm drei Kilometer. Gleich dahinter begann die Einwandererzone mit ihren Barrikaden.

Nach dem Schwimmen fuhr sie wieder nach Hause, aß mit Elisabeth und Stig zu Abend und lernte noch ein bisschen weiter, bevor sie ins Bett ging.

Sie wusste selbst, dass es so nicht weitergehen durfte. In gewisser Weise war es richtig, was der Psychologe gesagt hatte. Ihr Leben war trotz all der Routine auf eine abfallende Bahn geraten. Änderte sich nichts, würde es immer weiter bergab gehen. Sie wusste nur nicht, was sie tun sollte. Hielt sie sich nicht an die Routinen, wurde es nur noch schlimmer.

Sie fragte sich, wie sie sich das Leben nehmen würde, sollte sie das irgendwann tun. Der Gedanke war ihr nicht unangenehm. Eine seltsame Fantasie, wie unter der Decke im Licht einer Taschenlampe ein Buch zu lesen. Sie wollte keine Pillen nehmen oder sich erhängen, wollte es Elisabeth und Stig nicht zumuten, ihren Leichnam zu finden. Nein, sie wollte auf den Mount Kopenhagen laufen, bis zum Avedøre Holme. Dort auf dreitausendfünfhundert Metern Höhe war ein steiler Abhang über einem riesigen

Komposthaufen. Sie war an einem Sonntag vor vielen Jahren schon einmal mit Stig und Elisabeth dort oben gewesen. Sie wollte ganz an die Kante des Abgrunds treten, die Augen schließen und sich fallen lassen, damit ihr Körper tief im Kompost versank und ihre Leiche schnell zu Erde wurde.

Tags darauf begann Emma, Medikamente zu nehmen.

Kapitel 11

Die Blutbuche

Es war Spätsommer, als Christian seine Werke bei Stig ausstellte. Acht große Ölgemälde, jeweils vier mal zwei Meter, die es rein technisch mit den großen Skagenmalern aufnehmen konnten. Vielleicht nicht gerade mit Krøyer, wohl aber mit Michael Ancher, der Krøyer technisch unterlegen war. Für viele Kritiker waren diese Bilder keine Kunst, und vielleicht hatten sie recht, dafür waren sie aber verkaufbar. Es waren Bilder, die irgendwann in großen Villen oder Botschaften hängen würden. Stig hatte keine Pressemeldung herausgegeben. Das war gar nicht nötig, um Christians Bilder zu verkaufen. Er hatte einen festen Stamm ausländischer Interessenten, vor allem Amerikaner und Asiaten, für die Geld keine Rolle spielte.

Alle Bilder stellten verwesende Leichen dar, aus denen Bäume wurden. Die Körper waren unterschiedlich stark zersetzt, von Käfern und Maden zerfressen, und die Bäume waren umso größer, je weniger sichtbar der Leichnam war. Ein Gemälde war größer als die anderen, circa sechs mal drei Meter. Es stellte eine Blutbuche dar, unter der der Leichnam komplett zersetzt war. Christian hatte Monate gebraucht, um all die Blätter zu malen und mit dem einfallenden Licht jedes Detail zu akzentuieren. Im Baum saß ein

Specht, und unten im Moos hockten ein paar Mäuse. Ein Fuchs lauerte in einem Busch, und überall waren Insekten: in der Luft, auf den Ästen und Zweigen, im Gras, am Stamm. Niemand würde jemals alle Insekten auf diesem Bild finden. Nicht einmal Christian selbst wusste, wie viele Insekten er gemalt hatte. Beim Anblick dieses Bildes spürte er aber, wie sehr er Mia liebte. Erst in der Galerie wurde ihm bewusst, dass er eine Blutbuche gemalt hatte und dieser Baum wirklich für Mia stand. Die roten Blätter waren ihre Haare, der Stamm ihr Körper und der überwältigende Detaillierungsgrad seine Liebe zu ihr. Einen Moment erwog er, das Bild für sich zu behalten, ließ die Idee dann aber wieder fallen. Was sollte er damit? Wichtig war doch nur, dass es gemalt worden war und dass es dieses Bild jetzt gab. Er wollte sie anrufen.

Stig kam zu ihm, das Handy in der Hand.

»Es ist total verrückt, aber der ganze Scheiß ist bereits verkauft. Für 5,4 Millionen.« Er grinste. »Ich habe die Bilder gestern im Netz eingestellt.«

»Das große ist auch verkauft worden?«

»Ja, alles. Und weißt du, was das heißt?«

»Nein.«

»Beim nächsten Mal setzen wir die Preise rauf. Du kannst bald eine Million pro Bild verlangen, vielleicht sogar anderthalb«, rief Stig, der inzwischen in die Teeküche gegangen war. Er kam mit einer Stempelkanne Kaffee zurück.

»Da hört man zwei Jahre nichts von dir. Ich hatte schon befürchtet, du hättest aufgehört, und dann kommst du mit so was. Ich werde dich niemals verstehen, Christian. Das ist das Beste, was du jemals gemalt hast.« Stig grinste. Christian musterte ihn. Was für ein Narr. Wie konnte er nur glauben, dass er aufgehört hatte zu malen?

Stig goss ihm Kaffee in einen bemalten Becher, rührte zwei große Löffel Zucker hinein und reichte ihn Christian. Stigs Telefon klingelte.

»Yes, hello, Mr. Chang«, Stig lachte kurz auf. »No, it's all sold out. I can put you on a list for next time, but I can't promise anything.«

Christian nahm sein Handy heraus, um nachzusehen, ob Mia angerufen hatte, aber er hatte weder einen Anruf noch eine Nachricht bekommen. Seit drei Tagen wartete er jetzt schon auf eine Nachricht von ihr. Die Ausstellung hatte ihn mit Beschlag belegt, aber Mia war auch schon länger nicht mehr in sein Atelier gekommen. Er rief sie an, erreichte aber nur den Anrufbeantworter. Dann schrieb er ihr eine SMS und lud sie ein, mit Stig und ihm am Abend essen zu gehen. War sie sauer, dass er sie nicht früher eingeladen hatte? Hatte sie das erwartet? Aber nein, sie wurde nie sauer. Und wenn, dann wäre es das erste Mal. Aber trotzdem: Waren sie nicht nur deshalb zusammen, weil er Künstler war? Übersah sie nicht deshalb sein Alter? Bestimmt hätte sie kein Verhältnis mit irgendeinem anderen alten Mann. Natürlich war sie nur mit ihm zusammen, weil er Künstler war. Er wusste das, hatte es vielleicht nur vergessen, weil sie so anders war. Weil sie ihn nie über die Kunst oder die Welt, in der er lebte, ausfragte. Dabei war ihre Beziehung zweifelsohne eine Art Handel. Wie jede andere Beziehung auch. Und musste er sich als Gegenleistung nicht mit ihr in der Öffentlichkeit zeigen? War es das, was sie sich heimlich wünschte? Er hatte sie nicht ein einziges Mal in ein Restaurant eingeladen. Vielleicht glaubte sie, dass es ihm irgendwie peinlich war, mit ihr gesehen zu werden. Sie war sauer auf ihn, es konnte nicht anders sein. Und sie hatte allen Grund dazu. Immerhin hatte er sie über Monate jeden Tag gevögelt. Sie hatte seinem alten Schwanz bereitwillig ihren Arsch hingestreckt, während er seinen Teil der Vereinbarung nicht eingehalten hatte. Er rief sie noch einmal an, erreichte aber wieder nur den Anrufbeantworter.

Christian sah aus dem Fenster über den Sankt Annæ Plads und die Reiterstatue von Christian dem Zehnten. Stig stellte sich neben ihn, sagte aber nichts, als wollte er Christians Nachdenklichkeit imitieren. Es störte Christian, dass Stig wie eine Klette an ihm hing, er fühlte fast schon physisches Unbehagen darüber, dass er so nah neben ihm stand.

»Wir ziehen hier weg«, sagte Stig.

Christian ging zum Tisch, setzte sich auf den Eames-Stuhl und warf noch einmal einen Blick auf sein Telefon.

»Wegziehen? Wohin?«

»Nach Lolland. Das wird spannend. A new beginning.«

Stig liebte diese amerikanischen Floskeln. Ein Überbleibsel seiner Jugend als Punk. Christian konnte sich nichts Beklopteres vorstellen, als als Punk herumzulaufen. Menschen, die sich gleich kleideten und doch für etwas ganz Besonderes hielten. Menschen, die wie Künstler auszusehen versuchten, es aber nicht waren. Die Punks, die er in seinem Leben getroffen hatte, waren allesamt Idioten. Stig passte da gut ins Bild. Auch er war ein Idiot. Nein, er mochte diesen Mann wirklich nicht. Hatte ihn noch nie gemocht. Stig war überemotional und anbiedernd, als Galerist hatte Christian ihn nur behalten, weil es ihm auf wundersame Weise gelungen war, seine Bilder zu verkaufen. Außerdem war es nicht leicht, eine andere Galerie zu finden, aber das sollte sich jetzt ja alles ändern. Stig war ein Mitläufer, ein Profiteur, ein Idiot. Im Krieg hätte er sicher den Nazis zugejubelt – und vermutlich nicht nur zugejubelt. Dieser Mann hätte sich mit Haut und Haar fangen lassen. Christian war überzeugt davon, dass Stig den Hass auf die Juden und die Elite sofort übernommen hätte und dass ihm in den Dreißigern in Deutschland eine steile Karriere sicher gewesen wäre.

»Du wärst ein großer Nazi geworden, Stig. Wenn du im Krieg gelebt hättest«, sagte Christian.

Stig sah Christian fragend an, doch der trank nur einen Schluck Kaffee. Schließlich entschloss er sich, den Kommentar als Witz aufzufassen und zu lachen. »Was meinst du? Wäre für dich wahrscheinlich auch etwas«, fuhr Stig fort.

»Was? Nazi sein?«

»Nein, nach Lolland zu ziehen. Da ist überall Natur. Viele Bäume.« Stig lachte laut und irritierend.

»Nein, danke«, rief Christian lauter als beabsichtigt, einfach um dieses Lachen zu ersticken. Dann war es für einen Moment still.

»Elisabeth und ich ziehen jedenfalls um.«

Christian warf noch einmal einen Blick auf sein Handy, aber Mia hatte sich noch immer nicht gemeldet.

»Es sind eine ganze Reihe von Leuten gegangen. Wir kennen einige, die da jetzt schon wohnen. Die haben die ganze Insel gekauft.«

»Lolland?« Christian hatte irgendwann etwas über das Projekt gelesen, die Sache aber nicht weiterverfolgt.

»Ja, verdammt. Ich muss ja nicht in Kopenhagen sein, um zu arbeiten. Und Elisabeth hat einen Job in einem Forschungszentrum bekommen, das sie da unten neu gebaut haben. Viele leben da wie wir. Als Freelancer.«

»Wie kann man denn ein derart großes Areal kaufen?«, fragte Christian, ohne sich wirklich für die Antwort zu interessieren.

»Das weiß ich nicht. Wir sind da reingekommen, weil Elisabeth Ärztin ist. Sie wird da unten im Bereich Hirnforschung arbeiten. Aber wir müssen auch einiges bezahlen. Die ganze Gegend wird instand gesetzt. Das ist echt verrückt, die bauen die Städte da total um, legen riesige Wälder an und sogar einen kleinen Berg. Das wird verdammt schön. Du solltest irgendwann mal mitkommen.« Stig sah Christian an und fuhr fort.

»Man will da unten autark sein, nur von dem leben, was man selbst anbaut. Jedenfalls weitestgehend.«

»Dann wirst du Bauer?«, fragte Christian.

Stig lachte und antwortete: »Ja, Bauer Stig.« Er lachte noch lauter und starrte Christian fast manisch an.

»Du musst verrückt sein«, sagte Christian und blickte auf sein Handy.

Stig musterte Christian, um zu ergründen, ob der Kommentar freundschaftlich oder wenigstens ironisch gemeint war. Christian verzog jedoch keine Miene. Stattdessen versuchte er noch einmal, Mia zu erreichen.

Dieses Mal ging sie ans Telefon. Erst fingerte sie eine Weile hörbar am Telefon herum, dann meldete sie sich, aber ihr »Hallo« klang traurig.

»Hallo, Liebes ... was ist denn los?«

Sie antwortete nicht, aber er hörte sie weinen.

»Was ist denn los, Schatz?«, fragte Christian wirklich besorgt.

Ihr Weinen wurde lauter, und schließlich schluchzte sie laut in den Hörer. Christian sah zu Stig, der sich an ein kleines arabisches Teetischchen gesetzt hatte und einen Kaffee trank. Er sah dumm aus. Christian ging auf die Straße. Der Wind ließ das Telefon knacken.

»Was ist denn los, Schatz?«, fragte er noch einmal.

»Ich darf dich nicht mehr sehen«, schrie sie fast in den Hörer. Er konnte sich vorstellen, wie die Tränen über ihre Wangen rannen.

»Ruhig, immer mit der Ruhe, Schatz. Wie meinst du das? Dir darf doch keiner vorschreiben, ob wir uns sehen oder nicht.«

»Ich bin schwanger! Und meine Schwester ist stinkwütend auf dich.«

Christians Blick fokussierte die Reiterstatue. Er hatte es bis jetzt nicht bemerkt, aber das Pferd, das Christian den Zehnten trug, hatte kräftige Beine. Es besaß nicht die Eleganz von Araberpferden, sondern erinnerte eher an ein Brauereipferd. Oder an die Pferde der kommunistischen Propagandakunst, auf der auch die Hände der Arbeiter übergroß und stark waren. Pferde und Arbeiter als starke Gegenspieler des Kapitals. Er versuchte, seinen Blick abzuwenden, aber er war wie festgefroren. Auch über seine Lippen kam kein Laut, wie sehr er auch versuchte, etwas zu sagen. Ein dänischer Philosoph, Ole Fogh Kirkeby, hatte einmal gesagt, dass wir denken, während wir reden, und erst dann verstehen, was wir sagen, wenn wir uns selbst hören. Fogh Kirkeby nannte das Translokutionarität, und Christian hätte wirklich gerne gewusst, was er sagen würde, wenn es ihm denn gelang, etwas zu formulieren. Er versuchte mit aller Macht, ein paar Worte zu stammeln, doch es kam nichts über seine Lippen.

»Meine Schwester will mit dir reden«, sagte Mia.

»Hallo? Hier ist Karin Kjeldsen.«

»Hallo, Christian Funder.« Er hatte seinen Nachnamen immer gehasst. Er klang wie der Name eines Schwindlers. Sie klang formell wie eine Ärztin oder Anwältin. Hatte natürliche Ruhe und Autorität in der Stimme. Sie hörte sich so gar nicht wie die Frau an, die er sich in seinen Sexfantasien vorgestellt hatte. Das kleine rothaarige Mädchen mit der Spange auf den Zähnen, das es liebte, alten Männern die Schwänze zu lutschen und einen Dreier mit ihrer Schwester zu machen. Sie klang eher wie das exakte Gegenteil und schien mindestens doppelt so alt wie Mia zu sein.

»Was Sie gemacht haben, war nicht sonderlich klug.«

»Nun, das würde ich nicht sagen.«

»Sie brauchen gar nichts zu sagen. Wir kümmern uns darum, und Sie werden unter keinen Umständen jemals wieder Kontakt zu uns aufnehmen. Tun Sie das trotzdem, werde ich Sie anzeigen. Haben Sie das verstanden?«

Christian spürte, wie seine Lähmung einer innerlichen, ritterlichen Wut wich, dem innigen Wunsch, Mia und ihre Beziehung zu verteidigen. Was war denn so falsch an dem, was sie hatten? Natürlich war es unkonventionell, aber er mochte sie, ja er liebte sie vielleicht sogar und hatte sie nie zu irgendetwas gezwungen.

»Wenn es Ihnen um den Altersunterschied geht, der ist mir vollkommen egal. Wir lieben uns, und daran ist doch nichts falsch.« Karin begann zu lachen, was Christian erst verwirrte und dann noch wütender machte.

»Sagen Sie mal, finden Sie das lustig?«, fragte er und gab sich Mühe, so verärgert wie nur möglich zu klingen. Immerhin war er dreimal verheiratet gewesen und kannte das Machtspiel der Frauen.

»Nein, ich kann Ihnen versprechen, dass ich das nicht lustig finde. Wirklich nicht. Ich lache nur, weil es die Sache noch tragischer macht, dass Sie sich des Problems überhaupt nicht bewusst sind.«

Christian schwieg, fragte dann aber ängstlich wie bei einer Arztkonsultation nach einem Krebsscan: »Und wo liegt das Problem?«

»Mein Gott, Sie sind wirklich zu bedauern. Sie kleiner, notgeiler Kerl.« Christian hatte langsam Respekt vor ihr. Sie war wirklich hardcore.

»Das Problem ist, dass Mia psychisch zurückgeblieben ist. Sie hat eine Entwicklungsstörung, und ich bin ihr Vormund. Sie ist ganz sicher nicht in der Lage, sich um ein Kind zu kümmern. Sie kann ja nicht mal auf sich selbst aufpassen. Sie ist unmündig. Sie haben eine Beziehung zu einem psychisch zurückgeblieben, unmündigen Menschen!« Christian erstarrte. Er wollte etwas sagen, aber noch ehe seine Zunge und sein Mund Schallwellen in Bewegung versetzen konnten, fuhr Karin fort: »Folgendes wird jetzt geschehen. Mia wird eine Abtreibung vornehmen lassen, und Sie werden nie wieder Kontakt mit uns aufnehmen. Verstehen Sie das?«

»Ja«, antwortete Christian, ohne nachzudenken.

»Gut«, sagte sie und legte auf.

Christians Augen glitten wieder zu Christian dem Zehnten. Die Statue war 1954 von dem Künstler Einar Utzon-Frank errichtet worden, der zuvor Professor an der Kunstakademie gewesen war. Aber das war vor Christians Zeit gewesen. Draußen wehte es ziemlich kräftig. Auf der anderen Straßenseite gingen zwei junge Mädchen in schwarzen Kapuzenpullis vorbei. Er sah durch die

Scheiben zu seinem riesigen Blutbuchenbild und dann zu Stig, der an einem Päckchen Zigaretten herumfummelte.

Psychisch zurückgeblieben, unmündig? Der Gedanke war ihm tatsächlich schon mal gekommen, aber der gute Sex und das Fehlen jeglicher Ansprüche und Forderungen hatten ihn davon abgehalten, irgendwelche weitergehenden Fragen zu stellen. Stattdessen hatte er sich damit getröstet, dass sie ganz einfach ein positiv eingestelltes, fröhliches Mädchen war.

Kapitel 12

Elisabeth auf Lolland

Elisabeth hatte ihre Stellung gekündigt und sollte in wenigen Monaten im RAID anfangen. Sie zog nach Nakskov und wohnte in einem Hotel. Das alte Fachwerkhaus, das sie gekauft hatten, wurde noch renoviert und durch einen großen, hellen Anbau erweitert. Vom Gartentor, von dem aus ein Weg aus großen Steinplatten, zwischen denen Gras und diverse andere Pflanzen wucherten, zum Haus führte, sah man das Reetdach und den neuen Anbau, dessen rechtwinklige Holzkonstruktion mit Glas verkleidet war. Der Architekt hatte das Dach des ursprünglich niedrigen, kleinen Hauses angehoben, sodass es jetzt perfekt mit dem Anbau harmonierte. Erhalten geblieben waren der alte Kamin und die Küche. Im Anbau gab es ein größeres Esszimmer, ein Schlafzimmer und die Toilette. Ein Teil der mehr als hundert Jahre alten Außenmauer bildete nun eine Innenwand des Badezimmers, in dem auch noch eine Fußbodenheizung installiert werden sollte, auf die Elisabeth sich ganz besonders freute. Sie wusste jetzt schon, dass sie abends nicht selten dort sitzen und mit ihren Kollegen telefonieren würde.

Sie nahm das Rad und fuhr ins RAID, wo sie einen Schreibtisch bekommen hatte, obwohl sie offiziell erst zwei Monate später anfangen sollte. Ihr Weg führte durch den bereits dichten Wald, der sich langsam herbstlich verfärbte. Überhaupt kamen ihr Spätsommer und Herbst auf dem Land wie eine Überdosis Leben und Farben, Formen und Mengen vor.

Um das Institut herum lagen Wälder und Weiden, auf denen Tiere grasten. Eines Abends, als Elisabeth durch den Wald nach Hause radelte, sah sie eine Sau mit sechs kleinen Ferkeln. Die Ferkel sprangen spielend herum, während die Sau seelenruhig mit ihrer Schnauze den Boden durchwühlte. Elisabeth blieb stehen und beobachtete sie. Nie zuvor hatte sie ein Schwein einfach so in der Natur gesehen. Als die Sau sie bemerkte, hob sie den Kopf und kam zahm wie ein Hund auf sie zu. An der Schnauze hingen Gras und Erde. Die Tiere schienen an Menschen gewöhnt zu sein, vielleicht wurden sie regelmäßig gefüttert. Auch die Ferkel kamen angesprungen und begrüßten sie. Sie streichelte sie und kraulte sie hinter den Ohren. Verspielt sprangen sie an ihr hoch. Irgendwann ging die Sau weiter und rief ihre Jungen mit einem Grunzen zu sich. Es überwältigte sie, ein dänisches Hausschwein einfach so im Wald zu sehen. Ein Tier, dessen Körper durch eine zusätzliche Rippe verlängert worden war, damit er mehr Fleisch produzierte, und das seit Generationen nur noch in winzigen Stahlkäfigen gehalten wurde. Die Sau kletterte nach unten in einen Graben, und die Jungen folgten ihr. Irgendwann grunzte sie noch einmal, und die hellrosa Körper der Kleinen verschwanden einer nach dem anderen im dunkelgrünen Wald. Elisabeth hatte das Gefühl, ein Déjà-vu erlebt zu haben. Aber vielleicht hatte sie als Kind auch nur von einem solchen Szenario geträumt. Sie lehnte das Fahrrad an einen Baum und folgte den Schweinen, da sie wissen wollte, wo die Tiere wohnten. Sie hatte keine Ahnung, wie solche Tiere in der Natur lebten. Wohnten sie in Erdhöhlen, oder schliefen sie einfach irgendwo wie Kühe oder Rehe? Sie folgte den Tieren, und aus Minuten wurde eine Stunde. Es begann zu dämmern. Als sie kurz davor war, komplett die Orientierung zu verlieren, stand sie plötzlich vor einer Art Nest aus Zweigen und Blättern, die die Sau zusammengetragen hatte. Oben und an den Seiten war das Lager fast geschlossen, sodass die Tiere relativ trocken lagen, wenn es regnete. Sie hatte keine Ahnung gehabt, dass Schweine solche Nester bauten. Die Sau legte sich hin und grunzte, und die Jungen liefen zu ihr und begannen zu säugen. Elisabeth musste lächeln. Es war kaum zu glauben, dass die Jahrzehnte der Intensivlandwirtschaft den natürlichen Instinkten der Tiere nicht geschadet hatten. Vorsichtig ging sie zu der Sau und streichelte sie. Das Tier schloss die Augen, genau wie es ein Hund getan hätte.

Elisabeth fand den Rückweg durch den Wald, bevor die Nacht vollends hereinbrach. Sie kam aber nicht dort zurück auf den Weg, wo sie ihn verlassen hatte, sondern musste einige Kilometer zu ihrem Fahrrad laufen. Es begann zu regnen, ein heftiger, warmer Spätsommerregen. Das Wasser klatschte herunter, und die Tropfen explodierten auf dem Boden, in den Pfützen und auf den still nickenden Blättern der Bäume. Erst gegen 22 Uhr war sie vollkommen durchnässt zurück im Hotel. Sie konnte sich nicht daran erinnern, wann sie zuletzt so nass gewesen war. Sie legte sich ins Bett und lauschte dem Wind, dem Regen und dem Rascheln der Blätter. Sie war müde wie ein Kind.

Kapitel 13

Stig auf Lolland

Lolland war ganz anders, als Stig es sich vorgestellt hatte, obwohl Elisabeth ihm so viel davon erzählt und ihm auch eine Unmenge an Bildern gezeigt hatte. Vielleicht hatte er nicht richtig zugehört, auf jeden Fall erschien ihm das Gelände viel exklusiver, als er es sich gedacht hatte. Die Bewohner waren keine dümmlichen Bauern, wie er es erwartet hatte, sondern ausnahmslos erfolgreiche Leute aus Kopenhagen, Nordseeland, Odense und Aarhus. Einige kannte er sogar aus Kopenhagen. Das Terrain war durch einen Stacheldrahtzaun gesichert, und am Tor am Guldborgsund standen mit automatischen Waffen ausgerüstete philippinische Wachen. Kleine Drohnen flogen über den Zaun.

Ihr Haus lag am Stadtrand von Nakskov, das wirklich nicht wiederzuerkennen war, da alle hässlichen Häuser abgerissen worden waren. Die Hauptstraße und all die kleinen Gassen waren jetzt mit Kopfsteinen gepflastert. Überall richteten Menschen kleine Läden ein. Selbst die Schilder sahen wie kleine Miniaturkunstwerke aus. Emma ging an seiner Seite. Sie wirkte fröhlich und entspannt, und Stig hielt ihre Hand wie damals, als sie noch ein kleines Mädchen gewesen war. Er liebte es, so mit ihr durch die Stadt zu laufen und sie hin und wieder anzuschauen. Ihr Gesicht hatte etwas Freundliches, Offenes. Als Baby war sie ein kleiner Sonnenschein gewesen, den alle geliebt hatten.

Nach dem Gespräch mit dem Psychologen hatte Stig sie nachts im Traum von hinten gesehen. Die schönen Haare fielen über ihre schmalen Schultern, aber als sie sich umdrehte, war ihr Gesicht ganz verändert gewesen. In Auflösung begriffen. Zerfressen von unzähligen Insekten. Im Traum hatte er sie zu waschen versucht, hatte die Insekten entfernt, ihre Augenhöhlen und ihr Zahnfleisch gereinigt und beruhigend auf sie eingeredet. Immer wieder hatte er ihr gesagt, dass alles gut werden würde, bis sie ihm irgendwann die Hand an die Wange gelegt und gesagt hatte: »Es ist okay, Papa.«

Die Menschen begrüßten sie freundlich, als sie über die Hauptstraße gingen, und abends wurden sie in einem lokalen Restaurant eingeladen.

Die Renovierung war viel teurer geworden, als sie es berechnet hatten. Trotz des großzügigen Rabatts auf die zehn Millionen, die es kostete, nach Lolland zu ziehen, hatten sie mit dem Haus und der Renovierung mehr als neun Millionen Kronen zu zahlen.

Das Leben auf Lolland war für Stig komplett neu. Elisabeth arbeitete im Forschungszentrum, und Stig sollte bei der Produktion helfen, was sich allerdings als ziemlich einfach erwies, da alles topmodern war. Neben den Sicherheitsdrohnen, die den Zaun überwachten, hatten die Forscher am RAID Drohnen entwickelt, die zwischen mehreren Hundert Pflanzenarten unterscheiden und das Unkraut ausmerzen konnten, und weitere, die früh am Morgen, wenn alle noch schliefen, die Tiere fütterten. Stand man vor sechs Uhr morgens auf, sah man sie von ihrer Arbeit in langsamen Kolonnen zurückfliegen. Wie Ufos oder riesige Insekten schoben sie sich dann vor den Sonnenaufgang. Es sah aus wie auf dem Bild

U.F.O. Sunset von Anders Brinch, das er einmal gesehen hatte. Die Tiere, die sie aßen, wurden in einer kleinen Metzgerei außerhalb der Stadt geschlachtet. Es gab für Stig so wenig zu tun, dass er mit Emma zum Reiten ging, um sich die Zeit zu vertreiben. Schließlich kaufte er sogar drei Pferde für sie. Stig taufte seines Khartoum, benannt nach dem Pferd aus *Der Pate*, dem der Kopf abgeschnitten wird. Er hatte anfangs Mühe mit dem Reiten, war sich aber sicher, dass es ihm irgendwann Spaß bereiten würde.

Stig hatte einen Alaskan Malamute aus einer Zucht in Schweden bestellt. Die Rasse ist eine größere, wildere Variante des Siberian Husky, die dem Wolf wirklich noch recht nah ist. Es heißt, dass man einen Alaskan Malamute nie ohne Leine laufen lassen darf, da er sonst wegläuft und zu jagen beginnt und erst wiederkommt, wenn er satt ist. Alaskan Malamute können nicht bellen, dafür haben sie ein ganzes Vokabular an Fiep-, Knurr- und Heultönen. George Lucas besaß einen Alaskan Malamute, als er den ersten *Star Wars*-Film drehte, und angeblich hatte dieser Hund mit seinen Launen die Vorlage für die Sprache von Chewbacca geliefert.

Emma begleitete ihn, als sie den Welpen abholten. Der kleine Hund war supersüß und schloss sie alle gleich ins Herz. Im Auto tollte er so fröhlich herum, dass Stig fast von der Straße abgekommen wäre, als der Hund ihm aus Spaß in den Nacken zu beißen versuchte. Emma musste ihn die ganze Zeit in den Armen halten. Dann schlief er ein, und als er wieder aufwachte, pinkelte er sie alle ein. Stig nannte ihn Jack, nach Jack London, der *Wolfsblut* geschrieben hatte, ein Buch, das Stig als Kind verschlungen hatte.

Viel später

Wilhelm und Jack gingen nach draußen auf die große Wiese. Wilhelm hüpfte herum und flatterte vor Begeisterung mit den Flügeln. »Du bist geboren, um zu laufen. Du bist ein Alaskan Malamute. Du bist ein Wolf. Wir verleugnen schon viel zu lange, wer wir wirklich sind, und versuchen stattdessen, jemand anderes zu sein. Aber du bist ein Hund. Du musst dich dieser Tatsache stellen. Sei, was du bist!«

»Ich habe aber wirklich keinen Bock, einen Schlitten oder so was zu ziehen, wenn es das ist, was du meinst.«

»Nein, nein, aber verdammt noch mal irgendetwas anderes Hundetypisches! Spürst du das nicht? Wir sind Tiere! Wir brauchen den Kampf, die Bewegung. Wir müssen schnuppern, hacken, was auch immer. Wir haben versucht, etwas zu sein, das wir nicht sind. Guck dir deine Pfoten an. Die sind riesig. Oder die Muskeln an deinen Beinen. Du bist geschaffen, um über die Wiese zu jagen. Mit weit aus dem Maul hängender Zunge.«

»Vielleicht, aber wohin soll ich denn laufen?«

Wilhelm sah sich um. »Lass uns zu dem Baum da laufen.« Wilhelm zeigte auf einen Baum, der etwa fünfhundert Meter entfernt stand. »Ich fliege. Komm! Wer zuerst da ist!« Wilhelm begann in Richtung Baum zu flattern. Es sah unbeholfen aus, als wären seine Flügel zu klein oder sein Körper zu groß.

»Das war ein Frühstart!«, rief Jack und rannte los. Jack spürte die Pfoten auf dem Boden, wie sie sich ausbreiteten und bei jeder Berührung in die Erde gruben. Sein Rücken fühlte sich steif an, und er galoppierte etwas schwankend wie eine alte Ziege. Dann konzentrierte er sich darauf, den Rücken bei jedem Satz zu strecken, und warf sich weit nach vorn, als wäre jeder Sprung ein Angriff. Das lange Gras kitzelte seinen Bauch. Ohne nachzudenken, legte er die Ohren an und senkte den Kopf. Sein Hirn arbeitete auf Hochtouren, suchte den Boden nach Steinen und Löchern ab. Er wurde schneller. Der Wind warf das Fell in seinem Gesicht nach hinten. Er wurde noch schneller. Sein Herz begann zu pumpen, und er spürte das Blut in seinen Muskeln. In seinem Körper wuchs eine Kraft heran, deren Existenz er ganz vergessen hatte. Er war ein Wolf oder wenigstens ein Wolfshund. Er streckte sich aus und stellte sich vor, einem Tier nachzujagen – einem Reh oder einem Hasen, sah den Schwanz seiner Beute zucken, sah die Beine in wilder Flucht und roch die Sekrete, die es aussonderte. Speichel pumpte in seinen Mund, als er den Schweiß roch, die Angst. Er stellte sich vor, wie seine Zähne sich in das dampfende Fell bohrten und das Blut in sein Maul spritzte. Er lief noch schneller, viel schneller, als er jemals geglaubt hätte, laufen zu können. Er passierte Wilhelm, nahm ihn aber nicht einmal wahr. Wie ein Projektil schoss er über die Wiese. Die Pfoten flogen förmlich über den Boden. Er erreichte den Baum, bremste, bohrte die Krallen in die trockene Erde, sodass um ihn herum der Staub aufwirbelte. Keuchend setzte er sich hin, die Zunge weit aus dem Hals. Wilhelm war weit hinter ihm. Er flatterte niedrig über die Wiese und krächzte begeistert: »Wahnsinn, Jack! Wahnsinn.«

Jack saß mit zusammengekniffenen Augen da. Er spürte jeden Muskel in seinem Körper. Es war wunderbar. Wilhelm hatte recht. Er war ein Hund, aber kein gewöhnlicher Hund, der irgendwelchen Stöckchen nachjagte oder Frisbees fing. Er war ein Wolfshund. Er hob den Blick. Wilhelm flatterte wenige Meter über dem Boden und sah aus wie eine angeschlagene Stadttaube. Es war deutlich zu sehen, dass er es nicht mehr gewohnt war, weiter als von einem Baum zum nächsten zu *fliegen oder vom Gasthaus nach Hause. Plötzlich zuckte Jacks Blick nach oben. Ein Falke. Der Raubvogel hatte die Flügel dicht an den Körper gelegt und schoss wie eine Cruise Missile auf Wilhelm herab. Jack sprang vor. Er hatte nur wenige Sekunden, bis sich die Krallen des Falken in Wilhelms Gefieder bohrten. Wilhelm sah Jack auf sich zukommen. Er lächelte, bis er realisierte, dass irgendetwas nicht stimmte. Jack sah, dass er es nicht schaffen konnte, der Falke war zu schnell. Wilhelm bremste in der Luft, um Jack, der die letzten Kräfte mobilisierte, auszuweichen. Wilhelm schrie. Der Falke hatte nicht damit gerechnet, dass Wilhelm plötzlich abbremsen würde, und war etwas zu weit vor ihm, sodass er seine Krallen nach hinten streckte, um seine Beute doch noch packen zu können. Eine Kralle bohrte sich in Wilhelms Nacken. Jack sammelte all seine Kraft und sprang zu dem Raubvogel hoch. Er traf ihn mit einer Pfote und schlug ihn einen halben Meter zur Seite. Der Falke wog nichts. Wilhelm wurde durch den Impuls mitgerissen, die Kralle steckte in seinem Nacken. Jack sprang zu dem Raubvogel und biss ihm, ohne nachzudenken, den Kopf ab. Dann machte er sich über den wild mit den Flügeln schlagenden Rest her und spürte, wie die Knochen des Vogels in seinem Maul zermalmt wurden. Aber er musste sich um Wilhelm kümmern, der leblos am Boden lag. Seine Augen waren geschlossen und das schwarze Gefieder im Nacken blutverschmiert.*

»*WILHELM!*«*, rief Jack. Er leckte sein Gesicht, aber Wilhelm hatte das Bewusstsein verloren. Vorsichtig nahm Jack ihn in den Mund und rannte nach Hause. Zum Glück war Elisabeth da, als er in den Garten kam. Er sah sie hinter dem Küchenfenster, legte Wilhelm auf den Boden und schrie:* »*ELISABETH! HILFE!*« *Gleich darauf stürzte Elisabeth aus dem Haus.*

»*Oh je, was ist denn passiert!*«*, fragte sie.*

»*Ein Raubvogel. Ein Falke.*« *Jack rang nach Atem. Elisabeth nahm Wilhelm in die Hände und rannte mit ihm ins Haus. Sie legte ihn auf den Küchentisch und begann, die Wunde im Nacken zu untersuchen. Dann schaltete sie den Computer ein und suchte Wilhelms File heraus.*

Eine Unmenge von Zahlen und Kurven erschienen auf dem Bildschirm. Ganz unten pumpte ein Puls.

»Ist er okay?«, fragte Jack, den Tränen nahe.

Elisabeth lächelte. »Ja, er ist in Ordnung. Die Wunde ist nur oberflächlich. Er ist ohnmächtig. Den Zahlen ist aber zu entnehmen, dass er gleich wieder zu sich kommen wird. Guck!« Sie zeigte auf eine Grafik. Die Linie stieg langsam an. »Er kommt zu sich. In ein paar Sekunden sollte er aufwachen.« Elisabeth hatte den Satz kaum beendet, als Wilhelm ein Krächzen von sich gab und dann mit nasaler Stimme aufschrie: »JACK!« Jack und Elisabeth lächelten sich an. Eine halbe Stunde später saßen sie gemeinsam draußen im Garten und aßen Kekse. Wilhelm redete beinahe ununterbrochen.

»Ich habe nur gebremst, weil ich dachte, du würdest mich angreifen. Ich dachte, du hättest komplett den Verstand verloren. Wenn ich nicht so schnell geflogen wäre, als wir unser Rennen gemacht haben, wäre ich zu weit weg gewesen. Dann hättest du mir nicht mehr helfen können«, sagte Wilhelm. »Dann wäre ich jetzt tot. Ich hab den Falken überhaupt nicht gesehen.«

Wilhelm hackte mit dem Schnabel auf einen Keks ein. »Ich gehe nie mehr vor die Tür, nie mehr! Katzen, Füchse und dann auch noch Raubvögel. Das ist echt nicht auszuhalten. Elisabeth, ich finde es wirklich totalen Mist, dass sich niemand darum kümmert.«

»Was sollen wir denn machen?«, fragte Elisabeth.

»Tja, man könnte ja schon mal damit anfangen, die Katzen umzubringen. Mein Leben ist die reinste Hölle.« Wilhelm knabberte noch ein Stück Keks.

»Und wie wäre es mit Höherfliegen?«, fragte Jack und fuhr fort: »Ich meine, diese Raubvögel greifen doch von oben an.« Wilhelm schüttelte den Kopf. »Nein, nein, die sind manchmal kilometerweit oben in der Luft. Bist du dir im Klaren darüber, wie kalt es da oben ist? Außerdem kann ich mit meinen Flügeln gar nicht so weit oben fliegen.«

»Vielleicht kann Mathias dir helfen«, sagte Elisabeth.

»Mathias? Der Drohnentyp?«, fragte Wilhelm.

»Ja, vielleicht kann er eine Drohne für dich bauen. Eine Verteidigungsdrohne.«
»Und wie sollte die funktionieren?«, fragte Wilhelm skeptisch.
Elisabeth dachte nach, schien aber auch keine Lösung zu haben.
»Keine Ahnung, aber wir könnten doch mal mit ihm reden. Die bauen da oben alles Mögliche. Vielleicht wäre das tatsächlich eine Möglichkeit! Die Katzen töten ist jedenfalls keine Option. Dazu bringst du die Leute niemals.«
»Tja, wahrscheinlich hast du recht. Es ist aber echt scheiße, dass die das nicht machen. Wenn hier überall Tiger rumlaufen würden, fändet ihr das auch nicht so toll. Ich kapiere einfach nicht, dass das erlaubt ist. Das ist so diskriminierend. Wir ... wir ... intelligenten Tiere sind einfach nicht so viel wert wie ihr Menschen. Für euch sind wir nicht mehr als Tiere.«
»Das stimmt doch nicht, Wilhelm«, sagte Elisabeth.
»Doch, tut es. Die Menschen bestehen darauf, Katzen zu haben, obwohl sie wissen, dass die für mich scheißgefährlich sind. Und warum? Weil sie es toll finden, eine Katze zu haben, und weil es ihnen grundsätzlich egal ist, wie es mir geht. Schließlich bin ich ja nur ein blöder Vogel.«
»Ich finde, dass du das jetzt ein bisschen schwarz-weiß siehst, Wilhelm«, verteidigte sich Elisabeth.
»Das tue ich nicht. Aber gut, dann lass uns doch einen Tiger anschaffen. Das wäre bestimmt lustig. Was meinst du, wie die Leute reagieren würden? Glaubst du, die wären begeistert? Nein, ganz sicher nicht, schließlich will niemand gerissen werden, wenn er morgens auf dem Weg zum Bäcker ist. Der Druck, unter dem ich stehe, ist wirklich kaum zu ertragen, versteht ihr das nicht?« Wilhelm brach zusammen. Er konnte die Tränen nicht mehr zurückhalten.
»Vielleicht sollte ich einfach da rausfliegen und es hinter mich bringen«, schluchzte er. Elisabeth streichelte ihn.
»Ich kann dich gut verstehen«, sagte sie.
»Das Schlimmste ist wirklich, dass wir Tiere den Menschen so scheißegal sind. Wir sind nichts.« Wilhelm hörte zu weinen auf und

wurde wütend. »Wir haben keine Rechte, auf jeden Fall nicht dieselben wie ihr.«

Elisabeth sagte nichts, schließlich hatte er recht. Man unternahm Versuche mit Tieren, weil sie weniger wert waren als Menschen. Andererseits erfüllte es sie schon ein bisschen mit Stolz, wie klug und reflektiert Wilhelm war. Es war unglaublich, wie er sich entwickelt hatte.

»Als müssten wir einfach nur dankbar sein, Teil eures Programms zu sein und nicht am Alter zu sterben, aber das gilt für euch ja auch alles. Und warum sollten wir dankbarer sein als ihr?«

Wilhelm hatte sich jetzt richtig in Rage geredet: »Ich kann dir garantieren, dass man in hundert Jahren, wenn man zurückblickt, realisiert, was für ein Skandal das war. Wir Tiere haben das gleiche Recht zu leben wie ihr. Wir sind mehr als nur eure Kuscheltiere. Wir haben Ansprüche. Unsere Leben sind genauso viel wert wie eure.« Wilhelm wurde schwindelig. Er war kurz davor, wieder das Bewusstsein zu verlieren, und musste sich hinlegen.

»Jetzt beruhige dich erst einmal«, sagte Elisabeth. »Ich werde dich zu Mathias begleiten. Bleib doch hier bei uns, dann können wir gleich morgen zu ihm gehen. Ich verstehe dich wirklich.« Wilhelm nickte müde.

Kapitel 14

Wenn Christian Mia nicht vögeln darf, will er auch nicht mehr malen

Christian war nach dem Telefonat mit Karin nach Hause gegangen. Er hatte sich auf einen Stuhl im Wohnzimmer gesetzt und seither nicht bewegt. Macht doch nichts, dachte er, ist doch gut, wenn sie abtreibt. Das Leben geht weiter. Außerdem war es sicher richtig, wenn sie diese Beziehung beendeten. Er konnte kein psychisch gestörtes Mädchen vögeln. Trotzdem ließ ihn der Gedanke an sie nicht los. Nicht nur an ihren Körper und ihre Geilheit, sondern auch an den Menschen, der er war, wenn sie bei ihm war. Verdammt, er hatte nie zuvor so oft Analsex gehabt wie mit ihr. Oder war die Jugend heute so? War es vielleicht möglich, Ersatz zu finden? Er streckte sich nach den Zigaretten aus, die auf dem Tisch lagen, und wurde plötzlich von einer Leere erfasst, wie er sie noch nie zuvor gespürt hatte. Als hätte sein enttäuschter Körper die Macht über ihn übernommen. Eigentlich passend, dass er seine Trauer auf diese Weise ausdrückte, schließlich war er es, der fortan auf diesen wunderbaren Sex verzichten musste.

Christian stand auf und legte sich ins Bett, konnte aber nicht schlafen. Er starrte nach draußen in das Grau des Himmels, an dem hirntote Möwen kreisten und hysterisch vor sich hin schrien. Noch einmal versuchte er, sich davon zu überzeugen, dass es das Beste war, die Beziehung zu beenden, schließlich wusste er jetzt, dass sie zurückgeblieben war. Es gelang ihm nicht.

Abends hatte er Sex mit einer Frau, die er schon seit Jahren kannte und die immer bereit war, wenn er sie anrief. Er wollte versuchen, wieder in die Spur zu kommen, konnte seine Erektion aber nicht halten. Die Frau, ihr Name war Eva, reagierte nett und meinte, dass sie es beim nächsten Mal ja mit Viagra probieren konnten, aber Christian war alles egal, denn er wusste, dass nur sie schuld an seinem schlaffen Glied war. Nur sie.

Tags darauf betrank er sich und ging in eine Stripbar, wo er mit einem Thaimädchen zusammen war. Es war okay, der Sex konnte seine Laune aber nur kurzfristig aufbessern. Er versuchte zu malen. Stig wollte, dass er mit seinen Bäumen weitermachte. Anscheinend war der Markt grenzenlos. Er versuchte sich selbst zu motivieren, indem er an die Million dachte, die er mit dem Bild erzielen würde, wenn es fertig war, und wie oft er damit zu dem Thaimädchen gehen konnte. Trotzdem konnte er sich nicht zusammenreißen. Immer wieder dachte er an die Hunderttausende, ja Millionen von Pinselstrichen, die nötig sein würden, um das Bild fertigzustellen.

Er fragte sich, ob er Stig anrufen und ihm sagen sollte, dass er zu Markman wechselte, konnte sich aber nicht aufraffen, sondern legte sich stattdessen aufs Sofa. Vielleicht hatte die Leere, die er spürte, auch mit der gerade abgeschlossenen Ausstellung zu tun. Er hatte auch schon andere Künstler über Depressionen nach Ausstellungen reden hören, hatte das bisher aber nie verstanden, sondern als Schwäche angesehen. Als Mangel oder Künstlerdekadenz. Er wollte aufstehen und malen, konnte aber nicht. Es gelang ihm einfach nicht, seinen Körper in die Senkrechte zu bringen, und plötzlich wusste er nicht einmal mehr, wie man aufstand. Wie es einem Menschen überhaupt möglich war, aufrecht auf den Füßen zu stehen. Das alles erschien ihm komplett unmöglich. Kriechend holte er sich eine Flasche Rotwein, dann eine zweite, die er im Bett liegend trank, bis er einschlief. Als er am nächsten Morgen aufwachte, steckte noch immer dasselbe Gefühl in seinem Körper. Er schaltete den Fernseher ein. Die Grenzposten der EU versuchten, Horden von Afrikanern zurückzutreiben, die sich auf überfüllten Schiffen der Küste näherten. Es kam sogar zu Schusswaffengebrauch. Nicht einmal davor schreckte man inzwischen zurück. Und niemanden schien das zu stören. Ein Journalist auf einem Kriegsschiff erklärte, dass die Überbevölkerung der Regionen, aus denen die Migranten kamen, damit zu tun hatte, dass die Frauen dort im Schnitt sechs Kinder gebaren, die alle in Armut aufwachsen mussten.

Auf einem anderen Sender sah man Muslime in Vollsmose gegen das Militär kämpfen. Er schaltete den Fernseher wieder aus.

Er musste etwas tun und suchte Mias Nummer heraus, rief sie aber nicht an. Er verbrachte auch diesen und den nächsten Tag auf dem Sofa, hatte nichts gegessen, nur Wein getrunken und war ab und zu zur Toilette gekrochen. Irgendwann hatten seine Knie derart geschmerzt, dass er einfach auf den Boden gepinkelt hatte. Nein, er wollte nicht anrufen, er wollte zu ihr gehen. Er wollte Mia und ihrer Schwester in die Augen sehen. Wie war noch mal ihr Name gewesen? Er stand auf, taumelte auf die Toilette, wusch sich und zog seine besten Kleider an. Dann kämmte er sich vor dem Spiegel. Aber der Seitenscheitel ließ ihn wie einen alten, perversen Rentner aussehen. Nein, das ging nicht. Er zerwühlte die Haare wieder, zog sein übliches, abgetragenes Hemd und die blaue Hose mit dem Farbfleck an und fuhr mit dem Fahrrad zu Mia. Auf dem Weg fragte er sich, was er sagen sollte. Er wollte Mia zurück, das wusste er. Er war auch bereit, die Vormundschaft für sie zu übernehmen, wenn er so mit ihr zusammen sein konnte. Dann stand er vor der Tür und klopfte an. Mia öffnete. Sie trug nur ein großes T-Shirt mit einer lächelnden Pocahontas. Als sie Christian sah, warf sie sich ihm um den Hals, klammerte sich an ihn und weinte Tränen der Freude.

»Ich will mit dir zusammen sein«, flüsterte Christian.

Sie klammerte sich nur noch fester an ihn und küsste ihn. Schleckte ihm wie ein Hundewelpe das Gesicht ab. Eine treffende Bezeichnung – ein Hundewelpe, den man vögeln konnte.

»Ist deine Schwester zu Hause?« Mia ließ ihn los und nickte. Sie war hübsch wie immer. Er lächelte sie an, und sie erwiderte sein Lächeln. Dann nahm sie seine Hand, als wäre er ein kleiner Junge, den man zum ersten Mal seinen Eltern vorstellen musste. Und in gewisser Weise war es ja auch so. Trotzdem ließ er ihre Hand los, als sie ins Wohnzimmer kamen.

»Karin!«, rief Mia wütend.

Eine Tür wurde geöffnet, und eine Frau etwa Mitte vierzig kam zum Vorschein. Ihre Haare waren schlaff und farblos, die Nase länglich und der Blick starr wie bei einem Vogel, einem Storch vielleicht.

»Tag, meine Name ist …«, versuchte Christian und streckte die Hand aus, wurde aber gleich unterbrochen.

»Ich weiß sehr genau, wer Sie sind. Ich dachte, ich hätte Ihnen gesagt, dass ich die Polizei rufe, wenn Sie hier auftauchen.«

»Immer mit der Ruhe, es ist ja nichts Ungesetzliches passiert.«

»Das muss die Polizei entscheiden. Ich glaube nicht, dass Mia klar war, worauf sie sich da eingelassen hat.«

Sie begann in ihrem Telefon nach der Nummer zu suchen.

»NIE DARF ICH EINEN LIEBHABER HABEN! NIE DARF ICH GLÜCKLICH SEIN! DU VERBIETEST MIR ALLES!«, rief Mia plötzlich, stürmte in ihr Zimmer und warf die Tür hinter sich zu. Christian fragte sich einen Moment, ob er ihr nachlaufen oder bleiben und mit Karin diskutieren sollte. Er entschied sich für Letzteres.

»Können wir nicht darüber reden?«, begann er fast bittend.

»Nein, Sie verstehen nicht, wie behindert Mia ist, und ich habe wirklich keine Lust, Ihnen das alles zu erklären.« Karin rief an. »Ja, hallo, ist da die Polizei?«

»Okay, okay, ich gehe ja!«, sagte Christian und wich nach hinten zurück. Karin sah ihn an und blickte dann demonstrativ auf ihr Telefon, um ihm klarzumachen, dass sie erst auflegen würde, wenn er gegangen war.

»Ich gehe ja, ich verspreche es Ihnen. Darf ich mich trotzdem noch von Mia verabschieden?«

Sie legte auf.

»Wenn ich dabei bin.«

Christian klopfte bei Mia an.

»HAU AB!«, brüllte sie.

»Ich bin's«, sagte Christian. Sie öffnete die Tür. Ihre Augen waren rot aufgequollen.

»Du, Mia, das alles tut mir wahnsinnig leid.« Er sah zu Karin und hoffte, doch noch begnadigt zu werden, bevor unwiderruflich Schluss war, aber sie sah ihn nicht einmal an. Christian fuhr fort: »Wir können uns nicht mehr sehen.« Mia warf sich aufs Bett und begann sich wie ein wildes Tier herumzuwälzen, als wären seine Worte Kugeln aus einem Maschinengewehr. Dann zog sie sich die Decke über den Kopf.

»Ich wollte mich nur noch verabschieden.« Karin nickte als Zeichen, dass er nun gehen sollte.

Sie begleitete ihn zur Tür. Auf der Treppe unternahm Christian einen letzten Versuch: »Karin, ich verstehe nicht, warum wir nicht darüber reden können.«

»Das kann ich Ihnen erklären. Ich will nicht mit Ihnen reden, weil sie ein pädophiles Arschloch sind, Christian.«

»Nein, das bin ich ganz sicher nicht.«

Sie knallte die Tür zu.

»WENN ICH DAS WÄRE, WÜRDEN SIE MICH SICHER NICHT HEREINLASSEN. DAS IST EINE GRAUZONE, DAS WISSEN SIE GANZ GENAU!«

Es war vorbei. Christian ging. Er hatte keine Lust, nach Hause zu gehen, andererseits wollte er aber auch nicht draußen sein. Er hatte keine Freunde, niemanden, den er anrufen konnte, den er mochte und der auch ihn mochte. Die Erkenntnis schmerzte ihn nicht, er hatte sich daran gewöhnt, es war schon seit vielen Jahren so. Über das Warum hatte er nie nachgedacht. Schließlich fuhr er mit dem Fahrrad zu Stigs Galerie, aber die Metallgitter vor den Fenstern waren zu.

Christian setzte sich auf eine Bank und rief ihn an. Stig nahm das Gespräch glücklicherweise entgegen. Christian erklärte ihm die Situation auf eine Weise, die ihn nicht als Pädophilen darstellte. Er war nicht pädophil, was bildete diese blöde Kuh sich eigentlich ein? Zum Glück verstand Stig das Problem.

»Deshalb bist du also plötzlich so kreativ gewesen. Deine Maschinerie musste nur ein bisschen geschmiert werden.« Stig lachte, und Christian hielt den Hörer vom Ohr weg.

»Vielleicht. Könntest du mal mit dieser Karin reden?«

»Ich?«

»Ja, sie weigert sich, mit mir zu reden. Sie ruft immer gleich die Polizei an.«

»Und was soll ich ihr sagen?«

»Sag …«

Christian dachte nach.

»Sag, dass ich gerne Mias Vormundschaft übernehme oder so was.«

»Aber da geht die doch niemals drauf ein.«

»Nein.« Christian überdachte die Situation noch einmal.

»Kannst du ihr nicht Geld bieten?«

»Ich glaube nicht, dass das geht, Christian.«

»Verdammt!«

»Hör mir mal zu. Ich kann mit meinem Anwalt sprechen, vielleicht können wir ja gerichtlich gegen sie vorgehen. Mia ist doch über achtzehn, oder?«

»Ja, klar. Da bin ich mir ziemlich sicher. Ja, verdammt, sie ist über achtzehn.«

»Gut, wie lautet ihr vollständiger Name?«

»Also, sie heißt Mia ... und der Nachname fängt mit K an. Ich habe ihre Nummer und die ihrer Schwester.«

Stig lachte. »Schon blöd, dass du nicht weißt, wie sie mit Nachnamen heißt.«

Christian lachte nicht. Er fand es nicht okay, dass Stig sich über das lustig machte, was Mia und er miteinander gehabt hatten. Natürlich sollte er wissen, wie sie mit Nachnamen hieß, aber ihre Beziehung hatte einen anderen Charakter gehabt. Wie man mit Nachnamen hieß, war da nicht wichtig. Er hatte vermutlich auch nie behauptet, sie zu lieben, es war einfach anders. Er war besessen von ihr. Konnte er Mia nicht vögeln, verlor alles in der Welt seinen Sinn. Genau so war ihre Beziehung.

»Wenn ich Mia nicht vögeln kann, will ich auch nicht mehr malen.«

Stig sagte nichts. Vielleicht verstand er ihn wirklich. Oder es war die Erfahrung als Galerist verschiedener Künstler, die ihn antworten ließ: »Okay, wir finden schon eine Lösung, Christian. Und du bist dir sicher, dass sie dich genauso will?«

»Ja, ver...« Christian bekam einen Hustenanfall. Es klang wie ein Erdrutsch. Stig, der diese Anfälle bereits kannte, wartete geduldig.

»Du kümmerst dich also darum?«, fragte Christian schließlich.

»Ja, ich werde es versuchen. Wir werden schon eine Lösung finden, Christian. Es darf ja nicht sein, dass du nicht mehr malst. Das wäre schlecht fürs Geschäft.«

Christian fuhr nach Hause, öffnete eine Flasche Wein und kritzelte die Skizze eines Baums auf die Leinwand, bevor er in seinem Sessel einschlief. Es vergingen zwei Tage, in denen Christian nichts weiter schaffte, als irgendwie tatenlos in seinem Atelier herumzulaufen. Er war mehrmals kurz davor, Stig anzurufen, ließ es dann aber bleiben. Er würde sich schon melden, wenn er etwas erreicht hatte.

Es verging ein weiterer Tag, bis das Telefon klingelte.

»Ja?«

»Hallo, Christian.«

»Hast du mit der Tante geredet?«

»Nein, aber John, mein Anwalt, hat das Ganze juristisch unter die Lupe genommen. Es sieht aus, als hätten wir da einen Ansatzpunkt. Du kannst Mias Vormund werden, doch das setzt voraus, dass sie mental untersucht wird und selbst damit einverstanden ist.«

»Ja? Klingt doch gut.«

»Die Sache hat nur einen Haken, das alles kann nämlich ziemlich lange dauern.«

»Wie lange?«

»Möglicherweise ein Jahr. So einfach ist das nicht.«

»Verdammt, Stig. Das geht nicht. Ich bin wie gelähmt. Ich bin in der Hölle.«

»Dachte ich mir. Deshalb haben wir noch eine andere Möglichkeit diskutiert. Wie sich gezeigt hat, hat diese Karin eine Firma, mit der es gerade drastisch bergab geht. Sie ist am Rande eines Konkurses.«

»Was schlägst du also vor?«

»Eigentlich kommt der Vorschlag von John. Soll ich ihn dir geben? Er ist gerade hier.«

»Wer ist John?«

»Das ist mein Anwalt. Ich reiche dich weiter.«

»Okay.«

»Hallo, Christian, hier ist John Carlsen.« Die Stimme des Mannes war hell, aber angenehm. Er sprach langsam und deutlich.

»Ich habe mir diese Karin Kjeldsen ein bisschen vorgenommen. Sie ist finanziell gerade ziemlich am Schwimmen.«

»Ja, das hat Stig schon gesagt.« Christian hustete heftig und legte den Hörer für einen Moment weg. Er hörte John weiterreden und dann Stigs Stimme.

»Bin wieder da. Sie ist also pleite, und was nützt uns das?« Stig war wieder am Apparat.

»Ich gebe dir noch mal John.«

»Hallo, Christian, hier ist noch mal John Carlsen. Eine verdammte Erkältung, die Sie da haben. Also, als Ihr Anwalt, wenn Sie das wollen, schlage ich vor, dass wir ihr einen Betrag anbieten, um die Sache zu beschleunigen. Weder Ihnen noch Mia nützt es, wenn sich das in die Länge zieht und Sie ein Jahr warten müssen. Diese psychischen Untersuchungen gehen mit einer unglaublichen Bürokratie einher, außerdem kann man nie sicher sein, ob die Sache auch wirklich positiv ausgeht.«

»Von welcher Summe reden wir?«

»Ich schlage vor, dass wir ihr fünfhunderttausend anbieten.«

»Fünfhunderttausend Kronen?«

»Ja, über so einen Betrag sollten Sie nachdenken. Ich würde erst einmal fünfhunderttausend bieten, um dann, sollte es nötig sein, auf maximal eine Million zu erhöhen.«

»Eine Million? Sie müssen verrückt sein!«

»Meine Erfahrung sagt mir, dass es kaum mehr als sechshunderttausend werden.«

»Haben Sie das schon mal gemacht?«

»Nein, aber ich habe schon ein paar Mal ähnliche Sachen durchgezogen. Wir bieten ihr fünfhunderttausend und geben ihr ein paar Tage Bedenkzeit. Antwortet sie nicht, erhöhen wir das Angebot auf sechshunderttausend und sagen ihr, dass das ihre letzte Chance ist. Und dann schlagen wir zu.«

»Ich weiß nicht. Können wir nicht mit zweihunderttausend anfangen?«

»Können wir schon.« John dachte nach. »Wir machen, was Sie wollen, aber meine Erfahrung sagt mir ...«

»Stig sollte etwas dazutun. Er verdient an meinen Werken ja mehr als die Hälfte mit.«

»Okay, das sollten Sie dann aber mit Stig direkt besprechen.«

»Nein, ist schon in Ordnung. Sagen Sie Stig einfach, dass er die Hälfte zahlen muss, dann bezahle ich die andere Hälfte.«

»Die Hälfte wovon? Zweihunderttausend oder fünfhunderttausend?«

»Die Hälfte von fünfhunderttausend oder mehr, wenn es nötig wird. Sagen Sie ihm, dass ich die Galerie wechsele, wenn er das nicht macht.«

»Okay, äh. Wollen Sie ihm das nicht selbst sagen?«

»Nein, sagen Sie es ihm einfach. Und dann machen Sie ihr das Angebot. Am besten noch heute. Danke. Es war mir eine Freude, mit Ihnen zu reden.«

Christian legte auf. Verdammt guter Anwalt. Jetzt musste er nur noch warten. Er stand aus seinem Sessel auf und sah zu dem Sofa hinüber, auf dem Mia immer gelegen hatte. Nackt und verführerisch. Eine ihrer Zeitschriften lag noch immer am Boden, und ihr Duft hing noch im Stoff des Sofas.

Gegen jede Erwartung tauchte Stig am nächsten Morgen bei ihm auf, um mit ihm über ihre Abmachung zu sprechen, wie er es nannte. Er wollte eine Garantie, dass Christian nicht in eine andere Galerie wechselte, wenn er seinen Teil des Geldes für Karin zahlte. Für Christian war das kein Problem, wenn es ihnen nur gelang, Mia zurückzukaufen.

Sie besiegelten ihre Vereinbarung mit einem Handschlag.

Kapitel 15

Emma und die Frage der Empathie

Es hatte auch für Emma seine Vorteile, auf Lolland zu wohnen. Unter anderem fiel es ihr leichter, durch die Menschenmengen an der CBS zu gehen, wenn sie wusste, dass sie bald wieder zurück nach Nakskov fahren würde, wo Frieden und Ruhe herrschten.

Die Strecke legte sie Musik hörend mit dem Zug zurück. Trotzdem war es irgendwie merkwürdig, in ihrer eigenen, kleinen Welt zu sitzen und aus der Stadt zu gleiten: fort von den Menschen auf den Bürgersteigen, den Geräuschen, den Blicken.

Unterwegs spielte sie immer wieder auch ein Spiel. Sie sah aus dem Fenster und kniff die Augen etwas zu, sodass sie immer nur einen kleinen Ausschnitt der Aussicht wahrnahm. Sie fokussierte nichts Bestimmtes, stellte sich aber vor, dass das, was sie sah, von besonderer Bedeutung war und vielleicht sogar Gut oder Schlecht vorhersagen konnte. Einmal sah sie auf ihrem Rückweg durch den schmalen Spalt ihrer Augen eine vollkommen kahle Frau, bestimmt eine Chemotherapie-Patientin, obwohl sie sicher nicht älter als Mitte dreißig war. In einer Hand hielt sie zwei Einkaufstüten und an der anderen ein etwa dreijähriges Mädchen, während sie gegen den Wind ankämpfte. Ihr Gesichtsausdruck und die Art, wie sie ging, ließen sie viel älter wirken, als sie war. Emma dachte in diesem Moment, dass sie ein solches Leben nicht leben wollte. Dass sie es nicht ertragen würde. Vielleicht war sie zu schwach, auf jeden Fall ertrug sie den Anblick dieser Mutter nicht.

Etwas später wurde ihr bewusst, dass die starken, fast übermächtigen Gefühle, die sie beim Anblick dieser Frau empfunden hatte, vielleicht sogar etwas Versöhnliches hatten, bewiesen sie doch, dass es Empathie gab. Dass der Schmerz und das Leiden in der Welt von dem Mitgefühl zwischen den Menschen aufgewogen wurde.

Der Gedanke beruhigte Emma aber nur kurz. Wie konnte sie sich sicher sein, dass sie die Krebsmutter nicht nur nutzte, um an sich selbst und ihr eigenes Leben zu denken? Denn es stimmte, sie hatte ihren Schmerz in dem der Mutter gespiegelt und dann auf geschmacklose Weise genutzt, um sich selbst als guten Menschen zu definieren.

Während sie vom Bahnhof mit dem Fahrrad durch den Wald fuhr, kam sie zu dem Schluss, dass es nur zwei Möglichkeiten gab.

1. Entweder gab es echte Empathie zwischen Menschen, was das Leben prinzipiell lebenswert machte.
2. Oder es gab nur egoistische Spiegelungen und Nutznießereien. Das würde dann bedeuten, dass alle Menschen in letzter Instanz – auf moralischer Ebene – nur in ihrem Bewusstsein existierten. Welche Konsequenz das haben würde und ob ihr das Leben dann lebenswert erschien oder nicht, wusste sie noch nicht.

Vorläufig tendierte sie zu der ersten Variante, aber vielleicht nur, weil es Herbst war und ihr die Baumkronen wie Tausende von riesigen, lebenden Fackeln vorkamen. Der Herbst auf Lolland war anders als im restlichen Land. Dank der vielen Baumarten, die es hier gab, war das Laub nicht einfarbig orange, sondern eine Collage von leuchtend gelb bis dunkelrot. Sie fuhr mit dem Fahrrad direkt bis zu ihrem Pferd, ergriff das Zaumzeug des Tieres und streichelte ihm zärtlich über das Maul. Sie legte ihren Kopf an den Hals und sog den Duft ein. Dann kletterte sie auf den Rücken des Pferdes und spürte, wie sich die Wärme des Tieres von ihren Schenkeln langsam in ihrem ganzen Körper ausbreitete. Sie wollte eigentlich nur still und ruhig nach Hause traben, spürte aber die Unruhe des Tieres, das laufen wollte. Bestimmt hatte es den ganzen Tag im Stall gestanden. Emma ritt in den Wald und ließ das Pferd das Tempo bestimmen. Kurz darauf flogen sie beinahe über die Äcker. Die Mähne des Tieres flatterte im Wind. Sie ritten bis an den Strand, wo das Pferd schnaubend mit seinem großen Kopf nickte, als wollte es das Meer begrüßen. Sie roch das Pferd, die Bäume, die Erde und die Pflanzen. Ihr Herz klopfte.

Als sie anschließend ruhig nach Hause trabte, musste Emma wieder an die Frau mit der Chemo denken. Was sie jetzt wohl machte? Es war 18 Uhr. Vermutlich bereitete sie das Abendessen vor und versuchte trotz Schmerzen, ihre Kinder anzulächeln, damit sie sich keine Sorgen machten. Aber die machten sie sich bestimmt trotzdem. An die Kinder hatte Emma noch gar nicht gedacht. Wie es ihnen wohl ging? Wie schläft man abends ein, wenn man weiß, dass seine Mutter am nächsten Tag tot sein kann? Ob sie einen Vater hatten? Oder einen anderen Angehörigen? Oder landeten sie im Heim, wenn die Mutter starb? Es war fast nicht auszuhalten.

Es hatte geregnet, und die Luft war frisch. Warum machte sie sich immer wieder solche Gedanken? Wofür war das gut? Es half weder der Mutter noch ihr selbst. Warum konnte sie nicht einfach darüber hinwegsehen? Fehlte ihr möglicherweise die Veranlagung, glücklich zu sein? War es das? War sie ohne diese Fähigkeit auf die Welt gekommen? Es gab ja auch Leute, die nicht singen konnten. Sie stellte das Pferd in den Stall, gab ihm frisches Heu und striegelte es. Der Körper des Tieres dampfte. Dann fuhr sie mit dem Fahrrad nach Hause. Die Bäume verschwanden einer nach dem anderen, dann das saftige Gras, die kleinen Pflanzen, Insekten und Vögel, ja selbst der Himmel und die Wolken wichen einer endlosen Leere. Dann zog sich alles in ihr zu nichts zusammen.

In den ersten Monaten auf Lolland wachte Emma morgens um fünf Uhr auf. Sie stand auf, zog sich ihre Joggingklamotten an und lief eine Runde. Immer dieselbe 8,3 Kilometer lange Strecke über kupiertes Gelände, die sie in weniger als vierzig Minuten absolvierte. Sie trug einen Kopfhörer und versuchte, den perfekten Rhythmus zwischen Atem und Schritten zu finden. Gelang ihr dies, hatte sie das Gefühl, unendlich laufen zu können. Manchmal verspürte sie in diesen Momenten wirklich den Drang, bis in alle Ewigkeit zu laufen. Auch nachts hatte sie manchmal diesen Traum. In Gedanken hatte sie sich sogar schon eine Route zurechtgelegt und sich über die Landschaften informiert, durch die sie laufen wollte. Beginnen wollte sie in Jütland und von dort nach Süden in Richtung Deutschland mit den großen Industrieregionen laufen. Weiter sollte es nach Osten gehen, durch die polnischen Betonstädte, bis sie irgendwann die dichten, undurchdringlichen Urwälder erreichte. Dort angekommen wäre sie bereits wesentlich dünner und in besserer Form. Ohne jedes Gramm Fett, sodass sie die Fasern der Muskeln erkennen könnte, wenn ihr die Zweige die Haut aufrissen. Von dort wollte sie über die fruchtbaren Felder der Ukraine laufen und anschließend in die Berge, wo sie den kalten Wind spüren würde. Ihre Haut wäre bis dahin beinahe komplett abgerissen. Oben würde sie auf einem Felsen Rast machen und auch noch den letzten Rest entfernen, wie ein Läufer, der vor dem Finale den Trainingsanzug auszog. In den staubigen Steppen Russlands würde der Wind die Muskeln einen nach dem anderen von ihren Knochen reißen und ihr Skelett schwarz färben. Kasachstans Steinwüste feilte ihr dann das Skelett ab, erst die Fußknochen, dann die Schienbeine und Oberschenkelknochen und schließlich die Hüfte und Wirbelsäule. In China würden sich dann der Rest des Oberkörpers und der untere Teil des Kiefers lösen. Von dort wollte sie zurück nach Sibirien, wo der Rest ihres halben Schädels bis zum östlichsten Punkt des Festlands rollen würde – der Ort hieß Naukan –, um schließlich als ein letzter Gedanke in die Beringsee zu springen und von dem kalten Wasser davongetragen zu werden.

Der Traum fühlte sich in Russland am besten an, denn dort in der trockenen ungastlichen Weite gab es nur Erde und Wind und vereinzelte Stoßzähne von Mammuts. Sie musste nichts ertragen, denn dort gab es nichts zu ertragen, nichts, das ihre Aufmerksamkeit in Anspruch nahm. Die Landschaft erlaubte es ihr, komplett abzuschalten, bis sie selbst zu staubigen Knochen in der Landschaft wurde. Auch die Wälder in Polen liebte sie: die Art und Weise, wie sie sie mit Tausenden von spitzen Ästen und Zweigen und Dornen zu bremsen versuchten. Aber sie lief hindurch. Es war ihr alles egal, und deshalb kam sie im Traum manchmal an einen Ort, an dem kein Mensch jemals gewesen war. Ihre Aufmerksamkeit wurde nur von dem Sonnenlicht geweckt, das durch die Zweige auf das Moos fiel, das zwischen den Wurzeln der alten Bäume wuchs. War es das, worum es ging? Wollte sie einen Ort finden, an dem sie wirklich allein war? Wo es keine Spuren anderer Menschen gab?

Sie hatte ernsthaft erwogen, in das menschenleere Sibirien zu ziehen, in ein kleines Haus an der Beringstraße. Der salzige Wind würde ihre Haut langsam gerben. Sie sah sich selbst dort wohnen und spürte, wie es sein würde: Abends würde sie Brennholz sammeln, fischen und über das Wasser blicken, und nachts würde sie in ihrem Bett liegen und dem Rauschen des Meeres und dem Heulen des Windes lauschen. Ihre langen, blonden Haare würden im Wind flattern, vor ihre Augen schlagen und sich an ihren Mundwinkel kleben.

Eines Morgens wachte sie direkt nach diesem Traum auf. Sie lief ihre Morgenrunde um den Onsebjerg, der noch ein kahler Betonkegel war, den die Möwen in großer Zahl eingenommen hatten. Der unterste Teil des Fundaments war von Schotter bedeckt, aus dem der Wind den Sand wie eine Wolke in den Himmel blies, als wäre die ganze Konstruktion am Leben. Als sie nach Hause kam, ging sie ins Bad, um zu duschen. Sie war überrascht, sich im Spiegel zu sehen – dass sie wirklich existierte. Sie hatte blaue Augen und rote Wangen. Der Anblick versetzte ihr einen richtigen Schlag. Sie sollte doch überall zerkratzt sein und tiefe, blutige Wunden haben. Aber ihre Haut war nicht zerfetzt, sondern weich und glatt wie die Haut eines Kindes. Es war nicht zu fassen. Sie musterte ihre Haare, die in alle Richtungen abstanden, obwohl sie sich einen Pferdeschwanz gemacht hatte. Dann nahm sie Stigs Rasiermesser und schnitt sie sich ab. Sie brauchte sie nicht. Wofür sollte sie lange Haare haben? Warum sich überhaupt mit Haaren abplagen, die gewaschen werden mussten, nie trocknen wollten und sich im Wind verknoteten?

Stig und Elisabeth starrten sie am Frühstückstisch an, aber was sie getan hatte, war für Emma so bedeutungslos, dass sie erst gar nicht verstand, was los war. Erst als sie sah, dass Elisabeth den Tränen nahe war, wurde ihr bewusst, dass ihre Reaktion etwas mit ihrer Glatze zu tun haben musste.
»Ist doch nicht wichtig«, sagte sie. »Ist einfach praktischer so.« Elisabeth begann zu weinen. Auch Stig war betroffen, sagte jedoch nichts. Er nahm sie in den Arm und nickte ihr zu, und als

sie anschließend in der Küche standen und die Spülmaschine einräumten, sagte er: »Ja, warum müssen Frauen immer lange Haare haben? Gibt ja eigentlich keinen Grund dafür.« Er versuchte wirklich, so etwas wie Verärgerung auszudrücken, was sie rührte und lächeln ließ.

»Oder überhaupt Haare«, fuhr er fort. Sie lachte, und auch er begann zu lachen. Jack heulte und sprang an ihr hoch, als versuchte er ihr zu sagen, dass auch er sie mochte.

Emma wusste nicht, ob es an Lolland oder an der Medizin lag, aber sie spürte, dass es ihr besser ging. Sie hatte einen besseren Überblick, sah vieles wie von oben. In der Folge fuhr sie etwas häufiger nach Kopenhagen, um Freunde und Kommilitonen zu treffen, und sie begann dabei über etwas nachzudenken, worüber sie noch nie zuvor nachgedacht hatte. Der Gedanke ließ sie nicht mehr los. Wie man die Angst nicht vergisst, wenn sie erst einmal in einem steckt, ist es auch mit dem genauen Gegenteil. Angestoßen wurde das Ganze an einem Abend, an dem sie mit zwei Freundinnen in Nørrebro ausgegangen war. Eine der beiden hieß Samira. Sie wohnte mit ihrer dänisch-palästinensischen Familie in einer der muslimischen Sicherheitszonen unweit des Bahnhofs Nørrebro. Die Stimmung sei verzweifelt, erzählte sie und berichtete von den unangenehmen Episoden, die sie täglich erlebten, wenn sie die Wachposten am Absperrzaun passieren mussten.

Die Menschen fühlten sich nicht beschützt, sondern eingesperrt, weshalb es jeden Abend Kämpfe zwischen dem Militär und den jungen Männern der Zonen gab.

Der Staat hatte angeboten, dass jeder, der wollte, innerhalb des Landes umziehen konnte. Samira hatte ihre Familie angefleht, das Angebot anzunehmen, aber sie hatten abgelehnt. Sie wollten nicht riskieren, an einem Ort zu landen, den sie nicht kannten, womöglich irgendwo in Jütland, wo sie nicht einmal Bekannte hatten. Sie fühlten sich in der Zone zu Hause und waren sich sicher, dass diese Ghettos mit der Zeit wieder aufgehoben wurden. Samira meinte aber, dass alle, die noch klar denken konnten – auf jeden Fall die meisten –, längst weggezogen waren, geblieben seien nur die Kriminellen, schlecht Integrierten oder extrem Religiösen. Obwohl Samira ihr ganzes Leben in dem Viertel gewohnt hatte, wollte sie nicht mehr dort sein. In den Zonen herrsche eine unangenehme Stimmung, man heize sich gegenseitig an, und die Konflikte mit dem Militär würden jeden Tag schlimmer.

Ein paar Tage später sah Emma sich die Unruhen auf ihrem Computer an. Junge muslimische Männer warfen Steine und Molotowcocktails auf die Soldaten, die ihrerseits mit Tränengas und Gummigeschossen antworteten. Die Kämpfe waren besonders intensiv, weil am Abend zuvor ein kleiner Junge von dem Geschoss eines Polizisten an der Schläfe getroffen worden war und daraufhin verstarb. Ereignet hatte sich der Zwischenfall in Gellerupparken in Aarhus. Der tote Junge wurde von der wütenden Menge wie ein Märtyrer herumgetragen. Es sah aus wie eine Szene aus dem Nahen Osten. In der darauffolgenden Nacht hatten junge Männer im ganzen Land die vom Militär bewachten Barrikaden angegriffen. Es war eine Art dänische Intifada. Emma versuchte, Samira zu erreichen, aber sie ging nicht ans Telefon.

Emma lag auf dem Bett in ihrem Zimmer in Nakskov. Stig stand vor dem Kamin, und Elisabeth saß telefonierend auf der Toilette. Aber das alles war irgendwie falsch. In diesem Moment war ihr bewusst geworden, dass sie bisher alles falsch angegangen und ihr Leben irgendwie verkehrt herum gelebt hatte. Sie hatte sich immer an die Geschehnisse angepasst, statt zu versuchen, etwas daran zu ändern. Vielleicht war der Einfluss, den sie hatte, nur gering, vielleicht spielte es auch keine Rolle, was sie tat, aber sie wollte es wenigstens versuchen. Sie wollte nicht auf Lolland sein. Nicht in Sicherheit. Es war falsch, wenn Samira dort drinnen war und es hinter den Barrikaden noch mehr Menschen wie Samira gab. Sie zog sich an und kletterte aus dem Fenster. Dann radelte sie durch den dunklen Wald zum Bahnhof und fuhr mit dem letzten Zug nach Kopenhagen. Gegen zwei Uhr nachts war sie in Nørrebro.

Sie wusste nicht, was sie tun sollte, hatte keinen Plan oder auch nur eine vage Vorstellung davon, was sie tun wollte, wenn sie da war. Aber da sie aus Richtung Nørrebro kam, landete sie in einer Gruppe von Autonomen auf der Nørrebrogade, die das Militär von der Stadtseite aus mit Steinen und Flaschen angriffen, während die Muslime aus der Zone heraus operierten. Die Spanplatten der Barrikaden brannten, der Stacheldraht zog sich aber noch über das verbrannte Holz. Der Rauch stach in der Nase. Das Militär schoss Tränengas in die Menge, in der Emma sich befand. Die Menschen begannen zu fliehen, und sie rannte hinter ihnen her in eine Seitenstraße. Das Stechen zog sich von ihren Augen über ihr Gesicht bis tief in ihren Hals hinunter. Manche erbrachen sich, andere weinten, und wieder andere diskutierten wild, wie sie zurückschlagen und wo sie sich neue Steine beschaffen konnten. Während viele andere Panik bekamen, blieb Emma ruhig, was sie verwunderte. Sie ruhte wirklich vollkommen in sich. Sie folgte einer Gruppe, die in Richtung Jagtvej lief, um Wurfgeschosse zu finden. Nicht weil sie etwas auf das Militär werfen wollte, sondern einfach, weil sie da war. An einer Baustelle fanden sie genug Steine, die sie auf ein Lastenfahrrad luden und zurück zur Nørrebrogade transportierten. Die Menschen schrien oder liefen panisch weg, aber Emma blieb noch immer gelassen, obwohl sie nie zuvor in einer solchen Situation gewesen war. Sie verdeckte ihr Gesicht so gut es ging mit ihrem Pullover und trat in den Rauch hinein. Einer ihrer Begleiter warf die Tränengasgranaten eine nach der anderen zurück auf das Militär. Soldaten und Einsatzfahrzeuge verschwanden im Nebel, als die anderen die Steine zu werfen begannen.

Dann begannen die Autonomen plötzlich und ohne Vorwarnung, nach vorn auf die Soldaten zuzustürmen. Emma konnte nicht anders, sie musste mitlaufen, wollte sie nicht zu Boden getrampelt werden. Die Menschen griffen die Soldaten mit Eisenstangen, Steinen und Baseballschlägern an. Drei Autonome schnappten sich einen Soldaten, der bei der Flucht gefallen war, und schlugen auf ihn ein, während er wehrlos am Boden lag und seinen Kopf zu schützen versuchte. Dann waren Schüsse zu hören. Viermal knallte es trocken. Emma duckte sich instinktiv und versuchte zu lokalisieren, aus welcher Richtung die Schüsse gekommen waren. Ein Stück vor sich sah sie zwei Soldaten, die ihre Pistolen gezückt hatten und auf die Menge zielten. Sie schossen und trafen zwei Autonome, die zu Boden gingen. Durch die Schüsse zog sich die Menge sofort wieder zurück. Emma sah, dass sich jemand um einen der Verwundeten kümmerte, und eilte ihm zu Hilfe. Sie hatte keine Angst, das Tränengas spürte sie gar nicht mehr. Es gelang ihnen, den Verwundeten in eine Nebenstraße zu ziehen, wo der junge Mann, der ihn zusammen mit Emma getragen hatte, die 112 wählte. Er war vollkommen außer sich. Emma zog die Kapuze vom Kopf des Verwundeten. Er war fast noch ein Kind, höchstens sechzehn oder siebzehn. Sein Gesicht war blass. Der Junge hatte das Bewusstsein verloren, sein Pulli triefte vor Blut. Emma zog ihm die Jacke aus, schob den Pulli zur Seite und sah, dass die Kugel ihn in den Bauch getroffen hatte. Blut pulsierte aus einem kleinen, kreisrunden Loch. Er war also noch am Leben, dachte Emma. Sie nahm ihren Schal ab und presste ihn auf die Wunde. Der Freund des jungen Mannes kam zu ihr. Als er den Schal abnahm, sah sie, dass auch er nicht älter war.

»Ist er okay?«, fragte er mit zitternder Stimme.

Emma nickte. »Ich glaube schon.«
»Verdammt!«, sagte der Junge und fasste sich an den Kopf.
»Hast du einen Rettungswagen erreicht?«
Er nickte. »Verdammt!«, sagte er wieder und hockte sich neben Emma hin. »Wo ist er getroffen worden?«
»Am Bauch.«
»Nein, nein, nein.« Er stand wieder auf und begann zu weinen. »Verdammte Scheiße. Er ist mein bester Freund.«
Emma wollte ihn beruhigen. »Wie heißt er?«, fragte sie. Der Junge wischte sich schniefend über die Augen.
»Anton.«
»Und du, wie heißt du?«
»Oscar.«
»Okay, Oscar. Ich glaube, dass Anton das überleben wird, wenn du ruhig bleibst, hast du das verstanden?«

Oscar beruhigte sich etwas und nickte. Dann hockte er sich wieder hin und streichelte Antons Stirn. »Danke«, sagte er und lächelte Emma an. Emma erwiderte sein Lächeln. Als der Rettungswagen kam, erklärte Emma, so gut sie konnte, was geschehen war. Oscar fuhr mit, und Emma blieb allein auf der Straße zurück. Dann lief sie los, in irgendeine Richtung, und landete schließlich in der Guldbergsgade, von wo sie zum Sankt Hans Torv ging, wo sich auch mehrere andere, kleinere Grüppchen versammelt hatten. Einige waren vermummt, andere schielten in Richtung Nørrebrogade, um zu sehen, was dort passierte. Überall roch es nach Tränengas, aber das störte sie nicht. Im Gegenteil. Es war, als sähe sie alles klarer. Die meisten der Anwesenden waren wirklich noch Kinder. Sie hatte davon gehört, trotzdem überraschte es sie. Warum waren sie aktiv? Was glaubten sie erreichen zu können? Emma versuchte zu helfen, wo sie nur konnte. Einige weinten und saßen am Boden. Emma versuchte sie zu trösten, lieh ihnen ihr Telefon, sodass sie ihre Eltern anrufen konnten. Autos mit besorgten Vätern rollten an und brachten sie in Sicherheit. Immer wieder hielten Wagen am Blegdamsvej. Es war die reinste Kinderrevolte. Sie kämpften in den Straßen gegen das Militär. War es immer so gewesen? Waren auch die Hippies Kinder gewesen, als sie in den Sechzigern demonstrierten? Oder die Demonstranten aus dem Bürgerzentrum in den Achtzigern? Die Widerstandskämpfer im Zweiten Weltkrieg? Waren auch die eingesperrten Muslime Kinder?

Es wurde langsam hell. Emma ging nach unten ans Wasser zum Lagkagehuset und verschwand auf der Toilette, wo sie sich lange im Spiegel betrachtete. Ihr Gesicht war schwarz, helle Streifen zogen sich von ihren Augen über ihre Wangen. Mit ihrer Glatze sah sie wirklich wie eine Autonome aus. Vorsichtig wusch sie sich das Gesicht. Es brannte, und jetzt spürte sie auch, wie sehr ihr Arm schmerzte. Sie musste ihn sich gezerrt haben, als sie geholfen hatte, den Jungen zu tragen. Sie kaufte sich einen Kaffee und setzte sich auf die Seeterrasse. Es war noch früh am Morgen. Die ersten Jogger tauchten auf, schienen das Militär aber gar nicht wahrzunehmen, das sich noch auf der Dronning-Louises-Brücke befand. Zum ersten Mal in ihrem Leben fühlte sie eine vollkommene Ruhe. Es war dasselbe Gefühl, das sich beim Joggen einstellte, nur tausendmal stärker, und es hielt auch noch an, als sie mit dem Zug nach Lolland fuhr und dann mit dem Fahrrad nach Hause. Stig saß rauchend auf der Terrasse, als sie ankam.

Jack empfing sie, als wäre sie mehrere Wochen weg gewesen.

Stig war verwirrt. »Morgen, Emma. Wo kommst du denn her?«

»Ich habe nur eine kleine Morgentour unternommen«, log sie. Er sah sie lächelnd an. »Deine neue Frisur steht dir wirklich.«

»Danke«, sagte sie und fuhr mit den Fingern durch Jacks dichtes Fell.

Sie spürte, dass sie am Anfang eines neuen Lebens stand. Vielleicht überhaupt am Anfang ihres Lebens. Zum ersten Mal, seit sie sich erinnern konnte, ging es ihr richtig gut. Sie hatte Kraft und fühlte sich stark, obwohl ihr Körper einiges abbekommen hatte. Vielleicht lag es an der Medizin, aber das spielte keine Rolle. Wichtig war nur, dass sie die Sonne auf ihrem Gesicht spürte und Jack zu ihr aufsah, wenn ihre Hand eine besonders empfindliche Stelle auf seinem Rücken streichelte.

Zum ersten Mal wusste Emma genau, was sie wollte, und diese Gewissheit erfüllte sie mit einer Freude, wie sie sie noch nie empfunden hatte.

Die Kämpfe rund um die Einwandererzonen eskalierten in den nächsten Wochen immer mehr. Der Staat versuchte mit den Gebliebenen zu verhandeln und machte ihnen ein letztes Angebot zur Umsiedlung. Aber nur wenige waren bereit umzuziehen und wurden von den Übrigen prompt geächtet und angegriffen. Nachdem die Kampfhandlungen über mehrere Wochen weitergegangen waren, beauftragte die Regierung das Militär in einem geheimen Plan, alle Einwandererzonen Dänemarks in einer konzertierten Aktion einzunehmen. Achttausend Soldaten, unterstützt von viertausend Polizisten und fünfhundert Zivilschützern, nahmen siebenundzwanzigtausend Menschen fest. Vereinzelt kam es zu Schießereien, bei denen siebenundzwanzig Menschen getötet wurden, darunter drei dänische Soldaten. Darüber hinaus gab es mehrere Hundert Verletzte. Die Festgenommenen wurden in provisorischen Lagern interniert, wo die Kämpfe deutlich weniger intensiv weitergingen. Mehrere größere Parteien schlugen vor, die Festgenommenen vorübergehend nach Frederiksstad in Mosambik zu deportieren, wo man jeden einzelnen Fall durchgehen und entscheiden sollte, ob die Betreffenden nach Dänemark zurückkehren durften. Die Vorschläge wurden tatsächlich umgesetzt. Aus Sicherheitsgründen legte man allen Handschellen an und verfrachtete jeweils tausend in Bussen zu den vier großen Häfen: Esbjerg, Bogense, Aarhus und Kopenhagen, von wo sie mit Mærsk-Containerschiffen direkt nach Frederiksstad gebracht wurden. Es dauerte etwas mehr als sechs Monate, bis alle deportiert waren. Mehr als zwanzig der Festgenommenen wurden während des Transports bei Fluchtversuchen erschossen. Nachdem die Schiffe in Mosambik angekommen waren, erhielten alle eine vorübergehende Bleibe in Frederiksstad. Die Stadt war seit vier Monaten in Betrieb und beherbergte bereits fünfzehntausend Flüchtlinge, vorwiegend aus dem Südsudan und aus Syrien. Kurz nach der Ankunft in Frederiksstad gab es eine Revolte, die die fünftausend dort stationierten Soldaten nicht in den Griff bekamen. Viele Häuser wurden aus Frustration in Brand gesteckt, und jeden Tag musste das Militär Hunderte von Bürgern festnehmen. Das lokale Gefängnis war rasch überfüllt, sodass man die gefährlichsten Gewalttäter im östlichen Teil der Stadt, der noch nicht bewohnt war, isolierte. Zweihundert Deportierte, überwiegend dänische Staatsbürger, begannen einen Hungerstreik, der damit endete, dass siebenundachtzig von ihnen starben.

Es dauerte knapp zwei Monate, bis die täglichen Kämpfe mit dem Militär abebbten und die Stadt zur Ruhe kam. In den großen Städten hatte man die historischen Geschehnisse genau verfolgt. Man diskutierte über die Kämpfe, die Internierungen und Deportationen. Die Ankunft der dänischen Muslime in Frederiksstad war das Hauptthema aller Medien. Schon wenige Monate nachdem der letzte deportiert worden war, nahm das Medieninteresse aber spürbar ab, und schließlich berichteten nur noch vereinzelte Zeitungen über die weitere Entwicklung. Hin und wieder schrieb ein Linker oder ein Muslim einen Leserbrief oder postete etwas auf Facebook. In der Regel ging es in diesen Beiträgen darum, dass die Rechte dänischer Staatsbürger aus ethnischen und religiösen Gründen mit Füßen getreten worden waren. All diese Beiträge zeigten aber keine Wirkung, da der überwiegende Teil der

Bevölkerung mit den Deportationen einverstanden war und sich im Stillen sogar wünschte, dass noch mehr Menschen nach Mosambik abgeschoben wurden.

Kapitel 16

Elisabeth und das RAID

Im RAID arbeiteten Elisabeth und die anderen Wissenschaftler mit Hochdruck an der Entwicklung von Drohnen, Robotern und künstlichen, intelligenten Systemen. Die Wissenschaftler waren aus den verschiedensten Gründen bereit gewesen, nach Lolland zu ziehen. Zum einen wegen der wunderbaren Natur – die es dort geben sollte, wenn alles fertig war –, zum anderen wegen des gesunden Essens und der Sicherheit. Für viele standen aber auch das wissenschaftliche Renommee und die internationale Zusammensetzung des Teams im Vordergrund. Das attraktive Gehalt spielte nur eine untergeordnete Rolle, wichtiger waren für viele die guten Rahmenbedingungen und die Freiheit der Forschung. Programmierer saßen Seite an Seite mit Ingenieuren, Physikern, Designern, Biologen und Hirnforschern. Alle arbeiteten daran, die Drohnen- und Robotertechnologie voranzutreiben. Dass sie auf diesem Feld bereits weltweit führend waren, bezweifelte niemand.

Im RAID mussten die Wissenschaftler weder unterrichten noch Papers verfassen. Hier ging es nur darum, die Ziele zu erreichen, die sie sich gesetzt hatten. Machten sie dabei andere Entdeckungen oder fanden sie bessere Lösungen für bestehende Probleme, stand es ihnen frei, das zu publizieren. Eine Verpflichtung war dies aber nicht. Im Gegenteil war dem RAID daran gelegen, so viel Wissen wie nur möglich für sich zu behalten. Die Forschung im RAID war viel näher an der Vorstellung, die man als Student von der Wissenschaft hatte. Die Mitarbeiter fühlten sich als Entwickler und Erfinder, und was sie erforschten und produzierten, hatte das Potenzial, die Welt zu verändern.

Anfangs hatte das RAID 145 Mitarbeiter. Es wurden verschiedene Projekte bearbeitet, die Forschung folgte dabei aber zwei generellen Leitlinien. Bei der einen ging es um die Entwicklung von Robotern, die sich selbstständig fortbewegen konnten. Entweder als Drohnen oder als Fahrzeuge, die bestimmte Funktionen in der Gesellschaft oder Natur übernahmen. Weitere sollten Überwachungszwecken dienen, während wieder andere in der Landwirtschaft und auf dem Bau zum Einsatz kommen sollten. Relativ früh war es ihnen gelungen, Drohnen zu entwickeln, die Unkraut identifizieren und vernichten konnten. Ein Vorteil des RAID war, dass Experimente schnell durchgeführt und die entwickelten Technologien in der Wirklichkeit getestet werden konnten. Überdies gestattete die interdisziplinäre Zusammensetzung des Teams, Dinge zu entwickeln und Versuche durchzuführen, die an fachspezifisch ausgerichteten Instituten nicht hätten umgesetzt werden können.

Eine andere Abteilung arbeitete mit Mikrorobotern, die zur Krankheitsbekämpfung dienen sollten. Vor Elisabeths Ankunft hatte eine Gruppe bereits winzige, sich selbst bewegende Roboter entwickelt. Sie waren kleiner als Bakterien und dazu in der Lage, Ablagerungen und Verkalkungen in Blutgefäßen zu identifizieren und zu entfernen. Man setzte zehntausend Nanoboter in ein Schwein namens Henry ein, das so etwas wie das Haustier des Instituts war. Mithilfe dieser Nanoboter kartierte man die Adern des Schweins von innen und reparierte sie im Laufe von weniger als einem Jahr. Die Nanoboter entfernten Polypen und behandelten und beseitigten beginnende Infektionen. In letzter Zeit hatte man sogar damit begonnen, Experimente mit Stammzellenbehandlung auf Einzelzellenniveau durchzuführen.

Elisabeths Arbeit war Teil des anderen Schwerpunkts des RAID. Es ging dabei um die Entwicklung eines Computers mit genereller Intelligenz (G.I.), wobei sie sich inspirieren lassen sollten von Mikrobiologie, Immunologie, Neurologie und IT. Neben James MacIntyre, ihrem neuen Chef, dessen Papers sie seit Jahren verfolgte, bestand ihre Gruppe aus dem Schweizer Christoffer Berger, dessen kontroverse Experimente zu Alzheimer bahnbrechend gewesen waren, und Nakasumi aus dem legendären RIKEN Brain Science Institute in Tokio. Zur Seite standen ihnen sechs doktorierte Forschungsassistenten. Als IT-Spezialisten hatten sie Maggy Wilson aus dem an IBM angegliederten Sy-NAPSE Institute gewinnen können, die an der Entwicklung von *The Brain Wall* beteiligt gewesen war, dem weltweit fortschrittlichsten neuralen Netzwerk, und des Weiteren ihren Kollegen Eric Kamsa aus Indien, der ebenfalls für IBM das *Cat Brain* entwickelt hatte, ein neurales Netzwerk, das fortschrittlich wie ein Katzengehirn war. Elisabeth hatte seinerzeit von dem Projekt gehört, ohne dass es sie sonderlich fasziniert hatte. Auch wenn es zwischen den Zehntausenden von Computern gleich viele Verbindungen gegeben hatte wie zwischen den Neuronen in einem Katzenhirn, fehlte diesem künstlichen Hirn ja der eigene Wille. Es fing weder Mäuse, noch schnurrte es, wenn man es streichelte.

Elisabeth saß in einem offenen Büro, das nicht einmal ansatzweise an einen ihrer früheren Arbeitsplätze erinnerte. Nirgendwo war Beton zu sehen. Das Institutsgebäude war wie früher aus Ziegeln und Balken errichtet worden und hatte die Form eines Halbmondes, in dessen Mitte ein Garten lag. Um das Gebäude herum zog sich ein Park, der dann ganz natürlich in den Wald überging. Sie fuhr mit dem Fahrrad zur Arbeit, hatte sich und Stig aber auch für Reitstunden angemeldet. Emma ritt schon, seit sie ein Kind war. Wenn sie morgens aufwachte und das Knirschen der Pferdewagen und das Klappern der Hufeisen auf den Steinen hörte, glaubte sie manchmal, in der Vergangenheit zu leben. Auch die Gerüche waren anders, interessanter, vielseitiger. Emma musste das doch auch spüren, dachte sie. Ihre Tochter schlief noch, als Elisabeth zur Arbeit fuhr. Sonst war sie immer schon auf dem Weg zu ihrer Joggingrunde. Oder war sie schon zurück?

Elisabeth hatte auf einer Konferenz einen Psychologen über Therapiegärten referieren hören, die man nutzte, um Menschen zu behandeln, die am alltäglichen Stress zugrunde gingen. Die Behandlung war einfach und irgendwie schön, und die Resultate waren bemerkenswert. Achtzig Prozent der Burn-out-Patienten, die sich wegen ihrer pathologischen Leiden konventionell behandeln ließen, schafften es nicht wieder zurück in eine Vollzeitstelle. Sie waren dafür einfach zu schwach, sodass in jeder neuen Drucksituation die Symptome erneut aufflackerten. Diejenigen, die eine Behandlung im Therapiegarten bekommen hatten, vermochten die Krankheit weit besser hinter sich zu lassen. Tatsächlich schafften es achtzig Prozent zurück in den Arbeitsmarkt, und zwar in eine Vollzeitstelle. Die Behandlung basierte darauf, dass man für sechs Wochen aufs Land zog und die Verantwortung für ein kleines Areal übertragen bekam. Der primäre Ansatzpunkt der Behandlung war die Fokussierung, weshalb die Patienten ihre Handys abgeben mussten. Sie hatten natürlich auch Gespräche mit Therapeuten, es war aber die Arbeit in der Natur, die sie heilte. Der Psychologe, der darüber berichtet hatte, erzählte, dass einer der Gründe für die Genesung die Tatsache sei, dass man als erwachsener Mensch sonst nie sechs Wochen am Stück Zeit habe, um über sein Leben nachzudenken. Der Garten und die Natur hätten darüber hinaus einen nachweislich positiven Effekt auf das Gemüt. Der Garten müsse dafür allerdings gewissen Kriterien entsprechen. Das Gelände müsse Höhenunterschiede aufweisen, fließendes Wasser beinhalten, Tiere und eine hohe Biodiversität. Die so behandelten Patienten hätten nicht nur zurück in den Arbeitsmarkt gefunden, sondern auch in neue Funktionen, die den Wünschen und Träumen, die sie schon immer gehabt, aber aus unerfindlichen Gründen verdrängt hatten, besser entsprochen hätten.

Was würde es für sie bedeuten, dass sie nach Lolland gezogen waren? Für Emma? Würde sie das Leben hier gesund machen? Der Vortrag hatte ihre Hoffnung gestärkt, dass es Emma besser gehen würde, wenn sie umgeben von Natur lebte. Das psychiatrische System hatte ihr bislang jedenfalls nicht helfen können. Vielleicht war das der eigentliche Grund, weshalb Elisabeth so auf dem Umzug bestanden hatte.

Kapitel 17

Mia wird gekauft

Stig rief ein paar Tage später an.

»Verdammt, sie hat wirklich angenommen!«, schrie er fast in den Hörer. »Gleich das erste Angebot. Vierhunderttausend. Sie wusste ja nicht, dass sie eine Million hätte kriegen können. John ist wirklich genial. Er hat ihr mit allem Möglichen gedroht. Diese Karin hat Probleme, die ist echt am Arsch.« Er lachte laut und lange. Christian sah Stigs manisch starrende Augen förmlich vor sich.

»Wir brauchen beide also nur zweihunderttausend zu zahlen«, fuhr Stig fort.

Christian konnte seine Begeisterung nicht zurückhalten.

»Mann, bin ich froh, Stig. Das werde ich dir nie vergessen!«

»Du musst jetzt nur noch vor Gericht erscheinen und ein paar Dokumente unterschreiben, dann ist sie die deine. Ich hoffe nur, dass du dann auch wieder malen kannst.«

»Da bin ich mir ganz sicher. Danke, Stig.«

Für einen Moment fühlte Christian wirklich so etwas wie Liebe für Stig. Der Mann war doch in Ordnung.

»Übrigens, Christian. Du sollst schnellstmöglich bei John in der Kanzlei vorbeikommen und ihm die zweihunderttausend bringen. Das ist in der Studiestrædet 14.«

»Die bringe ich ihm noch heute.«

Christian ging zur Bank, wo man ihm sagte, dass sie kein Bargeld hätten. Bei einer so großen Summe müsse er das zwei Wochen im Voraus bestellen. Nach einer längeren Diskussion wurde ihm das Geld dann aber doch hinter verschlossener Tür ausgezahlt. Er stopfte die Scheine in eine Supermarkttüte und fuhr zu John. Eine junge, hübsche Sekretärin empfing ihn und führte ihn in Johns Büro. Der Anwalt war klein, das typische Mobbingopfer. Er hatte sich eine teure Sonnenbrille auf die Stirn geschoben und trug ein gestreiftes Hemd. Irgendwie sah er wie ein Kind aus, das sich als Erwachsener verkleidet hatte. Er bewegte sich sehr langsam, als versuchte er ganz bewusst, Ruhe und Selbstsicherheit auszustrahlen.

»Hallo, Christian. Schön, Sie zu sehen.« John lächelte freundlich und streckte ihm eine kleine Hand entgegen. Christian musste unwillkürlich denken, dass der Anwalt, hätte er in prähistorischer Zeit gelebt, sicher als Letzter zu essen bekommen hätte, vielleicht sogar erst nach den Frauen.

»Gut, dass wir das hingekriegt haben. Ich habe Fotos von Mia gesehen und verstehe Sie gut. Sie ist wirklich hübsch«, sagte John lächelnd.

»Hast du das Geld dabei?«, fragte Stig, der auch anwesend war. Christian reichte ihm die Tüte.

»Zweihunderttausend. Ich komme direkt von der Bank.«

»Fühlt sich fast so an, als wäre man ein Gangster«, sagte John und zog die Gardinen zu, bevor er die Scheine auf den elliptischen Tisch kippte, um sie zu zählen und in einer Mappe zu verstauen. Es war wirklich wie in einem Film. Stig wollte, dass sie ein Bild von ihm machten, mit der Mappe in der Hand. Schließlich hatte man nicht oft vierhunderttausend Kronen in der Hand. Aber John schob dem Ganzen einen Riegel vor.

»Nein, das geht nicht, Stig. Keine Fotos.« Er sagte das mit beinahe selbstverständlicher Autorität. Christian war überrascht.

Als Christian vor Gericht musste, um die Vormundschaft offiziell übertragen zu bekommen, war er etwas besorgt. Vor allem wegen Karin. Diese Frau war unangenehm.

Mia kam gerade aus der Toilette, als er zur Tür hereinkam. Sie warf sich ihm sofort an den Hals und bedeckte sein Gesicht mit Küssen. Die Frau am Empfangstresen sah ihn zornig an. Karin saß im Warteraum. Ihre Haare hingen traurig herab, sie wirkten verfilzt wie ein Teppich, auf dem über Jahre herumgetrampelt worden war. Sie war nicht mehr die selbstsichere Frau, die er zu Hause bei Mia angetroffen hatte.

»Tag, Karin«, sagte Christian mit tiefer, versöhnlicher Stimme und reichte ihr die Hand, als bedankte er sich für ein Tennismatch. Sie reagierte nicht. Verzog keine Miene. Dann saßen sie still da und starrten vor sich hin. Nur Mia blickte hin und wieder lächelnd zu ihm auf. Schließlich wurden sie in ein Büro gebeten und unterschrieben die Papiere. Es ging sehr schnell. Die Notarin schien glücklicherweise keine Vorurteile zu haben. Christian fand sie allerdings ein bisschen herablassend, als sie Mia fragte, ob sie überhaupt verstehe, was gerade vor sich ging, und ob sie damit einverstanden sei, dass Christian von nun an ihr Vormund war. Mia jubelte, als sie die Papiere unterschrieben hatten.

Unten auf der Straße trat Karin dicht vor Christian und murmelte: »Wenn du nicht vernünftig auf sie aufpasst, komme ich und schneide dir deinen verdammten Schwanz ab. Hast du mich verstanden?«

Sie ließ keinen Zweifel daran, dass sie wirklich meinte, was sie sagte.

»Ist das eine Drohung?«, stammelte er.

»Nein.« Sie zündete sich eine Zigarette an und sah aus wie eine weibliche Ausgabe von Clint Eastwood. »Das ist keine Drohung, das ist ein Versprechen.«

Karin umarmte Mia, die zu weinen begann, und ging. Christian und Mia blieben allein zurück und reichten sich die Hände. Mia sah erwartungsvoll zu ihm auf. Eigentlich wollte er am liebsten einfach nach Hause, aber irgendwie war das ja ein großer Tag.

»Sollen wir irgendwo einen Kuchen essen, um das zu feiern?«, fragte Christian.

»JAAA. Ich liebe Kuchen«, rief Mia und hüpfte vor Freude herum. Es war ebenso überwältigend wie irritierend, einen erwachsenen Menschen zu sehen, der vor Freude wie ein Kind herumsprang. Ihr Körper war dafür eigentlich viel zu groß und schwer, und ihre Brüste wippten auf und ab. Christian war peinlich berührt und versuchte, sie zu mäßigen. Sie gingen ins La Glace, und Mia war glücklich. Sie bekam drei verschiedene Kuchenstücke, weil sie sich nicht entscheiden konnte. Sie strahlte bei jedem Bissen, den sie nahm, und rief immer wieder: »DER SCHMECKT AUCH SUPER!«

Christian sah sich nervös lächelnd um und versuchte, ruhig und gelassen zu bleiben, als wäre er nur ein Vater, der mit seiner zurückgebliebenen, erwachsenen Tochter in der Konditorei war. Gleichzeitig wurde ihm zu seinem Schrecken bewusst, dass er sich nun tatsächlich entschieden hatte, ihr Vormund zu sein, sodass er sie für den Rest seines Lebens überallhin mitnehmen musste. Zu allen öffentlichen Auftritten. Er hatte bisher nicht darüber nachgedacht, denn seit der Vernissage war er nie mit ihr unter Leuten gewesen. Ein Gefühl der Angst meldete sich und wurde immer stärker. War das überhaupt vertretbar? Was machte er da eigentlich? Er war mit einem zurückgebliebenen Mädchen zusammen, mit dem er von nun an all seine Zeit teilen musste. Plötzlich wurde ihm bewusst, wie neu die Situation war, in der er sich befand. Mia war mit einem Mal nicht mehr nur die Frau, die hin und wieder nackt in seinem Atelier lag. Sie würde von nun an die ganze Zeit bei ihm sein, und er war verantwortlich für sie.

»Oh, ich bin so satt«, sagte Mia, lehnte sich abrupt zurück und hielt sich lächelnd den Bauch. »Seit ich schwanger bin, kann ich essen wie eine Verrückte.« Sie lachte. Christian erwiderte ihr Lächeln und verstand erst nach einer gewissen Verzögerung, was sie gerade gesagt hatte.

»WIE ...?« Er warf einen Blick zu den anderen Gästen. Dann beugte er sich vor und flüsterte verzweifelt: »Du bist schwanger?«

Mia sah mit einem Mal traurig aus.

»Aber das weißt du doch«, sagte sie, wieder viel zu laut.

»Ich dachte, du hättest ...« Er sah sich erneut um. »Komm, wir müssen reden.« Er nahm ihren Arm und zog sie nach draußen.

»Du bist schwanger? Ich dachte, du hättest eine Abtreibung machen lassen?«

»Bist du jetzt böse?« Sie brach in Tränen aus.

»Ja, verdammt, jetzt bin ich sauer!«

»Was habe ich denn falsch gemacht?«

Er fasste sie fest am Arm.

»Wir hatten doch wohl vereinbart, dass du eine Abtreibung machen lässt.«

»Ja, aber ... ich will keine Abtreibung!«

»Manchmal muss man im Leben etwas machen, wozu man keine Lust hat. Wie weit bist du?«

Mia antwortete nicht, sondern sah ihn nur verwirrt an.

»Wie weit bist du?«, fragte er noch einmal und schüttelte sie.

»Ich weiß es nicht. Karin weiß das«, schluchzte sie. »Ich dachte, du hättest mich lieb.« Sie weinte jetzt richtig.

Die Menschen um sie herum sahen ihn verärgert an. Ein kleiner Junge stand neben ihnen und starrte direkt zu ihnen hoch.

»Komm, wir gehen nach Hause. Das ist wirklich Mist, Mia. Ich bin echt sauer auf dich.«

Mia weinte herzzerreißend, sodass Christian die Idee, nach Hause zu laufen, verwarf und stattdessen ein Taxi rief. Mia saß still im Wagen und weinte, während Christian aus dem Fenster starrte.

Im Atelier zündete er sich als Erstes eine Zigarette an. Dann lief er im Zimmer auf und ab und fasste sich immer wieder an den Kopf.

»Verdammt, Mia, was hast du dir dabei gedacht?«

Mia saß auf dem Sofa, die Wölbung unter ihrer Bluse war bereits gut zu erkennen. Er versuchte zurückzurechnen. Er kannte das Datum seiner Vernissage, da hatte Mia ihm zum ersten Mal von ihrer Schwangerschaft erzählt. Es war vier Monate her.

»Verdammt, Mia, was du gemacht hast, ist wirklich eine Riesenscheiße.«

»Ich dachte, du würdest dich freuen.«

»JA, ABER DAS TUE ICH NICHT!«

Mia stürmte aus dem Atelier.

»Ja, hau doch ab!«, rief Christian. Er trat ans Fenster und sah sie über den Hof laufen und durch das Tor verschwinden. Ganz sicher lief sie jetzt zurück zu Karin.

»VERDAMMT!«, schrie Christian und rannte hinter ihr her. Als er sie rief, blieb sie stehen und setzte sich dann auf eine Treppe. Die Tränen hatten sie vollkommen überwältigt, und aus ihrer Nase hingen lange Rotzfäden. Er setzte sich neben sie, legte den Arm um sie und versuchte zu lächeln.

»Ruhig, ruhig«, sagte er. Sie drückte sich an ihn. »Wir finden schon eine Lösung, nicht wahr?«

Sie nickte und küsste ihn auf die Wange. Ihre weichen, hellroten Lippen auf seiner alten Haut. Sie duftete nach Äpfeln. Dann legte sie ihren Kopf auf seinen Schoß. Ihr Gesicht ruhte auf seinem Schwanz. Ihre roten Haare leuchteten. Er spürte, wie das Blut in sein Glied lief, und sie hob den Kopf und sah mit frechem Blick zu ihm auf.

»Uih«, sagte sie lächelnd.

Mit der kleinen Rundung über ihrem roten Busch wirkte sie noch frecher, noch herausfordernder. Er leckte ihre Scheide, während sie ihren Unterleib stöhnend vor und zurück bewegte. Dann setzte sie sich auf ihn und ritt ihn, während sie ihn durch halb geschlossene Augen ansah. In diesen Minuten versöhnte Christian sich damit, dass sie schwanger war. Denn was auch geschehen würde und welche Probleme auf sie zukamen, sie war jetzt die Seine. Und dass sie sein Kind unter dem Herzen trug, war nur eine Bestätigung dafür, dass dieser bezaubernde Frauenkörper mit seiner kleinen, straffen Scheide und dem wild wuchernden, roten Busch sein persönliches Eigentum war.

Anschließend badeten sie gemeinsam. Mit nassen Haaren sah sie jünger aus. Fast wie ein Kind. Noch im Bad nahm er sie von hinten. Dann bestellten sie bei einem Thai-Take-away. Er beobachtete sie beim Essen. Sie war so hübsch. Zurückgeblieben, aber hübsch.

Christians Kreativität kam zurück. Während Mia auf dem Sofa lag und las, Musik hörte oder irgendwelche Spiele auf ihrem Handy machte, malte Christian wieder Bäume. Trotzdem war alles anders. Es musste etwas geschehen. Es ging Christian nicht darum, dass Mia arbeitete oder zur Schule ging oder was man sonst in ihrem Alter tat. Ihm war aber klar geworden, dass sie auf lange Sicht nicht in der Stadt wohnen bleiben konnten. Er konnte nicht vorhersehen, was passierte, wenn er sich mit ihr zeigte. Peinliche Situationen waren vorprogrammiert, denn Mia war wirklich zu kaum etwas in der Lage. Sie spülte oder putzte nie, und wenn er sie darum bat, wurde sie sauer wie ein kleines Kind. Einkaufen war das Einzige, was sie konnte, aber auch dafür musste er ihr die Sachen auf einen Zettel malen, die zu komplizierte Namen hatten, zum Beispiel Brokkoli. Doch selbst dann ging es mitunter schief, sodass sie etwas ganz anderes oder Unmengen von Süßigkeiten kaufte. Einmal rief sie ihn vom Supermarkt aus an, weil sie die schweren Einkäufe nicht nach Hause tragen konnte. Sie hatte zehn Maxiflaschen Cola gekauft. Nein, sie mussten wirklich irgendwo aufs Land ziehen, wo nicht so viele Menschen waren. Und er musste ein Au-pair-Mädchen anstellen. Über Letzteres hatte Christian viel nachgedacht, und mittlerweile verstand er nicht mehr, warum ihm diese Idee nicht früher gekommen war. Was war nicht alles möglich, wenn sie ein Au-pair bekamen, eine flinke kleine Philippinin oder Thailänderin, oder vielleicht gleich zwei? Eine, die Essen kochen und auf das Kind aufpassen konnte, und eine zweite primär zum Sex, vielleicht sogar zusammen mit Mia.

Tags darauf rief Christian Stig an, der bereits mit Frau und Tochter nach Lolland gezogen war. Stig wusste sogar von einem Haus, das zum Verkauf stand. Es war zwar alt, hatte aber einen Anbau, der als Atelier genutzt werden konnte. Christian wollte Mia nicht gleich in seine Pläne einweihen. Er wusste nicht, wie sie reagieren würde. Deshalb hatte er ihr nur gesagt, dass sie sich ein Haus anschauen müssten, in dem sie vielleicht irgendwann einmal wohnen könnten.

Stig holte sie am Bahnhof ab.

Sie kamen zu einer Schranke, die von asiatischen Wachen mit automatischen Waffen bewacht wurde. Sie grüßten Stig freundlich und lächelten Mia und Christian zu. Rechts und links der Schranke verlief Stacheldraht, so weit das Auge reichte. Es war Oktober, und die Bäume glühten in den zauberhaftesten Rot- und Orangetönen. Sie parkten auf einem überdachten Parkplatz gleich hinter dem Zaun.

»In der Stadt sind keine Autos erlaubt«, erklärte Stig. »Wir nehmen eine von denen hier.« Er zeigte in Richtung von vier kleinen Pferdekutschen, die die Kutscher in der Sonne aufgereiht hatten. Auf dem Boden lag Heu, und daneben stand eine Wanne mit Wasser.

Zuerst fuhren sie durch den Wald zu Stigs und Elisabeths Haus. Auf der Hauptstraße grüßte Stig alle, die er sah. Dann kamen sie an der Kirche vorbei, wo Männer in altmodischen Kleidern auf einem hölzernen, mit Hanfseilen verknoteten Gerüst standen. Sie restaurierten das Mauerwerk, während Drohnen um sie herumschwirrten und irgendetwas mit der Fassade machten. Überall wurde restauriert, gebaut, gestrichen und gekalkt. Alle Handwerker sahen irgendwie wie aus einer anderen Zeit aus, wie im 19. Jahrhundert, wären da nicht die Drohnen gewesen. Stig grüßte auch die Arbeiter.

»Die Kirche wird gerade restauriert. Wir machen hier alles nach alten Prinzipien. Sogar die Hanfseile sind selbst gemacht.« Stig lachte.

»Was sind das für fliegende Dinger?«, fragte Christian.

»Das sind Drohnen, die helfen den Handwerkern.«

Sie erreichten Stigs und Elisabeths Haus.

»Kommt doch kurz mit rein«, rief Stig fröhlich. Sie kamen auf den Hof. Ein Hundewelpe, der wie ein junger Wolf aussah, rannte ihnen entgegen und sprang wie ein kleines Zicklein herum.

»IST DER SÜSS! KRIEGE ICH AUCH SO EINEN?«, rief Mia und ging in die Hocke. Der Welpe überfiel sie und begann ihr das Gesicht abzuschlecken. Sie drehte sich lachend um, und der Hund schnappte verspielt nach ihr. Christian lächelte Stig entschuldigend an.

»Kommt mit rein, Elisabeth hat Muffins gebacken.«

Elisabeth begrüßte Christian so reserviert, wie er es erwartet hatte. Sie schien über die Sache mit Mia Bescheid zu wissen, war sich aber wohl gleichzeitig bewusst darüber, dass seine Werke Stigs Einkommen sicherten und es ihnen ermöglicht hatten, hier auf Lolland zu wohnen und ihr Haus mit den teuersten Fliesen auszustatten. Oder mit dem italienischen Gasofen für fünfzigtausend Kronen, aus dem sie jetzt die Muffins holte.

Das Haus war voller teurer Möbel und Gemälde. Jedoch keins von Christian, was dem Maler nicht entging.

»Willst du einen Tee?«, fragte Elisabeth.

»Ja, danke.« Christian zündete sich eine Zigarette an, was für Elisabeth schwerer zu akzeptieren war, als dass er eine zurückgebliebene Achtzehnjährige vögelte.

»Ich hol dann mal einen Aschenbecher«, sagte sie mürrisch.

Stig kam aus der Toilette und sah Mia mit dem Hund spielen. »Mann, die ist wirklich glücklich, oder?«, sagte er lachend. »Glaubst du, dass ihr hier wohnen könntet?«

»Ja, vielleicht«, antwortete Christian.

Mia kam mit dem Hund herein, der sich mit ihrem Bein paarte. Mia lachte wie ein kleines Kind. Auch Christian musste lachen. Alle wollten sie vögeln, sogar der Hund.

Als Elisabeth es bemerkte, reagierte sie sofort. »JACK! AUS!« Aber Jack machte weiter. Elisabeth packte ihn im Nacken, riss ihn weg, sah ihm in die Augen und schimpfte. »PFUI!« Der Hund senkte betroffen den Blick, aber auch Mia war traurig, bis sie die Muffins bemerkte.

»Darf ich dem Hund einen geben? Biiitte«, fragte Mia.

»Aber wirklich nur einen«, sagte Elisabeth.

Mia lockte Jack mit dem Kuchen nach draußen in den Garten.

Nachdem sie ihren Tee getrunken hatten, schlug Stig vor, sich das zum Verkauf stehende Haus anzusehen. Mia durfte Jack an die Leine nehmen.

Einen Ort wie Nakskov hatte Christian nie zuvor gesehen. Die Fußgängerzone war nicht flankiert von den sonst üblichen Filialen irgendwelcher Großketten, es fehlte schlichtweg alles Moderne. Der Bäcker, an dem sie vorbeikamen, hatte draußen vor dem Laden eine vergoldete Brezel hängen. Bei dem Friseur hing eine Schere über der Tür, und ansonsten gab es noch eine sehr gut sortierte Metzgerei, ein Restaurant, eine Kneipe, ein Café, aus dem klassische Musik kam, und einen Bouleplatz, auf dem einige Männer spielten und dabei in der noch warmen Herbstsonne Portwein tranken. Es war, als läge diese Stadt nicht auf dem Land, sondern irgendwo in der Vergangenheit – in einem Dänemark vor zweihundert Jahren – oder aber in der Zukunft, denn überall um sie herum schwirrten Drohnen, die irgendeiner Arbeit nachzugehen schienen. Auch die Menschen, die er sah, entsprachen nicht der typischen Landbevölkerung. Sie wirkten gebildet und klug wie die Leute in Kopenhagen. Auf dem Platz vor der Kirche standen grüne, schmiedeeiserne Bänke, die ihn wieder an Kopenhagen erinnerten. Es war so stimmig, so nationalromantisch, dass Christian fast übel wurde. An der Kirche grüßte Stig einen der Maurer. Der Mann trug ein weißes Maurerhemd und eine Mütze. »Das ist Per. Er leitet hier die Arbeit. Er brennt die Ziegel in einem Ofen, den er selbst gebaut hat.« Stig lachte. »Hier ist alles wie früher.« Dann stellte er Christian vor: »Das hier ist Christian, er ist Kunstmaler und überlegt, hierher zu uns zu ziehen.«

»Herzlich willkommen, das klingt spannend. Ein paar Künstler könnten wir hier in der Stadt wirklich noch gebrauchen.«

»Heil Hitler«, sagte Christian und hob locker den Arm. Stig lachte manisch und versuchte, es als Witz darzustellen, aber Per sah Christian voller Ernst an.

Ein Pferdewagen mit Gemüsekisten fuhr über die Straße und hielt vor einem Restaurant. Gleich darauf kamen junge Kerle mit dicken Lederschürzen aus dem Lokal und begannen, den Wagen zu entladen.

»Das ist unser Restaurant. Es wird von zwei Michelin-Köchen aus Kopenhagen betrieben. Magnus und Franz. Sie wohnen hier mit ihren Familien. Sie kochen ausschließlich mit Sachen von der Insel, das meiste produzieren wir hier in der Kooperative. Jeder, der hierherzieht, muss einen Tag pro Woche in der Lebensmittelproduktion arbeiten oder einen Extra-Beitrag zahlen.«

Stig lachte wieder und zündete sich eine Zigarette an.

»Das Restaurant ist wirklich gut. Die Kneipe nebenan macht es genauso. Da gibt es nur selbst gebrautes Bier und Obstbrände aus eigener Produktion. Das Einzige, was wir importieren, ist Wein. Und das auch nur, bis wir unsere eigene Produktion am Laufen haben. Das Haus, von dem ich gesprochen habe, ist gleich hier drüben«, sagte Stig und zeigte auf einen kleinen Kiesweg. Ein paar Hundert Meter den Weg hinunter lag das Haus am Waldrand. Es war ein großes, baufälliges, rotes Holzhaus. Das Haupthaus erstreckte sich über zwei Etagen, und in der Verlängerung eines kleinen Gartens lag ein etwa gleich großer, aber nur eingeschossiger Anbau.

»Das ist die alte Schmiede. Schau dir nur alles an.«

Stig öffnete die Tür des Anbaus. Es war ein großer Raum mit einem alten gemauerten Kamin.

»Hier könnte man gut malen, oder?«

Christian lief herum und nahm alles genau in Augenschein. Das Atelier war drei- oder viermal so groß wie sein jetziges. Malen konnte man hier ganz sicher.

»Vielleicht könnte man das Dach öffnen und ein Fenster einsetzen, damit mehr Licht hereinkommt, aber das müsste dann mit Preben und Jeanette verhandelt werden. Das sind unsere Architekten hier.« Stig lachte.

Es war leicht zu erkennen, dass man aus dem Haus etwas machen konnte, man musste es allerdings vollständig renovieren. Das Geld dafür hatte Christian. Auch das Haupthaus war in vielerlei Hinsicht ideal. Auf der anderen Seite des kleinen Hofgartens lag ein weiterer verwachsener Garten, in den man vom Wohnzimmer aus blickte. Und vom Ende des Gartens sah man über eine Senke auf einen kleinen See. Dahinter lag der Onsebjerg. Auf dem Gipfel der Betonspitze lag bereits Schnee. Auf der anderen Seite des Hauses wuchs Wald.

»Was soll es kosten?«, fragte Christian.

»Das Haus 2,5 Millionen, aber es muss renoviert werden, da kommen sicher noch einmal 1,5 Millionen dazu. Und dann muss man zehn Millionen zahlen, um überhaupt hierherziehen zu können. Außerdem zahlen wir alle fünfzigtausend im Jahr in die Gemeinschaftskasse. Trotzdem machst du damit ein gutes Geschäft, denn wohnt man erst hier, zahlt man nicht mehr viel für das Essen. Im Restaurant kannst du für fünfundsiebzig Kronen essen.«

»Zehn Millionen, um hierherzuziehen? Das ist ja Wahnsinn.«

»Schon, aber anschließend hast du wie gesagt kaum noch Ausgaben.«

»Gibt's hier ein Take-away?«, fragte Christian.

Stig lachte, als wäre das ein Witz.

»Ja, es gibt hier reichlich zu essen. Das ist wirklich kein Problem.«

»Okay. Ich muss das natürlich erst mit Mia diskutieren.«

»Das ist selbstverständlich.«

Mia kam mit Jack ins Haus gestürmt.

»Können wir hier wohnen, Christian? Pleeeease!« Sie sah ihn flehend an und fasste an seinen Schwanz. Stig bemerkte es, sah aber weg.

»Tja, könnte schon sein ...«

»JAAA!« Mia hüpfte vor Freude auf und ab, und jetzt sah wirklich jeder, wie zurückgeblieben sie war. Auch Jack begann zu springen und wie verrückt zu heulen. Dann liefen Mia und Jack wieder in den Garten.

»Es gibt da noch eine Kleinigkeit. Du musst von unserem Leitungsgremium akzeptiert werden, aber ich habe schon vorgefühlt, und die sind sehr positiv eingestellt. Wir hätten hier bei uns ja gerne einen so bekannten Künstler wie dich. Das wird also wohl kein Problem werden.«

»Kann man ein Au-pair-Mädchen mitbringen? Mia ist schwanger, und sie ist zu dumm, um auf ein Kind aufzupassen.«

»Sie ist schwanger?«

»Ja, ja.«

»Wusstest du das, als wir dieses Abkommen getroffen haben?«, fragte Stig.

»Nein, Mann. Natürlich nicht.«

Stig zündete sich eine weitere Zigarette an.

»Wirklich beeindruckend, dass du die Verantwortung dafür übernehmen willst. Das muss ich schon sagen, Christian.«

Christian musterte Stig, als verstünde er nicht recht, wie das gemeint war.

»Ja, ja. Zum Glück ist sie im Bett trotzdem noch voll aktiv.«
»Das hatte ich gehofft.«
»Ich kaufe es. Wann kann das alles geregelt sein?«

Viel später

Elisabeth, Jack und Wilhelm gingen am nächsten Tag zu Mathias. Die Sonne schien, und sie liefen über einen Kiesweg, auf dessen Mitte etwas Gras wuchs. Wilhelm saß auf Elisabeths Schulter.

»Ich habe vor ein paar Tagen Pu der Bär gelesen«, sagte Wilhelm und schwieg, obwohl es mehr als natürlich gewesen wäre, etwas mehr zu erzählen. Sie gingen eine Weile, ohne dass jemand etwas sagte, bis Jack das Schweigen mit der Frage brach, auf die Wilhelm gewartet hatte.

»Und, hat's dir gefallen?«

»Weiß ich nicht. Es war interessant. Das trifft es wohl am ehesten. Das Buch hat mich ein bisschen deprimiert. Es ist so voller Klischees ... Die süßen Tierchen, die immer alles falsch machen, weil-sie-ja-nicht-so-klug-sind. Sie sind tollpatschig und lustig und gerade deshalb so liebenswert. Wir haben schon mal darüber geredet, aber das ist wirklich ein Problem, über das viel zu wenig geredet wird. Das ist echt rassistisch. Krasser als vieles, worüber ich jemals gelesen habe. Interessant war es aber trotzdem. Auf seine ganz eigene Weise«, sagte Wilhelm und fuhr gleich fort: »Es ist das einzige Kinderbuch, das ich gelesen habe, in dem alle Hauptpersonen eine klare, psychische Diagnose haben.« Wilhelm wartete darauf, dass Jack oder Elisabeth seine Aussage infrage stellten.

»Darüber habe ich nie nachgedacht«, sagte Elisabeth lächelnd.

»Doch, Tigger hat ADHS, Eule ist megaloman, Ferkel hat eine Angststörung, I-Aah ist depressiv, und Rabbit hat OCD.«

»Ist ja lustig«, meinte Elisabeth. »Und was hat Pu?«

»Pu ist ein klassischer Abhängiger. Der ist besessen von Honig.«

»Wirklich interessant, Wilhelm. Man könnte fast meinen, der Autor hätte das so beabsichtigt.«

»Also, Pu der Bär kam 1926 raus, ich weiß nicht, ob man ADHS damals überhaupt schon kannte.«

»Bestimmt nicht«, antwortete Elisabeth.

»Und was ist mit Christopher Robin?«, fragte Jack.

»Er ist dann doch sicher schizophren?«, vermutete Elisabeth.

»Ja, könnte man meinen«, antwortete Wilhelm und holte tief Luft. »Ich glaube aber, dass Christopher Robin etwas anderes fehlt. Er gehört in eine andere Kategorie, weil er ja ein Mensch ist. Und das ist interessant, schließlich geht es in der Geschichte ja um die Objektivierung SOWOHL von Tieren als auch von psychischer Erkrankung. In gewisser Weise ist das Buch doppelt diskriminierend: psychisch kranke Tiere, die ihre eigenen Grenzen nicht überschreiten können. Eigentlich sind das keine Charaktere, sondern Patienten. Du als Ärztin müsstest das doch kennen, Elisabeth, auch wenn es lange her ist.«

»Stimmt.« Elisabeth dachte nach. »Das ist wirklich lange her. Kurz nach dem Studium habe ich im Krankenhaus gearbeitet und hatte Patienten. Aber es stimmt, man hatte da wirklich nicht immer die Zeit, alle kennenzulernen.«

Gleich darauf standen sie vor Mathias' Haus, das versteckt zwischen den grünen Hügeln lag.

Mathias saß draußen vor dem Haus auf einer kleinen Anhöhe. Er hatte seinen Laptop aufgeklappt vor sich auf einem Tischchen, von dem aus man auf die Wiese mit der großen Eiche blicken konnte, unter der Jack und Wilhelm so gerne saßen. In der entgegengesetzten Richtung sah man den Onsebjerg mit seiner weißen Spitze.

»Hallo!«, sagte Mathias überrascht, als er sie sah.

»Stören wir?«, fragte Elisabeth.

»Nein, nein, überhaupt nicht. Ich überprüfe nur gerade, ob alles so funktioniert, wie es soll.«

Er stand auf und reichte Elisabeth die Hand.

»Eine blöde Angewohnheit. Eigentlich vollkommen überflüssig. Die Drohnen kommen gut allein zurecht.«

Wilhelm warf einen Blick auf den Bildschirm. »Ist das schwer?«, fragte er.

Mathias lachte. »Nein, überhaupt nicht. Ich kann es nur nicht sein lassen.«

»Wie viele sind das eigentlich?«, fragte Wilhelm.

»Na ja, fangen wir mal mit den Primärdrohnen an. Das sind die, die anstreichen und bauen oder Unkraut jäten und Tiere füttern, nicht zu vergessen diejenigen, die den Müll abtransportieren. Davon gibt es etwa zweitausenddreihundert, darüber hinaus haben wir aber auch noch zwanzigtausend Sekundär- oder Insektendrohnen. Zu jeder Primärdrohne gehören Insektendrohnen, die auf sie aufpassen und sie reparieren, sollte etwas kaputtgehen. Diesen Punkt hatte ich gerade überprüft. Schau mal hier.«

Er hob eine Drohne vom Boden auf. Sie sah aus wie ein kleines UFO, auf dessen Oberfläche winzige, ameisengleiche Roboter herumkrabbelten.

»Was machen die gerade?«, fragte Wilhelm.

»Das sind kleine Sekundärdrohnen, die die Primärdrohne reparieren. Dieses Modell hier ist ein Jäter, also eine Drohne, die Unkraut beseitigt.« Mathias warf einen Blick auf die Insektendrohnen und breitete dann die Arme aus. »Eigentlich ist es vollkommen egal, ob ich die überwache oder nicht. Ich kann doch nichts machen. Ich weiß nicht einmal, was an der Primärdrohne kaputt ist.« Er lächelte.

»Sieht cool aus«, sagte Jack, um auch mal etwas zu sagen.

»Ja, ich könnte denen den ganzen Tag bei der Arbeit zusehen«, antwortete Mathias und verlor sich erneut in dem Anblick der kleinen, *krabbelnden Insektendrohnen. Dann riss er seinen Blick los und musterte seine drei Gäste.*

»*Kann ich euch was zu trinken anbieten? Ich habe Tee.*«

»*Ja, das wäre nett*«, *sagte Elisabeth und sah zu Wilhelm und Jack, die höflich nickten.*

Kurz darauf kam Mathias mit einer Kanne Tee zurück.

»*Ich möchte nur ganz wenig*«, *sagte Jack.* »*Tee ist immer ein bisschen zu warm für mich.*«

»*Für mich auch*«, *ergänzte Wilhelm.*

»*Wollt ihr lieber etwas Wasser?*«, *fragte Mathias.*

Wilhelm und Jack sahen sich an und nickten.

»*Wenn Sie auch eine Schale hätten*«, *fügte Jack hinzu und sah etwas betreten auf die Tischplatte.*

Jack versuchte, so wenig Lärm wie nur möglich zu machen, als er das Wasser schlürfte. Aber es war schlichtweg unmöglich, keinen Lärm zu machen, wenn man mit der Zunge trinken musste, außerdem spritzte es, sodass Mathias seinen Laptop von der Tischplatte nahm.

»*Was kann ich für euch tun?*«, *fragte Mathias und legte den Computer auf einen Stuhl. Elisabeth sah zu Wilhelm.*

»*Willst du oder soll ich?*« *Wilhelm nickte Elisabeth zu.* »*Okay*«, *begann sie.* »*Unser Wilhelm hat erst neulich eine unangenehme Begegnung gehabt. Er ist draußen geflogen und wurde von einem Falken attackiert.*«

Wilhelm warf ein: »*Beängstigendes Erlebnis trifft es wohl besser. Wäre Jack nicht gewesen, wäre ich jetzt nicht hier. Ich war nur den Bruchteil einer Sekunde von meinem Tod entfernt, und das ist noch nicht mal das Schlimmste. Ich kann nirgendwo hingehen, ohne um mein Leben fürchten zu müssen. Wenn kein Raubvogel da ist, liegt bestimmt irgendwo eine Katze auf der Lauer. Ich habe die totale Paranoia. Ich verstehe nicht, warum die Menschen diese Psychopatenkatzen frei herumlaufen lassen müssen. Würde ich vorschlagen, hier Tiger auszusetzen, würdet ihr das auch nicht lustig finden. Ihr Menschen denkt wirklich nicht an uns Tiere.*«

Elisabeth fiel ihm ins Wort. »*Der Grund, weshalb wir zu dir gekommen sind, Mathias ... oder willst du das sagen?*«

»*Ja, ja, aber ich muss ihm doch erst den Ausgangspunkt klarmachen. Ich bin konstant in Lebensgefahr. Ich kann nirgendwo hingehen. Das ist echt hart, Elisabeth.*« *Wilhelm machte eine kurze Pause und versuchte, sich zu beruhigen, bevor er weiterredete.*

»*Wir dachten, dass du vielleicht irgendeine Vorrichtung bauen könntest, die Katzen und Raubvögel tötet ...*« *Es war still, bis Elisabeth wieder das Wort ergriff.*

»*Das ist nicht ganz das, worüber wir gesprochen haben, Wilhelm? Wir dachten doch wohl eher an ein Verteidigungssystem.*«

»*Whatever*«, *sagte Wilhelm resigniert.*

»*Ich soll also ein System bauen, dass dich vor Angriffen von Raubtieren schützt? Habe ich das richtig verstanden?*«, *fragte Mathias.*

»*Ja, wäre das möglich?*«, *fragte Wilhelm und sah Mathias nervös an. Mathias trank einen Schluck Tee und dachte nach.* »*Ja, vielleicht schon. Klingt spannend. Ich nehme die Herausforderung gerne an, aber leicht wird das nicht. Das kann eine Weile dauern, außerdem müssen wir ein bisschen herumexperimentieren.*« *Wilhelm nickte.*

»*Ja, natürlich. Ich habe nichts zu verlieren. So wie jetzt kann es nicht weitergehen. Das wäre vollkommen unerträglich. Ich bin wirklich ständig in Gefahr. Als hätte jemand ein Kopfgeld auf mich ausgesetzt.*«

In den kommenden Monaten brachte Jack Wilhelm immer wieder zu Mathias' Haus. Die Entwicklung des Verteidigungssystems war nicht einfach, denn die Gefahren, die Wilhelm bedrohten, waren vielfältig und sehr unterschiedlicher Art. Das Projekt wurde deshalb immer umfassender und komplizierter. Überdies brachte es praktische und technische Fragen mit sich und bot auch moralisch Stoff für Diskussion. Schließlich war es unmöglich, ein Verteidigungssystem für eine Elster zu entwickeln, das im Prinzip nicht auch offensiv einsetzbar war. Wilhelm deutete mehrmals an, dass das ja wohl auch für gewisse Körperteile anderer Tiere galt, zum Beispiel für die Krallen der Katzen oder die Zähne und Kiefer der Hunde, aber darüber diskutiere niemand. Dass Wilhelm eine Angriffsmöglichkeit bekam, hob ihn, wie er selbst meinte, nur auf das Niveau der meisten anderen Tiere, und dagegen dürfe doch wohl nichts einzuwenden sein.

Die Lösung war schließlich ein Multiverteidigungs- und Überwachungssystem, bestehend aus nicht weniger als fünfundsechzig unabhängigen Insektendrohnen, die Wilhelm wie eine kleine Wolke überallhin folgten. Einige der Drohnen nahmen die umliegende Gegend auf und schickten die Aufnahmen an eine kleine Brille, die Wilhelm tragen musste. Er zog sie Kontaktlinsen vor, weil es einfach zu schwierig war, Linsen mit den Flügeln zu wechseln. Die Drohnen erkannten fünfundzwanzig Raubvogelarten und weitere acht Tiere, die eine Gefahr für Wilhelm ausmachen konnten. Sollte ein Rabe oder eine Katze noch einmal versuchen, sich Wilhelm zu nähern, würden die Drohnen eine Warnung aussprechen und die Gefahr dann – wenn nötig – mit kleinen elektrischen Impulsen bekämpfen. Ein herabstürzender Falke würde bereits in gebührendem Abstand zu Wilhelm auf mehr als dreißig kleinere Angriffsdrohnen treffen.

Durch das Verteidigungssystem änderte sich Wilhelms Leben komplett. Hüpfte er über die Fußgängerzone, musste er keine ängstlichen Blicke mehr über die Schulter werfen, um nach Raubtieren Ausschau zu halten. Es vergingen tatsächlich nur wenige Tage, bis die Katzen Wilhelms neue Stärke registriert hatten und schon beim Anblick des kleinen, hüpfenden Körpers Reißaus nahmen. Die Natur ist mitunter seltsam, und so war es ein nicht vorhergesehener Nebeneffekt, dass die Angriffe auf Vögel generell abnahmen und sich in der Folge immer mehr Kleinvögel in der Gegend ansiedelten. Für Wilhelm war das der Beweis dafür, dass auch normale Vögel eine gewisse Intelligenz besaßen.

Wilhelm wurde mit der Zeit stiller. Er musste nicht mehr reden, um seinen Intellekt zu zeigen, wenn er mit Menschen oder Tieren zusammen war. Überhaupt ging er immer öfter eigene Wege, da er jetzt ja nicht mehr auf dem Präsentierteller saß und auch Jacks Schutz nicht mehr brauchte. Sie blieben zwar Freunde und sahen sich noch immer regelmäßig, trotzdem veränderte sich auch ihre Beziehung. Jack hatte Mühe, diese Veränderung konkret zu beschreiben, und auch für Wilhelm war manches unklar. Vielleicht war es einfach die Tatsache, dass sein Leben weniger intensiv war, weil er nicht mehr gejagt wurde und deshalb entspannen konnte, statt manisch die Gegend um sich herum abzusuchen. Wilhelm war entspannter und selbstständiger. Jack wusste, dass es blöd war, sehnte sich aber trotzdem manchmal in die Zeit zurück, in der Wilhelm von ihm abhängig war. Immer wieder dachte er an die guten, alten Tage, in denen er Wilhelms einziger Schutz gewesen war. Nicht wegen der Macht und der privilegierten Situation, sondern weil er dank der wichtigen Rolle, die er für Wilhelm spielte, keinerlei Hemmungen hatte, den Freund auch jederzeit mit seinen eigenen Problemen zu konfrontieren. Selbst wenn er sich mit Depressionen in seinem Zimmer vergrub, konnte er sicher sein, dass Wilhelm früher oder später bei ihm auftauchte, weil er ihn brauchte. Irgendwie hatte dieses Bedürfnis bislang immer auf Gegenseitigkeit beruht. Man durfte daraus aber nicht schließen, dass Freundschaften, ja vielleicht sogar alle Beziehungen zwischen intelligenten Wesen, ausschließlich auf egoistischen Bedürfnissen beruhten. In ihrem Fall hatte die gegenseitige Abhängigkeit zu einer echten Gemeinschaft geführt, bei der Jacks Probleme zu Wilhelms wurden und umgekehrt.

Mit Wilhelms neu gewonnener Macht war ihre Freundschaft in eine neue Phase eingetreten, in der sie sich nicht mehr so oft wie früher sahen. Und wenn sie zusammen waren, war ihre Beziehung nicht so intensiv und eng, wie sie es einmal gewesen war.

Trotzdem sollte sich zeigen, dass auch das nur eine Phase war, die wiederum abgelöst wurde von einer Zeit engerer Bindung, ja vielleicht enger und näher als jemals zuvor.

Kapitel 18

Elisabeth und die Sixtinische Kapelle

Das RAID war mit der Entwicklung lebensverlängernder Technologien weit gekommen. Elisabeths Abteilung hingegen hatte mit ihrer Arbeit zur Entwicklung genereller Intelligenz noch kaum Fortschritte gemacht. Trotzdem erzählte James eines Morgens, dass am Nachmittag eine Kommission des Ethischen Rates einen Besuch angekündigt habe. Er informierte sie ganz beiläufig darüber, als sie frische Croissants vom lokalen Bäcker aßen. Der Besuch schien ihn weder zu besorgen noch irgendwie neugierig zu machen. Elisabeth und Nakasumi sollten die Delegation in Empfang nehmen und offen über ihre (!) Arbeit reden. James unterstrich, dass sie nichts zu verbergen hätten.

Als die Repräsentanten des Ethischen Rates kamen, glaubte Elisabeth erst an einen Scherz. Die drei Besucher, eine Frau und zwei Männer etwa Mitte fünfzig, wirkten vollkommen verloren und sahen ganz und gar nicht nicht aus wie Spezialisten für neuronale Netzwerke und künstliche Intelligenz. Die Frau hatte ihre Sonnenbrille in eine Hochsteckfrisur geschoben, wie sie Elisabeth seit den Achtzigern nicht mehr gesehen hatte. Aber nicht nur ihre

Haarpracht war beeindruckend, sie trug ein kreischend buntes Kleid, das sie möglicherweise aus allen möglichen farbenfrohen Stoffresten selbst genäht hatte. Sie sah aus wie eine Katzenfrau, stellte sich dann aber als Psychologin vor. Ihr Name war Tanne.

Der eine der beiden Männer hieß Ole, er war Architekt. Was ein Architekt im Ethischen Rat verloren hatte, verstand Elisabeth auch nicht. Er trug klassische Architektenkluft: Pulli mit hohem Kragen, Sakko und eine Brille mit kräftigem, hellrotem Gestell, die er sich auf die hohe Stirn gesteckt hatte. Der andere Mann war Philosoph. Er hieß Arne und hatte eine graue Prinz-Eisenherz-Frisur, die irgendwie zu seinem zerknautschten Anzug passte. Er begrüßte sie wie ein Autist oder Blinder, denn er sah ihr zu keinem Zeitpunkt in die Augen und senkte selbst beim Handschlag den Blick. Dabei lächelte er freundlich und schüttelte ihre Hand derart heftig, dass sein ganzer Körper hin und her zuckte. Tanne begrüßte sie freundlich, aber reserviert.

Nakasumi führte das Trio nach draußen in den Garten, wo sie ihre Vorstellung abhalten wollten. Elisabeth folgte ihnen. Tannes Po war enorm, sicher ein Quadratmeter. Aus irgendeinem Grund schleppte sie überdies auch noch eine riesige Damenhandtasche mit sich herum. James kam zu ihnen, begrüßte die Gäste und stellte dann kurz das RAID vor, bis Ole sagte, sie seien ja eigentlich gekommen, um etwas über ihre Forschung zu erfahren. James gab das Wort daraufhin an Elisabeth weiter, die wie vereinbart erklärte, woran sie arbeiteten und was sie in den nächsten vier Jahren erreichen wollten. Sie hatten noch nichts entwickelt, sondern einen Großteil ihrer Zeit darauf verwendet, die unterschiedlichen interdisziplinären Forschungsansätze innerhalb ihrer Gruppe zu verstehen. Während Elisabeth redete, lächelte Tanne auf irritierend überhebliche Weise. Irgendwann begann sie dann auch noch umständlich ihre Tasche zu durchwühlen, bis sie irgendwann ganz unten eine Schachtel mit Halspastillen fand und ihre dicken

Finger in die schmale Schachtel zu stecken versuchte, um ein Kügelchen herauszufischen. Ihr Auftreten war derart bizarr, dass Elisabeth fast den Faden verloren hätte.

Als sie zum Ende gekommen war, ergriff Arne überraschend das Wort.

»Wir sind ja prinzipiell kritisch eingestellt, was die Entwicklung von künstlicher Intelligenz angeht«, begann er. »Denn wofür soll das gut sein? Was für Existenzen planen Sie zu erschaffen, sollten Sie mit Ihrer Forschung Erfolg haben?« Er schloss seinen Kommentar mit einem nervösen Kopfschütteln, das Elisabeth als Zeichen einer beginnenden Huntington'schen Krankheit deutete.

»Tja, das wissen wir aus guten Gründen noch nicht. Wir haben ja kaum mit unserer Arbeit begonnen, sodass da noch viele richtungsweisende Fragen offen sind. Es gibt bereits Unmengen von intelligenten Computersystemen, die zum Beispiel dazu in der Lage sind, bestimmte Muster zu erkennen und dazuzulernen, je mehr Erfahrungen sie sammeln. Auch das ist eine Form von künstlicher Intelligenz, aber ich gehe davon aus, dass Sie das nicht meinen?«, fragte Elisabeth.

Ole antwortete: »Richtig, wir denken eher an die Entwicklung von Systemen mit genereller Intelligenz, wie Sie sie laut Ihrer Pressemitteilung zu entwickeln beabsichtigen.«

»Das ist richtig, aber wie gesagt, wir sind noch nicht weit gekommen.«

»Nun, das ist verständlich, aber genau da liegt auch das Problem«, sagte Arne und schüttelte unmotiviert den Kopf.

»Sollen wir Englisch reden?«, fragte Ole und sah zu Nakasumi hinüber.

»Vielleicht können wir es weiter auf Dänisch machen, und Sie übersetzen dann später?«, warf Tanne ein. Sie sprach langsam und deutlich, als unterhielte sie sich mit einem Zurückgebliebenen.

Elisabeth nickte. Sie fühlte sich wie in einem Comic.

»Wir stehen Ihrer Forschung, wie gesagt, kritisch gegenüber«, fuhr Ole fort. »Es ist durchaus berechtigt, sich Sorgen zu machen, wenn man nicht weiß, wohin das führen soll. Wie Arne das auch schon angesprochen hat.« Er machte eine Pause und fügte dann hinzu: »Was stellen Sie sich vor, wenn wir von einem Roboter mit genereller Intelligenz sprechen?«

Elisabeth dachte nach.

»Das weiß ich wirklich nicht. Das Problem der neuralen Netzwerke, die es bereits gibt, ist, dass sie nur recht eingeschränkt in bestimmten Spezialgebieten funktionieren. Die Roboter können aus ihren Erfahrungen lernen, aber innerhalb eines höchst begrenzten Universums. Konfrontiert man sie mit neuen Zusammenhängen und neuen Situationen, können sie nicht mehr navigieren.«

»Aber wenn sie das eines Tages könnten, wie würden diese *Dinger* dann aussehen?«, fuhr Ole fort.

»Ich weiß nicht recht, wie ich diese Frage verstehen soll?«

»Wären das dann zum Beispiel Roboter, die zwischen uns Menschen herumlaufen und an alltäglichen Interaktionen teilnehmen?«

»Tja, vielleicht. Ich weiß es nicht. Vermutlich handelt es sich um Maschinen, die improvisieren können, komplexe Problemstellungen verstehen und dazu in der Lage sind, verschiedene Situationen zu decodieren.«

Arne fiel ihr ins Wort. Dafür, dass er wie ein Nerd aussah, war er recht gesprächig.

»Eine solche Fähigkeit erfordert aber doch auch das Verständnis von anderen Menschen, und damit auch das Verständnis von sich selbst in Beziehung zu anderen. Nicht wahr?«

»Ja, vermutlich schon.«

»Dann sprechen wir von einer Existenz, die selbstbewusst ist und andere Menschen versteht?«, fuhr er fort.

»Ja, doch das ändert ja nichts daran, dass wir es mit einer Maschine zu tun haben«, antwortete Elisabeth.

»Das ist genau die Frage«, sagte Arne.

»Haben Sie sich denn überhaupt keine ethischen Überlegungen gemacht?«, fragte Tanne und lutschte auf ihrer Halspastille herum, als wollte sie sie ertränken. Elisabeth lachte.

»Wir wissen doch noch gar nicht, wohin der Weg gehen wird.«

»Aber deshalb könnten Sie sich doch schon Gedanken über die ethische Tragweite Ihrer möglichen Forschungsergebnisse machen? Oder meinen Sie, dass man einfach drauflosforschen soll, ohne Rücksicht auf irgendetwas?«

Tanne lächelte künstlich und folterte weiter ihre Pastille.

»Ich glaube, wir reden aneinander vorbei«, versuchte es Elisabeth. »Wir haben keine Ahnung davon, wie zukünftige intelligente Systeme aussehen werden, und deshalb ist es natürlich schwer, bereits jetzt etwas über mögliche ethische Probleme zu sagen. Bis auf Weiteres ist es denkbar, dass wir mit künstlicher Intelligenz Leben retten können. Denken Sie an *Watson*, damit können Diagnosen für Menschen gestellt werden, die keine Möglichkeit haben, zum Arzt zu gehen.«

»Wir reden hier aber doch von genereller Intelligenz, oder?«, warf Ole ein.

»Ja, aber …«, begann Elisabeth, wurde aber erneut von Tanne unterbrochen.

»Sie meinen also nicht, dass Ihre Arbeit irgendwelche Grenzen braucht?«, fragte sie und notierte sich etwas auf einem kleinen Zettel.

»Doch, natürlich meine ich das. Wir unterliegen denselben Regeln und Vorschriften wie alle anderen Wissenschaftler auch, die sich mit diesem Thema auseinandersetzen. Sie haben mir aber den Eindruck vermittelt, dass ich mir ethische Fragen über etwas stellen soll, das wir noch gar nicht entwickelt haben und von dem ich keine Ahnung habe, wie es einmal aussehen wird.«

Es war vollkommen still. Nakasumi sah von einem zum anderen, als hätte er am Gespräch teilgenommen oder es wenigstens verstanden.

»Sie müssen damit rechnen, dass unser Bericht kritisch ausfällt«, sagte Tanne.

Elisabeth konnte nicht anders, sie musste lachen. Was bei den dreien natürlich nicht gut ankam. Aber die Situation war wirklich absurd. Die ganze Welt arbeitete an der Entwicklung von genereller Intelligenz, die Forschung verschlang Milliarden von Dollar, und diese Katzentussi wollte einen kritischen Bericht schreiben? Was war nur mit den Geisteswissenschaften los? Waren die immer so beschränkt gewesen, oder waren alle Humanisten plötzlich verrückt geworden?

Nachdem sie die Gäste nach draußen begleitet hatten, sahen Nakasumi und Elisabeth sich an und begannen zu lachen. »Did you understand what they were saying?«, fragte Elisabeth.

»Yes, I had my translation device with me. They were crazy. Jesus fucking crazy.«

Das erste sichtbare Resultat, das nicht nur Lolland oder Dänemark, sondern die ganze Welt beeinflussen sollte, kam aus der Entwicklung von Drohnen, die auf bahnbrechende Weise in anderen Bereichen als geplant eingesetzt wurden. Ein junger Inder, Apu, hatte eine ebenso simple wie geniale Idee, die in der Gründung einer eigenen, kleinen Forschungseinheit im RAID resultierte. Sie basierte darauf, Drohnen zur Ausschmückung zu verwenden, was spontan weniger spektakulär klingt, als es war. Apu experimentierte in einem leer stehenden Geschäft, das auf dem Grundstück des RAID lag. Nach sechs Monaten konnte er seine Resultate den anderen Mitarbeitern des RAID präsentieren und lud sie in die leeren Räume ein. Einziger Einrichtungsgegenstand waren zwei Boxen auf dem Boden, aus denen Mozarts *Requiem* ertönte. Decken und Wände waren weiß gestrichen. Fünf offene Farbeimer in den Primärfarben Blau, Gelb, Rot, Schwarz und Weiß standen bereit. Dann flogen acht Drohnen in den Raum, saugten eine nach der anderen Farbe aus den Eimern und fingen an, die Decke zu streichen. Sie begannen jede an ihrem Ort der großen *Leinwand*. Schon nach wenigen Minuten war für alle deutlich zu erkennen, dass sie Zeugen eines außergewöhnlichen Schauspiels werden sollten. Die Drohnen kopierten die Decke aus der Sixtinischen Kapelle, aber in einem Tempo und mit einer Sicherheit und Präzision, zu der kein Mensch jemals in der Lage gewesen wäre. Nach nur zwei Stunden waren sie fertig. Am beeindruckendsten war der Moment, in dem die Drohnen sich trafen und die jeweiligen Teilbilder sich vereinten. Es war wie eine Welle, die über einen Strand rollte, nur dass diese Welle aus den wunderbarsten Formen und Farben bestand. Als würde die Welt neu erschaffen.

Die Malerdrohnen wurden mit sofortiger Wirkung genutzt, um Wände und Decken der Kirchen in der Gegend zu dekorieren.

Später entwickelte man auch Drohnen, die Ornamente an Hausfassaden anbringen und Steinmetzarbeiten und Skulpturen ausführen konnten. Das Einzige, was die Drohnen nicht konnten, war die Entwicklung der Motive, die sie ausführen sollten. Dazu brauchte es noch Menschen, Künstler und Designer, die in der Folge auch angestellt wurden. Die kleinen Drohnen kosteten in der Entwicklung nicht viel und waren im Betrieb kostenfrei, da sie sich dank Solarzellen selbst mit Energie versorgten. Kosten entstanden lediglich durch die zu verwendende Farbe. Es gab Gerüchte, dass Morten Lund und einige andere Konsortiumsmitglieder daraufhin Aktien von Firmen gekauft hatten, die Farbe produzierten. Die Drohnen wurden schnell auch von den anderen Menschen auf Lolland genutzt, um ihre Häuser in einem Maß zu dekorieren, wie man es sonst nur aus Palästen, Kirchen und Schlössern kannte. In der Regel bestimmten die Hausbesitzer die Auswahl der Designs selbst, damit die Dekoration auch die gewünschte Stimmung wiedergab. In Kinderzimmern gab es Gemälde von

Fabeltieren oder Kopien von Kinderzeichnungen, während in den Küchen Tiere und Essen dargestellt wurden. Die Häuser der Menschen in Nakskov, Sakskøbing und Umgebung sahen bald aus wie die Häuser in Pompeji, ganze Städte veränderten mit den farbenfrohen Fassaden ihren Charakter. Kurz darauf kaufte die Gemeinde Kopenhagen fünftausend Designdrohnen, die die Hauptstadt fortlaufend ausschmücken sollten. Die übrigen Kommunen des Landes folgten. Später erreichte der Handel mit den Lollanddrohnen die ganze Welt. Von all den Technologien, die am RAID entwickelt worden waren, beeinflussten die Designdrohnen das Land am meisten, ja vielleicht die ganze Welt. Es wurde ein Milliardengeschäft.

Kapitel 19

Stig wird depressiv

Stig konnte nachts nicht schlafen. Es war zu leise – oder auch nicht, denn die Bäume rauschten, wenn der Wind blies, und wenn es regnete, trommelte der Regen laut aufs Dach. Andererseits waren die Geräusche der Natur irgendwie Geräusche des Nichts. Kein besoffenes Rumgeschreie mitten in der Nacht, keine quietschenden Autoreifen, keine Polizeisirenen. Nur die Bäume, der Wind und der Regen, und diese Geräusche machten ihn einsam. Irgendwann begann er, nachts aufzustehen, ohne dann auch nur den Versuch zu unternehmen, wieder ins Bett zu gehen.

Eines Morgens wachte er um 4.23 Uhr auf. Es war stockfinster. Er stand auf, trank Kaffee und starrte in die riesige, schwarze Fensterscheibe. Sie war wie ein Spiegel.

Er zog sich an und trank einen weiteren Kaffee. Er hörte den Sturm an den Baumkronen zerren, zog aber trotzdem seinen alten Mantel an und hängte sich das neu gekaufte Fernglas um den Hals. Jack stand auf und streckte sich. Er sah zu Stig auf und wedelte zurückhaltend mit dem Schwanz, denn es war auch für ihn noch sehr früh. Sie gingen durch den Garten und das kleine Tor in Richtung Wald. Es war noch so dunkel, dass er kaum die Hand vor den Augen sah. Er hätte eine Taschenlampe mitnehmen sollen, aber selbst damit hätte er nicht gewusst, was er machen oder wohin er gehen sollte. Was unternahm man auf dem Land eigentlich so? Wenn die einzigen Geräusche der Wind waren, der immer stärker wurde und Stig Angst machte. Ohne Jack an seiner Seite wäre er sofort wieder umgekehrt. Als der Wind dann etwas abflaute, gewann die Vernunft die Oberhand und überzeugte ihn, dass in der Dunkelheit nichts lauerte, was Jack nicht in Schach halten könnte. Im Wald erkannte er langsam auch die Umgebung. Jack war nicht zu sehen, Stig wusste aber, dass er irgendwo in der Nähe war. Stigs Füße waren bereits nass und kalt. Er trug seine Fratelli-Rossetti-Schuhe, aber die spitzen, schwarzen Herrenschuhe, die er vor vielen Jahren für fünftausend Kronen in Mailand gekauft hatte, eigneten sich wirklich nicht, um durch hohes, nasses Gras zu laufen. Eine Stunde lang lief er ziellos durch den Wald. Irgendwann kam Jack zu ihm, im Maul ein Fasan. Stig lobte ihn. Mit der Dämmerung wechselte die Farbe des Himmels von Schwarz zu Blau, obwohl die Sonne noch nicht zu sehen war. Trotzdem leuchtete es zwischen den Bäumen plötzlich orange. Der Tau des Grases war längst durch das dünne Kalbsleder gedrungen, sodass die Kälte sich von seinen langen blassen Zehen in den ganzen Körper ausgebreitet hatte.

Noch in Kopenhagen hatte er sich vorzustellen versucht, wie es sein würde, auf dem Land zu wohnen. Er hatte davon geträumt, aber erst jetzt hatte er so langsam eine Vorstellung davon. Er rief Jack, um nach Hause zu gehen, aber der Hund war weg, sosehr er ihn auch suchte. Nach ein paar Stunden zitterte er derart vor Kälte, dass er ohne den Hund nach Hause ging und sich mit klappernden Zähnen auf das Sofa vor dem Kamin legte. Jack tauchte ein paar Stunden später von allein auf, ohne den Fasan. Er musste ihn gefressen haben.

In den folgenden drei Tagen lag Stig mit Fieber im Bett. Immer wieder dachte er, dass sie niemals aufs Land hätten ziehen dürfen, er ertrug es einfach nicht. Er war ein Stadtmensch und hatte sein ganzes Leben in der Stadt gewohnt, auf jeden Fall sein erwachsenes Leben. Er ertrug weder Zugluft noch Regen oder Wind und schon gar nicht die Nässe, die durch seine Schuhe drang. Erst nach zehn Tagen war er wieder richtig auf dem Damm, aber die Depressionen, die häufig eine Grippe begleiteten, wollten ihn nicht loslassen. Er setzte sich deshalb in seinen Wagen und fuhr nach Kopenhagen. Einfach nur, um dort zu sein und weil es dort Menschen und Häuser und Asphalt gab, auf dem man wie ein zivilisierter Mensch gehen konnte. All die Gerüche der anderen Hunde machten Jack fast verrückt, sodass er wie wild an der Leine zerrte. Sogar der Hund zieht die Stadt vor, dachte Stig und lief wahllos hin und her, bis er sich schließlich in ein Café setzte und einen Kaffee trank. Später ging er an seiner alten Galerie vorbei. Die Räumlichkeiten waren komplett umgebaut worden. Sein Weg endete schließlich im Floss, wo er ein Bier trank. Als er abends nach Hause kam, ergriff ihn gleich wieder die Mutlosigkeit, die ihn in die Stadt getrieben hatte, sodass er nicht wusste, was er tun sollte. Er sprach mit Elisabeth darüber, während sie etwas am Computer las, sie meinte aber nur abwesend, dass das sicher nur eine Frage der Gewöhnung sei. Vielleicht hatte sie recht. Vielleicht war es wirklich nur eine Frage der Zeit. Er setzte sich nach draußen auf die Terrasse, rauchte eine Zigarette und trank eine Tasse Kaffee.

In den kommenden Wochen lag er tatenlos drinnen auf dem Sofa und starrte in den leeren Kamin. Er unternahm nur kurze Spaziergänge mit Jack, der auch seinerseits immer depressiver wirkte. Der Hund schien die Umstände zu akzeptieren und legte sich neben Stig auf den Boden und starrte auf die Dielen. Stig wunderte sich, dass es ihm tatsächlich gelungen war, die angeborene Lebensfreude und Abenteuerlust des Hundes zu brechen.

Elisabeth schlug vor, dass er sich um den Garten kümmerte, und kaufte ihm ein Gartenbuch. Stig las aber nur widerwillig darin, denn all die Blumenbilder und Fotos von hässlichen Skulpturen stießen ihn ab. Warum mussten überall im Garten hässliche Kunstobjekte stehen? Kleine, nackte Jungen, die herumpinkelten, oder nackte Frauen. Die Ästhetik dieser Gärten erinnerte doch nur an die überreich verzierten Kuchen spießbürgerlicher Konditoreien.

»Dann schau dir doch die Gärten in der näheren Umgebung an«, schlug Elisabeth vor. »Da sind ein paar wirklich spannende dabei.« Aber Stig schaffte es einfach nicht.

Auf Lolland wurden hervorragende lokale Nahrungsmittel produziert. Das war schon vor der Übernahme der Insel durch das Konsortium so gewesen. Das Flaggschiff war das Gut Knuthenlund mit seiner ausgedehnten, ökologischen Landwirtschaft, der Käserei und der Cidrekelterei. Daneben gab es Harpelund und Frederiksdal, die Kirschwein produzierten, und eine ganze Reihe anderer Ökobetriebe im weiteren Umkreis. Die Betriebe Lollands, die früher nicht ökologisch gewirtschaftet hatten, hatten nach der Übernahme die Produktion umstellen müssen. Alle Erzeugnisse wurden überdies einem lokalen Veredelungsprozess unterzogen. Es wurden Schinken geräuchert, Würste gemacht, Pasteten und alle möglichen anderen Fleischprodukte. Daneben gab es natürlich Käse, Milch, Butter, Sahne, Joghurt und so weiter. Das Mehl wurde nach alten Prinzipien gemahlen und mit Pferdewagen zu den Bäckereien der Gegend transportiert. Und in den alten Obstplantagen produzierte man Most, Cidre und Balsamessig.

Der Berg und die zunehmende Bepflanzung mit Wald führte dazu, dass die Voraussetzungen für die Produktion von qualitativ wertvollen Nahrungsmitteln immer besser wurden. Neben Lachs und Forellen und den übrigen Fischen in den Gewässersystemen setzte man auch Schweine und Kühe in der Natur aus, wo sie größtenteils sich selbst überlassen werden konnten. Kühe, die im Wald Gras fressen, sind CO_2-Verringerer, weil ihr Kot den Wald und die Pflanzen düngt, die Vegetation wächst deshalb besser und bindet wiederum CO_2. Trotzdem wurde der Tierbestand durch Förster überwacht und wenn nötig über Futterstellen versorgt. Überdies behandelten die Förster kranke Tiere und sorgten für den Abschuss der Exemplare, die für Nahrungszwecke verwendet werden sollten. Die ausgesetzten Schweine hatten festeres Fleisch mit besserem Geschmack als ihre Artgenossen in den Ställen, da die Tiere Zugang zu allen möglichen Pflanzen und Wurzeln hatten. Dasselbe galt für die Rinder. Auch Ziegen und Schafe lebten wild in der Gegend und sammelten sich in großen Herden rund um den Onsebjerg. Aber auch Rothirsche und andere Hirscharten lebten in den Wäldern und röhrten in der Brunftzeit im Herbst, wenn die Männchen um die Gunst der Weibchen kämpften.

Kapitel 20

Emma zieht nach Mosambik

Emma hatte den Entschluss gefasst, nach Mosambik zu ziehen. Sie wollte sich als Freiwillige in der neuen dänischen Flüchtlingsstadt Frederiksstad melden, wo bereits knapp sechzigtausend Menschen lebten. In einem Jobportal an der CBS hatte sie gelesen, dass Care Danmark Freiwillige suchte, und gleich gespürt, dass das etwas für sie war. Wie eine Antwort auf die inneren Fragen, die sie noch nicht einmal formulieren hatte können. Noch am selben Tag schrieb sie ihre Bewerbung und wurde in der darauffolgenden Woche zum Gespräch eingeladen. Es wurden fünfundzwanzig Freiwillige gesucht, und das Gespräch wirkte eher wie eine Formalität als wie ein Bewerbungsgespräch. Sie war die einzige ethnische Dänin, die an diesem Tag vorsprach, und sie wurde sofort angenommen. Sie musste nur noch geimpft werden und in der folgenden Woche an einem zweitägigen Kurs teilnehmen, dann konnte sie fliegen. In Frederiksstad sollte sie als Pflegediensthelferin einer Säuglingsschwester bei der Versorgung von Neugeborenen helfen.

Emma informierte Stig und Elisabeth erst wenige Tage vor ihrer geplanten Abreise, während sie im Wohnzimmer saßen und geschmorten Schweinenacken mit Wurzelgemüse aßen. Niemand sagte etwas, und auch das Essen blieb unberührt, sah man einmal von Emmas Portion ab.

»Glaubst du, dass du gesund genug dafür bist?«, fragte Elisabeth.

»Ja.«

Stig zog es den Boden unter den Füßen weg. Er konnte Emma nicht einfach so nach Mosambik reisen lassen. Ausgerechnet Mosambik! Und noch dazu in eine Flüchtlingsstadt!

»Mosambik!«, sagte er und sah ungläubig erst zu Emma und dann zu Elisabeth.

Emma und Elisabeth erwiderten seinen Blick und warteten auf mehr.

»Und … was zum Henker willst du denn … bei all diesen verrückten Flüchtlingen?«, stammelte er.

»Die sind nicht verrückt. Außerdem sind die meisten davon dänische Staatsbürger wie du und ich.«

»Ja, aber … du weißt genau, was ich meine.«

»Nein, was meinst du?«

»Das … das sind Muslime. Die respektieren keine Frauen.«

»Einige vielleicht nicht.«

»Genau! Also, was willst du da?«

»Ich will helfen. Ich habe wirklich Lust dazu, einen Beitrag zu leisten.«

Stig sah Hilfe suchend zu Elisabeth, aber sie hatte zu essen begonnen, als wäre die Sache bereits entschieden. Er stand auf.

»Ja, aber … das kommt überhaupt nicht infrage. Ich verbiete es dir, dorthin zu gehen.«

»Okay, kannst du gerne tun. Ich mache es aber trotzdem.«

Emma lächelte noch immer.

»Ich fliege am Samstag.«

»Am Samstag?«, platzte Elisabeth hervor. »So schnell? Hast du wirklich genug darüber nachgedacht?«

»Ja, ich fliege am Samstag, und ich werde ein Jahr dort bleiben.«

»EIN JAHR!« Stig sprang auf und hätte mit dem Knie um ein Haar den Tisch umgestoßen.

Er sah zu Elisabeth.

»So sag doch was«, flehte er sie an. Elisabeth zuckte mit den Schultern, sah aber auch nicht glücklich aus.

»Willst du wirklich nur mit den Schultern zucken, wenn deine Tochter dir erzählt, dass sie mit einer Unmenge von psychopathischen Muslimen zusammenleben will?«

»Das sind keine Psychopathen!«, sagte Emma.

»Aber das da unten, das ist der reinste Hexenkessel. Da sind lauter Terroristen und Chaoten. Die Schlimmsten der Schlimmen.«

»Umso mehr will ich helfen. Ich finde es eine Schande, wie wir die Muslime behandeln.«

Stig rannte im Zimmer auf und ab und fasste sich immer wieder an den Kopf. Er versuchte, Argumente zu finden, die stark genug waren, damit Emma einsah, was für eine Schnapsidee es war, dorthin zu gehen.

»Vielleicht erinnerst du dich ja nicht, du bist ja erst einundzwanzig, aber viele haben die ersten Flüchtlinge, die kamen, wirklich noch mit offenen Armen aufgenommen. Das Problem ist aber, dass sie sich nicht integrieren wollen, sie wollen gar kein Teil unserer Gesellschaft sein.«

»Meine Freunde schon.«

»Ja, vielleicht, aber die Mehrheit will sich nicht einfügen.«

»Ja und?«

»Ja und? So geht das ganz einfach nicht.«

»Dein Argument ist also, dass sie hier nicht leben können, weil sie anders leben wollen als wir? Und das gibt uns das Recht, sie zu deportieren? Findest du das wirklich angemessen? Die richtige Strafe?«

»Strafe? Wer redet hier denn von Strafe?«

»Ist es etwa keine Strafe, deportiert zu werden?«

»Ich sage nur, dass sie nicht hier sein können, wenn sie sich nicht eingliedern wollen. Wenn sie wirklich ein Teil der dänischen Gesellschaft sein wollten, würden sie ja nicht deportiert. Außerdem sind viele in Dänemark geblieben, als sie das Angebot erhielten, aus dem Getto in eine andere Stadt zu ziehen. Das darfst du nicht vergessen. Auch deshalb ist es vollkommen verrückt, dass du jetzt da runterwillst.«

»Nein, ist es nicht. Meine Freundin Samira ist da unten. Sie ist mitgefahren, weil ihre Familie deportiert wurde.«

»Dann aber nur deshalb, weil sie nicht bereit waren umzuziehen, als sie das Angebot bekamen.«

»Samira ist nicht gefragt worden.«

»Siehst du, ich sag doch, dass die nicht auf ihre Frauen hören. Die Leute da unten sind Chaoten, Verrückte, Emma! Kriminelle und Islamisten. In Frederiksstad sind nur die, die nicht in Dänemark sein wollen, die uns nicht respektieren und keinen Beitrag leisten.«

»Und du tust das?«

Stig sah sie an wie eine Verrückte.

»Ja!«

»Was hast du denn Wunderbares geleistet? Woraus leitest du dein Recht ab, das Leben zu führen, das du führst?«

»Ich habe eine Galerie gegründet. Aus dem Nichts. Ich habe …«

»Du hast die Galerie mit dem Geld von Großvater gekauft, und gäbe es diesen Christian nicht, wärst du schon vor Jahren Konkurs gegangen. Ausgerechnet Christian, der Lover einer geistig Behinderten!«

»Komm, halten wir Christian aus der Sache raus. Er hat nichts damit zu tun.«

»Ich will damit nur sagen, dass du in deinem Leben nichts gemacht hast. Wofür hast du jemals gekämpft? Wem hast du jemals geholfen? Dir ist der ganze Scheiß doch auf einem Silbertablett serviert worden. Du selbst hast doch nichts gemacht. Du hast das nicht verdient. Du bist ein Mitläufer, nicht mehr und nicht weniger! Ich fliege am Samstag. Ich frage euch nicht um Erlaubnis, ich informiere euch einfach. Es ist ein Skandal, wie wir die Muslime behandeln. Eine Schande. Die zukünftigen Generationen werden sich für uns schämen.«

»Aber sie hatten doch alle Möglichkeiten! Die wollen doch nicht hier sein.«

»Das sind noch immer Menschen, Vater.«

Elisabeth mischte sich in die Diskussion ein.

»Ich kann dich gut verstehen, Emma. Ich bin stolz auf dich.«

»WAS?«, rief Stig.

»Jetzt setz dich hin, Stig, das Essen wird kalt«, sagte Elisabeth.

»Ja, aber... seid ihr denn vollkommen verrückt geworden?« Stig ging und knallte die Tür zu. Jack blieb.

Stig redete so laut mit sich selbst, dass Jack zu heulen begann, als wollte auch er Emmas Partei ergreifen.

Am Abend diskutierten Stig und Elisabeth noch einmal über Emmas Entschluss.

»Ich verstehe dich nicht. Warum versuchst du nicht, ihr die Sache auszureden?«

»Es ist ihr Leben. Sie ist erwachsen.«

»Ja, aber ... sie ist erst einundzwanzig. Sie weiß nichts ...«

Elisabeth starrte leer vor sich hin.

»Wir sind doch extra hierhergezogen, um Ruhe zu haben«, fuhr Stig fort.

»Es ist nur«, begann Elisabeth. »... ich meine, es geht ihr hier doch auch nicht gut. Diese Scheißkrankheit geht weiter. Vielleicht ist das unsere Schuld. Vielleicht haben wir sie zu sehr behütet.«

»Zu sehr behütet? Sie ist doch krank. Wie kannst du das vergessen?«

»Ich habe das nicht vergessen, aber was sollen wir denn tun? Sorgen mache ich mir doch auch!«

»Dann müssen wir sie davon abbringen. Es ist doch total abwegig, ein krankes Mädchen nach Afrika zu schicken. In ein Flüchtlingslager mit lauter psychopathischen Muslimen. Da unten, das sind doch IS-Anhänger. Die schlagen anderen Leuten die Köpfe ab.«

»Ja, Stig! Aber was, wenn sie genau das braucht, damit es ihr endlich besser geht? Was hat sie sonst für Möglichkeiten? Hierbleiben und sich tothungern oder ihr ganzes Leben Medikamente nehmen?«

Stig schwieg. Hatte Elisabeth möglicherweise recht?

»Dann wärst du bereit, dieses Risiko einzugehen? Und was, wenn es da unten dann ganz den Bach runtergeht?«

»Dann wird sie wohl nach Hause kommen.«

»Und wenn sie vergewaltigt wird oder noch schlimmer?«

»Mir gefällt das auch nicht, Stig, aber sie ist eine erwachsene Frau.«

»JA, ABER, VERDAMMT!« Stig stand aus dem Bett auf.

»Du verstehst nicht, wie hardcore das da unten zugeht.«

»Das weißt du doch gar nicht.«

Stig setzte sich wieder.

»Ich verstehe dich nicht. Du hast deine Mutter doch auch nicht um Erlaubnis gefragt, als du im Floss Speed genommen hast, oder?«

»Nein, ich habe gar nicht mit ihr geredet.«

»Du redest immer über das Floss und die alten Zeiten. Als wäre das ein Paradies auf Erden gewesen, dabei war das, was da abging, doch wohl auch ziemlich gefährlich. Die Hälfte der Leute sind Junkies geworden und gestorben.«

»Und?«

»Ich will damit nur sagen, dass du deine eigenen lebensgefährlichen Experimente glorifizierst, deiner Tochter aber verwehrst, eigene Erfahrungen zu machen.«

»Das tue ich nicht. Es ist doch nicht lebensgefährlich, Speed zu nehmen.«

»Dann würdest du Emma jedes Wochenende Speed nehmen lassen?«

»Ja, vielleicht, wenn sie gute Freunde hätte, die ...«

»Jetzt hör aber damit auf«, fuhr Elisabeth ihm ins Wort und lachte.

Stig dachte nach. Er brauchte eine Idee.

»Aber ich war ja auch nicht krank. Das ist der Unterschied.«

»Da hat aber nicht viel gefehlt.« Elisabeth schmiegte sich an ihn. »Vielleicht hilft es ihr wirklich, da unten zu sein.«

Elisabeth schlief ein, während Stig keinen Schlaf finden konnte. Schließlich stand er auf, ging ins Internet und informierte sich über Frederiksstad. Es gab eine ganze Reihe von Artikeln. Er las eine Reportage, in der die Stadt wie ein Riesengefängnis beschrieben wurde. Als gefährlicher, von Gewalt dominierter Ort. Er sah Bilder von muslimischen Männern mit nackten Oberkörpern, die drohend vor einem blauen Mærsk-Container standen. Warum um alles in der Welt wollte Emma dorthin? Zu Kriminellen, Verrückten und religiösen Fanatikern? Verschiedene Statistiken dokumentierten, dass die Einwanderer aus muslimischen Ländern in allen Gewalt- und Kriminalitätsstatistiken deutlich überrepräsentiert waren. Auch andere Statistiken belegten das. Er ging nach draußen auf die Terrasse, rauchte eine Zigarette und kam zu dem Schluss, dass er Emma wecken musste.

»Emma!« Stig schüttelte sie leicht, bis sie aufwachte.

»Wie spät ist es?«, fragte sie.

»Gegen vier. Wir müssen reden«, sagte Stig.

»Was ist passiert?« Emma richtete sich auf.

»Wir müssen über Mosambik reden.«

Emma legte sich wieder hin. »Das kann bis morgen warten. Ich dachte, es wäre etwas passiert.«

»Nein, Emma, wir müssen jetzt darüber reden.« Stig schüttelte sie wieder.

Emma setzte sich hin. »Worüber genau willst du reden?«

Stig sah ihr in die Augen. »Emma, ich will nicht, dass du dahin gehst.«

»Aber das werde ich tun.«

»Ich habe mich gerade über diesen Ort informiert. Da herrscht das totale Chaos. Achtzig Prozent der Einwohner sind kriminell, und der Rest besteht aus Islamisten.« Emma antwortete nicht.

»Diese Menschen sind der Meinung, dass Homosexuelle zu Tode gesteinigt werden müssen. Wie kannst du so etwas unterstützen?«

»Das tue ich doch gar nicht.«

»Aber warum willst du dann dorthin? Ich verstehe das nicht.«

»Das sind auch Menschen.«

»Ja, aber warum willst du ausgerechnet denen helfen? Warum hilfst du nicht hier zu Hause ein paar Obdachlosen oder anderen Hilfsbedürftigen? Es gibt doch auch hier genug Leute, die Unterstützung brauchen. Warum ausgerechnet den schlimmsten? Ich verstehe das nicht, Emma. Die wollen dich vergewaltigen. Du bist denen doch scheißegal.«

Emma stand auf und zog sich gähnend an.

»Mann, und für diese Scheiße hast du mich mitten in der Nacht geweckt?«

»Die Sache ist wirklich ernst. Du spielst mit deinem Leben, wenn du dahin gehst.«

»Jetzt hör mir mal zu. Ich tue das, weil ich Lust habe zu helfen. Ist das verkehrt?«

»Nein, aber kannst du nicht jemand anderes helfen?«

»Nein, ich will nach Frederiksstad. Diese Stadt ... das ist unsere Verantwortung.«

»Ja, aber was ist mit den Obdachlosen, sind wir nicht auch für die verantwortlich? Warum willst du denen nicht helfen? Die haben wenigstens niemanden vergewaltigt.«

»Jetzt hör doch mal mit diesen Vergewaltigungen auf. Die Menschen da unten sind doch nicht alles Vergewaltiger. Warum willst du nicht, dass ich da runtergehe?«

»Weil es gefährlich ist.«

»Man soll also nur helfen, wenn es nicht gefährlich ist?«

»Nein, so kannst du das nicht sagen. Aber die Leute da unten, die sind verrückt und gefährlich.«

»Okay, dann hilft man also nur Leuten, die man mag, und auch nur dann, wenn man dafür selbst keine Opfer bringen muss?«

»Du verdrehst mir das Wort im Mund. Es gibt viele andere, die auch Hilfe brauchen.«

»Ich fühle mich für Frederiksstad verantwortlich, und das solltest du auch tun.«

»Ja, aber ... die wollen doch gar nicht hier im Land sein. Die wollen ihre Scharia und was weiß ich noch für andere Scheiße! Und der Rest ist kriminell.«

»Nein, die wollen nicht alle die Scharia.«

Emma schwieg und rieb sich die Augen, bevor sie weiterredete. »Als ich diesen Aushang sah, wusste ich einfach, dass ich dahin will. Warum, war mir eigentlich nicht klar, das ist mir erst bewusst geworden, nachdem ich mit dir darüber geredet habe. Außerdem denke ich, dass man auch denen helfen sollte, mit denen man nicht gleicher Meinung ist. Und dass man Opfer bringen muss. Sonst ist es zu einfach. Verstehst du das nicht?«

Stig sah Emma ungläubig an und breitete die Arme aus.

»Ja, aber ... verdammt! Dann kannst du doch auch Leuten hier in Dänemark helfen. Behinderten oder so!«

Kapitel 21

Flora Danica

Nach Emmas Abreise lag Stig mehrere Monate lang antriebslos auf dem Sofa. Es wurde Winter, und auf dem Land fiel viel mehr Schnee, als er es aus der Stadt gewohnt war. Überall war es weiß, und obwohl Jack nicht viel rauskam, wurde sein Fell dichter. Stig vermisste Emma, vor allem machte er sich aber Sorgen. Immer wieder stellte er sich vor, dass sie vergewaltigt wurde. Gleich von mehreren, aggressiven Muslimen. Er bekam den Gedanken nicht aus dem Kopf. Elisabeth feuerte den Kamin an, bevor sie morgens zur Arbeit ging, und Stig schaffte es gerade noch, das Feuer am Leben zu erhalten. Ansonsten starrte er nur auf Jacks Fell, das in tausend unterschiedlichen Nuancen von Grau schimmerte. Zu guter Letzt war es Jacks Traurigkeit, die Stig dazu brachte, sich zusammenzureißen. Es war einfach zu tragisch, ein derart fantastisches Wesen wie Jack depressiv neben seinem Herrchen liegen zu sehen. Eines Tages stand Stig früh auf, nahm ein ausgiebiges Bad und machte mit Jack einen langen Spaziergang. Er rutschte in seinen billigen Gummistiefeln über den Schnee, was seiner und Jacks Laune aber nur zuträglich war. Der Hund sprang wie wild herum, biss immer wieder in den Schnee und jaulte und knurrte glücklich.

Wieder zu Hause entschloss sich Stig, ein paar ordentliche, praktische Stiefel zu kaufen. Er ging ins Internet und landete ziemlich schnell auf der Webseite von Guns & Gents. In Kopenhagen war er ziemlich oft an dem Geschäft in der Skindergade vorbeigegangen, damals aber nie auf den Gedanken gekommen, dass das Angebot etwas für ihn sein könnte. Und das war es seinerzeit sicher auch nicht gewesen. Die Dinge hatten sich aber geändert, sodass Stig jetzt von einem Moment auf den anderen gefangen war. Besonders gefiel ihm ein Paar gefütterte Gummistiefel mit rutschfesten Sohlen. Aber auch die anderen Sachen gefielen ihm. Irgendwie sprach ihn der Jäger- und Gutsbesitzerstil an, dabei war das Bekleidung, von der er nie gedacht hätte, sie je zu tragen. Klassische Wollstrümpfe mit Quasten, wollene Kniebundhosen, Tweedjacken, Pullover, Westen, Ledergürtel, Hosenträger und Hüte. Er entschloss sich, in die Stadt zu fahren, um sich die Sachen näher anzusehen. Vor dem Geschäft standen bewaffnete Wachen, bestimmt weil drinnen auch Waffen verkauft wurden. Stig fühlte sich heimisch, kaum dass er den Laden betreten hatte. Die Waren schienen wirklich wie für ihn gemacht zu sein. Der Verkäufer begrüßte Jack mit einer Selbstverständlichkeit, wie Stig sie noch nie erlebt hatte. Er kaufte zwei Paar Compton-Tweedknickers und die dazu gehörenden Seeland-Wollstrümpfe mit Quasten sowie ein Paar Vierzon-Gummistiefel von Le Chameau. Auch zwei Westen, einen Barbour-Carlton-Sweater mit winddichtem Futter, ein Dumbarton-Kaschmirhalstuch, das sich unglaublich weich anfühlte, ein Paar gefütterte Lederhandschuhe und eine halblange Oilskinjacke mit Kapuze wechselten den Besitzer. Auf dem Weg nach draußen sah er eine kleine hübsche Ledertasche und eine Lederleine für Jack, die er auch noch mitnahm. Es kam nicht oft vor, dass er Jack an die Leine nahm, aber wenn, dann sollte diese Leine wenigstens schön sein.

Stig konnte es kaum abwarten, nach Hause zu kommen und seine neuen Kleider anzuziehen. Sie trugen sich angenehm, man spürte sofort die gute Qualität, und er fror auch nicht mehr an den Zehen, als er Minuten später nach draußen in den Schnee ging. Als wären die Kleider eine Membran zwischen ihm und der Natur, die nur das Angenehme durchließ, genau wie Jacks Fell. Von diesem Tag an begann er, längere Wanderungen durch die Wälder Lollands zu unternehmen, die sich nach den neuen Aufforstungen von Nakskov bis ganz nach Nysted erstreckten. Das Waldstück war damit mehr als fünfzig Kilometer lang und an der schmalsten Stelle immerhin noch zwanzig Kilometer breit, alles in allem mehr als tausend Quadratkilometer wilder Wald. Mit seinem Fernglas beobachtete er Raubvögel oder Hirsche. Meistens ritt er aber einfach querfeldein durch den Wald. Wenn er abends nach Hause kam, war er erschöpft und erfüllt von dem Tag. Elisabeth hatte häufig dann schon den Kamin angezündet und gekocht, und plötzlich konnte er es genießen, müde und erschöpft in seinem weichen Bett zu liegen und auf die Geräusche der Natur zu hören, bis er einschlief. Seine Laune wurde besser.

Je mehr Stig sich draußen aufhielt, desto mehr ärgerte es ihn, dass er all das, was ihn umgab, nicht kannte. Er wusste so gut wie nichts über die Natur. Im Internet begann er, nach Bäumen zu suchen, damit er mehr Arten erkannte als nur Buche und Eiche, aber sein Wissen blieb rudimentär. Er konnte sich nicht auf die digitalen Fakten konzentrieren. Auf der Suche nach Bestimmungsbüchern stieß er durch einen Zufall auf die *Flora Danica*. Er ritt nach Nakskov, und zu seinem Glück hatte der Buchhändler ein Exemplar vorrätig. Wieder zu Hause setzte Stig sich am Abend mit einer Tasse Tee vor den Kamin und begann zu lesen.

Bei *Flora Danica* handelte es sich um ein Projekt, das von Georg Christian Oeder initiiert worden war. Angestrebt wurde die komplette Aufzeichnung aller Pflanzen Dänemarks, das damals auch das südliche Schweden und ganz Norwegen umfasste. Es brauchte ganze drei Generationen, um das Werk fertigzustellen, so umfassend war es. Es ist damit das einzige dänische Projekt, das dem Bau einer italienischen Kathedrale wenigstens einigermaßen nahekommt, immerhin dauerte es ja auch beinahe zweihundert Jahre, die Domkirche in Florenz zu errichten. Die Pflanzen wurden durch die legendären Zeichnungen der beiden Deutschen Martin und Michael Rössler illustriert. Nach dem Tod von Vater und Sohn setzten andere Zeichner deren Arbeit fort. Die *Flora Danica* wurde zu Stigs Bibel, sie nahm ihn so gefangen, dass er abends nicht einmal mehr fernsah. Es interessierte ihn nicht mehr, dass die Menschen in Kopenhagen und den anderen Großstädten des Landes demonstrierten, wenn er in seinem Buch las und Oeders nüchterne Beschreibungen der Pflanzenarten und -familien – begleitet von den wunderbar detailreichen Zeichnungen – in sich aufnahm. Er dachte, dass auch Christian sich für dieses Buch interessieren musste. Seine Spaziergänge waren viel sinnvoller und ergiebiger, seit er die *Flora Danica* kannte. Sein Interesse richtete sich dabei insbesondere auf die kleineren Kräuter und Pflanzen. Die rockten irgendwie mehr. Im Floss hatten sie früher ja auch nicht die Popmusik gehört, die im Radio gespielt wurde, sondern nur kleine, obskure Undergroundbands. Und natürlich ihre Helden: Cale, Cave, Bowie, Reed, Velvet Underground und Roxy Music. Jedenfalls, bis auch diese zum Mainstream wurden. Er hatte mal einen Artikel über eines der ersten Konzerte von Roxy Music im Jahr 1972 gelesen. Die Hippiekultur war da auf ihrem Höhepunkt gewesen, und alle Männer hatten Vollbärte und selbstgestrickte Pullover getragen. Bryan Ferry aber trug auf dem Konzert eine enge Jacke mit Tigerdruck, war glatt rasiert und hatte seine Haare zu einer spitz zulaufenden Tolle gestylt. Brian Eno hatte die Haare nach hinten gekämmt und trug eine Leopardenjacke.

Es passte irgendwie gut zu ihm, die kleinen Pflanzen zu studieren, die immer von allen – auf jeden Fall den meisten – übersehen wurden. Außerdem zeigten sie ihm die Vielfalt, die mittlerweile in dem immer größer werdenden Wald wuchs. Er fotografierte die Seiten der *Flora Danica* mit seinem Handy ab, damit er die Pflanzen auch draußen in der Natur erkennen konnte. War er sich einmal nicht sicher, grub er sie mitsamt Wurzel aus und nahm sie mit nach Hause, um sie abends vor dem Kamin genauer zu bestimmen.

Er hatte unglaublich viele Pflanzen zu untersuchen und Namen und Charakteristika zu lernen. Er war jetzt schon drei Monate mit seinen botanischen Studien beschäftigt und kannte mittlerweile etwa dreißig bis vierzig kleinere Gewächse, aber das war erst etwa ein Prozent der dreitausendfünfhundert Tafeln der *Flora Danica*. Die Aufgabe, die er sich gestellt hatte, war hoffnungslos. Er würde niemals auch nur die Hälfte, ja nicht einmal ein Zehntel der Pflanzen kennen. Andererseits gehörten alle Pflanzen in bestimmte Familien, die gemeinsame Kennzeichen hatten und sich in der Art und Weise glichen, wie sie Wasser und Nahrung aufnahmen oder wie ihre Blätter und Blüten angeordnet waren. Es gab immer irgendeinen Hinweis, aus dem zu ersehen war, zu welcher Familie eine Pflanze gehörte. Jedes kleine Gewächs war ein kleines, komplexes System, auf das man sich gründlich und mit viel Zeit einlassen musste.

Der kleine Jack wuchs explosiv, sodass Elisabeth Stig auferlegt hatte, ihn nicht von der Leine zu lassen, damit er kein Wild tötete oder womöglich auf Kinder losging. Wenn der Hund beim Spazierengehen die Witterung von Wild aufnahm, brauchte Stig all seine Kraft, um ihn zu halten. Sie sahen auch immer wieder Kaninchen, denn ein pensionierter Lehrer namens Flemming hatte gemeinsam mit einigen Kindern zehn Kaninchen an einem kleinen Erdhügel ausgesetzt, den sie aufgeworfen hatten und in dem die Tiere ihre Gänge graben durften. Sie hatten das Gelände nicht eingezäunt, sodass das Projekt schnell aus dem Ruder gelaufen war. Die Kaninchen vermehrten sich so stark, dass die Füchse ihrer nicht mehr Herr wurden. Überall waren jetzt Kaninchen.

Jack sah eines der Tiere in Richtung Erdhügel laufen, nahm die Witterung auf, blickte in Richtung Bau und legte sich flach auf den Boden, als wollte er sich im Gras verstecken. Dann begann er laut zu jaulen und Stig anzubetteln. Seine Leine quälte ihn. Stig dachte einen Augenblick nach und schaute sich um. Es war sechs Uhr morgens und niemand zu sehen. Er rief Jack zu sich und löste die Leine. Stig war überrascht darüber, wie schnell und entschlossen Jack zum Kaninchenbau rannte. Die Kraft des Tieres jagte ihm fast ein bisschen Angst ein. Dabei war Jack noch nicht einmal ausgewachsen. Gleichzeitig freute es ihn, dass Jacks Wildhundinstinkte allem Anschein nach noch intakt waren. Die Kaninchen flüchteten in ihren Bau. Bestimmt hatten sie Jack nicht als Malamute, sondern als Wolf identifiziert. Es wirkte wirklich wie eine Szene aus der Serengeti oder eher aus Alaska. Jack erreichte den Erdhügel mit so hoher Geschwindigkeit, dass er nicht mehr bremsen konnte und mit dem Kopf in die Erde knallte. Trotzdem begann er sofort wie besessen zu graben, nur unterbrochen von den kurzen Augenblicken, wenn er die Schnauze in einen der Gänge bohrte, um zu erschnuppern, ob der Gang der richtige war. Zu Beginn reagierten die Kaninchen nicht. Sie sammelten sich vermutlich ganz unten im Bau, aber Jack grub verblüffend effektiv, sodass die ersten Kaninchen schon Sekunden später aus dem Bau sprangen wie Korken aus Champagnerflaschen. In rasendem Tempo quollen überraschend viele Kaninchen aus den zahlreichen Gängen. Jack begann sie eines nach dem anderen zu jagen und biss sie mit einer Gewalt tot, die wirklich beunruhigend war. So ging es weiter und weiter. Jack war nicht zu bändigen, und nur Minuten später hatte er zwanzig, vielleicht dreißig Kaninchen totgebissen. Sein Kopf troff vor Blut. Er war total außer sich. Stig musste etwas tun. Er war davon ausgegangen, dass Jack ein oder zwei der Tiere fangen würde, mit einem solchen Massaker hatte er jedoch nicht gerechnet. Alles war so rasend schnell passiert. Stig rannte zu dem Erdhügel und rief; »Nein, Jack. Stopp!«, aber Jack reagierte nicht. Stig wollte ihn packen und wieder an die Leine nehmen, aber Jack hob den blutigen Kopf und sah ihn mit einem Blick an, der Stig einen Riesenschrecken einjagte. Das Tier sah aus wie ein intelligenter Wolf, und seine Mimik war nicht misszuverstehen.

Stig ging ein paar Schritte zurück und sah entsetzt weiter zu. Jack hatte ein leichtes Spiel, denn schließlich waren die Tiere, die Flemming und die Kinder ausgesetzt hatten, nur irgendwelche verwilderten Zwergkaninchen. Das redete Stig sich jedenfalls ein. Einige der überlebenden Kaninchen suchten erneut Schutz in den Gängen, woraufhin Jack das Graben wieder aufnahm. Bald hatte der Hund auch die innerste Kammer erreicht, in der ein Nest mit jungen Kaninchen lag, deren Augen noch nicht einmal geöffnet waren. Jack kannte keine Gnade, als er die blinden Jungtiere totbiss und noch an Ort und Stelle auffraß, statt sie wie die anderen einfach tot liegen zu lassen. Als hätte er instinktiv gewusst, dass tief im Inneren des Baus ein Leckerbissen wartete. Es dauerte eine Ewigkeit, bis Jack fertig gefressen hatte. Stig, der jeden Versuch einzugreifen längst aufgegeben hatte, stand hinter einem Baum und spähte in alle Richtungen, um sicherzugehen, dass es keine Zeugen gab. Als Jack endlich fertig war, streckte er sich lang aus, gab ein gähnendes Pfeifen von sich und schlenderte zu Stig, der nicht wusste, was er tun oder sagen sollte, weshalb er sich einfach hinhockte, ihn streichelte und mit weicher Stimme sagte: »Was war das denn? Das darfst du nicht.«

Stig band Jack an einen Baum, schlich sich zu dem verwüsteten Bau und versuchte, ihn, so gut es ging, wiederherzurichten. Er schaufelte die Erde zurück und legte verbliebene Grassohlen obenauf. Aber all seine Mühe war vergebens. Der Bau sah aus wie eine Vase, die zerbrochen und dann wieder zusammengeklebt worden war. In ein paar Stunden würden die Kinder kommen, um die Kaninchen mit Karotten und Rucola zu füttern, und das Blut im Gras sehen und die toten Tiere entdecken. Wilde Hunde? Wie viele Tiere könnten sie töten? Stig nahm ein paar der toten Kaninchen und schleuderte sie, so weit es ging, in den Wald. Jack zerrte an der Leine und begann zu jaulen, als wollte er mitmachen, was immer Stig auch unternahm. Dann drückte Stig die Erde ein letztes Mal mit dem Fuß fest und ging mit Jack nach Hause.

Elisabeth war zum Glück nicht daheim. Er duschte Jack in der Badewanne, und während er ihm das Blut aus dem schönen, dichten Fell wusch, fragte er sich, was er zu Flemming und den Kindern sagen sollte, wenn sie den zerstörten Bau und die toten Tiere entdeckt hatten. Aber würden sie überhaupt auf die Idee kommen, dass Jack und er etwas damit zu tun hatten? Er brauchte ein Alibi, weshalb er gleich nach dem Bad gemeinsam mit Jack nach Dannemare ausritt und sich dort für ein paar Stunden in ein Café setzte. Alles wirkte so komplett normal, dass er das Massaker schnell vergaß. Das prachtvolle Café leistete sicher seinen Beitrag dazu. Im Kamin knisterte ein Feuer, und Stig genoss eine fantastische Rindfleischsuppe mit hausgemachtem Brot, während Jack vor dem Kamin schlief.

Irgendwann gelang es Stig, sich selbst davon zu überzeugen, dass er und Jack den ganzen Tag in der Stadt gewesen waren.

Stigs Überraschung war deshalb nicht gespielt, als er nach Hause kam und sah, dass sich Kinder und Erwachsene auf dem Platz vor der Sankt-Nikolai-Kirche in Nakskov versammelt hatten. In ihrer Mitte stand der alte Hippie Flemming, der sich schockiert an den kahlen Schädel mit dem weißen Pferdeschwanz fasste. Einige der Kinder weinten. Stig machte Jack von der Leine los, der fröhlich zu den Kindern sprang, um mit ihnen zu spielen.

»Was ist denn passiert?«, fragte Stig beunruhigt.

»Ein Fuchs hat so gut wie alle Kaninchen getötet«, antwortete Flemming.

»Was?«

»Ja, verdammt.« Flemming musterte Stig eine Sekunde lang, bevor er seinen Blick auf Jack richtete. Stig bemerkte es, ließ sich aber nichts anmerken.

»Die können doch nicht alle tot sein?«

»Fast. Ein paar sind noch am Leben, einige waren aber so schwer verletzt, dass ich sie mit dem Spaten totschlagen musste. Dieses Scheißvieh hat mindestens zwanzig Tiere getötet.«

»Zwanzig! Kann ein Fuchs wirklich so viele Kaninchen töten?«, fragte Stig mit gespielt überraschter Stimme.

»Offenbar«, antwortete Flemming.

Dann wandte er sich an die Kinder: »Hört mal, Kinder. Lasst uns zusammen zum Bau gehen und die toten Kaninchen begraben. Wenn man mitgeholfen hat, einen Kaninchenhügel zu bauen, muss man auch mithelfen, die toten Tiere zu begraben. Das gehört dazu, wenn man Kaninchen hat.«

Laura, die Mutter der neunjährigen Ida, fasste Flemming am Arm. »Ich glaube nicht, dass die Kleinen es verkraften, all die toten Kaninchen zu sehen. Wie wäre es, wenn du nur die Großen mitnimmst?«

»Nein, das geht nicht, Laura. Wir alle müssen lernen, hier draußen in der Natur zu leben. Wenn man mit Kaninchen spielen will, muss man sie auch begraben können, wenn sie getötet werden.«

Stig mischte sich ein. »Denkst du da nicht ein bisschen schwarz-weiß, Flemming?« Flemming drehte sich um und sah Stig an. Er war kleiner als Stig, aber sein schmächtiger Hippiekörper war so voller Wut und Hass, dass Stig Angst hatte, er könne ihm eine knallen. Flemming sah voller Trotz zu Stig auf, als widerspräche er einem Machthaber. In seinem Blick lag keine Furcht, kein Flackern, und sein Atem roch nach Pastinaken.

»Weißt du was, Stig?« Flemming tippte mit dem Finger immer wieder auf den weichen Punkt zwischen Schulter und Brust, direkt unterhalb des Schlüsselbeins. Woher wusste er, dass es wehtat, dorthin gedrückt zu werden, und wieso fand er die Stelle so problemlos?

»Ich finde, du solltest mit den Kindern zum Hügel gehen, die Kaninchen begraben und die Kinder trösten. Und dann setzt du dich für den Rest des Tages hin und redest mit ihnen darüber.«

Stig stand apathisch da und starrte in Flemmings graue, zusammengekniffene Augen.

Flemming sah ihn enttäuscht an, dann lächelte er überlegen und sagte: »Ach, du willst nicht?« Schließlich wandte er sich wieder an die Gruppe der Kinder und sagte voller Bosheit: »Hört mal her. Wir gehen jetzt alle zusammen zum Hügel und begraben die Kaninchen. Anschließend gehen wir zu Anette und mir und verarbeiten das Ganze. Ida darf wegen ihrer Mutter nicht mitkommen, sie geht nach Hause und guckt *Disney Afternoon*. Wir anderen holen uns jetzt Spaten und Schaufeln.«

Ida sah verwirrt von einem zum anderen. Dann rannte sie, den Tränen nahe, zu ihrer Mutter und baute sich, die Arme in die Seiten gestützt, vor ihr auf, um ihr zu zeigen, wie sauer sie war.

»Warum darf ich nicht mit dahin?«, stammelte sie den Tränen nahe.

»Ida«, sagte Laura und nahm sie in ihre Arme, aber die Kleine wehrte sich, bis sie schließlich laut zu heulen begann.

»FLEMMING, DU IDIOT, HÄTTEST DU DAS NICHT ANDERS SAGEN KÖNNEN?«, schrie Laura.

Flemming war bereits mit den Kindern unterwegs.

»Geh nach Hause und sieh fern«, sagte er und winkte ab, als wollte er ihr zeigen, dass sie es nicht wert war, sich mit ihr zu beschäftigen.

»Das ist echt nicht in Ordnung«, sagte Stig leise zu Laura, sodass Flemming ihn nicht hörte. Laura sah zu Stig, und in ihren Augen lag sowohl Mitleid als auch Abscheu. Dann ging sie mit Ida weg.

In seiner Verwirrung hatte Stig ganz vergessen, auf Jack zu achten, der hinter den Kindern hergelaufen war. Er folgte ihnen und holte ihn zurück.

»Darf Jack nicht mit?«, fragte Rasmus, ein kleiner rothaariger Achtjähriger.

»Nein, Jack muss ins Bad. Der war den ganzen Tag in der Stadt«, sagte Stig bewusst so laut, dass auch Flemming ihn hörte. Unmittelbar spürte er, einen Fehler begangen zu haben, denn niemand hatte ihn unter Verdacht gehabt. Flemming drehte sich um, kniff die Augen zusammen und sah von Jack zu Stig. Sein Hippiehirn arbeitete auf Hochtouren.

Stig wurde nie für das Massaker an den Kaninchen angeklagt. Das Ganze verlief im Sande, und einige Monate später hatte der Kaninchenbestand wieder sein altes Niveau erreicht. Die Menschen begannen sogar zu diskutieren, wie man den Bestand kontrollieren konnte, und schließlich wurde beschlossen, jedes Jahr einige Tiere zu schlachten und bei einem Stadtfest zu servieren.

Kapitel 22

Christian und Mia bekommen ein Au-pair-Mädchen

Christian und Mia wurden als Neubürger von Lolland sofort anerkannt. Die Entscheidung war positiv davon beeinflusst worden, dass Elisabeth im RAID arbeitete. Die Tatsache, dass Christian ein bekannter Künstler war, hatte entgegen Stigs Erwartungen keine Rolle gespielt. Christian hielt ein paar Treffen mit den Architekten Preben und Jeanette ab, und die beiden freundeten sich sogleich mit der Idee an, einen Teil des Daches auf der Gartenseite zu entfernen und stattdessen große Fenster einzusetzen. Das Haus musste von Grund auf saniert werden, die Arbeiten sollten in Anbetracht von Mias Zustand dennoch nicht mehr als fünf Monate in Anspruch nehmen, da Preben und Jeanette alle Handwerker der Stadt sowie die Konstruktionsdrohnen unter sich hatten.

Christian und Mia verfolgten die Renovierung nicht, sie blieben in Kopenhagen und machten beide Führerscheine. Christian für das Auto und Mia für ein Moped. Ansonsten vertrieben sie sich ihre Zeit mit Fernsehen, Essen und Warten. Christian malte nicht. In Anbetracht des bevorstehenden Umzugs konnte er sich mental nicht darauf einlassen. Die Vorstellung, ein Gemälde zu beginnen, um es dann halb fertig zu verpacken und abzutransportieren, gefiel ihm ganz und gar nicht. Außerdem gab es noch all die anderen großen und kleinen Dinge, die sie verpacken und in ihr neues Zuhause schaffen mussten. Tausende von Gegenständen, die sich mit den Jahren angesammelt hatten. Mia selbst hatte nicht viel, ihr Besitz passte in eine Sporttasche.

Eines Abends, als sie auf dem Sofa lagen und im Fernsehen die Bilder der Straßenkämpfe sahen, fragte Mia, wer da eigentlich gegeneinander kämpfte. In diesem Moment wurde ihm bewusst, dass er die Frage nicht wirklich beantworten konnte, obwohl diese Auseinandersetzungen allem Anschein nach in allen Ländern Europas, ja in der ganzen Welt vor sich gingen. Er konnte Mia nicht erklären, welche unterschiedlichen Parteien da so wütend aufeinander waren. Er brummte lediglich: »Das hat irgendwas mit den Muslimen zu tun.«

Mia feilte ihre Nägel und antwortete: »Muslime, die kenne ich gut.« Dann lachte sie geheimnisvoll. Christian sah sie fragend an. Er hatte nie wissen wollen, was sie getan hatte, bevor sie sich kennengelernt hatten – oder auch danach. Bestimmt hatte sie Sex mit einer ganzen Reihe von Männern gehabt, darunter sicher auch Muslime. »Hast du mit Muslimen geschlafen?«, fragte Christian.

»Möglich.« Mia lachte. Christian richtete seinen Blick noch einmal auf den Fernseher, stellte sich innerlich aber vor, wie Mia am Boden hockte, während eine ganze Horde von Arabern auf ihr Gesicht kam.

»Warum können die nicht einfach gehen, diese verdammten Muslime?«, sagte er.

Mia begann zu lachen.

»Warum lachst du?«

»Dieses Wort, es klingt so böse. *Muslim*, Muslim. Uhh. Muslim«, sagte sie und sah Christian herausfordernd an. Unter normalen

Umständen hätte Christian sie jetzt genommen, aber es irritierte ihn, nicht zu wissen, worum es bei diesen Straßenkämpfen ging. Schließlich war das etwas, das wirklich um sich gegriffen hatte. Als junger Mann war er politisch sehr aktiv gewesen. Irgendwie war man das aber nur in dieser Entwicklungsphase, später interessierte man sich dann für nichts mehr.

Was interessierte ihn überhaupt noch? Malen und Vögeln. Und Trinken. Und vielleicht Gebäude und Statuen. Er konnte erkennen, in welche architektonische Phase ein altes Gebäude gehörte, und beschreiben, wie die Engländer 1807 Kopenhagen bombardiert hatten. Und die Schlacht bei Reden hatte er auch noch irgendwie auf dem Schirm.

Von moderner Politik wusste er hingegen nichts. Er ging in die offene Küche und goss sich ein Glas Rotwein ein. Er war eigentlich kein Menschenfreund. Nicht ein Mensch kam ihm in den Sinn, den er wirklich gerne mochte, nicht einmal seine leiblichen Kinder. Es war ihm ganz recht, dass er sie nie sah. Mia war vielleicht die Einzige, die er mochte, aber sie war ja auch nur ein halber Mensch. Er ließ sich schwer auf das Sofa fallen und sah, wie der Rotwein auf seine Kleidung schwappte.

In den Nachrichten zeigten sie Straßenkämpfe auf dem Rådhuspladsen, weniger als dreihundert Meter von der Fargergade entfernt, in der sie sich befanden.

»Das ist ja gleich um die Ecke!«, platzte Mia hervor.
»Was?«
»Das da, ist das nicht gleich um die Ecke?«
»Doch, das ist am Rådhuspladsen!«
»JA, GENAU, ich vergesse immer, wie der heißt.« Mia lachte, sodass Christian nicht hören konnte, was sie in den Nachrichten sagten.
»Psst ... kannst du nicht mal leise sein?«

»AI, MUSST DU IMMER SO STRENG SEIN?« Mia setzte sich aufrecht hin und verschränkte die Arme vor der Brust.

»Ich will nur zuhören.«

»DU WILLST NIE MEHR MIT MIR SCHLAFEN!«

»Wie meinst du das denn? Wir haben doch noch vor ein paar Stunden Sex gehabt.«

»VIELLEICHT REICHT MIR DAS NICHT!«, sagte sie wütend.

Der Reporter im Fernsehen nannte das Wort »Muslime«, und Mia platzte bald vor Lachen.

Christian warf ihr einen harschen Blick zu.

»Dieses Wort ist einfach so lustig. Muslim. Man wird geil davon. Das klingt nach was Nassem, Klebrigem.« Sie machte die Beine breit.

»Ich schlafe ja gleich mit dir, aber erst höre ich da noch zu.«

Mia rieb sich die Scheide und begann zu stöhnen.

Christian knöpfte sich die Hose auf, mehr aus Rücksicht auf seinen Schwanz, der sich ungeduldig wie ein Hund, der pissen musste, gegen den Stoff drückte. Er steckte seinen nur halb steifen Schwanz willenlos in Mia, während er die Nachrichten weiterzuverfolgen versuchte. In Frankreich hatte es eine gigantische Demonstration gegeben, die an die auf dem Rådhuspladsen erinnerte. Es war deutlich zu erkennen, wie aufgebracht die Menschen waren. Die Demonstranten sahen anders aus als bei den Demonstrationen, an denen er selbst teilgenommen hatte. Aber das war ja auch Jahre her. Damals hatten Bands gespielt, und die Menschen hatten sogar ihre Babys dabeigehabt. Was jetzt in Europa vor sich ging, war viel ernster. Besonders beeindruckten ihn die Kleider der Demonstranten. Den Kommentatoren schien das nicht aufzufallen, aber alle trugen praktische Sachen, wie man sie tragen würde, wenn man kämpfen musste. Dieses Detail zeigte Christian den Ernst der Lage. Es war nur eine Frage der Zeit, bis die Dinge wirklich eskalieren würden. Tausende von Menschen hatten zu

Hause bewusst praktische Klamotten angezogen statt etwas Schickes. Meistens waren es sogar dunkle, eng anliegende Klamotten. Es war fast wie eine Uniform. Christian kam in Mia und zog sich heraus, den Blick noch immer auf den Fernseher gerichtet. Mia rieb sich weiter die Scheide, bis auch sie zuckend kam. Wie eine kleine Garnele, die an Land gespült worden war. Ihre Scheide roch säuerlich. Er musste sie daran erinnern, bald mal wieder ein Bad zu nehmen.

Die Demonstrationen und Straßenkämpfe waren für Christian so etwas wie eine Bestätigung, mit dem Umzug aufs Land die richtige Entscheidung getroffen zu haben. Allerdings machte er sich auch Sorgen, die vor allem mit Mias mangelnder Hygiene zu tun hatten, denn wie sollten sie da für ein Kind sorgen? Er selbst wollte diesen Part nicht übernehmen, und Mia konnte ja nicht einmal allein einkaufen. Und was, wenn auch das Kind einen Schaden hatte? Sie brauchten wirklich schnellstmöglich ein Au-pair-Mädchen. Christian hatte Mia am Morgen den Vorschlag gemacht, und sie war einverstanden gewesen. Er hatte sogar gesagt, dass es ja nichts ausmachen würde, wenn sie gut aussäh, worauf Mia spontan geantwortet hatte: »Oh ja, vielleicht können wir dann ja Sex zu dritt haben!«

Mia suchte im Internet nach einem Hund. Stigs Hund war schön, aber Christian wollte unter keinen Umständen ein derart großes Tier. Sie einigten sich schließlich auf einen Baumwollhund. Ein kleiner, weißer Hund, der wie ein Kuscheltier aussah. Christian sorgte dafür, dass sie auf die Warteliste für einen Welpen kamen.

Es gab so viel, worum sie sich kümmern mussten. Gemeinsam gingen sie die Bilder der jungen Thailänderinnen durch, die sie als Au-pair bekommen konnten. Ihre Wahl fiel auf drei Kandidatinnen, denen sie schrieben. Zu guter Letzt entschieden sie sich für die siebzehnjährige Pam, die auf den Fotos in einem kleinen roten Bikini posiert und beide fasziniert hatte. Das Höschen war so schmal, dass es kaum ihre Schamlippen bedeckte. Außerdem konnte sie Englisch. Christian hatte ganz direkt gefragt, ob sie sich vorstellen könne, auch eine sexuelle Beziehung mit ihnen einzugehen, und sie hatte geantwortet: »Yes!!! ☺.« Als Mia das las, war sie gleich begeistert. »Die nehmen wir! Ja?«

»Ja, aber wie können wir sicher sein, dass sie kein Junge ist?«

Mia lachte, als wäre das ein Witz.

Christian schrieb Pam: »If you are a boy, we send you back.«

Pam antwortete sofort: »I girl!«

Mia lachte so laut, dass man keinen klaren Gedanken fassen konnte. Christian klappte den Computer zu.

»Du musst baden, Mia. Deine Scheide riecht.«

Christian wachte auf. Ein grauer Novembermorgen. Es war kalt im Atelier. Er sah zu Mia hinüber, die nackt im Bett schlief. Sie hatte die Decke zur Seite gestrampelt, sodass er die roten Haare zwischen ihren Beinen sah. Ihr Babybauch wurde von der Matratze gestützt. Unter normalen Umständen wäre er aufgestanden und hätte sich eine Zigarette angezündet. Vielleicht hätte er sie sich sogar im Bett angemacht, aber an diesem Morgen legte er die Decke über Mia, damit ihr nicht kalt wurde, und sah sie einen Augenblick lang voller Wärme an. Er genoss sein Leben. Er wagte den Gedanken kaum zu denken, aber er war beinahe glücklich. Mia sollte das Kind im Februar zur Welt bringen, und Anfang Januar konnten sie bereits in ihr neues Haus einziehen. Auch der neue, kleine Baumwollhund war da. Mia hatte ihn Solvej getauft.

Sie zogen nach Lolland, und einen Monat später holten sie Pam am Flughafen ab. Sie hatten ihr ein Zimmer neben der Küche eingerichtet, hofften aber, dass sie recht schnell bei ihnen im Doppelbett schlief. Auch Solvej kam mit zum Flughafen.

Sie warteten in der Ankunftshalle und glaubten schon, Pam sei nicht im Flieger gewesen, als sie als eine der Letzten doch noch auftauchte. Sie war winzig. Höchstens 1,40 Meter, und sie sah aus wie ein kleines Kind. Mia umarmte sie sofort. Christian und Mia zeigten ihr auf der Rückfahrt vom Flughafen die Gegend und erzählten ihr viel über Dänemark. Dann fuhren sie zu Kvickly und kleideten Pam ein. Mia war wirklich gut darin, passende Kleider zu finden, darunter auch Reizwäsche und ein Overall, der eigentlich für Kinder war, Christian und Pam aber gefiel. Er war hellrot, und auf dem Rücken stand *Ariel* über einer Zeichnung der rothaarigen Disneyfigur. An der Kasse zahlten sie mehr als zehntausend Kronen. Pam war glücklich. Dann machten sie Bilder von ihr und ihnen allen zusammen, die Pam gleich zu ihrer Familie nach Hause schickte.

Auf Lolland zeigten sie Pam sogleich ihr Zimmer, weil sie sehr müde war. Christian überlegte, ob er sie überreden sollte, mit ins Doppelbett zu kommen, kam dann aber zu dem Schluss, dass es sicher besser war, ihr ein bisschen Zeit zu geben. Außerdem war es für ihr Debüt sicher besser, wenn sie ausgeruht war, damit sie auch alle Spaß hatten.

Am nächsten Morgen machte Pam Frühstück für sie, ohne dass sie sie darum gebeten oder auch nur irgendetwas gezeigt hätten. Nach dem Essen führte Mia sie herum. Sie zeigte ihr das neue Badezimmer mit der Fußbodenheizung und wie die Wasserhähne an der Badewanne funktionierten. Pam war begeistert von dem Luxus, genau wie Mia es gewesen war. Überhaupt waren Mia und Pam komplett auf einer Wellenlänge. Sie lachten laut über Alltäglichkeiten und Sachen, die sie nicht kannten, Missverständnisse, ja sogar über den Hund. Die Enge ihrer Beziehung war so auffällig, dass Christian sich schon fragte, ob auch Pam zurückgeblieben war.

Christian hatte ein Baumbild begonnen, konnte sich aber nicht überwinden, all die kleinen Blätter zu malen, all die Insekten und all das andere. Er begriff nicht, wie er jemals solche Bilder hatte malen können. Lag es daran, dass er Stig so gut wie versprochen hatte, diese Bilder zu malen? Auf jeden Fall hatte das Versprechen irgendwie in der Luft gelegen. Er bekam eine SMS. Von Mia. »Komm rüber ins Haus. ☺«

Christian stand auf und ging langsam zum Haus hinüber. Die Küche war leer, ebenso das Wohnzimmer, dann hörte er ein Lachen aus dem Schlafzimmer. Sein Schwanz reagierte sofort, wie die Ohren einer Katze, die sich noch im Schlaf in die Richtung drehen, aus der ein Geräusch kommt. Mia lag mit Pam auf dem Bett. Beide trugen Reizwäsche. Lingerie von Kvickly. Sie lächelten ihn an. Dann rief Mia mit kindlich befehlender Stimme: »Stopp!«
»Take off clothes«, fuhr sie fort.
Pam lachte und schlug sich die Hände vors Gesicht. Christian spielte mit und zog sich aus. Er konnte nicht fassen, was geschah, dabei hatte er das alles selbst organisiert. Es überwältigte ihn, plötzlich zwei willige junge Frauen in seinem Bett liegen zu sehen. Die eine neunzehn und hochschwanger, die andere ein hübsches Thaimädchen von gerade einmal siebzehn Jahren. Er rieb sich theatralisch die Augen, um zu zeigen, dass er seinen Augen nicht traute. Die Mädchen lachten, dann kniff er sich in den Arm, um sicherzugehen, dass er nicht träumte. Sie lachten wieder, das war genau ihr Humor. Mia begann, Pam zu küssen, die sich ihr sofort hingab. Wie fantastisch diese Menschen doch waren, dachte Christian. Mia öffnete Pams BH. Sie hatte winzige Brüste, nur eine Andeutung, und ihr Körper war klein wie der einer dünnen Zwergin. Sie stöhnte bereits, spreizte ihre Beine und begann, sich zu massieren. Christian hatte bereits einen Ständer. Mia zog Pams Höschen aus und begann, sie zu lecken. Pam stöhnte noch mehr, und Mias Po ragte in die Höhe, sodass er direkt auf ihre hellroten

Schamlippen starrte. Christian kletterte aufs Bett und schob seinen Schwanz in sie. Sie drehte sich zu ihm um und sah lächelnd auf. Ihre Lippen waren feucht. Mia setzte sich aufs Bett, nahm Pams Kopf zwischen die Hände und führte ihren Mund zu Christians Glied, das sie sofort mit den Lippen umschloss. Beide leckten ihn. Sie küssten sich und rangen spielerisch darum, wer ihn intensiver lecken und tiefer in den Mund stecken konnte. Dazwischen lachten sie immer wieder. Mia gewann, aber ihr Kopf war auch größer als der von Pam. Wie lernen die Thaimädchen so etwas nur? Wie kann ein siebzehnjähriges Mädchen so etwas so gut? Mia war zurückgeblieben, ein sexuelles Wunder, aber Pam? Sie hatten sie doch ganz einfach im Netz gefunden. Mia drückte Pams Beine auseinander, packte Christians Glied und schob es langsam in sie hinein, während Pam irgendetwas auf Thai rief. Sie war eng. Enger als Mia, die zu masturbieren begann, bis ein ganzer Strahl auf Christian und Pam tropfte. Dann kam Christian und spritzte seinen Saft auf Pam. Den ganzen Tag machten sie so weiter.

Abends kochte Pam ihnen etwas zu essen. Es schmeckte fantastisch, obwohl sie nicht einmal die Gewürze hatten, die man für Thaiessen eigentlich brauchte. Es war zu spüren, dass Pam sich zu Hause fühlte. Das Einzige, was Christian jetzt noch zu seinem Glück fehlte, war vielleicht ein drittes Mädchen, vielleicht eine Schwarze aus Afrika. Andererseits sollte man ja nicht zu gierig sein, und er durfte auch nicht vergessen, dass Afrikanerinnen nicht so hingebungsvoll waren wie Thaimädchen. Diese Erfahrung hatte er jedenfalls bei den schwarzen Huren gemacht.

Die Mädchen fütterten Solvej am Tisch. Das Leben war gut. Am nächsten Tag wollte er den beiden etwas Geld geben und sie auf den Markt schicken, um Sojasauce für Pam zu kaufen. Das hatte sie sich wirklich verdient.

Zwei Wochen später gebar Mia eine Tochter. Nachdem sie im Krankenhaus angekommen waren, dauerte es weniger als eine

Stunde, bis das Kind da war, und noch am selben Abend waren sie zurück in Nakskov. Mia wollte sie Karin nennen, wie ihre große Schwester, und Christian war einverstanden damit.

Kapitel 23

Frederiksstad

Frederiksstad war eine riesige Stadt geworden, und obwohl Emma sich im Vorfeld darüber informiert hatte, überraschte die Größe sie. Es war einfach unmöglich, sich so viele Container an einem Ort vorzustellen. Erst mit den eigenen Augen sah man, wie gigantisch das alles war. Einige der Container waren zu rechtwinkligen Komplexen zusammengebaut worden, während andere sechs Etagen hoch übereinandergestapelt worden waren, um die individuellen Bedürfnisse der Menschen zu erfüllen und Abwechslung im Stadtbild zu schaffen. Zu jedem Containerkomplex gehörte ein kleiner Garten, und zwischen den Häusern führten Gassen, Straßen und breite Boulevards hindurch. Es gab Fahrradwege und Fußgängerzonen. Das Ganze erinnerte ein bisschen an einen Verkehrsübungsplatz, weil alles noch so neu und gleichartig war. Dabei hatte die Stadt alles, was eine moderne Stadt haben musste. Für die Pacht und die Errichtung der Stadt waren insgesamt sechzig Milliarden Kronen investiert worden. Man ging aber davon aus, das Geld im Laufe von zehn Jahren wieder kompensiert zu haben, da die Sozialkosten in Frederiksstad nur einen Bruchteil derjenigen ausmachten, die für die Flüchtlinge in Dänemark aufgewendet worden waren.

Mosambik hat die fruchtbarste Erde der ganzen Welt. China hatte deshalb riesige Landareale aufgekauft, um dort das ganze Jahr über Reis anzubauen. Frederiksstad war nicht trocken und staubig wie die Flüchtlingslager im Nahen Osten, stattdessen wuchsen überall Bäume und alle möglichen exotischen Pflanzen. Darüber hinaus waren in der Stadt fünf Parkanlagen angepflanzt worden, in denen die Menschen sich treffen und es sich gut gehen lassen konnten. Außerhalb gab es weitläufige Landwirtschaftszonen, damit die Stadt sich selbst versorgen konnte.

Emma wohnte gemeinsam mit den anderen Freiwilligen aus Dänemark am Stadtrand. Das abgeschlossene Viertel lag auf einer kleinen Anhöhe, von der aus man über die Stadt blicken konnte. Das hintere Ende der bebauten Zone war mit dem bloßen Auge nicht zu erkennen. Die Stadt war mittlerweile etwa zur Hälfte bewohnt, und der noch leer stehende Teil im Osten glich einer Geisterstadt. Auch der Westteil war erst seit sechs Monaten besiedelt. Frederiksstad wirkte auf Emma chaotisch, ja geradezu lebensgefährlich, als sie zum ersten Mal zu Fuß unterwegs war. Die meisten Bewohner stammten aus Dänemark. Primär handelte es sich um unangepasste, junge Männer, Kriminelle und Religiöse mit langen Bärten. Darüber hinaus gab es aber auch neue Flüchtlinge, deren Zahl mit jedem Tag wuchs. Sie kamen aus den Katastrophengebieten der ganzen Welt und waren häufig verwundet, wenn nicht physisch, so doch psychisch. Obwohl jedes Haus einen kleinen Garten zugewiesen bekommen hatte und es in der Nähe Restaurants und Cafés und alles gab, was man zum Leben brauchte, war die Stimmung aggressiv und unangenehm. Schon die kleinste Auseinandersetzung führte zu Prügeleien und Straßenkämpfen.

Die schlechte Stimmung wurde auch noch dadurch verstärkt, dass keinem der Zugezogenen klar war, an was für einem Ort er gelandet war und wie lange er dort bleiben sollte. Niemand hatte selbst entschieden, hier zu wohnen, und diese Tatsache wog schwer. Zwei Wohngegenden können vollständig identisch sein, aber wenn die Bewohner des einen Viertels dort gegen ihren Willen angesiedelt werden, während die des anderen diese Entscheidung selbst getroffen haben, wird es der ersten Gruppe schlechter gehen, wie komfortabel der Ort auch sein mag und wie gut das Angebot auch ist. Nur wenige waren freiwillig an diesen Ort gekommen – und wenn, dann auch nur, weil sie in Dänemark keine Zukunft mehr gesehen hatten. Der Rest war gegen seinen Willen in Frederiksstad. Außerdem war es für die Dänen schwer, sich an die hohen Temperaturen, die Insekten und die ganz andere Natur zu gewöhnen. Manchmal regnete es einen ganzen Monat ohne jede Unterbrechung. Alles in allem war Frederiksstad eine von Grund auf unglückliche Stadt voller frustrierter Menschen. Es gab unzählige interne Kämpfe zwischen rivalisierenden Banden, verschiedenen religiösen Gruppierungen, Familien und Ethnien.

Emma konnte ihre Arbeit anfangs gar nicht ausführen. Sie war nervös und wie gelähmt vor Angst, wenn sie auch nur auf die Straße ging. Die jungen Männer, die den Großteil der Bevölkerung ausmachten, riefen ihr und ihren Kolleginnen hinterher, sie mochten keine Weißen. Ziemlich schnell war klar, dass sie sich nicht allein in der Stadt bewegen konnten. Emma sollte Ärzten und Pflegern helfen und sich um Neugeborene kümmern, was so aber nicht umsetzbar war. Schon am ersten Tag wurde sie auf offener Straße von drei Männern Mitte dreißig bedroht. Sie entkam nur, weil sie gemeinsam mit ihrer Kollegin Aya unterwegs war, einer älteren Frau dänisch-afghanischer Abstammung, die jahrelange Erfahrung als Gemeindeschwester in Tårnby hatte. Aya konnte sich aber auch nur deshalb frei in der Stadt bewegen, weil sie dunkelhäutig wie die meisten anderen Bewohner war und überdies einige der Familien kannte. Emma begann schließlich Hijab und Sonnenbrille zu tragen, was etwas half.

Frederiksstad sollte eine Stadt sein, sah aber aus wie ein Flüchtlingslager. Kleine Jungs rannten noch spät am Abend ohne Aufsicht und in dreckigen T-Shirts auf den Straßen herum, obwohl sie am nächsten Tag in die Schule mussten. Sie wirkten wie Straßenkinder. An jeder Ecke standen Grüppchen von Jugendlichen und jüngeren Männern, die offensichtlich irgendwelche illegalen Geschäfte machten. Es war richtig unangenehm, als Frau in Frederiksstad zu sein, und selbst mit Hijab war Emma mehrmals von Männern einfach so begrapscht worden. Trotzdem taten ihr die Bewohner irgendwie leid, was vielleicht an der verzweifelten Stimmung lag. Sie dachte, dass diese Menschen unter der Unsicherheit litten und sich gedemütigt fühlten. Abends wagte sich Emma nicht vor die Tür, sie saß dann zu Hause im Garten, nur mit Slip und T-Shirt bekleidet, las oder hörte Musik und ließ ihren Blick über die Stadt schweifen. Nur die Geräusche und Gerüche erreichten sie noch. Es roch nach Rauch von diversen Feuern, der Müllverbrennungsanlage und den zahlreichen Straßenküchen, die abends und nachts, wenn die Temperaturen angenehmer waren, diverse Speisen anboten. Irgendwie spürte Emma in dieser Zeit, wie sie sich veränderte. Es war schwer zu erklären, aber in gewisser Weise ging es ihr trotz all des Elends besser. Sie fühlte sich echter, wahrhaftiger. Ohne richtig darüber nachzudenken, stand sie auf, nahm ihre Medizin und spülte sie im Klo herunter.

Mindestens einmal in der Woche sprach sie über Skype mit Elisabeth, der anzusehen war, dass sie sich um Emma sorgte, obwohl sie das nicht zu zeigen versuchte. Andererseits war sie auch irgendwie stolz, wenn Emma von der Stadt erzählte, als wären sie zwei Freundinnen, die sich quer über die Welt hinweg unterhielten. Stig war bei diesen Gesprächen oft dabei. Die beiden wirkten so liebenswert und alt, wenn sie nebeneinander auf dem Sofa saßen und die Augen aufsperrten, wenn Emma ihnen ihre geschönten Versionen des Lebens in Frederiksstad auftischte.

Emma und Aya waren einmal zu einem Hausbesuch bei einer Familie. Die Mutter war in den Zwanzigern, sie war in Dänemark aufgewachsen und hatte die schönsten, schwarzen Locken, die man sich nur vorstellen konnte. Sie hatte vor Kurzem ihr erstes Kind zur Welt gebracht, mit dem aber etwas nicht stimmte. Das Kleine war zwei Monate alt, reagierte aber nicht und hatte seit anderthalb Tagen keine Flüssigkeit mehr zu sich genommen. Sie riefen sofort im Krankenhaus an und wiesen das Kind ein, obwohl die Klinik unterbesetzt und mit gerade angekommenen Flüchtlingen überfüllt war. Die Mutter war verrückt vor Sorge. Ein paar Wochen später sah Emma die Mutter auf der Straße. Sie hatte das kleine Mädchen bei sich, das schnell wieder gesund geworden war. Die Mutter erzählte, das Kind hätte an einem Insektenstich gelitten. Die junge Frau, sie war erst vierundzwanzig, hieß Fatima. Sie war in der Amagerbrogade aufgewachsen, nur wenige Hundert Meter von Christianshavn entfernt, wo Emma ihre gesamte Kindheit verbracht hatte. Bei einem gemeinsamen Tee zeigte sich, dass sie sogar beide auf das Gymnasium in Christianshavn gegangen waren. Emma war zwei Jahrgänge unter ihr gewesen, sodass sie sich nicht aneinander erinnerten.

Die beiden begannen, sich nachmittags oder abends zu treffen, wenn Emma freihatte. Sie gingen spazieren, aßen zusammen, kehrten in Shisha-Bars ein oder hörten Musik in Emmas Garten. Fatima kam aus einer großen Familie, die in der ganzen Stadt bekannt war. Die Menschen nickten ihr zu, sie zogen es vor, auf gutem Fuß mit ihr zu stehen. Fatima hatte im zweiten Semester Zahnmedizin studiert, als ihre Familie deportiert worden war. Sie war freiwillig mitgegangen, obwohl sie hätte bleiben können. Jetzt wusste sie nicht, was sie tun sollte.

Abends sahen sie den Männern zu, die auf der Straße Fußball spielten, danach gingen sie in ein Café und rauchten Wasserpfeife.

In einem Bereich der Stadt, in dem viele Geschäfte, Cafés und Restaurants lagen, weil die Straßen hier enger und schattiger waren, hatte sich ein kleiner Suq gebildet. An den wenigen sonnigen Stellen waren Segel zwischen den Containern aufgespannt worden. Emma und Fatima saßen abends in einem Café und aßen. Es fühlte sich an, als würden sie sich schon ewig kennen, auf jeden Fall konnten sie über alles reden und miteinander lachen. Emma empfand sofort eine innige Verbundenheit zu Fatima, und sie spürte, dass diese Zuneigung auch erwidert wurde.

Eines Abends, als sie wieder zusammensaßen und redeten, brach plötzlich ohrenbetäubender Lärm los. Beide warfen sich auf den Boden. Es folgten ein paar Sekunden der Stille, dann waren Schreie zu hören. Einige Hundert Meter entfernt lagen zwei zerbombte Container. Der eine hatte sich aus den Fundamenten losgerissen, war drei oder vier Meter hochgeflogen und dann auf die Straße geknallt, wo er jetzt wie eine verbeulte Dose lag, aus der schwarzer Rauch aufstieg. Emma stand auf, und obwohl Fatima ihr riet, liegen zu bleiben, ging sie zum Container. Auf der Straße herrschte das reinste Chaos. Einige Menschen hatten Blut im Gesicht, andere lagen verwundet auf der Straße. Emma ging zu einem Mann, der leblos am Boden lag. Er war weiß vom vielen Staub. Von der Stirn bis zur Nase zog sich ein dünner Streifen Blut, ansonsten schien er unverletzt zu sein. Sie legte zwei Finger auf die Seite seines Halses, um den Puls zu fühlen – und spürte nichts. Sie ging weiter. Der Rauch stach in der Nase und trieb ihr Tränen ins Gesicht. Etwas entfernt hörte sie eine Frau schreien. Sie saß mit einem Kind auf dem Schoß am Boden. Das Kleine blutete aus der Schläfe. Emma setzte sich neben die Mutter, nahm ihren Schleier ab und verband damit den Kopf des Kindes, um die Blutung zu stoppen. Das Blut drang sofort durch den weißen Stoff. Etwas entfernt hörte sie die ersten Rettungswagen. Auch andere Menschen boten jetzt ihre Hilfe an. Es war das erste Mal seit ihrem Kommen, dass sie sich unverschleiert in der Öffentlichkeit zeigte. Die Menschen registrierten es, aber niemand schrie sie an. Dann kamen die Sanitäter und übernahmen die Versorgung der Verletzten, sodass Emma zurück zu Fatima ging, die weinend am Tisch saß. Emma war vollkommen ruhig. Sie legte ihre Arme um Fatima.

Es dauerte nicht mehr als einen Tag, die Attentäter zu finden. Der Bombenanschlag war nicht religiös motiviert, wie man zuerst angenommen hatte. Er war das Resultat einer Fehde zwischen zwei Familien, die beide mehrere Gemüseläden in Frederiksstad betrieben. Es war unfassbar, dass sie einen der Läden inmitten eines derart bevölkerten Bereichs einfach in die Luft gesprengt hatten, noch dazu am Abend, wenn alle zu Hause waren. Vier Menschen waren bei dem Anschlag ums Leben gekommen. Die Täter hatten den Sprengstoff bei Einheimischen außerhalb des Lagers gekauft. Die Bewachung des Zauns wurde daraufhin intensiviert und rund um die Uhr durch Drohnen unterstützt. Überdies patrouillierten nach dem Anschlag mehr dänische Soldaten in den Straßen der Stadt.

Emma versuchte, die Symptome ihrer Krankheit, wenn sie sich meldeten, in Schach zu halten. Wie das Gefühl, dass das Essen in ihrem Mund aufquoll und immer größer wurde. Meistens blieben diese Vorstellungen aber aus. Es war nicht leicht, an sich zu denken, wenn um einen herum so viel anderes passierte. Es ging ihr wirklich besser, je übler es um sie herum aussah. Sie freute sich nicht über die Leiden der Menschen, im Gegenteil, aber das Leiden der anderen ließ ihre eigenen Probleme trivialer werden. Außerdem war das Essen in Frederiksstad weder gekocht noch fade, sondern gegrillt und gewürzt. Abends, nach einem langen Arbeitstag, hatte sie oft Hunger, außerdem war die kühle Luft dann angefüllt mit dem würzigen Duft der Straßenküchen und Restaurants. Es gab so viel, worüber sie nicht mehr nachgedacht hatte, seit sie hierhergezogen war. Für sie war dieser Ort trotz all des Chaos und der dystopischen Stimmung eigentlich ideal. Emma hielt rein intellektuell nichts davon, dass Frauen verschleiert herumlaufen sollten, abgesehen davon störte sie der Hijab aber nicht, denn in gewisser Weise machte sie das unsichtbar für die anderen. Außerdem machte sie sich dann weniger Gedanken um ihren Körper. In Kopenhagen hatte sie ständig darüber nachgedacht, was sie tun musste und wie sie ihre körperlichen Ziele erreichen konnte. Es hatte dafür in ihrer Vorstellung immer nur einen Weg gegeben, dem sie zwanghaft hatte folgen müssen. Und dieser Pfad war schmaler und unpassierbarer geworden, je schlechter es ihr gegangen war. Bei jedem Schritt hatte sie daran denken müssen, ihre Füße an den exakt richtigen Ort zu setzen, denn nichts war ohne Bedeutung. Hier in Frederiksstad dachte sie nicht an die Striche und Schatten und Grenzen zwischen allem, und auch nicht daran, wohin sie ihre Füße stellen durfte oder was geschehen würde, wenn sie vom rechten Weg abkam. Hier waren die Grenzen real und konkret. Vielleicht weil hier alles weniger vorhersehbar war. Sie konnte ihren Weg nicht planen, und weil sie ihn nicht planen konnte, nahm die Frage nach der richtigen Route auch nicht so viel Raum ein.

Die Stadt passte perfekt zu ihr. Sie war eine Verkörperung ihres Inneren. Auf jeden Fall war es so, als würde die Stadt all ihre Probleme ersticken oder Antworten und Lösungen bieten, die nichts mit ihr zu tun hatten, aber trotzdem passten. Zum Beispiel ihre Manie, sich ständig und überall die Hände zu waschen. In Kopenhagen hatte es Zeiten gegeben, in denen sie sich so oft gewaschen hatte, dass ihre Hände zu bluten begonnen hatten. Hier musste sie ihre Hände mit Alkohol desinfizieren, wenn sie draußen bei den Menschen war. Eine Anforderung, die von ihrem Arbeitgeber stammte, die aber bei den vielen Einsätzen dazu führte, dass ihre Hände sauberer waren, als sie es in Kopenhagen jemals gewesen waren. Es war fast so, als formte sich die Wirklichkeit nach ihren Bedürfnissen, während es in Kopenhagen oder auch auf Lolland noch genau umgekehrt gewesen war. Sie aß so viel wie seit Jahren nicht mehr und trainierte nur noch einmal die Woche.

Fatimas Bruder Milat war einundzwanzig Jahre alt. Ihre Eltern stammten aus Afghanistan, aber auch er war in Amager aufgewachsen. Emma hatte ihn ein paar Mal begrüßt, wenn sie Fatima getroffen hatte. Der junge Mann war abends oft unterwegs, um irgendwelche Fußballspiele zu sehen. Milat hatte etwas Mildes, Zurückhaltendes, trotzdem wurde er von den anderen jungen Männern, auch den harten, respektiert. Eines Abends, als Emma und Fatima im Suq in einem Café saßen, Wasserpfeife rauchten und gelöst und aufgedreht über die kleinsten Kleinigkeiten lachten, kam er zu ihnen.

Erst als Milat unmittelbar vor Emma stand, realisierte sie, wie hübsch er war. Sah man ihn von Weitem, bemerkte man nicht, wie ebenmäßig seine Züge waren: die gerade Nase, die exakt gleich großen Lippen und die großen, hellbraunen Augen.

»Was ist los?«, fragte er und setzte sich. Sein Gesicht wirkte ernst, beinahe traurig. Das Ganze hatte etwas Komisches, und wenn er Wasserpfeife rauchte, zog sich seine Stirn in Falten, sodass er noch ernster aussah – als würde er leiden. Vielleicht lag es nur daran, dass Emma und Fatima an diesem Abend über alles lachten, aber als sie ihn ansahen, während er an der Wasserpfeife sog und die Stirn in Falten legte, platzten sie fast vor Lachen.

Milat verstand die Reaktion nicht.

»Habt ihr was geraucht, oder was?«, fragte er, doch das ließ sie nur noch mehr lachen.

»Ihr seid echt verrückt.«

»Tut dir irgendwas weh?«, stammelte Emma und wischte sich breit grinsend die Augen ab.

»Was ist denn los mit euch?«

»Vielleicht solltest du anfangen, mit Stock zu gehen«, sagte Fatima und versuchte, sich zusammenzureißen. Milat nickte nur und lächelte.

»Du bist ja schon einundzwanzig«, fuhr sie fort.

»Ja, würde mir bestimmt gut stehen«, sagte er.

Sie saßen bis nachts um zwei im Café. Die Stimmung in der Stadt war angenehmer geworden. Vielleicht hatte Emma sich an den Ort gewöhnt, oder es lag an der späten Stunde und daran, dass es nicht mehr so heiß war und überall vor den Cafés und Restaurants Fackeln brannten. Die Leute strahlten mehr Ruhe aus. Sie lehnte sich auf ihrem Stuhl zurück und sog an der Wasserpfeife, während sie Milat musterte. Sie war neugierig, wollte unbedingt herausfinden, warum er so ernst war. Als Emma sich verabschiedete, um nach Hause zu gehen, sah sie ihn lächelnd an. Lang genug, damit er verstand, dass sie interessiert war. Am nächsten Tag rief er sie an. Sie gingen in der Stadt spazieren. Sie trug Hijab und Sonnenbrille, sodass nichts Ungewöhnliches daran war. Sie konnte seine Schwester sein, oder eine Freundin. Später gingen sie zu ihr nach Hause, saßen abends in ihrem Garten, tranken Tee und sahen über die Stadt. Milat hatte eine Wasserpfeife mitgebracht.

»Warum hast du so kurze Haare? Bist du krank?«, fragte er.

»Nein, ich war die langen Haare einfach leid.«

»Klug, dann brauchst du eigentlich keinen Hijab. Es sind die Haare, die haram sind.« Er lachte.

»Doch, den muss ich trotzdem tragen. Die Leute mögen hier keine Weißen.« Milat lachte nicht mehr.

Einen Moment lang saßen sie schweigend da, dann sagte Milat: »Es ist doch nicht zu fassen, dass wir hier sind, oder?«

Emma nickte.

»Wer hätte schon damit gerechnet, mal in Mosambik zu landen …«, fuhr er fort.

»Das klingt so, als wolltest du für immer hier wohnen.« Emma bereute ihre Worte sofort.

Milat zuckte mit den Schultern.

»Wo sollen wir denn hin? Wir dürfen nicht nach Dänemark, und meine Mutter will nicht, dass wir nach Afghanistan gehen.«

»Warum nicht?«

»Sie ist nicht mehr dort gewesen, seit sie siebzehn war und mit meinem Vater verheiratet wurde, der damals schon in Dänemark lebte. Sie hat keine Ahnung, wie es heute in Afghanistan ist. Außerdem, was sollten wir da machen? Warst du mal in Afghanistan?«

»Nein.«

»Das ist ein Loch.«

»Und was meint Fatima?«

»Sie kann bestimmt nach Dänemark zurückkehren, wenn sie Lust hat. Sie ist eine Frau, ihr Mann könnte allerdings ein Problem sein, ich weiß es nicht.«

»Wieso?«

»Für Frauen ist es leichter zurückzukehren. Außerdem ist sie nur mitgekommen, weil unsere Eltern hierhergeschickt wurden. Allein wäre ihre Chance besser, aber ihr Mann ist vorbestraft. Ein paar Gewaltdelikte. Den wollen sie bestimmt nicht zurück.«

»Und was ist mit dir?«

»Keine Ahnung.«

Der Rauch der Wasserpfeife breitete sich unter dem klaren Sternenhimmel aus. Milat zeigte ihr das Kreuz des Südens, das das Firmament wie eine Zeltplane mit Sternen aussehen ließ, die man über den Himmel gezogen hatte. Milat hatte eine App, die die Sternzeichen anzeigte, wenn man das Display in Richtung Himmel hielt. Drehte man es um, zeigte es die Sterne, die man auf der Nordhalbkugel sah.

»Das Schlimmste an dem Leben hier ist, dass all meine Facebook-Freunde in Kopenhagen sind.«

Sie drehte sich auf die Seite, schob die Hand unter die Wange und lauschte Milat.

»So kriege ich mit, dass viele muslimische Mädchen jetzt dänische Freunde haben.«

»Ist doch gut.«

»Ja, ja, das meine ich nicht.«

»Was dann?«

»Weiß nicht. Es ist einfach ärgerlich, dass das nicht schon vor langer Zeit passiert ist.«

Er hatte wieder die ernste Falte auf der Stirn. Sie beugte sich über ihn und küsste ihn auf den Mund. Er roch nach Wärme und erwiderte ihren Kuss. Es war wunderbar. Sie drehte den Kopf, und dann schliefen sie unter der Decke ein. Sie wachte auf, als die Tür ins Schloss fiel, ging ins Bett und war zum ersten Mal richtig glücklich darüber, hierher nach Frederiksstad gegangen zu sein.

Milat kam am nächsten und übernächsten Abend wieder. Er sah jetzt nicht mehr so ernst aus. Sie glaubte nicht, dass er sich verändert hatte, eher dass er anders wirkte, wenn man ihn näher kannte. Vielleicht war sein Ernst aber auch nur eine Form der Schüchternheit.

Sie erzählte, dass sie keinen Sex mit ihm haben könne, da das zu anstrengend für sie sei, und er akzeptierte es viel natürlicher als alle dänischen Freunde, die sie zuvor gehabt hatte. Sie fühlte sich dadurch weniger krank und küsste ihn. Es war wunderbar, und sie hatte Lust auf mehr, wusste aber, dass es nicht lange dauern würde, bis sich dann alles zusammenschnürte. Es war genau wie beim Schlucken, wenn sich ihr Inneres plötzlich zu einer Faust zusammenballte und die Speiseröhre blockierte. Milat akzeptierte es, ohne ihr Vorwürfe zu machen oder sie mitleidig anzusehen. Sogar die Art, wie man hier die Sexualität betrachtete, gefiel ihr, dachte sie, obwohl sie genau wusste, dass sie mit diesem Gespräch dafür gesorgt hatte, dass ihre Beziehung irgendwann enden würde. Niemand konnte damit auf lange Sicht leben. Trotzdem erzählte sie ihm alles, was sie noch nie zuvor getan hatte. Sie weihte ihn in ihre Essstörung und ihre Angst ein und sagte ihm, dass sie ihre Medizin in der Toilette runtergespült habe und nicht wisse, was geschehen werde. Er schien nicht schockiert zu sein, sondern hörte ihr interessiert zu. Dann nahm er sie in die Arme und küsste sie auf die Wange.

Er erzählte ihr von seiner Jugend in Amager. Er hatte gute Noten in der Grundschule und auf dem Gymnasium gehabt und unter dem Schutz der Jungs in seinem Viertel gestanden, weil sein Vetter eine große Nummer im kriminellen Milieu war, weshalb sie auch stolz auf ihn waren. Sie nannten ihn den Professor. Er sollte seine Familie stolz machen. In dem Jahr, in dem sie deportiert worden waren, hätte er eigentlich sein Medizinstudium aufnehmen sollen. Jetzt wollte er das stattdessen in Frederiksstad tun.

»Wenn du Arzt wirst, kannst du reisen, wohin du willst«, sagte Emma.

»Man weiß nie.«

»Doch, man kann eine Übersiedlung nach Dänemark beantragen, wenn man auf die Universität geht.«

Milat nickte.

»Schon. Aber trotzdem. Wer hätte vor zwei Jahren auch nur davon geträumt, dass wir hier landen könnten?«

Er hatte recht. Alles war unglaublich schnell gegangen. Viel zu schnell. Es schien, als wäre die Geschwindigkeit, mit der sich die Welt drehte, einfach erhöht worden, sodass niemand mehr mitkam. Andererseits hatte es auch Vorwarnungen gegeben. Sie erinnerte sich an einen Tag, an dem sie mit Samira in Pisserenden shoppen gewesen war. Sie hatten sich Klamotten angeschaut. Ohne darüber nachzudenken, war Emma bei Rot über die Studiestræde gelaufen, weil weit und breit keine Autos zu sehen gewesen waren. Samira war stehen geblieben. Das Ganze hatte etwas

Komisches gehabt. Emma hatte zu lachen begonnen und gesagt: »Jetzt komm schon.« Aber Samira war stehen geblieben und hatte ihr anschließend erzählt, dass sie die dänische Staatsbürgerschaft nicht bekäme, wenn sie gegen das Gesetz verstieße. Samira wohnte in Dänemark, seit sie zwei Jahre alt war. Sie sprach perfekt Dänisch und studierte an der Universität.

Wenn sie zu Hause bei Emma waren, war Milat meistens in Gedanken versunken, oder er lernte. Es war immer so, als müsste sie ihn aus seiner Verschlossenheit holen, als müsste er davon überzeugt werden, dass auch er ein Teil dieser Welt war. Sie tranken Weißwein, rauchten Wasserpfeife und küssten sich, oder sie lasen sich gegenseitig Bücher vor. Emma las eine Novelle des israelischen Schriftstellers Edgar Keret. Sie handelte von einer Frau, die ihrem neuen Freund ihr Geheimnis nicht verraten wollte, obwohl sie ihn sehr liebte. Zu guter Letzt gelang es dem Mann, sie zu überzeugen, es ihm doch zu erzählen. Er versprach ihr, sie zu lieben, was auch immer es war, und sie vertraute ihm an, dass sich ihr hübscher Körper nachts in einen übergewichtigen Mann mittleren Alters verwandelte.

Sie lachten erst und lagen dann still im Bett. Emma meinte, dass es in der Geschichte darum ging, dass man Geheimnisse nicht hatte, sondern dass diese Geheimnisse ein Teil von einem waren. Milat war der Ansicht, dass es eher darum ging, um die Liebe zu kämpfen, wenn die Verliebtheit vorbei war und sich die Fehler und Schwächen des anderen zeigten.

Emma zog sich aus und ließ Milat dabei nicht aus den Augen. Dann legte sie sich hin und machte die Beine breit. Sie tat es schnell, wie wenn man auf dem Sprungbrett stand und gleich ins Wasser sprang, um gar nicht erst dazu zu kommen, nach unten zu schauen und es sich anders zu überlegen. Milat sah sie an.

»Bist du dir sicher?«

Sie nickte. Sie schloss die Augen und versuchte, an etwas anderes zu denken. Sie hörte Milats Gürtelschnalle auf den Boden fallen und zuckte zusammen. Dann legte er sich vorsichtig auf sie. Sie spürte sein warmes Glied zwischen ihren Beinen und versuchte, an Tiere zu denken. An Eichhörnchen, die im Sommer in den Bäumen herumsprangen. An den Geruch im Wald, wenn das Laub fiel. Er drang in sie ein. Es brannte. Sie war noch nicht feucht genug. Sie spürte, dass er rücksichtsvoll zu sein versuchte, aber es war trotzdem unangenehm, wie wenn jemand ihr etwas in den Mund stopfte. Sie versuchte zu denken, dass es gut für sie war und dass das Unbehagen sie reinigen und weniger krank machen würde, ja dass ihr Leiden sich vielleicht auflöste, wenn sie dieses Unbehagen für eine längere Zeit ertrug. Dass sie dann endlich eines Morgens frei sein würde. Der Gedanke kam ihr nicht zum ersten Mal. Sie sehnte sich danach, die Probleme ihres Lebens in einem einzigen Schmerz zu bündeln, um diesen dann an einem Tag, in einer Woche oder einem Monat der Hölle zu überwinden und für immer zu besiegen. Sie wollte die Schmerzen in sich aufnehmen, so viel, wie sie eben verkraften konnte. Wollte mitmachen, auch wenn sie ohnmächtig wurde. Weitermachen, bis es überstanden war, sie eines Morgens aufwachte und spürte, dass sie gereinigt war, endlich gesund. Keine verschwitzten Laken mehr in der Nacht, keine Gedanken, die sich selbst reproduzierten wie kranke Zellen. Irgendwann würde sie sich dann kaum noch daran erinnern. Sie würde die Vögel draußen singen hören und den Wind auf ihrem nackten Körper spüren. Nichts würde ihr mehr Sorgen machen. Milat kam in ihr. Sie stellte sich sein Glied als einen kleinen Vogel vor, der Futter in die Kehlen seiner Jungen stopfte.

Milat rollte sich zur Seite, und sie hörte seinen schnellen Atem, während das Sperma langsam aus ihrer Scheide und über ihren Po aufs Laken lief. Wie das Schmelzwasser, das im Frühjahr von den Bergen rann.

Sie versuchten es an den folgenden Abenden noch einmal, aber es war wie ein Ringkampf, obwohl sie mit ganzem Herzen versuchte, sich dem Schmerz zu öffnen, damit er nicht so lange andauerte. Je heftiger die Schmerzen waren, desto schneller waren sie vorbei, dachte sie. Am dritten Abend schrie sie auf, als er in sie eindrang, als hätte sie sich den Finger an der Wand angeschlagen. Sie wusste gleich, wie unpassend es war, und Milat drehte sich auch gleich auf die Seite.
»Du musst das nicht mir zuliebe machen«, sagte er.
»Tue ich auch nicht. Ich mache das mir zuliebe.«
»Wir müssen das nicht tun, wenn es dir unangenehm ist.«
Er umarmte sie, und sie drückte ihr Gesicht an sein T-Shirt. Es duftete nach ihm. Es war eine Erleichterung, in gewisser Weise aber auch das Schlimmste, was er hatte sagen können. Emma bestand darauf, Sex mit ihm zu haben, obwohl es wahnsinnig schmerzhaft war. Sie wurde aber besser und besser darin, diesen Schmerz nicht zu zeigen.

Milat begann sein Medizinstudium. Nachmittags machten sie lange Spaziergänge am Stadtrand. Es war der einzige Ort – neben Emmas Wohnung –, wo sie sich an den Händen halten konnten. Das Land war eingezäunt, Soldaten patrouillierten innen wie außen, und Drohnen schwebten lautlos hin und her. Emma überredete Milat, reiten zu lernen, und nach ein paar Wochen ritten sie gemeinsam aus.

Auf der Außenseite des Zauns waren Lager von Einheimischen entstanden, die in der Stadt wohnen oder wenigstens hineinwollten, um etwas zu verkaufen. Holzfiguren und selbst produziertes Gemüse. Milat sollte als Medizinstudent mitkommen, um sie zu impfen, damit man ihnen Zugang gewähren konnte, ohne das Risiko für Epidemien zu erhöhen. In der Gegend herrschte unter anderem noch immer die Cholera. Die Kinder in Frederiksstad warfen abends Steine auf die Einheimischen auf der anderen Seite des Zauns, bis die Kleinen von den Soldaten bemerkt und vertrieben wurden.

Viel später

An dem Tag, an dem Jack Wilhelm das Leben rettete, lag er abends in seinem Bett und sah an die Decke. Er konnte nicht schlafen. Es war nicht der Schock über den Angriff oder Wilhelms Anblick leblos im Gras, der ihm den Schlaf raubte, sondern etwas ganz anderes. Etwas, das er vergessen, woran er sich aber schlagartig erinnert hatte, als er seine Zähne in den Falken geschlagen hatte. Plötzlich erinnerte er sich wieder, wie er in einer fernen Vergangenheit Tiere gejagt und getötet hatte. Voller Entschlossenheit. An die starke Witterung, die in seiner Nase wie ein Schrei zu spüren war, das Fiepen und Graben der Opfer und wie alle Zellen in seinem Körper sich danach gesehnt hatten, zuzubeißen und zu töten. Er rief sich in Erinnerung, wie er gelaufen war, wie er pfeilschnell den Tieren hinterhergeschossen war. Der Blutrausch hatte immer erst geendet, wenn er seine Zähne in seine Beute geschlagen hatte. Er hatte die Kraft seiner Muskeln vergessen, seiner Kiefer, die die Beute einschlossen, während das Blut ihm in die Schnauze troff und in sein Fell sickerte.

Jack stand aus dem Bett auf, schlich sich in die Küche und nahm sich Zigaretten und Feuerzeug aus der Schublade. Dann setzte er sich auf die Terrasse. Er starrte ins Dunkel. Die Erinnerung machte ihm keine Angst, im Gegenteil, sie zog ihn an. Sie war voller Laute, Rascheln und

Düfte. Er drückte die Zigarette aus, trottete aus dem Garten und raus aus der Stadt. Er spürte das nasse Gras an den Pfoten. Als er die Witterung eines Rehs aufnahm, hob er den Kopf. Er sah das Tier vor seinem inneren Auge. Seine nervösen Bewegungen, den Schweiß im Fell, die Drüsen, die den Duft absonderten, der sich ans Gras geheftet hatte. Er blickte in Richtung des Duftes und lief lautlos und mit gesenktem Kopf los, damit er die Fährte nicht verlor. Er kam an einem Fasan vorbei, der sich in einem Busch versteckte, und an ein paar Kaninchen, die ihn beobachteten und in ihrem Bau verschwanden, als er sich näherte. Es wäre ein Leichtes gewesen, sie auszugraben, aber er war nicht interessiert. Er wollte das Reh. Im Wald war die Witterung stärker. Das Tier war nicht mehr weit entfernt. Seine Schnauze brannte. Der Duft stach ihm in die Augen und ließ ihm den Speichel im Rachen zusammenlaufen. Instinktiv legte er sich hin und spähte ins Dunkel. Seine Ohren waren aufgerichtet. Rechts von sich, wo er das Tier vermutete, hörte er kleine Zweige knacken. Er lag regungslos da, und plötzlich sah er es. Es war nicht weit entfernt. Es hatte ganz still gestanden, lief jetzt aber ein paar Schritte von ihm weg. Es konzentrierte sich aufs Grasen und hatte ihn nicht bemerkt. Er kontrollierte den Boden zwischen sich und dem Reh. Überall waren trockene Zweige und Äste, die ihn verraten würden, sollte er sich bewegen. Das Reh war schneller als er, er musste näher heran, um eine Chance zu haben. Der Wind stand aber günstig, weshalb das Tier ihn noch nicht bemerkt hatte. Jack hob ein Bein vorsichtig an und suchte nach einem Ort, wo er auftreten konnte. Dann tastete er sich mit der Hinterpfote voran. Es war schwierig, funktionierte aber. Er wiederholte die Übung und war bald darauf weniger als zehn Meter entfernt. Er sah das Fell des Rehs im Mondlicht dampfen. Das Tier stand vor einem Baum, der sich in zwei gleich große Stämme aufgeteilt hatte, die ein Y bildeten. Griff er an, würde das Reh instinktiv vor den Geräuschen fliehen, doch wegen des Baums konnte es nur nach rechts oder links. Jack drückte sich auf den Boden, sammelte alle Energie in den Hinterläufen und Muskeln, wie wenn man den Hahn einer Pistole spannte. Jede Faser seines Körpers bebte.

Er zitterte. Das Reh hielt mit dem Fressen inne, als spürte es die unbändige Energie in seiner Nähe. Es stand lauschend da, kam dann jedoch zu dem Schluss, dass keine Gefahr drohte. Es wich einen Schritt zurück, fraß aber weiter. Jack setzte alles auf eine Karte. Er sprang los und jagte fast ohne Bodenkontakt weiter. Das Reh sprang zwei Meter in die Luft und wollte dann nach links um den Baum herum, aber Jack bekam die Flanke des Tieres mit den Vorderpfoten zu packen und riss es zu Boden. Jack war sogleich über ihm, hielt es mit seinem Gewicht unten und schlug ihm die Zähne in die Kehle. Er brach ihm den Hals und riss alle Adern entzwei. Das Tier unternahm zuckend einen letzten Versuch, sich zu befreien, war aber verloren. Blut troff aus Jacks Maul. Seine Nasenlöcher waren weit geöffnet. Das Reh lag still, nur das Fell zitterte noch. Jack spürte, wie die Kraft langsam aus seinen Muskeln schwand. Er ließ das Tier los und setzte sich auf, rang nach Atem, die Zunge weit aus der Schnauze. Als er wieder Luft hatte, begann er zu fressen. Zuerst die Schenkel und die Eingeweide, wobei er den Kopf tief in das Innere des Tieres schob. Er benötigte all seine Kraft, um seine Beute zu zerreißen, und fraß viele Stunden. Irgendwann war er satt, fraß aber trotzdem weiter. Er konnte nicht aufhören. Schließlich kippte er erschöpft auf die Seite. Ihm wurde schwarz vor Augen. Dann kamen die ersten Krämpfe, und er erbrach sich. Blut und lange Sehnen quollen aus ihm heraus. Sein Magen gab beinahe alles wieder von sich. Er zitterte am ganzen Körper. Konnte den Kopf nicht mehr hochhalten und legte sich schließlich hin und schloss die Augen. Danach fiel er in einen tiefen Schlaf, aus dem er erst Stunden später wieder aufwachte. Sein Körper war steif und schmerzte. Das Fell war verklebt von geronnenem Blut. Als die Sonne aufging, warf er einen Blick auf seine Beute. Der Magen des Tieres war zusammengefallen und glich einer Decke. Er hatte nicht einmal ein Viertel des Tieres gefressen. Jack sah sich um. Bald würden die ersten Leute in den Wald kommen. Panisch begann er zu graben. Als das Loch groß genug war, zerrte er das Reh hinein und warf Erde darauf. Dann sprang er in den Bach und wusch sich. Es war nicht leicht, all das Blut wegzubekommen, da er seinen Kopf ja nicht sehen konnte. Er hielt ihn, so lange er konnte, unter Wasser und rieb ihn immer wieder mit den Pfoten ab, doch wie sehr er sich auch wusch, der Geruch des Rehs klebte noch immer an ihm. Stig und Elisabeth mussten das bemerken. Es war nicht erlaubt, im Wald zu jagen. Was würden sie sagen? Wie würden sie ihn ansehen, wenn sie es bemerkten? Er drückte den Kopf wie manisch über den schlammigen Grund des Baches, bis ihm so kalt war, dass er aufgeben musste. Schließlich schüttelte er das Wasser ab und warf einen letzten Blick auf den Tatort. Es war vereinzelt Blut zu erkennen, aber niemand würde auf die Idee kommen, dass es von einem Reh stammte. Es gab keine Hinweise auf ihn.

Als er nach Hause kam, betrachtete er sich im Spiegel. In seinem Fell klebten noch immer kleine, dunkle Blutspritzer, aber das war jetzt nicht mehr zu ändern. Seine Augen sahen kleiner und gelber aus, oder waren seine Pupillen verändert? Auch die Schnauze wirkte schmaler und länger. Er legte sich ins Bett und fiel sofort in einen tiefen Schlaf. Erst am späten Vormittag wachte er auf und konnte kaum den Kopf heben. Die Geschehnisse der Nacht waren ihm für einen kurzen Moment entglitten, kamen dann aber zurück. Er richtete sich auf, schlich sich aus dem Zimmer und lauschte. Glücklicherweise war niemand im Haus. Er drehte das warme Wasser auf und kippte sehr viel Seife in die Badewanne. Dann scheuerte und kratzte er sich an einem Scheuerbrett, das Stig ihm gebaut hatte. Er hatte sogar seinen Namen in das Holz geschnitzt. Beschämt schloss er die Augen und wünschte sich, er könnte das Rad der Zeit zurückdrehen, denn er wusste, dass er eine Tür zu etwas aufgestoßen hatte. Zu einer Dunkelheit, die immer da gewesen war und ihn in all diesen Jahren gerufen hatte, nur dass es ihm bisher gelungen war, dieses Rufen zu ignorieren. Das Wasser war dreckig und hellrot. Er zog den Stöpsel aus der Wanne und spülte mit der Dusche die Seife aus seinem dichten Fell.

Kapitel 24

Elisabeth und Hybrid Intelligence

Elisabeth war guter Laune, seit sie am Abend zuvor mit Emma geskypt hatte. Ihre Tochter schien nicht weiter abgenommen zu haben. Es war wie eine Befreiung, sich endlich einmal keine Sorgen um sie machen zu müssen und zwischen Psychologen und Psychiatern hin und her zu pendeln. In den Gesprächen mit Emma ging es kaum noch um ihre Krankheit. Vielmehr sprachen sie über das, was dort unten vor sich ging, wie es war, in Frederiksstad zu wohnen, und was sie machte. Emma klang sogar glücklich. Sie hatte jemanden kennengelernt, aber noch immer Schwierigkeiten mit Sex. Aber er sei sehr verständnisvoll. Elisabeth meinte, dass das ohne normalen Sex auf lange Sicht nicht funktionieren würde, bereute ihre Worte aber sofort, denn sie sah, wie traurig Emma das machte. Sie wechselte schnell das Thema, aber Emma war noch immer betroffen von ihrer Bemerkung, wenn sie auch tapfer zu lächeln versuchte, als sie über Frederiksstad sprach. Nach dem Gespräch hatte Elisabeth sich gefragt, ob sie schlecht für Emma war und es nicht zum Teil auch ihre Schuld war, dass sie die Probleme hatte, die sie hatte. Emma hatte von einem neuen Freund erzählt, aber sie hatte nicht einmal nach seinem Namen gefragt, was er machte oder wie sie sich getroffen hatten. Stattdessen hatte sie gleich orakelt, dass die Sache nicht lange halten werde. Warum sagte sie so etwas? Es war total blöd. Elisabeth erwog, Emma noch einmal zurückzurufen, verwarf den Gedanken dann aber wieder. Das würde alles nur noch schlimmer machen. Stattdessen schrieb sie ihr eine Nachricht. »Entschuldige, ich bin eine Idiotin!« Emma antwortete unmittelbar mit einer langen Reihe von Fragezeichen. Sie schrieb ihr noch einmal: »Klingt wunderbar, das mit deinem neuen Freund. Entschuldige, dass ich so negativ war. Liegt nur an der Arbeit. Küsschen, Mama.« Emma antwortete mit einem küssenden Emoji.

War sie immer so negativ gewesen? Oder lag es wirklich an der Arbeit, wie sie es gesagt hatte? Ganz falsch war das sicher nicht, denn in ihrem Team war nur weniges so gelaufen, wie sie sich das vorgestellt hatten. Aber das war es nicht allein, sie war wohl auch von Natur aus pessimistisch. Stig hatte das in all den Jahren immer wieder gesagt, während sie gedacht hatte, dass es an ihm und seiner irritierenden Art lag. Manchmal machte es wirklich den Anschein, als würde er niemals erwachsen, auf jeden Fall nicht richtig. Er war noch immer ein kleiner Junge, jetzt allerdings mit Falten und grauen Haaren. Sie zweifelte daran, dass er alleine zurechtkommen würde, sollte sie ihn verlassen.

Elisabeth nahm sich vor, optimistisch zu sein, wenn sie das nächste Mal mit Emma skypte.

Elisabeths Abteilung hatte keine markanten Resultate erzielt – im Gegensatz zu den Kollegen, die mit Drohnen und Nanobotern arbeiteten. Man konnte durchaus von einer Krise sprechen, denn es war noch immer komplett unklar, wie sie die Aufgabe lösen sollten, die man ihnen gestellt hatte. Bis jetzt war es noch niemandem auf der Welt gelungen, Roboter mit genereller Intelligenz zu entwickeln. Obwohl Zeitungen, Filme und Bücher voll waren von

Schreckensszenarien über intelligente Roboter, die die Welt übernahmen, war in Wahrheit niemand auch nur in der Nähe von der Entwicklung eines artifiziellen g-Faktors. Neurale Netzwerke, die lernen konnten, gab es viele, es handelte sich dabei aber immer um spezialisierte Systeme mit spezifischen Aufgaben. Man konnte tatsächlich sagen, dass man in der Entwicklung eines g-Faktors nicht weiter war als in den Fünfzigerjahren des letzten Jahrhunderts. Das Bewusstsein war einfach zu komplex. Niemand wusste, wie es entstanden war, und so konnte es auch niemand kopieren. Trotzdem sollte sich genau das bald ändern. Es begann an dem Tag, an dem Elisabeth im Park des RAID saß und das Schwein Henry beobachtete, das am Waldrand den Boden umpflügte. Die Sonne schien. Sie wollte eigentlich einen Artikel lesen, hatte sich für eine kurze Pause aber mit einem Kaffee nach draußen gesetzt. Der Optimismus, mit dem sie in ihre Arbeit gestartet waren, war mittlerweile einer immer größer werdenden Frustration gewichen. Sie brauchten irgendeine zündende Idee, die sie auf einen neuen, richtigen Kurs brachte. Einen Kurs, den bisher niemand sonst eingeschlagen hatte. Es ergab keinen Sinn, einfach ein neues neuronales Netzwerk zu erschaffen, außerdem hatten diejenigen, die das bereits getan hatten, deutlich mehr Mittel und Personal. Sie mussten auf etwas setzen, das nur sie dank ihres interdisziplinären Milieus hatten.

Elisabeth saß draußen auf ihrem Stuhl und genoss ihren Kaffee. Die Bohnen waren erst am Morgen in einer kleinen Brennerei am Stadtrand von Maribo geröstet worden. Ihr Blick ruhte auf dem Schwein, das zufrieden grunzend hin und her lief, als ihr ein Gespräch in den Sinn kam, das sie vor ein paar Jahren bei einem Essen gehört hatte. Sie hatte damals neben einem arbeitslosen Philosophen gesessen, der die ganze Zeit geredet und noch dazu beim Essen geschmatzt hatte. Aus irgendeinem Grund verhakten ihre Gedanken sich jetzt an einem Satz, den dieser Mann damals gesagt hatte. Ein Kribbeln breitete sich in ihrem Bauch aus. Der Philosoph hatte damals gesagt, dass jegliche Erkenntnis auf Intentionalität beruhe. Weil wir immer ein bestimmtes Interesse hätten, unser Denken auf etwas gerichtet sei und wir dabei alles andere ignorierten, sei unsere Erkenntnis immer partikulär, immer situationsgerichtet und nie objektiv. Hinzu komme, seiner Meinung nach, dass wir einen Körper haben, ein Körper sind, und dass wir mit diesem Körper die Welt erfahren. In der Philosophie bezeichne man dies als Phänomenologie.

Elisabeth ging sofort wieder ins Labor, um sich im Internet genauer darüber zu informieren. Die Phänomenologie wurde von Husserl und später von Heidegger beschrieben, und die Erklärung bei Wikipedia erinnerte sie an das, was der Philosoph seinerzeit gesagt hatte. Sie klappte den Laptop zu und sah nach draußen in den Garten. Das Sonnenlicht schob sich in leuchtenden Strahlen weit hinten am Horizont zwischen den Wolken hindurch. Mehr musste sie gar nicht wissen. Früher wäre sie der Sache auf den Grund gegangen, um einen Artikel darüber zu schreiben, oder besser gleich drei Artikel, doch jetzt rief sie gleich das ganze Team zusammen. Sie hatten wie alle anderen, die Roboter mit genereller Intelligenz zu entwickeln versucht hatten, immer mit dem Problem gekämpft, dass Roboter keinen Willen hatten. Und wie kann sich ein System entwickeln, wenn es keinen Willen, keinen eigenen Antrieb hat?

Es war bisher niemandem gelungen, den Impuls zu entwickeln, das Leben, das es für ein Bewusstsein brauchte. Mit dem Blick auf Henry hatte sich nun alles verändert. Es gab eine Unmenge von Körpern mit Bewusstsein, die alles Mögliche wollten und ihre Aufmerksamkeit ständig auf etwas richteten. Nämlich Tiere. Warum versuchte man, neue, reflektierende Netzwerke zu erschaffen, wenn es doch schon biologische Systeme gab, die man einfach an neurale Netzwerke koppeln konnte? Elisabeth beschrieb diesen

Augenblick später als einen unbeschreiblich glücklichen Moment. Ein Augenblick leuchtender Klarheit, als hätte Gott ihr etwas ins Ohr geflüstert.

Elisabeth stellte ihre Idee dem Team vor, und alle waren begeistert. Sie wollten Transistoren entwickeln, um sie zwischen Tiergehirn und Computer zu schalten, und diese Technik dann später auf den Menschen übertragen. James MacIntyre war so begeistert, dass er fortan nicht mehr von genereller Intelligenz sprach, sondern von Hybrid Intelligence.

Als Erstes mussten sie nun entscheiden, welche Tiere sie für ihre Versuche nutzen und unter welchen Rahmenbedingungen sie vorgehen sollten. Der Zufall kam ihnen an diesem Punkt zu Hilfe, denn erst wenige Monate zuvor war es dem Konsortium gelungen, Schloss Knuthenborg zu erwerben. Der dazu gehörende Safaripark sollte geschlossen werden, da er nicht mehr zu dem neuen Lolland passte. Einige Tiere waren bereits getötet und andere an Zoos verkauft worden, während die Zukunft der Paviankolonie allerdings noch unklar war. Es handelte sich dabei immerhin um mehr als hundert Tiere, die niemand zu töten gewagt hatte.

MacIntyre stellte deshalb beim Konsortium den Antrag, die Tiere in einem großen Gehege direkt am RAID unterzubringen, um Versuche mit ihnen unternehmen zu können. Elisabeth und die anderen Wissenschaftler wollten die Tiere weiterhin im Freien halten, um beobachten zu können, wie die manipulierten Affen sozial interagierten. Die Resultate wären realitätsnäher, wenn sie die Tiere auch in Zukunft in der Kolonie hielten und nicht in Einzelkäfigen im Labor, so wie man es normalerweise machte. Die Paviane wurden daraufhin zum RAID transportiert und in einem eingezäunten Waldareal untergebracht, in dem sie frei leben konnten.

Bereits wenige Monate nach Elisabeths Durchbruch implantierten sie den ersten Computerchip im Hirn eines Affen. Ein Weibchen namens Sofia. Ziel war es, eine Verbindung zwischen dem kognitiven System des Tieres und dem Computer zu schaffen, um dann einen externen, neuen Hirnteil zu entwickeln und in das Gefüge der unterschiedlichen Hirnteile zu integrieren. Der Computer sollte auf diese Weise zu einer Art Großhirn für Sofia werden.

Damit die Systeme zusammenarbeiten konnten, behandelte man Sofia, wie man einen Menschen mit einem schweren Hirnschaden behandelte, der über kognitives Training neue Bereiche des Hirns aktivieren musste, um die zerstörten zu kompensieren. Man hoffte darauf, neue Muster im Pavianhirn erschaffen zu können, die dann auch das Computernetzwerk umfassten. Elisabeth saß viele Tage und Abende bei Sofia und versuchte immer wieder, sie mit kleinen Belohnungen dazu anzuspornen, simple, logische Probleme zu lösen. Nach sechs Monaten hatten sie trotzdem kaum Fortschritte gemacht. Sie hatten lediglich herausgefunden, dass sie durch kleine elektrische Signale, die durch den Chip übertragen wurden, physische Reaktionen bei Sofia hervorrufen und sie so dazu bringen konnten, zum Beispiel die Beine zu spreizen. Auch sahen sie, dass Sofias Hirn mit der Zeit mit dem Chip interagierte, nur dass dies keine Auswirkungen auf ihre kognitiven Fähigkeiten hatte. Sofia löste die kleinen Aufgaben, die Elisabeth ihr stellte, mit der Zeit etwas schneller, sie blieb aber ein ganz normaler Affe. Ein etwas schneller denkender Affe, aber eben noch ein Affe. Nakasumi fasste es sehr treffend mit den Worten zusammen: »We gave her a rifle, but she uses it as a baseball bat!«

Sie entschlossen sich daraufhin, mit mehreren Affen gleichzeitig zu arbeiten, um verschiedene Vorgehensweisen ausprobieren und miteinander vergleichen zu können. Sie gaben ihren Tieren auch keine Namen mehr und unternahmen die Versuche im Keller des

RAID. Trotzdem gelang es ihnen nicht, die Gehirne der Affen qualitativ zu beeinflussen.

Schließlich entschlossen sie sich, einen Teil der behandelten Affen zu den anderen in das Gehege zu setzen, um einen Eindruck von den sozialen Kompetenzen der Tiere zu bekommen. Sie hofften, dass die Interaktion mit den anderen Affen und die gesteigerte physische Aktivität die Hirnaktivität der Tiere steigerte. Aber Sofia und die anderen gechipten Affen wurden von der Gemeinschaft als seltsam eingestuft, sodass die meisten von ihnen ausgestoßen oder sogar getötet wurden. Im nächsten Schritt setzte man darauf, mit einem großen Männchen namens Henri zu arbeiten, der in wenigen Jahren zum Chef der Gruppe aufsteigen würde. Sie implantierten ihm einen Chip ins Hirn. Der Versuch war nicht sonderlich ambitioniert, sondern eher eine Art soziologisches Experiment. Henri wurde im Laufe der folgenden Monate intellektuell etwas schneller. Als man auch ihn zurück zu den anderen Pavianen setzte, wurde er sofort angegriffen. Die Forscher hatten Henri aber einen Baseballschläger gegeben, mit dem er sich tatsächlich auch verteidigte. Er prügelte so lange und heftig auf das führende Männchen ein, dass er anschließend gleich zum Chef der Gruppe auserkoren wurde. Henri saß abends mit seinem Baseballschläger auf einem Baum und schlug jeden Aufstand im Keim nieder.

Er war das perfekte Bild für den Misserfolg der Forschungsgruppe. Ein großer, gewalttätiger, nicht einmal sonderlich begabter Affe war ihr einziges Resultat.

Berger schlug bei einem Krisentreffen vor, ihre aktuellen Versuche mit denen zu kombinieren, die Elisabeth seinerzeit mit Mäusen gemacht hatte, denen sie menschliche Hirnzellen implantiert hatten. Man entschloss sich für eine Versuchsreihe mit nur einem Affen. Dieses Mal wollten sie es gründlich angehen und nicht einfach nur einen Schuss ins Dunkle abgeben. Die Angriffe auf die behandelten Affen hatten alle noch im Kopf. In der Folge injizierten sie Embryonalzellen in den Fötus eines trächtigen Pavianweibchens. Als das Junge geboren wurde, isolierten sie es im Keller. Es war ein kleines Männchen, das sie Felix nannten.

Kapitel 25

Ein großer
Bryan Ferry

Abgesehen von der Episode mit Flemmings Kaninchen ging Stig in seinem neuen Landleben immer mehr auf. Das neue Haus war angenehm, und die Menschen in der Umgebung waren interessant, sodass er die Entscheidung, aufs Land zu ziehen, nicht bereute. Neben Franz' und Magnus' Restaurant namens Den Glade Gris gab es in Nakskov noch drei andere, und weitere drei sollten in Kürze eröffnen. Dazu kamen mindestens zehn Cafés, ein fantastischer Metzger, Bäckereien, eine Konditorei, drei Kneipen und ein paar nette Gasthäuser an der Landstraße zwischen den Städten. Für die Kinder gab es Kindergärten, Schulen, Freizeitprogramme, Sportvereine und alles, was man sich nur wünschen konnte. Das Angebot war viel größer als in einer üblichen Provinzstadt. Die Hauptstraße war kein verwaister Fleck mit Bankfiliale, Drogerie und verstaubter Buchhandlung, sondern ein Ort mit einer Vielzahl kleiner, interessanter Geschäfte, an dem das Leben nur so pulsierte. Was angeboten wurde, hatte Qualität, seien es nun Kleider, Schokolade oder Schmuck, denn nur die Elite der Großstädte hatte es sich leisten können, nach Nakskov zu ziehen. Und ein paar wenige, die wegen ihrer Qualifikationen eingeladen worden waren. Stigs Skepsis vor dem Landleben schwand auch dank all der Aktivität, die ihn umgab. Wie alle anderen – mal abgesehen von den Kindern und Alten, die nur auf freiwilliger Basis mitmachten – arbeitete Stig auch einen Tag in der Landwirtschaft, was ihm mehr und mehr Spaß bereitete, je besser er sich eingearbeitet hatte. Er fuhr einen Pferdewagen mit Tierfutter oder half bei der Reparatur unterschiedlichster Sachen. Im Grunde wurden aber auch diese Arbeiten nur spaßeshalber erledigt, da es mittlerweile für alles Drohnen gab. Nakskov und die übrigen Städte Lollands entwickelten sich wirklich wie im Bilderbuch. Äpfel und andere Früchte wurden selbst angebaut, und das Fleisch kam von Tieren, die frei im Wald lebten. Stig begann auch bei der Lebensmittelproduktion mitzuarbeiten. Er half, Schinken zu räuchern, Würste und Käse zu machen, ja sogar das Mehl zu mahlen, aus dem später das Brot gebacken wurde. Sein Leben war vollständig. Stig hatte nie darüber nachgedacht, aber er fühlte sich irgendwie angekommen. Das war tatsächlich sein Leben. Arbeitete man nicht primär, um Geld für Nahrungsmittel oder all das andere zu haben, was man zum Leben brauchte? War das nicht der Sinn des Lebens? Auf jeden Fall, wenn man all den sozialen und kulturellen Scheiß beiseiteschob, bei dem es doch nur darum ging, wer smarter, reicher und erfolgreicher als der andere war. Das Leben auf Lolland hatte etwas Schönes, Einfaches, Wahrhaftiges. Viele Läden verkauften ihre Waren in die ganze Welt, und in den meisten Fällen waren die Kunden von ganz allein gekommen. Produzierte man qualitativ hochstehende Produkte, war es nur eine Frage der Zeit, bis die richtigen Menschen dies mitbekamen. Und dann begannen die Telefone zu klingeln. Die Welt war riesig, mit unvorstellbar vielen unfassbar reichen Menschen, die sich nur das Beste gönnten, was für Geld zu haben war. Außerdem half es, dass immer mehr Artikel über Lolland geschrieben wurden. Inzwischen kamen Neubürger auch aus Europa, den USA, Asien und Südamerika. Außerdem wurden besonders talentierte Menschen aus der ganzen Welt eingeladen, von denen sich manche spontan entschieden, das Angebot für ein Leben auf Lolland anzunehmen.

Stig entschloss sich, eine Galerie auf Lolland zu eröffnen. Er fand passende Lokalitäten in der Kirkestræde schräg gegenüber der Nikolai-Kirche. Zwei helle zusammenhängende Räume, insgesamt zweihundert Quadratmeter, mit Milchglasdecke und schlanken, eleganten Säulen. Ganz hinten waren eine kleine Küche und eine Toilette. Es war absolut perfekt. Stig wusste noch nicht, was er ausstellen sollte, aber das war nicht so wichtig. Entscheidend war die Tatsache, dass es in Nakskov und Umgebung genug wohlhabende Menschen gab, die sich für Kunst interessierten.

Stig hatte immer wieder Einladungen für Vernissagen in Kopenhagen erhalten, aber keine einzige davon angenommen. Ihm war einfach nicht danach. Aber jetzt, da er selbst kurz vor der Eröffnung einer Galerie stand, sollte er diese Angebote vielleicht wieder annehmen. Er hatte gerade erst die Einladung einer alteingesessenen Galerie aus Vesterbro erhalten, die sehr respektiert wurde – wenn auch vorwiegend von Leuten außerhalb der engeren Kunstkreise, da es sich bei den ausgestellten Werken in der Regel um Zeichnungen, Collagen, Fotokunst und Design handelte und die Künstler selbst eher intelligente Großstädter als wirkliche Künstler waren. Auffällig viele von ihnen arbeiteten noch dazu als DJs. Abends, als er Pflanzen presste und sich deren Namen, Geschmack, Duft und medizinische Eignung notierte und zu merken versuchte, beschloss er, einfach zum Spaß an der für das nächste Wochenende angesetzten Vernissage teilzunehmen.

Am Tag vor seiner Abreise kaufte er ein Jagdmesser in dem neuen Jagdladen Artemis, der gerade erst in Nakskov eröffnet hatte und einige der Produkte führte, die Stig aus dem Guns & Gents kannte. Er hatte schon eine ganze Weile damit geliebäugelt. Auf dem Land brauchte ein Mann einfach ein anständiges Messer. Als er mit dem großen Jagdmesser am Gürtel zu Jack nach draußen kam, legte dieser die Ohren anerkennend nach hinten, als respektierte er ihn jetzt noch mehr.

Die Vernissage fand im Viertel Brune Kødby in Vesterbro statt. Stig parkte am Halmtorvet. Jack sprang aus dem Wagen und drückte die Nase sofort schnuppernd auf den Boden. Zum Glück gelang es Stig ihn anzuleinen, bevor er weg war. Es wäre ein Ding der Unmöglichkeit gewesen, ihn hier in Vesterbro wiederzufinden. Stig sah schon von Weitem einige Künstler draußen vor der Galerie auf der Straße stehen. Er erkannte sie an ihren Mützen und den Dosenbieren in ihrer Hand. Erst jetzt wurde ihm bewusst, wie unpassend seine Aufmachung wirken konnte: karierte Tweedhose, weiße Wollstrümpfe mit roten Quasten, schmale, reich verzierte Seglerschuhe und Oilskinjacke. Er hatte sich an diese Kleidung gewöhnt, fühlte sich in diesem Moment aber plötzlich wie ein Pfau. Verdammt, sie würden ihn auslachen. Er blieb stehen und erwog umzudrehen und wieder nach Hause zu fahren. Jack drehte sich um, als zwei Künstler von hinten an ihnen vorbeigingen. Sie machten einen großen Bogen um Jack. Er knurrte, um in Kontakt mit ihnen zu kommen, aber sie sahen ihn nur ängstlich an und gingen schnell weiter. Obwohl Jack noch ein Welpe war, war er bereits viel größer als ein ausgewachsener Schäferhund. Jack winselte und fiepte. Er war frustriert, dass sie nicht stehen geblieben waren und ihn gestreichelt hatten. Stig konnte nicht anders, er musste lächeln und entschloss sich spontan, zur Galerie zu gehen, da sie ja nun schon einmal in der Stadt waren.

Der Galeriebesitzer, er hieß Peter, war ein klassischer Galerist. Geboren und aufgewachsen in Nordseeland. Das Geld hatte er von zu Hause bekommen, und sein Interesse für Kunst rührte vermutlich daher, dass seine Eltern sich ihre Langeweile mit dem Erwerb teurer Kunst vertrieben hatten. Stig hatte irgendwann ein Interview gelesen, in dem Peter irgendetwas Gleichgültiges über Kunst von sich gegeben hatte. Er erinnerte sich nur noch an die Überschrift: »Kunst muss man mit dem Körper spüren«. Stig und Jack gingen zu der Gruppe Leute, die draußen vor der Galerie stand. Die Menschen wirkten seltsam klein und schäbig, irgendwie schmutzig, und sie wichen automatisch zur Seite, als er sich mit Jack zu ihnen stellte und in die Galerie zu schauen versuchte. Eine Mutter nahm ihre kleine Tochter schützend auf den Arm, als diese Jack streicheln wollte. Dann war plötzlich Peter da.

»Hallo, Stig!«, sagte er überrascht. »Ich dachte, du kämst nicht mehr zu Vernissagen?«

Stig antwortete mit einem wortlosen Lächeln und reichte ihm die Hand. Peter trug einen weiten Sweater über einem weißen T-Shirt und einen schwarzen Hut. Man sah den obersten Teil eines Brusttattoos.

»Dein Hund?«, fragte er. »Ist das ein Alaskan Malamute?«

»Ja«, antwortete Stig und spürte spontan so etwas wie Sympathie für den Mann. Es war einer der wenigen positiven Aspekte der Reichen, dass sie häufig etwas über Hunde wussten.

»Wow, der ist echt schön.« Peter ging in die Hocke und begann Jack zu kraulen, der sich sofort hinlegte und auf den Rücken rollte, sodass er fast einen Tisch umgestoßen hätte. Die Menschen wichen einen Schritt zurück. Stig lächelte. Dann drehte Jack sich wieder auf die Beine und sprang an Peter hoch. Als er auf den Hinterbeinen stand, war er fast so groß wie der Galerist. Peter lachte. Jack heulte fröhlich. Alle beobachteten sie, bemerkten Stigs Jägerklamotten und verfolgten, wie Peter mit Jack spielte. Stig betrachtete die Menschen, die ihn mit neugierigen Blicken musterten, ohne ihm in die Augen zu schauen. Sie waren erwachsen, wirkten aber wie Kinder. Kinder, die vor kaum zweihundert Jahren in den englischen Minen gearbeitet hatten. Einige der Künstler kannte er, aber keiner von ihnen kam zu ihm, um ihn zu begrüßen. Sie starrten nur herüber, und ein paar wenige nickten. Es war aber nicht das übliche, arrogante Nicken. In ihrer Geste lag eher so etwas wie Verwunderung und Respekt, dachte Stig und fühlte sich plötzlich nicht mehr wie ein aufgetakelter Pfau, sondern wie ein in die Jahre gekommener Bryan Ferry, nur viel größer und stärker. Er blieb eine Stunde, dann machte er einen Spaziergang durch Vesterbro und lief an Junkies, Nutten aus Afrika und Osteuropa sowie einer Heerschar von jungen Mittelklasseleuten irgendwo aus Dänemark vorbei. Grundverschiedene Menschen, die sich gegenseitig nicht einmal zu sehen schienen. Dabei berührten sie sich fast. Ein Junkie hastete auf der Suche nach den nächsten fünfhundert Kronen an ihm vorbei. Er hatte vielleicht noch drei Stunden, bis er auf Turkey war. Dann bemerkte er drei junge Frauen in Emmas Alter. Sie trugen trotz der winterlichen Temperaturen extrem kurze Röcke. Vermutlich waren sie auf dem Weg zu einer Cocktailparty in der Nähe. Irgendwann in der Nacht würden sie ein Taxi nehmen, das sie dann zurück in ihre weichen Bettchen brachte. Und am nächsten Morgen würden sie sich Fotos schicken, auf denen sie noch ganz fertig aussahen. Oder sie brunchten zusammen oder machten zusammen Sport. Die Junkies hingegen würden nie nach Hause kommen. Sie hatten nie Pause, genau wie die Nutten, die für zwei- oder dreihundert Kronen die Beine breit machen mussten. Stig setzte sich vor eine Kneipe, von der aus er über die Istedgade in Richtung Bahnhof schauen konnte, wo die Junkies und Nutten standen. Es war unfassbar, dass diese so gegensätzlichen Menschen friedlich Seite an Seite leben konnten. Warum schlachteten die Junkies diese reichen Jugendlichen nicht einfach ab, um ihnen Karten und Bargeld abzunehmen?

In der Stadt war der Schnee bereits getaut, geblieben war nur grauer Matsch und Pfützen. Stig hätte die ganze Nacht vor der

Kneipe sitzen bleiben können, aber Jack suchte die Auseinandersetzung mit beinahe jedem Hund, der in seine Nähe kam. Er zerrte dann derart heftig an der Leine, dass er fast die Tische umgeworfen hätte, weshalb Stig irgendwann zum Auto ging und ziellos durch die Stadt fuhr. Alles kam ihm noch trashiger als sonst vor, oder lag das an der Nacht und dem Wochenende? Die Menschen wirkten irgendwie krank. Oder hatten sie immer so ausgesehen? Hatte auch er so ausgesehen? Ihre Klamotten waren abgetragen, und ihre Blicke wichen denen der anderen aus. Stig fragte sich, ob er das nur so empfand, weil er besser angezogen war und zu den Privilegierten zählte, die auf Lolland lebten, oder ob wirklich alles den Bach runtergegangen war, seit er die Stadt verlassen hatte. Aber er wohnte ja noch gar nicht lange auf Lolland. Vielleicht lag es wirklich an ihm. Auf jeden Fall empfand er so etwas wie Macht und Selbstbewusstsein. Nicht im negativen Sinne, denn obwohl er auf die Menschen, die ihm begegneten, herabsah, überwog in ihm ein Gefühl der Sinnhaftigkeit, das den letzten Rest seiner Depressionen fortspülte. Die Geräusche der Stadt waren angenehm, und die Sitze des Wagens rochen nach neuem Leder. Auf der Rückbank lag ein Wolf, und sogar die Falten seiner Kleider wirkten klassisch. Mit etwas Mühe konnte er nachvollziehen, dass er in Kopenhagen hatte leben können, nicht aber, dass er die Stadt idealisiert hatte, was er gerade als junger Mensch zweifelsohne getan hatte. Er fuhr Richtung Südhafen und über die Autobahn nach Hause. Die Wachen hielten ihn auf der Guldborgsundbrücke an und ließen ihn gleich darauf wieder weiterfahren. Er parkte außerhalb von Nakskov und ließ Jack ohne Leine durch den Schnee nach Hause laufen.

Stig kaufte auch in den folgenden Monaten immer wieder qualitativ hochwertige Jagdkleidung. Tagsüber ritt er aus, und da im Winter nur wenige Pflanzen zu finden waren, las er abends in der *Flora Danica*, trank dazu eine Tasse Tee und aß kräftigen Käse aus

Knuthenlund. Manchmal holte er auch seine gepressten Pflanzen hervor und verglich sie mit den Zeichnungen im Buch. War er sich bei einer Pflanze ganz sicher, klebte er sie in ein kleines Notizbuch, schrieb mit übertrieben zierlicher Schrift den Namen dazu und begann so seine eigene, kleine *Flora Danica*. Alle Aspekte dieses neuen Interesses erfüllten ihn mit Freude. Er liebte es, gemeinsam mit Jack und dem Pferd in die Natur zu gehen. Er liebte die Namen der Pflanzen: Hornklee, Hirtentäschel, Gewöhnlicher Wasserschlauch, Zitterpappel, Hasenklee, Reiherschnabel, Hundsrose, Zottiges Weidenröschen, Kleiner Sauerampfer und so weiter. Er war mittlerweile ein richtiger Fachmann für essbare Pflanzen und diskutierte im Glade Gris gerne mit den Köchen darüber. Die beiden waren beständig auf der Suche nach neuen essbaren Pflanzen und Kräutern. Fand Stig welche, die man essen konnte, nahm er sie vormittags, wenn noch keine Gäste da waren, mit ins Restaurant, wo sie sie dann gemeinsam probierten. Sie diskutierten den Geschmack und was gut dazu passen würde, und Stig erklärte, zu welcher Pflanzenfamilie die Art gehörte und wo man sie fand. In diesen Momenten fühlte er sich wirklich geschätzt. Er war ein reicher Galerist, er konnte ihnen sogar Werke für das Restaurant verkaufen und ihnen einen fairen Preis machen, weil er Geld genug hatte. Außerdem hatte Christian eine neue Serie verkaufbarer Baumbilder begonnen, sodass er sich finanziell wirklich keine Sorgen zu machen brauchte.

Franz und Magnus respektierten ihn, und er spürte das. Es war genau wie in den alten Tagen im Floss. Sie sahen in Stig einen coolen Typen, und er musste nicht einmal zahlen, wenn er mit Elisabeth zum Essen kam. Wobei er meistens darauf bestand, dies trotzdem zu tun. Es stimmte ihn einfach glücklich, all das leckere Essen, den Salat, das Fleisch, oft dekoriert mit Stigs Mitbringseln aus der Natur, gratis angeboten zu bekommen und trotzdem zu bezahlen. In ihrer Gesellschaft fühlte er sich nicht wie jemand aus der zweiten Reihe. Auch nicht wie ein Alphamännchen, aber doch wie ein fremder Rüde, der nicht einzuschätzen war und nicht in die Hierarchie von Franz und Magnus oder wem auch sonst noch passte.

Kapitel 26

Retarded Girl

Stig machte lange Ausritte mit Khartoum, und Jack war immer an seiner Seite. Häufig waren sie von morgens bis abends unterwegs und entsprechend ausgepowert, wenn sie zurückkehrten. Jack jagte während dieser Ausritte und kam nicht selten mit einem Kaninchen, einem Fasan oder einer Maus zurück. Stig hatte bemerkt, dass ihnen regelmäßig eine Elster folgte, um die Reste der Tiere zu fressen, die Jack riss. Sie wartete morgens bereits vor dem Haus und begann ungeduldig zu kreischen, wenn sie nicht zur üblichen Zeit auftauchten.

Nach der Vernissage in Kopenhagen war Stig von einer Reihe von Künstlern kontaktiert worden, die ihn als Galerist wollten. Einige dachten sogar darüber nach, selbst nach Lolland zu ziehen. Bei den meisten handelte es sich um aussichtslose Fälle, Verlierer-Künstler, wie Stig sie nannte. Es gab aber auch ein paar wenige seriöse Anfragen von respektierten, namhaften Künstlern, die überdies bereits von dem Lolland-Projekt gehört hatten. Künstler, die zuvor niemals mit Stig Kontakt aufgenommen hätten. Elisabeth hatte recht. Es war für sein Geschäft besser, hier zu wohnen, statt sich auf allen möglichen Vernissagen herumzutreiben und nervös über den Schwachsinn zu lachen, den irgendwelche blöden

Künstler von sich gaben. Wollte jemand mit ihm reden, musste er Kontakt mit ihm aufnehmen. Auch Peter, der Galerist aus Vesterbro, hatte sein Interesse angemeldet, nach Lolland zu ziehen. Stig hatte ihn aber glatt angelogen und gesagt, dass er mit der Auswahl der Neubürger nichts zu tun habe und ihm nicht helfen könne.

Stig rief vier Künstler zurück, die er alle von früher kannte. Zwei von ihnen kamen aus der Galerie Asbæk, was Stig freute, und einer wollte sogar Markman verlassen. Er vereinbarte mit den Künstlern vier Soloausstellungen im Abstand von jeweils zwei Wochen, um die Galerie einzuweihen und lokal bekannt zu machen. Darüber hinaus sicherte er allen zu, ihnen zu helfen, auf Lolland Fuß zu fassen. Als wäre das noch nicht genug, war er auch vom RAID und vom Konsortium mit der Bitte um Tipps für Künstler kontaktiert worden, die Designs entwerfen konnten, die dann von den Drohnen auf Kirchen und andere Gebäude übertragen werden sollten.

Stig hatte Christian schon eine Weile nicht mehr gesehen, sodass er sich entschloss, zu ihm zu gehen. Es war naheliegend, ihn für das Projekt anzuwerben. Außerdem war er neugierig und wollte wissen, wie weit Christian mit seiner neuen Baumreihe gekommen war.

Stig band Khartoum an den Staketenzaun vor Christians Haus und klopfte an die alte Holztür des Ateliers. Jack war bei ihm, und die Elster saß auf einem Baum ein Stückchen entfernt. Stig trug eine halblange, karierte Tweedjacke, eine dazu passende Kniebundhose, weiße Kniestrümpfe mit Quasten und Wanderschuhe. Nachdem er ein weiteres Mal geklopft hatte, hörte er Christian rufen: »Ja, komm schon rein, verdammt!« Stig öffnete vorsichtig die Tür. Christian saß in einem alten abgewetzten Sessel und malte ein großes Bild von einer Frau. Stig bemerkte sofort das andere Motiv.

»Hallo, Christian!«, sagte Stig und versuchte, entspannt zu bleiben, obwohl das Bild ihn nervös machte. »Was ist das denn? Verdammt, ist das toll!«

Christian sah Stig kritisch an und blieb mit den Augen dann an dessen Kleidung hängen. Stig sah ihm an, dass er seinen Aufzug lächerlich fand, wie einen Kuchen mit zu viel Sahne und Glasur. Trotzdem sagte Christian nichts. Er selbst trug ein schwarzes T-Shirt, an dem noch die Asche seiner Zigarette hing.

»Findest du?«, Christian warf einen Blick auf das Bild. »Ich bin mir nicht sicher.«

Stig riss sich zusammen und trat ein paar Schritte vor.

»Was ist das? Oder besser gesagt, wer ist das da auf dem Bild?«, fragte Stig.

»Irgendein zurückgebliebenes Mädchen«, antwortete Christian und warf die Kippe auf den Boden, ohne sie auszudrücken.

Stig lachte nervös. Die Frau auf dem Bild trug ein rotes Kleid, das sie nach unten gezogen hatte, sodass man ihre Brüste sah.

»Ich meine das ernst. Sie ist wirklich zurückgeblieben. Ich habe Bilder von einer ganzen Reihe von Mädchen gemacht, die in die Einrichtung gehen, in der auch Mia war. Das heißt, Mia hat diese Bilder gemacht. Das ist so eine Schule für geistig und körperlich Behinderte, aber eigentlich ein Jugendclub.«

Stig war verwirrt. Christian stand auf, holte sein Handy und zeigte Stig eine Reihe von Fotos behinderter Mädchen, die alle ihre Brüste zeigten. Ein paar von ihnen waren sogar komplett nackt.

»Aber ...? Sind das richtige Behinderte, die du da malst?«

»Ja.«

»Aber ... das kannst du doch nicht machen.« Stig lachte.

»Warum nicht?«

»Weil ... weil ... das Mädchen sind, die wirklich existieren. Die sind nackt. Wie alt sind diese Mädchen? Einige sehen noch aus wie Kinder, und wenn die sich so zeigen und noch dazu behindert sind ...«

»Aber darum geht es doch. Die Serie heißt *Retarded Girl*.«

»*Retarded Girl*. Aber ...« Stig sah, wie sich Millionen von Kronen vor seinen Augen in Luft auflösten.

»Verdammt, Christian!« Stig zündete sich eine Zigarette an.

»Was du da machst, ist gegen jedes Gesetz. Du kannst doch keine Nacktfotos von Behinderten machen und sie dann malen!«

»Warum nicht?«

»Für so was kommt man ins Gefängnis.«

»Nein. Entspann dich. Das ist Kunst. Außerdem habe ich die Bilder verändert. Ein bisschen wenigstens.«

Stig sah sich noch einmal die Bilder auf dem Handy an und verglich eines der Fotos mit dem Gemälde. Das Mädchen war genau zu erkennen.

»Bei diesem Bild hier hast du gar nichts geändert.«

Christian sah auf das Handy, schaltete es mit seinen dicken Fingern aber versehentlich aus.

»Oh, scheiße!« Er reichte es Stig, damit er es wieder anschaltete.

»Ich kenne deinen Code nicht.«

Christian legte das Handy weg.

»Christian, jetzt hör mir mal zu. Allein schon die Tatsache, dass du Mia dazu gebracht hast, Nacktfotos von Behinderten zu machen, ist gegen das Gesetz. Das ist kriminell.«

»ABER ICH MUSS DAS HIER MACHEN. VERDAMMT, ES GEHT NICHT ANDERS!«, rief Christian.

Normalerweise zog Stig sich zurück, wenn Christian oder einer der anderen Künstler laut wurde. Oder er lachte sein charakteristisches, nervöses Lachen und versuchte, die Wogen zu glätten. Dieses Mal nichts dergleichen. Stattdessen spürte er, wie er innerlich immer wärmer wurde. Die Hitze begann im Bauch, kletterte nach oben in seine Brust, dann über den Hals in seine Wangen und erreichte schließlich seine Augen. Er spürte all die kleinen Demütigungen, die er im Laufe der Zeit hatte ertragen müssen, wenn er mit Idioten wie Christian gesprochen hatte. Dabei war Christian nicht einmal ein richtiger Künstler. Bloß jemand, der verkaufbare Bilder malte, weshalb er selbst immer wieder alles geschluckt hatte. Stig trat einen Schritt vor, packte Christians T-Shirt und schrie:

»JETZT SAGE ICH DIR WAS, DU KLEINES KÜNSTLERARSCHLOCH! DU BIST VOLLKOMMEN DURCHGEDREHT. WENN DU DIESEN SCHEISS NICHT SEIN LÄSST, MELDE ICH DICH BEI DER POLIZEI. HAST DU DAS VERSTANDEN?« Stigs Augen waren weit aufgerissen. Jack knurrte bedrohlich dicht vor Christians Gesicht. Christian sah ebenso überrascht wie erschrocken zu Stig und Jack auf, dessen Leine Stig in der Hand hielt. Die Reaktion seines Galeristen hatte ihn komplett überrascht. Ein paar Sekunden lang sahen sie sich in die Augen. Stig wich nicht einen Zentimeter zurück, aber er ließ Christian los, der sich erhob und sich eine Zigarette anzündete. Er sah Stig fragend an und inhalierte nervös.

»Die Mona Lisa war auch ein zurückgebliebenes Mädchen«, sagte Christian vorsichtig.

»Ach, halt deinen Mund.«

»Dann gefällt dir *Retarded Girl* nicht?«, fuhr Christian fort.

»Ob es mir gefällt? Darauf kommt es doch gar nicht an. Das ist gegen das Gesetz. Du überschreitest damit eine Grenze, und außerdem ...«

Christian sah ihn fragend an, aber Stig brachte den Satz nicht zu Ende. Er wollte ihm nicht erklären, dass die Bilder unverkäuflich waren und wirklich alles auf eine wirtschaftliche Katastrophe hinauslief.

Die Asche von Christians Zigarette rieselte auf seinen dicken Bauch, ohne dass er es bemerkte.

Stig sah ihn an wie ein verwachsenes Riesenbaby und spürte in diesem Moment gewaltigen Hass auf ihn und alle anderen Künstler. Selbstfixierte Idioten, die für nichts und niemanden Verantwortung übernahmen, sich hoch über jeder Moral wähnten und glaubten, nicht einmal ein Minimum an Hygiene einhalten zu müssen. Christian versuchte, die Asche von seinem T-Shirt zu wischen, drückte sie dabei aber nur noch tiefer in den Stoff. Seine Haare waren fettig und strähnig.

»Mann, du ekelst mich an!«, kam es Stig über die Lippen. Christian drückte die Zigarette in den Aschenbecher, ohne sie richtig auszumachen, sodass der Qualm weiter nach oben stieg. Er konnte nicht einmal eine Zigarette richtig ausdrücken.

»Jetzt entspann dich mal, Stig. Vielleicht war *Retarded Girl* ja wirklich ein Fehler.«

»Sorry, aber mit dem Ekel meine ich nicht das Bild. Was du da machst, ist echt eine pädophile Scheiße. Du bist es, der mich anekelt!«

Jack begann wieder zu knurren.

»Ich ekle dich an?« Christian ließ die Worte auf sich wirken. Dann lachte er nervös. Stig lachte nicht, er war vollkommen ruhig. Er hatte Lust, Christian zu töten oder wenigstens ernsthaft zu verletzen. Vielleicht lag es an der kleinen Kapuze hinten an seiner Jacke oder an den Kniestrümpfen oder vielleicht auch an dem ganzen Ambiente, das ihn umgab, auf jeden Fall hatte er plötzlich das Gefühl, zweihundert Jahre in der Zeit zurückgereist zu sein, sodass er die Jacke mit der rechten Hand zur Seite schlug und nach einem imaginären Degen griff. Christian sah es und verstand zu Stigs Überraschung die Geste. Auf jeden Fall zeigte sein Gesicht erst Verblüffung und dann Angst. Jack legte die Ohren an und fletschte die Zähne. Jederzeit bereit, ihn anzuspringen.

»Lass uns ein anderes Mal darüber reden«, versuchte Christian verzweifelt. »Ich schätze deine Kommentare. Wirklich. *Retarded Girl* ist damit gestorben. Vergiss es einfach.«

Jack knurrte noch lauter. Christian stand auf und ging rückwärts zu einem großen, antiken Mahagoniregal. Jack zerrte an der Leine, und Stig ließ ein bisschen locker, was den Hund noch mehr anstachelte. Christian stand die Angst jetzt deutlich im Gesicht, und Jack spürte das. Er warf sich nach vorn und schnappte nach Christians Gesicht, und nur weil Stig die Leine jetzt wieder fest im Griff hatte, ging der Biss ins Leere. Christian verlor jedoch die Balance und kippte nach hinten gegen das schwere Regal, das unter seinem Gewicht zusammenbrach. Vom obersten Brett fiel eine schwere Eisenskulptur und schlug ihm auf den Nacken. Regungslos blieb er unter Brettern, Kisten und Malerutensilien liegen. Jack jaulte und versuchte, sich von der Leine zu befreien. Christian lag mit dem Gesicht auf dem Boden, aus seinem Hinterkopf sickerte Blut.

Stig ging mit Jack nach draußen und band ihn an den Staketenzaun, dann lief er wieder hinein, um Christian zu untersuchen. Der Maler lag wie leblos da. Stig sah über den Hof zum Haupthaus, aber Pam und Mia hatten nichts mitbekommen. Auch sonst schien der Lärm von niemandem gehört worden zu sein.

Stig war überraschend gefasst, während er sich im Atelier umsah. Er hatte gerade einen Menschen getötet oder mindestens einen Beitrag zu dessen Tod geleistet. Unter dem Dach war ein Absatz auf der Mauer, auf dem zusammengerollte Leinwände lagen. Stig kletterte auf einen Hocker und zog sie hervor. Nur ein Bild stellte einen Baum dar, aber es war deutlich schlechter als die anderen Baumbilder. Möglicherweise handelte es sich nur um eine Skizze, die Christian schon vor Jahren angefertigt hatte. Die anderen fünf Bilder zeigten Mädchen. Geistig behinderte Mädchen. Verdammt! Stig legte die Bilder wieder zurück. Er konnte sie nicht gebrauchen. Dann sah er sich im Atelier nach anderen, wertvollen Dingen um. Auf dem Tisch lag ein Skizzenbuch. Er steckte es in die Jackentasche und rief die Polizei an.

Torben, ein großer, kahlköpfiger Beamter der südseeländischen Polizei, kam im Laufe einer halben Stunde und befragte Stig, der angab, zu Christian geritten zu sein und ihn am Boden unter dem eingestürzten Regal vorgefunden zu haben. Während der Befragung, die still und ruhig vor sich ging, kamen Mia und Pam nach Hause. Sie begannen wie wild zu schreien, als sie Christian in der

Blutlache am Boden sahen. Mia brach komplett zusammen. In all dem Chaos musste Jack sich losgerissen haben, denn plötzlich griff er Solvej an, die sich zu wehren versuchte, aber ebenso chancenlos war wie ein Kaninchen. Stig warf sich auf Jack und versuchte, seine Kiefer auseinanderzudrücken, doch erst als Torben, der auf dem Land aufgewachsen war, Jack auf den Kopf schlug, ließ dieser seine Beute los. Mia und Pam schrien daraufhin nur noch lauter und liefen mit dem kleinen Hund nach draußen.

Als Nächstes befragte Torben die Mädchen, die beide erzählten, dass sie den ganzen Tag zum Shoppen in Nakskov gewesen waren. Ein Rettungswagen kam, und als die Sanitäter Christian untersuchten, fiel der Satz, der Stig den Boden unter den Füßen wegzog: »Er ist am Leben.« Einer der Männer, der gerade dabei war, Solvej zu verbinden, reichte Mia den Hund und half dem anderen Sanitäter und dem Notarzt, Christian in den Rettungswagen zu tragen.

Torben beendete die Befragung bis auf Weiteres, schließlich deutete nichts darauf hin, dass eine Straftat vorlag. Wenn Christian zu sich kam, würde er ja auch erklären können, was geschehen war. Stig durfte gehen, er sollte die Polizei jedoch der Ordnung halber informieren, falls er vor Abschluss der Ermittlungen das Land verlassen wollte.

Stig ritt in den Wald und setzte sich auf einer kleinen Lichtung mit Blick über die Stadt auf einen Hügel. Ein Bach plätscherte leise durch die Landschaft. Er war unruhig. Es war das erste Mal, dass er auf jemanden losgegangen war. Was würde Christian sagen, wenn er wieder bei Bewusstsein war? Würde er Stig anklagen? Oder fordern, dass Jack eingeschläfert wurde? Stig hatte ihm ja eigentlich nichts getan. Andererseits hatte er die Polizei angelogen. Welche Konsequenzen würde das haben? Stig sah zu Jack, der unten am Bach den Boden inspizierte, dann eine Drehung um sich selbst machte, sich hinlegte und zu Stig aufsah. Seine Augen schienen sagen zu wollen: »Komm und leg dich zu mir.« Stig ging zu ihm und setzte sich, den Rücken an einen Baum gelehnt, neben Jack. Dann zog er Schuhe und Socken aus und schob seine langen, bleichen Füße in das kalte Wasser. Er kraulte Jack im Nacken, die Finger tief im Fell des Hundes. Es war Frühling und der Waldboden übersät von gelb und weiß blühenden Pflanzen. Buschwindröschen, Scharbockskraut, Gelbstern und dazwischen kleine Inseln aus lila und weißem Lärchensporn. Jack legte den Kopf auf den Boden und schloss die Augen. Er sah wie das liebste Tier auf Erden aus.

Stig holte das Skizzenbuch aus seiner Tasche, dass er bei all der Aufregung ganz vergessen hatte. Die ersten Seiten zeigten ältere Skizzen von Bäumen und Mia. Zeichnungen von Insekten. Danach erste Bilder von behinderten Mädchen. Christian hatte intensiv an der Perspektive gearbeitet, was Stig überraschte. Er arbeitete schon seit Jahren als Galerist und kannte eine Unzahl von Künstlern, hatte aber nicht erwartet, dass Christian bei seinen Bildern so viel Vorarbeit leistete. Er hatte Versuche mit der Platzierung der Modelle auf dem Bild unternommen und an der Komposition gearbeitet. Stig war irgendwie davon ausgegangen, dass jedes Bild mehr oder weniger ein Produkt des Zufalls war. Andererseits waren auch die großen Maler so vorgegangen. In Michael Anchers Haus gab es eine Vielzahl von Skizzen von allen möglichen Dingen, die dann später Teile größerer Gemälde geworden waren: Licht, das auf eine Wand fällt, eine Wolke am Himmel, eine Hand, die ein Huhn rupft, alles Mögliche. Christian hatte des Weiteren eine ganze Reihe von Detailbildern von Augen, Nasen und Ohren gemacht und sich dabei auf Einzelheiten konzentriert, die später im Gesamtbild nicht mehr zu sehen sein würden. Bei einer Zeichnung sah man sofort, dass es sich um das Auge eines behinderten

Mädchens handeln musste, obwohl sonst nichts zu erkennen war. Es war meisterhaft. Für einen Moment empfand Stig echten Respekt für Christian, ja für den ganzen Künstlerstand.

Die letzten Seiten unterschieden sich radikal von den vorhergehenden. Allem Anschein nach hatte Christian hier erste Vorbereitungen für eine neue Serie getroffen. Mehr als zwanzig Seiten mit Zeichnungen von alten Menschen. Gesichter und Körper, Körperteile. Einige dünn und mit offenem Mund, sodass sie wie lebende Tote aussahen, andere gesünder und rundlicher. Er hatte Münder und Zähne gezeichnet. Die Zähne alter Menschen. Hinter all den Alten standen junge Frauen. Nackt oder teilweise nackt. Pralle Brüste und runde Wangen und dann wiederum alte Männer, die an den Brüsten junger Frauen tranken. An mehreren Stellen stand *Der Europäische Frühling*, offensichtlich der Titel des Werkes. Einige der Alten hatten noch einen Rest Energie in sich und klammerten sich mit ihren verknöcherten alten Fingern beim Saugen an die Brüste der Frauen, während die Schwächsten, die Sterbenden nur noch mit offenem Mund dalagen und die lebensspendende Flüssigkeit in ihren Mund laufen ließen. Christian hatte unglaublich viele Skizzen von knochigen Fingern gemacht, die sich in weiches, jugendliches Fleisch bohrten. Faltige Münder ohne Lippen, die sich um pralle Brustwarzen schlossen. Milch auf alten Zähnen, Milch auf Gaumen. Auf einer der letzten Seiten stand: *Idee für eine Installation im Louisiana*. Es handelte sich also um Skizzen für eine Installation. Wollte er wirklich in aller Öffentlichkeit alte Männer stillen lassen? Stig senkte das Buch und starrte auf das Geglitzer des Baches. Köcherfliegen flatterten über die Oberfläche, und an den ruhigen Stellen wimmelte es von Wasserläufern. Er hatte einmal einen französischen Naturfilm gesehen, eine Wiese, gefilmt aus der Perspektive der Insekten. Nach dem Regen hatte das Wasser wie große, durchsichtige Kugeln auf dem Boden gelegen. Er erinnerte sich, wie ein Insekt einen Arm oder ein Bein oder wie immer man das bei diesen Viechern nannte, hineingesteckt und eine kleinere Kugel herausgezogen und getrunken hatte.

In Gedanken war er bei der Installation: alte Männer aus einem Pflegeheim, die im Louisiana von jungen Frauen gestillt wurden. War so etwas in der Öffentlichkeit überhaupt machbar? Würde man jemanden dazu bringen können, an einer solchen Installation teilzunehmen? Es wäre sicher kein Problem, Frauen zu finden, die Milch in den Brüsten hatten und mitmachen wollten. Es gab da draußen ganze Generationen von Idioten, die für ein bisschen Geld und Aufmerksamkeit wirklich alles zu tun bereit waren. Aber würde es möglich sein, alte Männer zu finden, die sich stillen lassen wollten und bereit waren, Muttermilch aus den Brüsten junger Frauen zu trinken? Vermutlich würde dieser Teil schwer werden. Stig musste lächeln. Christian hatte wirklich seltsame Ideen. Dann überkam ihn wieder die Unruhe. Was würde Christian über den Vorfall sagen? Und würde er selbst verhaftet und angeklagt werden, wenn Christian der Polizei den wahren Ablauf erzählte? Immerhin hatte Stig ihn ja nur leicht angefasst und weder geschlagen noch gestoßen. Das Ganze war ein Unfall.

Trotzdem würde Christian sich dann von ihm als Galeristen trennen! Verdammt! An diesen Punkt hatte er noch gar nicht gedacht. Stig erwog, zum Krankenhaus zu fahren und Christian ein Kissen auf den Kopf zu drücken, aber bestimmt würde dann irgendeine Maschine zu piepen beginnen, sodass gleich eine Schwester angerannt käme. Natürlich gab es auch die Möglichkeit, dass Christian sich an nichts erinnerte. Der Schlag, den er auf den Kopf bekommen hatte, war ziemlich hart gewesen. Stig musste darauf hoffen. Es war seine einzige Chance. Bis dahin kam es darauf an, so betroffen wie möglich zu wirken und Mia und Pam seine Hilfe anzubieten. Er klappte das Buch zu und trabte nach Hause.

Am nächsten Tag ritt er zu Mia und Pam. Pam öffnete. Sie trug einen *Mickey Mouse Club*-Trainingsanzug.

»Morning, Stiii. Mia in back.«

Es duftete nach gebratenem Speck. Stig ging vorsichtig ins Haus. Pam war so klein, dass er sich wie Gandalf aus *Herr der Ringe* bei seinem ersten Besuch bei Bilbo fühlte.

»Hallo, Mia!«

»Mia. Company! Stiii!«, rief Pam aus der Küche, in der sie verschwunden war.

Mia trug ein dünnes Sommerkleid und hatte Karin auf dem Arm.

»Hallo, Mia!«, sagte Stig so freundlich, wie er nur konnte, und legte den Kopf auf die Seite. »Wie geht's? Kommt ihr zurecht?«

Mia nickte und schob die Unterlippe wie ein kleines Kind vor, das die Tränen zu unterdrücken versuchte. Stig nahm sie vorsichtig in die Arme, um das Kind nicht zu zerquetschen.

»Schöne Scheiße, was?«, fuhr er fort.

»Ja, schrecklich.«

Sie begann zu weinen. Stig streichelte ihr den Rücken.

»Ist ja gut, meine Kleine, ist alles gut. Wir werden schon eine Lösung finden. Ich werde auf euch aufpassen.«

»Danke, Stig.«

Sie gingen in die Küche, wo Pam einen Brunch vorbereitete. Es gab Eier mit Speck und Brot, alles aus lokaler Produktion. Pam schenkte ihnen Kaffee ein.

Er lächelte, bedankte sich und versuchte, so entspannt wie nur möglich zu wirken, doch innerlich überschlugen sich seine Gedanken. Was sollte er ihnen sagen?

Er räusperte sich: »Das ist eine schwere Zeit für uns alle. Da ist es wichtig, dass wir zusammenstehen und uns gegenseitig helfen. Ihr müsst wissen, dass ich immer für euch da bin. Für dich, Mia, bis Christian hoffentlich wieder da ist.« Er reichte ihr die Hand. Dann sah er zu Pam. »I will do what it takes to help you out. I just hope he'll be allright.«

Mia hatte begonnen, Karin zu stillen. Sie kicherte.

»Das kitzelt so, wenn sie trinkt!« Auch Pam begann zu lachen. Stig versuchte es ihnen gleichzutun, es gelang ihm aber nicht, immerhin hatte er ihnen gerade Trauer vorgespielt. Solvej, die verbunden auf dem Tisch lag, sodass nur Kopf und Schwanz herausschauten, begann vor Begeisterung mit dem Schwanz zu wedeln und heiser zu bellen. Und inmitten der totalen Verwirrung packte ihn Pam auch noch am Glied und sah ihn herausfordernd an. Stig schob ihre Hand diskret zur Seite und fragte: »Kann ich euch sonst mit irgendetwas helfen?«

»Nein, wir haben genug zu essen. Du musst entschuldigen, aber das kitzelt wirklich wahnsinnig.«

»Ist schon okay. Dann bis bald. Und … hoch mit den Köpfen!« Sie lachten wieder.

Stig warf einen letzten Blick auf die Mädchen. Dieses Haus war wirklich eine Irrenanstalt. Er bedankte sich für den Kaffee, ging nach draußen und ritt aus dem Hof auf die bereits belebte Hauptstraße. Überall waren Menschen, sie kauften ein und unterhielten sich. Zwei Pferde zogen einen Wagen mit Stroh. Am Himmel hingen diffuse, wellenförmige Wolken. Sie sahen aus wie der Sand unter Wasser, wenn das Meer ruhig war.

Er war sich nicht sicher, ob Mia und Pam überhaupt verstanden hatten, was passiert war. Hätte er deutlicher werden müssen? Stig ritt an einem offenen Gasthaus vorbei und hielt an. Er brauchte eine Stärkung, auch wenn es erst zehn Uhr war. Er ging hinein, bestellte einen Schnaps, trank ihn schnell und stellte das Glas etwas zu hart auf dem Tresen ab. Die bildhübsche, junge Bedienung, ihr Name war Ditte, sah ihn an.

»Entschuldigung, ich hatte einfach einen schlechten Morgen. Kann ich noch einen kriegen?« Ditte schenkte ihm nach.

Stig schlug noch einmal das Skizzenbuch auf. Eigentlich hatte er es zurück ins Atelier bringen wollen, aber das konnte er auch an einem anderen Tag machen. So schnell kam Christian nicht nach Hause. Er blätterte wahllos durch die Seiten. Die Skizzen waren besser als Christians fertige Werke, sie waren beinahe virtuos. Die Striche entschlossen und doch wie beiläufig. Es brauchte jahrelanges Training, so präzise zu zeichnen. Man musste das Bild im Kopf haben, bevor man den Stift ansetzte, und die Hand durfte dann nur das Instrument sein, das das Bild aus dem Kopf auf Papier übertrug. Christian hatte nichts korrigiert, nichts durchgestrichen, nichts verändert. Alle Striche hatten gleich gesessen. Ging es beim Zeichnen in Wahrheit darum, keine Reibungsverluste zwischen Kopf und Hand zu haben? Oder brauchte es die Reibung, den kleinen Widerstand? Waren sie es, die den Künstler motivierten, die physische Manifestation ein klein wenig zu entfremden? Oder war die Hand des Künstlers autark, sein Körper? Führte sie alles ganz von allein aus? Wie ein leises Zittern, das die Flucht des Bleistifts über das Papier begleitete.

»Das ist schön. Haben Sie das gemalt?«

Stig zuckte zusammen. Er hatte vergessen, dass Ditte direkt vor ihm stand. Stig sah zu ihr auf.

»Ja«, rutschte es ihm heraus.

»Ich wünschte mir, ich könnte so zeichnen wie Sie«, sagte Ditte. »Ich dachte, Sie wären Galerist. Ich wusste nicht, dass Sie selbst auch Künstler sind.«

»Doch, schon … aber ich mache das nur so ein bisschen … für mich selbst.«

»Sie sollten was daraus machen. Ich meine, Sie sollten diese Bilder ausstellen. Die sind wirklich toll.«

Stig starrte auf den Tresen und lächelte. Dann hob er den Blick. Sie erwiderte sein Lächeln. Er verstand es nicht gleich, aber sie lächelte ihn auf eine Weise an, die er nicht gewohnt war. Flirtete sie mit ihm? Sie war die Tochter eines Paares, das er sehr gut kannte. Die Mutter war Zahnärztin, und der Vater hatte irgendeine führende Position in einer Bank. Sie war Anfang zwanzig, und ihre langen, braunen Haare fielen wie Wasser über ihren blauen Sweater und ihre großen, prallen Brüste.

»Wollen Sie noch einen?«, fragte sie.

Stig war angetrunken. Er hatte schließlich ein paar Stunden im Gasthaus verbracht. Es war richtig nett gewesen, und irgendwann war auch noch Franz aus dem Glade Gris aufgetaucht. Er tastete mit der Hand nach seiner Jackentasche. Das Skizzenbuch war noch da. Wieder draußen setzte er sich auf Khartoum und ließ ihn in Richtung Wald traben. Er konnte jetzt nicht nach Hause. Außerdem musste er über Christians Ausstellung nachdenken. *Der Europäische Frühling*. Er lachte leise vor sich hin, als er sich fragte, ob er diese Ausstellung machen sollte. Würde Christian einverstanden sein? Und wenn seine Verletzungen zu schwer waren und er nicht überlebte oder behindert blieb? Sollte er die Ausstellung dann posthum machen, unter eigenem Namen oder unter dem eines anderen Künstlers? Vielleicht lag es an dem bewundernden Blick, den Ditte ihm zugeworfen hatte, aber Stig dachte wirklich, dass er keinen Künstler brauchte, keinen bekloppten Idioten, der ihm nur im Weg stand, alles verkomplizierte und noch dazu das Honorar und die Ehre einstrich. Warum konnte er nicht selbst der Künstler sein? Er sah ja aus wie einer. Hatte die richtigen Klamotten, war Manns genug. Außerdem würde er keine Skizzen zeigen müssen, da es ja nur um eine Performance ging. Die Idee dazu hätte ihm ebenso kommen können wie Christian oder jedem anderen.

Stig ließ seinen Blick über die bezaubernde Landschaft schweifen. Es war natürlich eine notwendige Voraussetzung, dass Christians Hirnschäden so schwer waren, dass er keinen Einspruch einlegen konnte. Stig wollte mit der Planung gleich beginnen, fallen lassen konnte er die Sache noch immer, sollte Christian wieder gesund werden.

Er sah sich nach Jack um, der durch das hohe Gras angelaufen kam, ein Kaninchen in der Schnauze. Der Hund sah inzwischen wirklich wie ein Wolf aus, dabei war er noch nicht einmal richtig ausgewachsen. Jack sah ihn mit seinen gelben Augen an, als verstünde er, was Stig dachte. Dann knurrte er zufrieden.

»Guter Hund«, sagte Stig und kraulte ihn hinter dem Ohr. Jack legte das Kaninchen auf den Boden und begann auf seltsame Weise zu jaulen und zu japsen, als wollte er Stig etwas erzählen. Er piepte und schmatzte, und schließlich kam etwas, das wie ein Wort klang: »Dak. Dak. Dak.«

»Versuchst du etwas zu sagen?« Stig musste innerlich lachen, die Situation war zu absurd, aber Jack nickte mit dem Kopf. Stig starrte in die schräg stehenden Augen des Hundes. Er war sich ganz sicher, dass er seine Frage verstanden hatte. Hatte ihm der Vorfall bei Christian jetzt auch noch den Verstand geraubt? Bei dem Gedanken lief es ihm kalt den Rücken herunter. Vielleicht war er jetzt ja wirklich ein Mörder. Sollte Christian nicht überleben. Auf jeden Fall in gewisser Weise. Vielleicht ging es ja allen so, die solche Taten begingen. Vielleicht traten sie in eine neue Welt ein – eine Welt, in der Hunde sprechen konnten. Stig streichelte Jack über den Rücken und versuchte, den Gedanken zu verdrängen.

Stig sammelte ein paar Stunden lang Pflanzen und legte die beiden Kaninchen, die Jack gerissen hatte, in seine Rey-Pavon-Ledertasche. Die Katze, die der Hund zu allem Überfluss auch noch angeschleppt hatte, warf er ins hohe Gras. Er ging zu seinem Pferd, und ihre treue Begleiterin, die Elster, flatterte nach unten und landete neben der toten Katze. Sie war sichtbar vorsichtig und schien Angst zu haben, dass das Tier nicht wirklich tot sein könnte.

Als er Khartoum losgebunden hatte und aufsaß, fraß die Elster aber bereits die Augen der Katze.

Stig wollte auf einen Sprung im Restaurant vorbei und die Jagdbeute abgeben. In der Stadt würde das vielleicht als grenzüberschreitend angesehen, nicht so hier draußen auf dem Land.

Trotz all der Probleme war Stig guter Laune, als er langsam durch den Wald ritt. Sorgen machte ihm nur, dass er Elisabeth abends beim Essen im Restaurant in seine Ausstellungspläne einweihen musste. Weniger die Tatsache, dass er sie machen wollte – dafür hatte er in all den Jahren schon zu viel Seltsames gemacht. Viel eher belastete ihn, dass er sie irgendwie überzeugen musste, dass das alles wirklich auf seinem Mist gewachsen war. Er war sich ziemlich sicher, dass sie ihm nicht glauben und ihr die ganze Idee nicht gefallen würde.

Stig stand in der Restaurantküche und sah zu, wie Franz den Kaninchen das Fell abzog und sie dann mit einer hausgemachten Paste aus Knoblauch, wildem Thymian, Duftnessel, Frauenminze, selbst gemachtem Senf, Honig und Butter einrieb. Als Vorspeise gab es Schinken vom Iberico-Schwein aus eigener Zucht und einen himmlisch schmeckenden, leichten Rauchkäsesalat mit Borretschblüten. Zu trinken gab es dazu einen leicht bitteren Cidre.

Stig war glücklich. Und auch Elisabeth schien es gut zu gehen, dachte Stig und musterte sie. Sie lächelte ihn an. Er war jetzt schon sein ganzes erwachsenes Leben mit ihr zusammen und konnte nicht fassen, dass sie wirklich bei ihm geblieben war. Was hatte sie nur in ihm gesehen? Sie wirkte jünger. Zufriedener.

»Ich habe über etwas nachgedacht«, begann er beiläufig, als wäre ihm der Gedanke gerade erst wieder in den Sinn gekommen. »Ich glaube, ich habe eine Idee für eine Kunstinstallation.« Stig lachte nervös.

»Ja?«, antwortete Elisabeth und musterte ihn misstrauisch.

»Ja«, sagte Stig und lachte wieder. Es gelang ihm aber, sich im Zaum zu halten und sich nicht gleich zu verraten.

»Ein Projekt, das ich *Der Europäische Frühling* nennen möchte. Du weißt schon, wie der Arabische Frühling, nur eben in Europa. Ich dachte an eine Art Performance, in der alte Männer ...«, Stig hustete, »von jungen Frauen ... gestillt werden.«

Elisabeth musterte ihn erneut, ohne eine Miene zu verziehen. Erst nach einer ganzen Weile sagte sie: »Hm, klingt wie etwas, das Christian sich hätte ausdenken können.«

»Ja, aber ich glaube, dass es Potenzial hat.«

»Warum werden nur Männer gestillt? Warum nicht auch alte Frauen?«

»Das weiß ich nicht. Ich ...« Stig versuchte sich vergeblich an einer Erklärung.

»Das ist sexistisch.«

»Ja, aber ...«

»Du bist niemals selbst auf diese Idee gekommen.«

Stig lachte verlegen. »So würde ich das nicht sagen ...«

»Jetzt sag mir schon, wessen Idee ist das?«

Stig starrte sie an und antwortete, ohne weiter darüber nachzudenken: »Ein junger Künstler namens Emil Schönemeyer.«

Stig hätte sich die Zunge abbeißen können. Von allen Idioten, die es im Kunstbereich gab, hatte er ausgerechnet Emil nennen müssen. Dabei war er nicht zuletzt auch wegen dieses selbstverliebten Arschlochs aus der Stadt weggezogen.

»Das ist eklig, sexistisch und provokant. Bestimmt nicht erfolgversprechend«, sagte sie und aß zufrieden weiter.

Stig sah sie ungläubig an. Er verstand sie nicht. Hatte sie nie wirklich verstanden. Nie kapiert, wie ihr Hirn funktionierte. Und jetzt, da er darüber nachdachte, wusste er nicht einmal, woran genau sie arbeitete. Was machte sie, und wer war sie überhaupt?

Franz brachte die Kaninchen mitsamt Kopf und Augen.

»Da wären die beiden. Hallo, Elisabeth.« Franz umarmte sie. »In Senfkruste gebraten, mit wildem Thymian und selbst geräuchertem

Bacon, und als Beilage einen Salat Paysanne mit Croutons, selbst gemachtem Emmentaler und Sauerteigbrot.« Elisabeth lächelte.

»Danke, Franz«, sagte sie. Auch Stig versuchte sich an einem Lächeln, es gelang ihm aber nicht.

»Jetzt verstehe ich es«, sagte Elisabeth mit vollem Mund.

»Was?«

»Warum nur Männer gestillt werden sollen.«

»Warum?«

»Ich denke mal, weil die meisten Besucher eines Museums alte Frauen sind. Gar nicht so dumm von diesem Emil.« Elisabeth begann zu lachen.

Stig hätte weinen können. Warum hatte er nicht daran festgehalten, dass es seine Idee war? Oder konnte er noch zurück und sagen, er sei zu nervös gewesen, zu gespannt auf ihre Antwort?

Stattdessen sagte er: »Ja, da hast du recht. Er will die Ausstellung gerne im Louisiana machen.«

Elisabeth lachte noch lauter.

»Ach was!«

Am nächsten Morgen rief Stig notgedrungen Emil an und verabredete sich noch für denselben Tag in der Harbo Bar.

Stig war etwas zu früh in der Blågårdsgade und wartete. Die Stadt sah bei Tageslicht noch schlimmer aus, als er sie in Erinnerung hatte. Die Stimmung war verzweifelter, und die Menschen wirkten irgendwie heruntergekommen. Nach einer Weile kam eine Gruppe muslimischer Männer vorbei. Fast im Marschschritt skandierten sie etwas, bestimmt irgendeinen Slogan gegen die Deportationen.

Als Emil auftauchte, erkannte Stig ihn erst nicht wieder, so sehr hatte er abgenommen. Er war blass, hatte dunkle Ringe unter den Augen und trug schmutzige Kleider. Vielleicht ist er doch kein typischer Hellerupjüngling, dachte Stig. Oder er ist ein verdammt guter Schauspieler und geht in seiner Künstlerrolle total auf.

Emil begrüßte ihn freundlich. In seinem Blick lag keine Arroganz, er machte eher einen unterwürfigen, nervösen Eindruck. Jack gab ein lang gezogenes, frustriertes Jaulen von sich. Er bat darum, gekrault zu werden. Emil begann den Kopf des Hundes zu streicheln, während Stig ihn beobachtete. War er krank?

»Willst du was essen?«, fragte Stig lächelnd.

»Ja, gerne«, antwortete Emil.

Sie gingen brunchen, aber das Essen war nichts im Vergleich zu dem auf Lolland. Das Brot schmeckte fade und war nicht richtig durchgebacken. Der Schinken hatte einen fetten, chemischen Geschmack, der Käse keinen Charakter, und dann war das Ganze auch noch ziemlich lieblos angerichtet worden. Emil aß blitzschnell und ließ nichts übrig, nicht einmal die seltsamen, vegetarischen Pasten, die sie hier und da auf den Teller geklatscht hatten. Zu guter Letzt war nur noch die Orangenschale auf seinem Teller. Wohnte er mittlerweile auf der Straße? Er sah aus wie ein Obdachloser. Für Stigs Vorhaben war das perfekt. Emil war der ideale Künstler. Historisch gesehen gab es zwei Arten, ein legitimer Künstler zu sein. In der Romantik, vor dem Durchbruch der Moderne, war ein Künstler jemand, der seine Inspiration von Gott bekam. Seit dem Beginn der Moderne war der Künstler aber eher eine kranke Person, ein Outsider, jemand, der Seelenqualen litt, aus irgendeinem Grund aber direkten Zugang zu unbewussten psychischen Schichten hatte und diese dank seiner außergewöhnlichen künstlerischen Fähigkeiten auch ausdrücken konnte. Der Künstler war jemand, der etwas Wahres, etwas Ewiges über den Menschen zum Ausdruck brachte, ein Geheimnis, das niemand sonst formulieren konnte, aber alle irgendwie kannten oder wiedererkannten, wenn sie vor dem Werk standen. Beide Vorstellungen von Kunst und Künstlern legitimierten die Künstler und ihre Werke. Heute war den meisten allerdings bewusst, dass diese Vorstellungen von Kunst nichts als Blödsinn waren. Ein Künstler ist weder ein Medium noch ein Wahrsager. Ein Künstler ist ein ganz normaler

Mensch, ja vielleicht sogar jemand, der von seinen Fähigkeiten her etwas unterbelichtet ist. Trotzdem lebten die veralteten Vorstellungen in den Köpfen mancher Leute weiter, weshalb Emil von Aussehen und Verhalten her der perfekte, moderne Künstler war. Er strahlte auf seltsam attraktive Weise etwas Tragisches aus. Wie Pete Doherty von den Libertines, als dessen Drogenkonsum das absolute Maximum erreicht hatte. Nahm auch Emil Heroin? Möglich, irgendetwas stimmte mit ihm nicht. Stig nahm Christians Skizzenbuch hervor und legte es auf den Tisch.

»Emil, du kennst mich in erster Linie als Galerist, aber ich habe in den letzten Jahren auch so einiges anderes gemacht. Ich weiß nicht, ob das überhaupt Kunst ist, aber ich würde mich gerne an eine Ausstellung heranwagen.« Stig lachte, hielt sich dann aber selbst zurück. Er schwieg. Ihm war klar geworden, dass sein Lachen so etwas wie Stottern war und dass er sich damit auseinandersetzen musste. Deshalb versuchte er mittlerweile immer zu schweigen, wenn er spürte, wie es sich aufbaute, um den Anfall wie eine Welle über sich spülen zu lassen. War er vorbei, konnte er den Mund wieder öffnen und weiterreden.

»Das sind nur ein paar Skizzen.« Er drehte das Buch um, sodass Emil sie sehen konnte.

Der junge Künstler zog vor Überraschung die Augenbrauen hoch. »Wow!«, sagte er. »Das ist gut, Stig. Sind die wirklich von dir?«

»Ja«, antwortete Stig.

Emil starrte ihn voller Bewunderung an.

»Ich hatte keine Ahnung, dass du so etwas kannst, Stig. Mann, die sind echt gut, wirklich.« Es war schwer zu sagen, ob es die unverhohlene Begeisterung des jungen Mannes war, oder ob Stig in diesem Augenblick wirklich vergessen hatte, dass nicht er diese Bilder gezeichnet hatte, auf jeden Fall fühlte er Stolz in sich aufkeimen. Ein warmes Gefühl, das am unteren Ende seiner Wirbelsäule begann und bis unter die Schädeldecke aufstieg.

»Danke. Ich war bisher immer zu unsicher, um das auszustellen.«

»Unsicher? Das musst du nun wirklich nicht sein. Diese Skizzen sind großartig, Mann! Die sind wirklich richtig gut.«

Emil klappte das Buch zu und gab es Stig zurück.

»Warum zeigst du mir die?«

Stig starrte in seinen Kaffee, atmete tief durch und sagte: »Ich würde gerne eine Performance machen. Vergiss die Zeichnungen, das sind ja nur Skizzen. Mir schwebt eine Performance vor, bei der alte Männer von jungen Frauen gestillt werden.« Er sah Emil nervös an.

Emil lachte.

Stig lächelte erleichtert. »Also alle möglichen alten Männer. Richtig alte, die schon auf den Tod warten, und andere, die noch ganz gut beisammen sind, wenn du verstehst.«

»Ja, klar. Cool.« Emil lachte wieder.

»Das Ganze soll an einem einzigen Sonntag zwischen zwölf und vierzehn Uhr im Louisiana laufen. Der Titel lautet *Der Europäische Frühling*.«

Emil lachte laut. »Fantastisch. Das wird ein Hit.« Er lehnte sich zurück, trank seinen Kaffee aus und stellte die Tasse vorsichtig zurück auf die Untertasse. »Aber was hat das mit mir zu tun?«

»Nun, Emil. Ich bin nicht daran interessiert, dass das unter meinem Namen läuft. Ich bin Galerist, und wenn das wirklich ein Hit wird, wie du meinst, wird mir das alles zu viel.«

Emil starrte auf die Tischplatte.

Stig beugte sich über den Tisch vor und sah Emil in die Augen. »Emil, ich würde das gerne unter deinem Namen machen. Ich will, dass die Leute denken, dass du verantwortlich bist.« Der Funke in Emils Augen erlosch. Seine Begeisterung war plötzlich wie weggewischt.

»Das kann ich nicht machen.« Emil lehnte sich zurück. Er betrachtete die anderen Gäste, für die er sich bisher nicht interessiert hatte.

»Es wird nie jemand herausfinden«, flüsterte Stig.

»Darum geht es nicht.«

Stig war verwirrt.

»Und was ist dann das Problem? Du wirst am Überschuss beteiligt. Fünfundzwanzig Prozent. Nein, lass uns fifty-fifty teilen.«

»Aber das ist nicht meins, nicht meine Idee. Das kann ich nicht machen.« Emil stand auf.

Jack heulte auf, weil Emil gehen wollte.

»Moment, Emil, immer mit der Ruhe. Lass uns noch einmal darüber reden.«

Emil zögerte, setzte sich dann aber wieder hin.

»Willst du noch einen Kaffee?« Emil schüttelte den Kopf.

Stig konzentrierte sich. »Hör mal, denk noch mal darüber nach. Hier ist meine Nummer.« Stig legte seine Visitenkarte auf den Tisch.

»Ich habe deine Nummer bereits«, erwiderte Emil.

»Okay. Gut. Wenn du Ja sagst ... und fall mir nicht gleich wieder ins Wort ... kriegst du fünfzigtausend gleich auf die Hand. In bar. Außerdem kriegst du fünfzehn Prozent, wenn ich die Installation an andere Museen weltweit verkaufe.«

Emil schüttelte langsam den Kopf, aber Stig wollte die Hoffnung noch nicht aufgeben.

»Was ist das für ein Schwachsinn, Stig?« Emil starrte ihm in die Augen.

Stig wartete, ließ ein nervöses Lachen still passieren und antwortete: »Was meinst du?«

»Da stimmt doch was nicht. Sind diese Zeichnungen wirklich von dir?«

Stig breitete die Arme aus.

»Ist doch egal, die Zeichnungen sollen ja nicht ausgestellt werden. Das Buch spielt überhaupt keine Rolle. Vergiss es einfach.« Stig tat so, als wollte er es wegwerfen, legte es aber vorsichtig auf den Tisch. »Das ist ja nur die Idee zu einer Ausstellung. Denk drüber nach, Emil. Fünfzigtausend.«

Emil starrte traurig auf die Tischplatte. Stig sah, was in seinem Kopf vor sich ging und wie ihm langsam bewusst wurde, dass er gar nicht ablehnen konnte. Er war nicht in der Situation, zu so viel Geld Nein zu sagen. Stig hatte ihn am Haken und versetzte ihm mit einem kleinen Joker, den er noch im Ärmel hatte, den Todesstoß.

»Du hast doch sicher auch Ausgaben. Denk mal darüber nach, wie viel Material du dann für deine nächste Ausstellung kaufen könntest. Sieh es als Sponsoring von mir.« Emil hob den Kopf. Seine Augen wirkten tot.

»Ich will fünfundsiebzigtausend. Und keine Prozente von irgendwas. Bloß fünfundsiebzigtausend auf die Hand.«

Stig wollte etwas erwidern, aber Emil kam ihm zuvor.

»Denk darüber nach. Ich weiß nicht, was du da für eine Scheiße am Laufen hast, aber wenn ich dabei mitmachen soll, kriege ich fünfundsiebzigtausend.« Er streckte ihm die Hand hin, und Stig schlug ein. Er wollte etwas sagen, hielt stattdessen aber nur Emils Hand fest.

»Sechzig«, sagte er schließlich. Emil versuchte, die Hand wegzuziehen, aber Stig hielt sie fest.

»Sechzig«, wiederholte Stig und starrte Emil in die Augen, bis der junge Mann nachgab und nickte.

»Okay.«

Stig lächelte und ließ seine Hand los.

»Wir sehen uns, Emil. War nett, dich wiederzusehen.«

Emil nickte und verschwand über die Blågårdsgade.

Stig entschloss sich, einen kleinen Spaziergang zu unternehmen, wenn er schon einmal in der Stadt war. Er ging in die Griffenfeldsgade, wo er seine erste Wohnung gehabt hatte, und fuhr auch zu dem Kellerlokal, in dem seine erste Vernissage stattgefunden hatte. Aber ihm war nicht wohl in seiner Haut. Überall waren Somalier, die ihn und Jack misstrauisch musterten. Plötzlich näherte sich ein Militärfahrzeug und hielt am Straßenrand an. Acht oder neun Soldaten sprangen heraus und verschwanden in einem Laden. Von drinnen hörte er lautes Rufen. Nach ein paar Minuten kamen die Soldaten mit vier Afrikanern heraus, zwei waren halb nackt, ihre T-Shirts schienen bei der Verhaftung zerrissen zu sein. Während drei Soldaten die Farbigen in den Wagen geleiteten, beobachteten die anderen eine Gruppe farbiger Dänen, die auf der Straße zusammengelaufen waren und die Soldaten anschrien, die gleich darauf wieder verschwanden. Auch Stig stieg in seinen Wagen und fuhr weg. Was war nur mit seiner Stadt geschehen? Er fuhr nach Pisserenden, das zum Glück noch aussah wie früher. Auch die Passanten und Bewohner waren die alten. Sie wohnten seit den Achtzigern hier. Er grüßte ein paar Leute, kriegte aber nur vereinzelt ein anerkennendes Nicken als Antwort. Er setzte sich schließlich ins L'Education Nationale und trank einen Pastis. Dann drehte er mit Jack eine kleine Runde durch die Innenstadt. Im Nyhavn wimmelte es von reichen Chinesen, Indern und Norwegern.

Tags darauf machte Stig sich auf den Weg, um mit Trumborg im Museum Louisiana zu reden. Sie hatten zusammen studiert, und Trumborg hatte Stig wegen dessen Position im Floss respektiert. Stig nahm das Skizzenbuch mit, dabei war er sich sicher, dass Trumborg ihm niemals abnehmen würde, dass er diese Skizzen gemacht hatte. Wider Erwarten stand Trumborg seiner Idee von einer Performance sehr kritisch, ja fast feindlich gegenüber. Stig argumentierte mit dem Presseecho und der großen Aufmerksamkeit, die eine solche Ausstellung bekommen würde, aber Trumborg war das alles egal. Er fragte Stig nach dem Sinn des Werkes, und Stig antwortete ausweichend und gab an, keine Ahnung zu haben, was Emil dazu getrieben habe.

»Bei wahrer Kunst ist das ja nicht immer leicht zu sagen«, ergänzte er.

»Wenn es mir nur um die Aufmerksamkeit ginge, könnten wir hier oben Pornos drehen, aber dafür steht das Louisiana ja nun wirklich nicht, oder?«, sagte Trumborg.

Stig hielt seinen Blick fest, erwiderte aber nichts. Er wusste nicht, was er antworten sollte, sodass er nur das Offensichtliche aussprach.

»Aber das hier, das hat nichts mit Porno zu tun.«

»Nein, aber es bleibt die Frage, was an diesem Projekt künstlerisch interessant ist. Ich sehe nur den Medienstunt, und davon gibt es im Moment wirklich genug. Aufmerksamkeit allein reicht nicht.«

Stig stand auf und reichte Trumborg die Hand.

»Danke, dass du dir die Zeit genommen hast. Du machst einen großen Fehler.«

»Kann sein«, antwortete Trumborg lächelnd. Er war nicht im Geringsten erschüttert, sondern fügte noch höhnisch hinzu: »Viel Glück mit deinem Projekt.«

Stigs Hirn arbeitete auf Hochtouren, als er zu seinem Wagen ging. Mit wem konnte er die Ausstellung sonst noch machen? Wer wäre bereit, ein solches Risiko einzugehen? Denn dass es ein Risiko gab, lag auf der Hand. In den USA oder in anderen Ländern wäre ein solches Projekt nicht abgelehnt worden. Da war der Markt wegen der geringeren Kunstförderung viel wichtiger. Da liebte man alles, was Aufmerksamkeit weckte. Sollte er es direkt in den USA versuchen? Aber dafür kannte er sich dort zu wenig aus. Er brauchte einen Ort, durch den die Ausstellung auch als Kunst zertifiziert wurde. Das war wesentlich. Markman kam ihm in den Sinn. Er war ja erst kürzlich bei ihm gewesen, und vielleicht war es wirklich an der Zeit für ein gemeinsames Projekt! Außerdem respektierte Markman ihn, sonst hätte er ihn ja nicht zur Vernissage eingeladen. Stig rief ihn sofort an, legte aber gleich wieder auf. Er musste direkt zu ihm fahren. Ihn von Angesicht zu Angesicht sprechen.

Er parkte den Wagen unweit von Markmans Galerie in Carlsberg. Die Tür des Ausstellungsraums stand offen. Kaum zu glauben, wenn man bedachte, dass die meisten bei ihm ausgestellten Werke Millionen kosteten. Andererseits erkannte ein durchschnittlicher Junkie sicher nicht den Wert eines Flamingos von Phillip Todd und wusste sicher auch nicht, an wen er ihn verkaufen sollte. Stig hatte die Hand in die Tasche seiner Jacke geschoben und umklammerte das Skizzenbuch. Dann nahm er es heraus. Auch wenn Markman vielleicht nicht glauben würde, dass die Zeichnungen tatsächlich von Emil stammten. Es gab der Präsentation der Performance einen größeren, künstlerischen Wert. Stig trat zögernd ein. Markman redete mit einer jungen Frau in einem Overall. Er selbst trug eine geschmackvolle, braune Lederweste über einem weißen Baumwollhemd mit weiten, puffartigen Ärmeln. Die Frau sah ihn als Erste. Sie musterte ihn kritisch, beinahe herablassend. »Ja?«, fragte sie, aber Markman rettete ihn, noch bevor Stig etwas antworten konnte.

»Stig«, sagte er. »Komm rein. Das ist Siska, meine Assistentin.«

Siskas Gesicht änderte sich. Sie lächelte freundlich entgegenkommend und reichte ihm die Hand.

»Was gibt's, Stig?«, fragte Markman. »Magst du einen Kaffee?«

»Ja, gerne.«

»Siska, machst du uns zwei Kaffee?«

Stig freute sich im Stillen über Siskas Verwandlung von der arroganten Assistentin zur Bedienung.

Jack gab sein übliches Jaulen von sich.

»Warum macht er das?«

»Ach, das macht er nur, wenn er zufrieden ist. Er will gerne Hallo sagen.« Markman streichelte dem Hund kurz über den Kopf.

Sie setzten sich in Markmans Büro, und Stig öffnete das Skizzenbuch und legte es auf den Tisch. Markman betrachtete die Zeichnungen, ohne etwas zu sagen.

»Von wem sind die?«, fragte er schließlich.

»Emil. Kennst du ihn?«

»Emil!?« Markman lachte. »Die sind nicht von Emil. Emil kann nicht zeichnen.«

Markman schlug das Buch zu und reichte es Stig.

»Doch, sind sie«, erwiderte Stig. »Ich wusste auch nicht, dass er so gut zeichnet.« Stig mobilisierte all seine Kraft, um bei der Lüge so entspannt wie nur möglich zu wirken. »Die sind gut, nicht wahr?«, fügte er unsicher hinzu.

»Schon. Warum zeigst du mir die?«

Stig stellte ihm das Projekt vor. Als er zum Ende kam, saß Markman lächelnd da. Siska brachte den Kaffee.

»Ich suche mir meine Künstler selbst aus. Ich bin nicht interessiert«, sagte er.

Siska versuchte, ein Lächeln zu unterdrücken, als sie Kaffee einschenkte. »Wollen Sie Milch«, fragte sie. Stig überhörte die Frage.

»Ich stelle alles einfach hierher, ja?«

»Ja, danke«, sagte Stig und zuckte zusammen, sodass Kaffee auf Christians Skizzenbuch schwappte.

»VERDAMMT!«, platzte Stig hervor und versuchte, das Buch mit seinem Hemd abzutrocknen. »SCHEISSE! SCHEISSE! SCHEISSE!«, schrie er aus voller Lunge.

Markman und Siska starrten ihn perplex an, und Jack begann zu knurren und tief zu heulen. Stig wischte das Buch hektisch ab, stand auf und ging. In der Tür der Galerie brüllte er noch: »DANKE FÜR DEN KAFFEE!«

Er setzte sich in seinen Wagen und fuhr mit quietschenden Reifen vom Parkplatz. »Verdammter Mist!«, schrie er.

Jack begann wieder zu jaulen, dieses Mal aber höher. Der Hund musste mal raus. Stig fuhr am Enghaveparken an den Straßenrand und ließ ihn laufen. Er selbst setzte sich auf eine Bank und versuchte, sich zu beruhigen. Zum Henker mit all diesen arroganten Arschlöchern, dachte er. Er brauchte weder Markman noch Trumborg. Dann machte er die Ausstellung eben allein. Warum nicht auf Lolland? Locations gab es genug, überall. Das wäre dann zwar nicht so toll wie im Louisiana. Aber egal. Er musste es machen. Er zündete sich eine Zigarette an.

Der Schrei einer Frau gellte durch den Park. Stig sah sich nach Jack um und rannte in die Richtung, aus der der Schrei gekommen war. Jack hatte einen Schäferhund angegriffen, der wehrlos auf dem Rücken lag, während Jack ihm wie ein Löwe, der ein Gnu zu Boden geworfen hatte, in den Rachen beißen wollte. »JACK, AUS!« Vielleicht war es die Wut, die er in sich hatte, denn Stig klang so selbstsicher, dass Jack seine Beute tatsächlich losließ. Stig packte Jack im Nacken und schüttelte ihn. »BÖSER HUND!«, rief er. Jack sah schuldbewusst zu ihm auf, während er sich verlegen die blutigen Lefzen leckte.

»WAS IST DAS FÜR EIN VERFLUCHTER HUND? DAS IST JA DER REINSTE PSYCHOPATH!«, schrie die Frau.

»Immer mit der Ruhe. Ich kann ja nichts dafür, dass Sie so einen degenerierten, kleinen Scheißköter haben.«

Die Frau kreischte weiter, aber Stig ließ sie stehen. Jack sah stolz zu ihm auf.

Kapitel 27

Christian als Behinderter

Der Arzt schüttelte den Kopf, als er Christians Hinterkopf untersuchte.

»Die Hälfte seines Hirns ist eingedrückt worden. Hinterhauptlappen und Hinterrinde sind schwer geschädigt«, sagte der Arzt eher neugierig als besorgt und sah zu der Schwester, die auf der anderen Seite des Bettes stand.

»Und was bedeutet das für ihn?«

»Er wird sich kaum an etwas erinnern.« Er drehte Christians Kopf vorsichtig zur Seite und ließ die Hand auf der Stirn liegen, als wäre sie eine Tischplatte oder ein Kissen.

»Wenn ich mein Studium richtig in Erinnerung habe, werden die Sinneseindrücke im Hinterhauptlappen verarbeitet. Er wird wohl blind sein.«

»Und in der Hinterrinde liegt das Schmerzzentrum und die Wahrnehmung von Berührungen.«

Der Arzt nahm die Hand von Christians Kopf. »Wie es genau aussieht, können wir aber erst in Erfahrung bringen, wenn er wieder aufwacht.«

Mia und Pam kamen jeden Tag mit Solvej zu Besuch, obwohl Christian noch immer im Koma lag und durch Schläuche und Sonden versorgt wurde.

Als er ein paar Wochen später aufwachte, konnte er entgegen der Prognose des Arztes sehen und erkannte Mia auch gleich wieder. Er war ebenso in der Lage, eine Erektion zu bekommen, wenn sie kichernd seine Hoden kraulten und hinter dem Trennvorhang seinen Schwanz lutschten. Christian wurde ins Rigshospital verlegt, auf eine Spezialstation für Hirnschäden, wo er ein längeres Trainingsprogramm absolvieren sollte.

Sein größtes Problem war, dass er nicht richtig sprechen konnte. Er kämpfte um jedes Wort, als wären die Laute zu groß und eckig, um über seine Lippen zu kommen. Und wenn er ein längeres Wort zu formulieren versuchte, war es, wie zwei Möbelpackern zuzusehen, die einen Flügel durch eine viel zu kleine Tür bugsieren wollten. Außerdem hatte Christian nicht mehr dieselbe Sensibilität wie früher und wurde schnell müde. Sein IQ betrug nur noch 84, aber damit war er ja nicht allein auf der Welt, und viele lebten gut damit. Außerdem hatte einer der Ärzte angedeutet, dass sie ja nicht wüssten, welchen IQ er vor dem Unfall gehabt habe. Christians Gedächtnis funktionierte recht gut, aber der Unfall selbst war wie aus seinem Kopf gelöscht. Nachdem er im Krankenhaus zum ersten Mal in Pams Mund gekommen war, fragte er sie, wer sie war.

»Weeeeer duuuuu?«, stammelte er langsam und warf den Kopf dabei hin und her, als wollte er die Worte aus dem Mund schleudern. Die Mädchen lachten aber nur, wobei Pam ein bisschen Sperma aus dem Mund lief, was sie noch mehr lachen ließ. Solvej begann zu bellen, was seit Jacks Attacke jedoch eher wie ein helles Grunzen klang, sodass alle noch mehr lachten. Und dann kitzelte Mia wieder Christians Schwanz, der sich prompt zu voller Größe aufpumpte, sodass Pam darauf zeigte und rief: »Look. Meat balloon.« Alle lachten, und Solvej bellte grunzend, dabei stimmte es eigentlich. Christians Schwanz sah wirklich wie ein Heißluftballon kurz vor dem Abheben aus, wenn er steif wurde. Obwohl Christian eigentlich drei Monate im Krankenhaus bleiben sollte, wurde er schon nach zwei Wochen entlassen, weil das Personal ihn und die Mädchen leid war. Außerdem konnte er einen Großteil der Übungen auch zu Hause machen. Selbst für diejenigen, die schon lange auf der Station arbeiteten, war es ein bizarrer Anblick, Christian, gestützt von Mia und Pam, aus dem Krankenhaus gehen zu sehen, denn sein halber Hinterkopf war eingesunken, sodass sein Schädel aussah wie eine halbe Wassermelone.

Als Christian nach Hause kam, stolperte er als Erstes mit seinem Stock ins Atelier und sah sich um. Er erinnerte sich nicht an den Raum, wohl aber daran, dass er Maler war. Er setzte sich auf einen Stuhl und musterte das Bild des behinderten Mädchens, das noch immer auf der Staffelei stand. Seine Hand griff automatisch nach den Zigaretten, die auf dem Tisch lagen, und ohne nachzudenken, zündete er sich eine an. Er hustete und drückte die Zigarette gleich darauf am Boden aus. Es war, als hätte jemand ein Feuer in seinem Mund entfacht, sodass er in die Küche gehen und Milch und Cola trinken musste, um den fiesen Geschmack wegzubekommen. Er nahm die Milch mit ins Atelier, setzte sich wieder hin und musterte noch einmal das Bild. Was hatte er beim Malen gedacht? Er erinnerte sich an keine Serie mit dem Namen *Retarded Girl*, obwohl überall Zettel mit diesem Namen lagen. Er stand auf, und dann drückten seine Finger wie von selbst Ölfarbe auf einen Teller. Er mischte die Farben und begann an dem Bild zu arbeiten. Ein paar Stunden später musste er sich vor lauter Erschöpfung hinsetzen. Er wusste, dass er für diesen Tag fertig war, verstand aber nicht, was es bedeutete, fertig zu sein. Er wusste nicht einmal mehr, was man tat, wenn man nichts mehr zu tun hatte. Denn wenn man nichts mehr zu tun hatte, hatte man ja nichts mehr zu tun …

Gleichzeitig hatte er das sichere Gefühl, dass es falsch war, so etwas nicht zu wissen, und fürchtete die Leere, mit der man konfrontiert wurde, wenn man wirklich mit etwas fertig war. Nach einer Weile begann er wie ein Tier zu heulen und sich mit den Fäusten auf den Kopf zu schlagen, der immer röter und röter wurde. Speichel spritzte ihm über die Lippen, als Pam angerannt kam. Sie konnte ihn beruhigen und brachte ihn ins Bett, wo er erschöpft zusammensank und wie ein Kind schlief.

Kapitel 28

Emma und Milat

Emma war bereits seit mehr als einem Jahr in Frederiksstad. Sie trainierte dreimal die Woche im Trainingszentrum, und an den verbleibenden zwei Werktagen ging sie schwimmen. An den Wochenenden lief sie zwanzigmal um den Bereich, in dem die Freiwilligen wohnten. Die Stadt funktionierte in vielerlei Hinsicht besser als bei ihrer Ankunft. Natürlich hatte sie sich auch an manche Schwierigkeiten gewöhnt, aber einiges lief mittlerweile richtig gut. Es hatte keine weiteren Explosionen mehr gegeben, und sie fühlte sich sicherer, wenn sie durch die Stadt ging. Überall war Militär, und auch aus der Luft wurde die Stadt durch Drohnen überwacht, die Häuser, Straßen und Gesichter filmten. Schon die kleinsten Streitereien wurden sofort gestoppt. Emma ging abends häufig spazieren und studierte die Speisekarten von Cafés und Restaurants, die mittlerweile so farbenfroh und vielfältig eingerichtet waren, dass niemand mehr die ursprünglichen Container erkannte. Manchmal fragte sie einen Kellner nach etwas auf der Karte, das sie nicht kannte, doch sie bestellte kaum etwas. Sie hatte auch wieder begonnen, Gewicht zu verlieren. Man sah es nicht, wenn sie in ihren Kleidern durch die Stadt ging, nur Milat bemerkte es abends, wenn er bei ihr war. Er sprach sie darauf aber nicht an. Wie er überhaupt nur wenig sagte.

Die Stadt war zweigeteilt. Auf der einen Seite lebten vorwiegend die religiösen, während die andere von liberaleren, westlich geprägten Menschen dominiert wurde. Die Jungs waren tagsüber in der Schule und spielten abends Fußball, die Erwachsenen gingen zur Arbeit, es hatte sich wirklich so etwas wie Alltag entwickelt. Ein Rhythmus, eine Vorhersehbarkeit. Die meisten arbeiteten oder machten eine Ausbildung – nicht nur, um Geld zu verdienen, sondern auch, um sich die Hoffnung zu bewahren, die Stadt irgendwann wieder verlassen zu können. Viele schienen sich aber bereits damit abgefunden zu haben, vermutlich für Jahre in der Stadt leben zu müssen, wenn nicht sogar für den Rest ihres Lebens. Die Stadt wurde langsam schöner, detailreicher. Es gab mehr zu sehen. Mit finanzieller Unterstützung der Vereinigten Arabischen Emirate wurde eine reich ausgeschmückte, schöne Moschee gebaut, mit einem dazugehörigen Minarett, von wo aus in drei verschiedenen Sprachen fünfmal am Tag zum Gebet gerufen wurde. Drohnen dekorierten die Fassade mit filigranen fragmentarischen arabischen Mustern.

Emma hatte generell den Eindruck, dass die Menschen religiöser geworden waren. Es gab noch immer Gangs und Banden, aber dank der intensivierten Überwachung kam es kaum noch zu Schlägereien. Die jungen Männer, die früher in Trainingsanzügen herumgelaufen waren, trugen nun lange Gewänder und eine Takke auf dem Kopf. Außerdem ließen sie sich ihre Bärte wachsen. Vielleicht verging die Zeit so etwas schneller, denn trotz der Verbesserungen hatte der Ort noch immer etwas unsagbar Trauriges. Vielleicht ist jeder Ort, den man nicht aus freien Stücken verlassen kann, ein Gefängnis, egal wie attraktiv er ist oder wie oft die Sonne scheint. Es war nicht leicht zu sagen, was genau das Problem war.

Emma saß eines Morgens in einem Café in der Stadt und beobachtete das pulsierende Leben. Sie hatte sich mit Aya verabredet, war aber eine halbe Stunde früher gekommen, um vorher noch eine Tasse Tee zu trinken. Das Café bot selbst gebackenes marokkanisches Batbout-Brot an, dessen Duft sich mit dem Geruch des Tees in ihrer Tasse mischte. Geruch besteht nicht einfach nur aus Luft, sondern aus Partikeln, die durch die Luft schweben. Man isst also, was man riecht. Auf jeden Fall ein bisschen.

Überhaupt konnte man den Vorgang des Essens in drei Phasen einteilen:

1. Die Planung und Überlegung, was man essen wollte.
   Emma kannte alle Restaurants der Stadt und informierte sich in der Zeitung, wenn ein neues Lokal eröffnet wurde. Sie las Kritiken und kannte die Speisekarten der Restaurants.
2. Das Essen zu riechen, das man essen wollte. Auch das machte Emma fortlaufend.
3. Sich das Essen dann auch in den Mund zu stecken und herunterzuschlucken.

Nur die letzte Phase vermied sie weitestmöglich.

Ein Fahrzeug der Stadtreinigung näherte sich, fegte und spülte die Straße. In Dänemark hätte man niemals so viel Wasser auf die Straße gespült, aber hier verdunstete alles sehr schnell. Ein Teil des Wassers lief in einer Pfütze am Fuß des Weinstocks zusammen, der vor dem Café wuchs und dessen Triebe über das Spalier wucherten, unter dem sie saß.

Eine Kindergartengruppe kam vorbei, und die Kinder starrten sie an. Ein kleines Mädchen grüßte sie. Die Menschen waren auf dem Weg zur Arbeit. Von dort, wo sie saß, sah sie eine Bank. Aus irgendeinem Grund fiel ihr ein Mann in einem Anzug auf, der mit einer Mappe unter dem Arm an ihr vorbeiging. Er rief jemandem im Café etwas auf Arabisch zu, winkte freundlich und umkurvte vorsichtig die größten Pfützen. Bestimmt war er auf dem Weg zur

Bank, denn er sah aus wie ein Banker. In Kopenhagen oder London hätte sie sich bei seinem Anblick nichts gedacht, aber hier in Frederiksstad wirkte er irgendwie traurig fehlplatziert. Emma konnte nicht sagen, warum, denn er sah wirklich aus wie jeder andere Banker auf dem Weg zur Arbeit. Sein Anzug war neu, der blaue Schlips kleidsam, seine Schuhe geputzt und die Mappe, die er unter dem Arm trug, elegant und teuer. Trotz seiner Selbstsicherheit tat er Emma irgendwie leid. Alles hing wie in einer Zeitschleife fest, nichts war wirklich, nichts richtig. Es gab zwar ein paar Fußballvereine, aber keine richtige Liga, obwohl sie gegen die anderen Mannschaften Mosambiks antreten durften. Genauso war es mit den Banken und Geschäften: Sie sahen aus wie richtige Geschäfte, waren aber nicht mehr als etwas bessere Kulissen. Auch die Menschen spielten Rollen, wenn sie zur Arbeit gingen, damit alles wie eine richtige Stadt aussah und sie vielleicht irgendwann wieder nach Dänemark zurückkehren konnten.

Jeder wusste, dass er nur hier war, weil er in Dänemark unerwünscht war. Die eigentliche Arbeit bestand deshalb darin, sich fernzuhalten. Die Menschen lebten davon, unerwünscht zu sein, weggesperrt irgendwo am Ende der Welt. Der Banker grüßte die Wachen vor dem Eingang, bevor er mit seinem Bankeranzug durch die Drehtüren nach drinnen verschwand.

Immer wieder dachte sie in der letzten Zeit über Dänemark nach. Sie wollte eine Ausbildung beginnen, wollte studieren. Natürlich könnte sie auch hier auf die Uni gehen, aber sie vermisste den Winter, die alten Häuser und die klassische Musik, obwohl sie die nie sonderlich oft gehört hatte. Sie blieb nur wegen Milat. Manchmal sprachen sie gemeinsam darüber, nach Dänemark zu ziehen. Nach Lolland oder Kopenhagen. Im sechsten Semester konnte er einen Umzugsantrag stellen, wenn er in keinem Fach durchgefallen war und einen guten Notendurchschnitt hatte.

Sex hatten sie keinen mehr, aber es gab Phasen, in denen sie vergaß, dass das ein Problem war. Milat wollte sie seiner Familie nicht vorstellen, weil sie keine Muslima war. Diese Grenzen in ihrer Beziehung mussten sie beide akzeptieren. Trotzdem waren sie beinahe jeden Tag zusammen. Fatima hatte mittlerweile ein Kind bekommen. Einen kleinen Jungen. Für Milat und seine Familie bedeutete das viel. Vielleicht fiel ihm der Gedanke, nach Dänemark zu ziehen, leichter, je wohler seine Familie sich in Frederiksstad fühlte. In zwei Jahren würde er im sechsten Semester sein.

Emma entschloss sich schließlich doch, in Frederiksstad zu bleiben und ein Studium zu beginnen. Sie musste dafür aber die dänische Kolonie verlassen und in eine kleinere Studentenwohnung in der Stadt ziehen.

Mit dem Studium änderte sich alles. Sie hatte Schwierigkeiten, in ihrer Wohnung zu lernen, weil es um sie herum so laut war. Das größte Problem war jedoch, dass Milat und sie sich kaum noch sehen konnten, weil sie sich die Wohncontainer mit vier anderen Studenten teilte, von denen einer Milats Familie kannte. Sie trafen sich deshalb immer seltener, und wenn, dann nur als Freunde, weil sie sich weder in den Arm nehmen noch küssen konnten. Allein sein konnten sie nur, wenn sie aus der Stadt herausfuhren. Das Ganze hatte etwas Demütigendes, was sie mehr und mehr davon überzeugte, wie problematisch es war, dass er sie seiner Familie nicht vorstellen wollte.

Am besten fühlten sie sich, wenn sie gemeinsam bis zum Stadtrand ausritten. Die vor dem Zaun liegenden Lager der lokalen Bevölkerung hatten sich seit Emmas Ankunft zu richtigen Townships mit Zelten und kleinen Blechhütten entwickelt, die immer weiterwuchsen. Jeden Tag kamen neue Menschen mit neuen Hoffnungen auf ein Leben in Frederiksstad. Mütter hielten weinend ihre kranken Babys hoch, wenn sie Emma und Milat auf sie zureiten sahen, und andere streckten ihre Arme durch den Zaun und riefen ihnen etwas zu, als könnten Emma und Milat sie einfach über den Zaun heben und auf ihren Pferden mit in ein neues, besseres Leben nehmen. Lokale Verkäufer bekamen Tagesvisa für die Stadt, sodass sie ihre Holzfiguren oder geflochtenen Taschen oder was sie sonst noch hatten, anbieten konnten. Die Einheimischen wurden in Frederiksstad aber schlecht behandelt, man lachte über sie und machte sich über ihre einfachen Kleider und simplen Waren lustig. Es war immer wieder peinlich, das alles mit anzusehen.

Emmas und Milats Lieblingsort war ein Hügel, vier oder fünf Kilometer außerhalb der Stadt, von dem aus man über das Meer blicken konnte. Häufig saßen sie dort und hielten sich bei den Händen. Sie redeten nicht viel, schließlich wussten sie beide, dass das, was sie hatten, nicht ausreichte, ja dass ihre Beziehung so unwirklich war wie auch alles andere in der Flüchtlingsstadt. Ihre Freundschaft war keine richtige Beziehung, und wenn sie über die Zukunft redeten – wo sie wohnen oder wie ihre Kinder aussehen würden –, endete es immer damit, dass ihnen betroffen die Worte ausgingen, weil sie beide wussten, dass es dazu nie kommen würde. Vielleicht hielten sie sich deshalb an den Händen, wenn sie im Gras saßen und ihren Blick über die endlose Weite des Meeres schweifen ließen. Sie wollten sichergehen, dass der andere nicht plötzlich von der Erde abhob und über das Meer davonschwebte.

Emma fasste den Entschluss, nach Dänemark zurückzukehren, wenn sie das erste Jahr an der Universität abgeschlossen hatte. Aus der Beziehung mit Milat würde nichts Ernstes werden. Wollte sie nicht darunter leiden, musste sie gehen. Sie buchte ihren Flug schon drei Monate vor ihrer geplanten Abreise, ohne jemandem von ihren Plänen zu erzählen, dabei hätte sie gerade Fatima gerne eingeweiht. Andererseits hätte sie sicher mit ihrem Bruder darüber geredet, und das hätte alles unüberschaubar gemacht. Bestimmt hätte er dann versucht, sie zu überreden, in Frederiksstad zu bleiben, und ob sie ihm standhalten könnte, wenn er weinend vor ihr saß und sie küsste, wusste sie nicht. Auch in den folgenden Wochen schob sie das Gespräch mit ihm immer wieder vor sich her, bis sie irgendwann den Entschluss fasste, es niemandem zu sagen.

Aber Frederiksstad war klein, sodass Milat es trotzdem mitbekam, weil ein Studienkollege Fatima gesagt hatte, dass Emma ihre Wohnung gekündigt habe. Sie traf Fatima noch am selben Abend, aber Fatima verstand sie gut.

»Milat muss erwachsen werden«, sagte sie.

»Wie meinst du das?«, fragte Emma.

»Ich meine, er kann doch nicht sein ganzes Leben mit dänischen Frauen herumlaufen.«

Emma hätte wütend werden sollen, aber die Art, wie Fatima das sagte, machte sie einfach nur traurig. Denn im Grunde war ja auch sie zu dieser Schlussfolgerung gekommen. Es hätte niemals eine Zukunft für sie gegeben. Er liebte sie, und sie liebte ihn, aber mehr würde niemals möglich sein. Irgendwann musste Milat eine Frau finden, wollte er nicht, dass seine Familie das für ihn machte. Würde er rebellieren und sich selbst jemanden suchen? Vielleicht jemanden mit nordafrikanischem und nicht afghanischem Hintergrund? Aber das würde seine Familie sicher auch in Rage bringen.

Emma weinte still. Fatima nahm sie in ihre Arme und sagte: »Ansonsten hätte ich dich schon gerne als Schwester gehabt.« Emma schmiegte sich noch enger an sie. Auch Fatima weinte, dabei wünschte sie sich im Stillen, dass Emma zurück nach Dänemark ging.

Am folgenden Abend tauchte Milat bei Emma auf.

»Du willst fort?«, fragte er.

Sie nickte.

»Ich vermisse Dänemark«, sagte sie und bereute ihre Worte sogleich.

Milat lächelte vor sich hin.

»Na dann«, sagte er und stand auf, um zu gehen.

»Ist das alles?«, fragte Emma.

»Was willst du denn? Was soll ich tun?«

»Ich weiß es nicht. Ist doch auch egal.«

»Du fährst wieder nach Hause. In gewisser Weise wussten wir das doch die ganze Zeit, oder? Außerdem hast du jetzt ja einen Ausländer gefickt und kannst auch dahinter einen Haken machen.«

»Was? Fuck you!«

»Nein! Fuck you!« Milat zeigte aggressiv auf sie und ging.

Emma schrie ihm nach.

»DU HAST JA NOCH NICHT MAL DIE EIER, DEINER FAMILIE VON UNS ZU ERZÄHLEN.« Milat blieb in der Tür stehen und kam zurück. »Außerdem kannst *du* jetzt sagen, dass du eine Dänin gefickt hast, und dieses Projekt ein für alle Mal abhaken«, fuhr Emma erregt fort.

Milat sprach ruhig, man sah ihm seine Wut aber an. »Ich habe Sex mit vielen dänischen Frauen gehabt. Du bist nichts Besonderes, Emma. Du hältst dich vielleicht für etwas Besseres, aber das bist du nicht. Und über meine Familie sagst du nichts, schließlich weißt du gar nichts über sie, gar nichts!«

»Das ist eine Lüge! Du liebst mich, hast aber nicht die Eier in der Hose, um daraus etwas zu machen. Du bist ein Scheißidiot, der Angst vor seiner Familie hat. Das ist das eigentliche Problem.«

Milat wurde rot. Er drehte sich im Kreis und starrte zu Boden. Dann richtete er seinen Zeigefinger auf Emma: »HÖR AUF, ÜBER DINGE ZU REDEN, VON DENEN DU KEINE AHNUNG HAST!«

»Warum wirst du so sauer, wenn es nicht stimmt? Es ist doch wohl wahr. Du traust dich nicht, ihnen etwas von uns zu sagen, und wenn du erst groß genug bist, wird deine Familie dir ein Mädchen suchen, das du dann heiratest, nicht wahr? So läuft das doch. Das war doch die ganze Zeit der Plan, oder?«

»Ja, vielleicht. Und wenn schon.«

Milat versuchte, sich zu beherrschen. Er trat ans Fenster, setzte sich dann aber wieder hin und sah zu Emma.

»Weißt du, was dein Problem ist?«, fragte er.

»Nein«, erwiderte Emma trotzig.

»Du denkst immer, dass sich alles nur um dich dreht.«

Emma lachte demonstrativ.

»Dass ich nach Hause fahre, liegt also daran, dass sich immer alles nur um mich dreht? Ich dachte, es gäbe mich hier gar nicht. Dass mich hier niemand sehen darf. Ich laufe die ganze Zeit in einem Scheiß-Hijab herum, um nicht überfallen zu werden, und du bist nicht mal bereit, dich zu mir zu bekennen.«

»Nein, das ist es nicht.« Milat war nicht mehr sauer. »Es geht dabei weder um dich noch um mich. Wir müssen andere Rücksichten nehmen.«

Emma war überrascht darüber, dass seine Wut so schnell verflogen war und er der Konfrontation mit ihr aus dem Weg ging.

»Wir können nicht heiraten«, sagte er leise.

»Ich will dich gar nicht heiraten.«

»Nein, ach, scheißegal. Wenn du das nicht verstehen willst, dann …«

Emma bereute ihre Worte. Als er aufstehen wollte, hockte sie sich vor ihm hin und legte ihre Arme um ihn.

»Okay. Entschuldige.« Sie sah ihm in die Augen. Er versuchte zu lächeln.

Einen Moment lang saßen sie still auf ihrem Bett. Dann brach Emma das Schweigen.

»Es ist nur … Was soll ich hier? Wir sehen uns ja kaum noch. Niemand darf etwas wissen. Ich will einen Freund, der stolz ist, mich zu haben.«

»Das bin ich doch.«

»Aber du kannst nicht mit mir spazieren gehen, auf jeden Fall nicht Hand in Hand.«

»Nein.«

»Versuch das doch mal mit meinen Augen zu sehen«, sagte Emma. Milat nickte. Emma stand auf.

»Ich verstehe das nicht. Findest du es wirklich eine gute Idee, dass einem die Familie den Lebenspartner aussucht?«

»Keine Ahnung. Meine Mutter und mein Vater wurden so verheiratet. Ich glaube schon, dass man sich lieben kann. Dass man lernen kann, sich zu lieben.«

»Lernen, sich zu lieben? Das ist doch vollkommen verrückt.«

Milat zuckte mit den Schultern.

»Die meisten trennen sich doch ohnehin wieder, auch wenn sie sich geliebt haben.«

»Ich verstehe dich nicht. Du willst Arzt werden. Du bist in Dänemark aufgewachsen und setzt dich trotzdem für arrangierte Ehen ein? Das geht mir nicht in den Kopf.«

»Das tue ich doch gar nicht. Ich versuche nur zu sagen, dass es nicht nur um dich und mich geht.«

»Um wen denn dann? Deine Familie?«

»Ja.«

Milat holte ein paar Mal tief Luft.

»Versuch mir mal zuzuhören. Meine Mutter ... sie würde sterben, sollte sie von dir erfahren.«

»Sterben?«

»Ja. Ja, sie wäre todunglücklich. Das würde ihr Leben kaputtmachen. Ich glaube wirklich, dass sie daran zugrunde gehen würde.«

»Dann wäre das Problem doch gelöst«, sagte Emma mit einem Lächeln, doch Milat fand das nicht lustig.

»Sag so was nicht.«

»Okay. Entschuldige, aber bin ich denn wirklich so verkehrt?«

»Jetzt hör doch damit auf! Es geht nicht um dich!« Milat stand auf. Er wollte jetzt wirklich gehen. »Das ist echt dein Problem, Emma. Du glaubst immer, dass sich alles um dich dreht.« Er stand in der Tür. »Wahrscheinlich isst du deshalb auch nichts.«

Emma hatte das Gefühl, als entweiche für den Bruchteil einer Sekunde alle Luft aus ihr. Sie konnte nichts sagen. Wollte »HAU AB!« brüllen, aber es ging nicht. Sie bekam kaum Luft und schaffte es nicht, die Tränen zurückzuhalten, sosehr sie sich auch mühte. Es war wie ein Gewitter, das sich rasch näherte. Sie wollte ihn aus dem Zimmer haben, bevor es begann. Er sah sie mit kalten Augen an. Dann ging er, und sie knallte die Tür zu, sodass es überall in den vier zusammengebauten Containern zu hören war. Danach sank sie wie eine Stoffpuppe auf dem Boden zusammen und weinte, wie sie lange nicht mehr geweint hatte. Wie ein Kind. Sie rang nach Atem, bekam aber trotzdem kaum Luft. Es war ihr egal, ob die anderen sie hörten. Die spielten keine Rolle. Sie weinte einfach, ließ alles los und weinte.

Viel später

Nur wenige Tage nachdem Wilhelm sein Verteidigungssystem bekommen hatte, begann er es auch offensiv zu nutzen. Als Erster bekam der rote Preben die neue Macht zu spüren, als Wilhelm die Straße heruntergehüpft kam. Früher hätte er sich niemals allein mitten auf der Straße aufgehalten, und wenn, dann wäre er sofort in einen Baum geflogen, wenn Preben irgendwo zu sehen gewesen wäre. Jetzt sah er die Katze im Gebüsch an der Straße auf der Lauer liegen, hüpfte aber einfach weiter.

Preben beobachtete ihn mit seinen gelben, kalten Augen. Aber Wilhelm hatte den Kater durch seine neue Brille mit Antiangriffssystem, die rot vor seinen Augen leuchtete, längst gesehen. Sein Herz klopfte. Er war so etwas noch nicht gewohnt. Preben hingegen war entspannt, voller Vorfreude wartete er darauf, seine Krallen in jemanden schlagen zu können.

Das Heer der Drohnen, das ein paar Meter über Wilhelm flog, visualisierte die Umgebung und identifizierte die lauernde Gefahr. Prebens Pupillen wurden größer, und sein Körper spannte sich an. Jeder Muskel zitterte, und als Wilhelm unmittelbar vor ihm war, setzte er zum Sprung an. Augenblicklich schlugen die Insektendrohnen zu und stachen wie ein Schwarm wild gewordener Bienen mit elektrischen Impulsen auf Preben ein, der panisch schreiend das Weite suchte.

Wilhelm war erleichtert, aber noch immer nervös. »Ja, lauf nur weg, du dummes Tier!«, krächzte er kurzatmig.

Ab diesem Moment nahm Preben Reißaus, wenn er Wilhelm erblickte, der seine neue Macht wiederum im höchsten Maße unterhaltsam fand. Mit einem Mal wurde er von allen Füchsen, Katzen und Greifvögeln gefürchtet. Das heißt, von den Greifvögeln vielleicht nicht, aber versuchte einer ihn anzugreifen, wurde er gleich von den Drohnen übermannt. Die Tiere flüchteten bei Wilhelms Anblick, was sein Leben und auch seine Persönlichkeit total veränderte.

Es begann damit, dass er Jack nicht mehr so oft besuchte. Fragte man Wilhelm, sagte er, dass er einfach keine Zeit habe, weil er sich mit seiner neuen Waffe vertraut machen und herausfinden müsse, wo sein Platz in dieser Welt sei. Vielleicht hatte es aber auch damit zu tun, dass er Jack nicht mehr so brauchte, wie er ihn als wehrloser Vogel gebraucht hatte. Kam Wilhelm trotzdem ein seltenes Mal vorbei, war er anders als sonst. Er redete nicht so viel und verschwand manchmal einfach so ohne jede Vorwarnung.

Jack schlenderte oft bei Wilhelm vorbei, aber sein Freund war selten zu Hause, sodass er allein oder mit Stig spazieren ging. Und obwohl er sich auf die Natur und das Laufen konzentrierte, suchte er doch immer alles nach Wilhelm ab. Immerhin waren sie beste Freunde gewesen. Ja, Wilhelm war wohl sein einziger richtiger Freund gewesen, sah er einmal von Stig, Emma und Elisabeth ab.

Einmal lief Jack, in Gedanken versunken, in die Stadt. In der Schnauze ein Beutel. Er hatte eingekauft und war eigentlich auf dem Weg nach Hause, als er das Gespräch zweier Frauen mitbekam. Eine der beiden trug eine Katze auf dem Arm.

»Das ist jetzt das dritte Mal, und dieses Mal habe ich es selbst gesehen. Das ist diese Elster, Wilhelm. Marvin hat einfach nur schlafend dagelegen, als plötzlich diese Elster wie aus dem Nichts auftauchte und wild herumkrächzte. Wilhelm trug eine Brille und hatte darunter so eine schwarze Maske, wie dieser ...«

»Zorro?«, fragte die andere.

»Ja, genau. Und dann wurde Marvin plötzlich von einer Unmenge von Drohnen angegriffen, die auf ihn einstachen. Guck dir mal all die kleinen Wunden in seinem Gesicht an, auf dem Rücken ist sein Fell richtiggehend verbrannt.«

Die andere Frau schüttelte verärgert den Kopf, während die erste fortfuhr: »Ich habe tags darauf mit Bente gesprochen, und sie hat mir gesagt, dass auch Preben in der letzten Woche ganze drei Mal überfallen worden ist. Das geht doch nicht. Das geht wirklich zu weit.«

»Nein, wenn das so weitergeht, muss jemand diesen verrückten Vogel einschläfern.«

Jack hastete nach Hause, legte den Einkauf ab und machte sich auf die Suche nach Wilhelm. Er begann bei Wilhelms Familie, aber wie gewöhnlich war er nicht zu Hause. Jack schloss die Augen und versuchte, die Witterung aufzunehmen.

Die Spur führte ihn aus der Stadt in Richtung Onsebjerg, ja sogar den Berg hinauf und durch einen dichten Wald. An einer Stelle, an der der Berg ein Loch hatte, war Wilhelms Geruch am stärksten.

Jack hob den Kopf.

»Wilhelm!«, rief er.

»Jack.« Wilhelm kam aus der Höhle gehüpft. »Was machst du denn hier?«

»Ich wollte nur Hallo sagen. Wir sehen uns ja nicht mehr so oft.«

»Wie hast du mich gefunden?«

Jack deutete auf seine Nase.

»Verrückt! Tja, du, ich hatte echt viel zu tun. Setz dich doch. Kann ich dir was anbieten?«

»Nein, nein, danke. Wohnst du hier?«

»Nein, das ist nur so ein Versteck, in dem ich ziemlich oft abhänge.«

»Darf ich es mir angucken?«

»Ja, klar, komm rein.«

Jack ging in die Höhle. An allen Wänden brannten Kerzen. Und überall lagen Bücher herum. Empire von Negri und Hardt, Das Kapital von Marx, Überwachen und Strafen von Foucault, Pu der Bär von A.A. Milne und ein Buch über die Rote Armee Fraktion.

»Was ist das da?«

»Ach, nur ein Buch, das ich gerade lese. Nur so zum Spaß.«

Auf dem Tisch lag eine kleine schwarze Maske mit Löchern für die Augen. Jack nahm die Maske in die Pfote.

»Und die hier?«

»Ach nichts, die hat keine Bedeutung. Ich habe sie in einem Spielzeugladen gekauft.«

Jack legte sie zurück auf den Tisch.

»Ich dachte, wir hätten keine Geheimnisse voreinander.«

»Wie meinst du das?«

»Jetzt hör schon auf, Wilhelm. Ich weiß ganz genau, was du so machst.«

»Wovon redest du?«

»Ich rede davon, dass die Menschen in der Stadt über eine maskierte Elster sprechen, die Katzen angreift.«

Wilhelm sah aus, als wollte er etwas antworten, hielt dann aber doch den Schnabel.

»Also, erstens, warum maskierst du dich? Es wissen doch ohnehin alle, dass du das bist. Es gibt hier weit und breit keine andere intelligente Elster.«

»Davon weiß ich nichts.«

»Wer sollte das denn sonst sein? Eine maskierte Elster, die Katzen mit einem Drohnensystem angreift, wie nur du es hast. Jetzt hör schon auf.«

»Und was, wenn ich es wirklich bin? Die Katzen haben mich und all die anderen Vögel über Jahre hinweg tyrannisiert. Nein, tyrannisiert ist *falsch, GETÖTET passt viel besser. Warum darf ich sie nicht angreifen? Immerhin haben sie über Jahre hinweg meine Genossen getötet.«*

»Genossen? Seit wann sind die anderen Vögel denn deine Genossen? Und was ist das überhaupt für ein Wort?«

»Egal. Sie haben auch Mäuse und Ratten und alle möglichen anderen Tiere getötet, Kaninchen!« Wilhelm sah Jack in die Augen. »Hast du nicht auch irgendwann einmal ein kleines Kaninchen getötet?«

Jack war betroffen, denn er hatte das in seiner Jugend wirklich getan, bis er gelernt hatte, wie falsch es war.

»Das ist nicht fair. Wirklich nicht.«

»Warum nicht? Warum darfst du Kaninchen töten, die Kaninchen aber nicht dich? Warum ist das so komplett verkehrt?«

Wilhelm begann aufzuräumen. Er stellte die revolutionären Bücher zur Seite und wischte den Tisch mit einem Lappen ab.

»Vielleicht solltest du dich einfach damit abfinden, dass neue Zeiten angebrochen sind. Dass wir Beutetiere uns nicht mehr so einfach unserem Schicksal ergeben, da die Technik es uns erlaubt, zum Gegenangriff überzugehen.«

»Was redest du da? Niemand will hier irgendwen ... angreifen.« Jack brachte die Worte kaum heraus und sah an sich selbst herunter, um sich zu vergewissern, dass an seinen Pfoten kein Blut klebte. Immerhin war es noch gar nicht so lange her, dass er den Hirsch getötet hatte.

Wilhelm sah Jack prüfend an.

»Gibt es da vielleicht etwas, das DU erzählen möchtest? Ich dachte, wir hätten keine Geheimnisse voreinander.«

Obwohl Jack die Intelligenz eines Menschen hatte, war er noch immer ein Hund, und Hunde haben massive Schwierigkeiten zu lügen. Außerdem brachte die konfrontierende Art der Frage Jack dazu, die Zähne zu fletschen, sodass er sich mit einem Mal wie ein Idiot fühlte und kaum eine Antwort stammeln konnte.

»Was willst du damit sagen?«, brachte er schließlich heraus.

»Du kannst ja nicht mal richtig reden. Du bist ein Lügner.«

»Bin ich das?«, antwortete Jack und gab sich alle nur erdenkliche Mühe, seine Oberlippe zu entspannen. Er musste sich irgendwie aus der Zwickmühle befreien, in die er geraten war, weshalb er sich den Schritt zu lecken begann, obwohl er das sonst nie in der Öffentlichkeit tat.

»Jetzt guck dich doch mal an. Die Scham spricht doch aus jeder deiner Bewegungen. Gib es endlich zu.«

Jack legte sich hin. Am liebsten hätte er sich auf den Rücken gedreht, aber er begnügte sich damit, die Ohren hängen zu lassen, als er antwortete: »Okay, ja, ich habe in der letzten Woche einen Hirsch gerissen.«

»Was? Einen Hirsch? Mann, echt? Einen richtigen Hirsch? Ich dachte, es ginge um ein Kaninchen. Aber ein Hirsch? Bist du verrückt geworden? Für so was kann man in den Knast wandern.«

»Wirklich?«

»Ja, verdammt!«

»Du sagst das aber doch niemandem?«

Wilhelm hüpfte zu Jack und legte ihm den Flügel über die Schulter.

»Du bist mein bester Freund, Jack. Natürlich sage ich nichts. Das würde mir nicht im Traum einfallen. Auch wenn wir auf unterschiedlichen Seiten stehen.«

»Wie meinst du das jetzt wieder?«

»Du bist ein Raubtier und ich ein Beutetier. Auf jeden Fall war das bis vor Kurzem so, bis ich zum maskierten Rächer wurde.« Wilhelm lachte.

Jack sah Wilhelm traurig an.

»Beruhige dich. Uns verbindet eine ganz besondere Freundschaft. Eine Freundschaft, wie es sie eigentlich gar nicht geben dürfte. Du bist wie die, denen die Produktionsmittel gehören, während ich zum Proletariat gehöre.«

»Proletariat?«

»Ja, vielleicht sind wir intelligenten Tiere die Einzigen, die die grundlegenden sozialen Gegensätze, die das 20. Jahrhundert geprägt haben, überwinden können. Der Humanismus ist ein Irrtum! Der Humanismus, basierend auf Moral und Werten, ist eine Lüge, die die *herrschende Klasse ins Leben gerufen hat. Sie brauchten ganz einfach gesunde, gebildete Menschen, um sie für sich arbeiten zu lassen. Aber diese Zeiten sind vorbei, denn jetzt erledigen die Roboter die Arbeit, und damit haben wir den Salat.«*

»Salat?«

»Ja. Deshalb redet auch niemand mehr über Menschenrechte, weder für uns Tiere noch für die Armen in anderen Teilen der Welt. Wir werden ganz einfach nicht mehr gebraucht ... Weder wir noch sie. Wenn du irgendwo südlich der Sahara auf die Welt gekommen bist, geht's dir schlecht, dann hast du keine Rechte. Dasselbe gilt für uns Tiere. Alle beteuern, wir hätten Rechte, aber die haben wir nicht. Es wird doch immer nur alles durch die Brillen der Machthaber gesehen. Jeder muss die Rolle spielen, die die Elite ihm zugeteilt hat. Wenn die Machthaber Flüchtlinge aufnehmen, um ihr Gewissen zu beruhigen, müssen die Flüchtlinge so demütig und dankbar wie nur möglich sein, um so die Güte und moralische Integrität der Machthaber zu spiegeln. Leider haben die Muslime das zu spät realisiert, wenn sie es denn realisiert haben. Ich habe vor einiger Zeit Überwachen und Strafen von Foucault gelesen. In dem Buch äußert er sich auch über körperliche Strafe, du weißt schon, so öffentlich vollzogene Urteile, wie die Könige das früher gemacht haben. Wenn man jemanden festnahm, der irgendetwas Böses getan hatte, wurde der Verbrecher häufig auf spektakuläre Weise öffentlich hingerichtet. Foucault betont in seinem Buch, dass es dabei gar nicht um die Verhältnismäßigkeit von Tat und Strafe ging, sondern um zwei andere Dinge. Erstens: Die Strafe sollte zeigen, wie stark der König ist. Deshalb musste die Vollstreckung öffentlich sein, mit Pauken und Trompeten und Unmengen von berittenen Soldaten in schmucken Uniformen. Zweitens: Die Strafe sollte abschreckend wirken. Wenn Leute in Zukunft erwogen, etwas Ungesetzliches zu tun, sollten sie an die schrecklichen Vollstreckungen denken, denen sie beigewohnt hatten. Deshalb hängen auch die Porträts der Diktatoren überall bei allen Untertanen. Ihre Gesichter sollen die Menschen abschrecken und davon abhalten, das Gesetz zu brechen oder zu rebellieren.«

»Und was heißt das jetzt?«, fragte Jack.

»Also«, sagte Wilhelm und streckte einen Flügel in Richtung Himmel.

»Terror wirkt wie diese öffentlichen Strafen, siehst du das nicht? Terror hat durch einzelne, spektakuläre, gewalttätige Begebenheiten einen ebenso generellen Effekt. Brennende Hochhäuser, Menschen, die aus den Fenstern springen, explodierende Flugzeuge, Tote auf Marktplätzen und so weiter und so weiter. Spektakuläre Bilder und damit bestens geeignet als politisches Werkzeug, da diese Bilder eine weitverbreitete, generelle Furcht schaffen. Dabei ist das Risiko, bei einem Terroranschlag ums Leben zu kommen, minimal. Erkennst du das nicht? Das ist die uralte Strategie... Und was ist das Pendant zu den Porträts der Diktatoren, wenn du jetzt an den Terror denkst?«

»Keine Ahnung. Ich bin mir nicht sicher, ob ich verstehe, was du meinst.«

»Aber das ist doch klar. An den Terroranschlägen waren nur ein paar wenige Muslime beteiligt, trotzdem spielt der Islam eine Rolle. Der einfache Muslim ist dadurch zum Sinnbild des Terrors geworden, zum Sinnbild eines grausamen Todes. Verstehst du?«

»Vielleicht, aber warum erzählst du mir das?«

»Nun ja, aus demselben Grund habe ich den maskierten Rächer erschaffen. Ich wollte der Furcht ein Gesicht geben.«

Jack wusste nicht, was er antworten sollte. Andererseits war die Situation zu ernst, um sich von Wilhelms Gerede verführen zu lassen, weshalb er ihm tief in die Augen blickte und sagte: »Jetzt hör mir mal gut zu. Der Grund, weshalb ich hier bin, ist, dass die Leute in der Stadt über dich reden. Sie wollen sich das nicht mehr gefallen lassen.«

»Es sind neue Zeiten, Jack. Wir, die Unterdrückten, erheben uns...«

»Jetzt hör auf, Wilhelm, hör endlich auf. Verstehst du das denn wirklich nicht?«

»Was?«

»Wenn du damit weitermachst... dann schläfern die dich ein. Hast du das jetzt endlich kapiert?«

»Aber das ist doch total abwegig. Warum wirst du dann nicht ...«
»Das ist etwas anderes. Ich sage nicht, dass das gerecht ist, aber es ist etwas anderes. Die Menschen wollen nicht, dass du ihre Katzen tötest.«
»Ich töte sie ja nicht. Das ist eine maßlose Übertreibung.«
»Aber du greifst sie an. Und das akzeptieren sie nicht. Sie reden bereits davon, dich einschläfern zu lassen.«
Jack sah die Furcht in Wilhelms Augen – eine Furcht, wie er sie nicht mehr gesehen hatte, seit Wilhelm von dem Falken angegriffen worden war.
»Aber das ist doch total ungerecht.«
Jack zuckte mit den Schultern.
»Ja, mag sein, aber so ist es halt.«
Wilhelm setzte sich auf einen kleinen Schemel und starrte leer vor sich hin.
»Haben sie wirklich gesagt, dass sie mich einschläfern lassen wollen?«
»Ja, wenn das so weitergeht.«
Jack setzte sich.
»Wilhelm, hör mir zu. Noch ist nichts passiert. Lass die Angriffe auf die Katzen einfach sein. Das war ja auch nicht der Sinn deines Verteidigungssystems, oder?«
Wilhelm schüttelte langsam den Kopf.
»Aber was, wenn ich mich verteidige und sie glauben, dass ich angefangen habe?«
»Das ist doch gar nicht mehr nötig. Wenn ich das richtig sehe, nehmen die Katzen Reißaus, wenn sie dich nur von Weitem sehen.«
Wilhelm lächelte inmitten all der Mutlosigkeit.
»Ja, das tun sie.«
»Es ist wichtig, dass du verstehst, dass auch du eine Rolle spielen musst, Wilhelm. Wie die Flüchtlinge. Du hast ja selbst gesagt, dass sie dankbar sein müssen.«
Jack dachte nach.
»Oder all die Drohnen und Roboter, die für uns arbeiten. Sie alle haben eine Funktion. Gehen sie kaputt, werden sie repariert oder wegge-

schmissen, nicht wahr? Wir sind doch auch so etwas wie Roboter. Hast du nie darüber nachgedacht, was unsere Funktion ist?«

Wilhelm sah zu Jack auf wie ein Kind zu seiner Mutter.

»Nein.«

»Unsere Funktion ist es, lieb und nett zu sein, richtig gute Kuscheltiere, besser als die normalen Haustiere, die nicht denken können. Erfüllen wir diese Erwartungen nicht, sind wir nicht besser als kaputte Drohnen, die aussortiert werden, verstehst du?«

Jack hatte diesen Gedanken nie so klar vor Augen gehabt wie in dem Moment, in dem er ihn aussprach. Wilhelm war erschüttert.

»Aber das ist ja furchtbar«, sagte Wilhelm leise.

»Ja, in gewisser Weise ist es das.«

Kapitel 29

Der Europäische Frühling, eine Performance

Stig hatte die Zusage für eine Halle in Sakskøbing bekommen. Sie war nicht ideal, aber groß genug für ein paar Hundert Zuschauer. Die eigentliche Aufgabe bestand jedoch darin, die Teilnehmer für die Performance zu finden, also die alten Männer und jungen Frauen. Er hatte mit einer Casting-Agentur gesprochen, die unter anderem für *Paradise Hotel* gecastet hatte, und die zuständige Person meinte, dass sie mit ziemlicher Sicherheit wenigstens eine Frau finden könne. Schwieriger sei es mit den alten Männern. Er hatte mit einigen gesprochen, die sehr positiv eingestellt waren, bis ihnen klar geworden war, dass sie die Muttermilch wirklich trinken sollten. Danach waren sie abgesprungen. Stig hatte sich nicht vorgestellt, dass es für die Alten derart grenzüberschreitend war, ein bisschen Muttermilch zu trinken. Er hatte auch schon über eine Alternativlösung nachgedacht, bei der die Milch, die aus den Brüsten lief, gewöhnliche Kuhmilch war, zugeleitet über einen Schlauch, aber er wollte die Idee des Werkes nicht kompromittieren. Dachte man richtig nach, war es eigentlich auch schon beklemmend genug, Kuhmilch zu trinken. Oder Milch von irgendeinem anderen Tier. Warum tranken die Leute keine Schweinemilch, wenn sie Milch so sehr liebten, und warum war es ekliger, Milch von einem Menschen zu trinken als von einer Kuh? Warum machte man keinen Schweinekäse? Er arbeitete bereits zwei Wochen an der Vorbereitung des Projekts und hatte erst eine Teilnehmerin, die ihm die Casterin besorgt hatte. Er dachte schon darüber nach, das ganze Projekt fallen zu lassen, als Trumborg anrief und mit einem Mal, zu Stigs großer Überraschung, Interesse an der Performance zeigte. Warum er seine Meinung geändert hatte, wusste Stig nicht, die Neuigkeit war aber fantastisch. Das Projekt hatte eine viel größere Reichweite, wenn er es statt in Sakskøbing im Louisiana machen konnte. Die Nachricht erfüllte Stig mit neuem Selbstvertrauen und frischer Energie. Er wollte alles in allem mindestens drei Frauen haben. Die Casterin konnte ihm keine weiteren besorgen, sodass er sich entschloss, ein paar Prostituierte anzuheuern. Was auf den ersten Blick einfach aussah, erwies sich dann aber als viel schwerer als gedacht. Er fand zwar relativ rasch eine obskure Webseite, auf der man von einem Tag auf den anderen Huren mit Milch in den Brüsten bestellen konnte, gegen Aufpreis sogar bestimmter Ethnien, das Angebot wechselte aber von Tag zu Tag. Trotzdem war Stig überzeugt davon, kurzfristig drei oder vier Frauen für die Show buchen zu können. Wie alt oder welcher Herkunft, war ihm ziemlich egal.

Als Stig zum zweiten Mal im Louisiana vorsprach, war die Stimmung von Grund auf anders. Er hatte Jack mitgenommen, und niemand wagte es, dem Hund den Zutritt zu verwehren. Außerdem musste Stig sich nicht einmal an der Rezeption melden, sondern wurde von Trumborgs Assistentin abgeholt. Voller Entgegenkommen zeigte sie ihm den Ausstellungsraum, in dem die Performance stattfinden sollte. Es gab sogar ein kleines Hinterzimmer, in das sich die Darsteller nach der »Vorstellung« zurückziehen konnten. Auch Trumborg selbst war wie ausgewechselt, als fände dieser Besuch in einer Parallelwelt zu der statt, in der er sich beim ersten Mal befunden hatte.

»Stig!«, rief Trumborg und breitete die Arme aus, als träfe er einen engen Freund. Die Veränderung war derart groß, dass Stig fast ein wenig beklommen war.

»Hallo«, erwiderte Stig.

»Komm rein, so komm doch rein!«

Sie setzten sich in sein Büro. Auf dem großen Flügel am Fenster spiegelte sich das Licht des Øresund. Auf dem Tisch standen Kaffee und eine Flasche Highland Park Whisky bereit.

»Willst du einen kleinen?«

»Ja, aber wirklich nur einen kleinen. Ich bin mit dem Auto hier.«

Trumborg goss ihm das halbe Glas voll.

»Nun, ich hatte ja einige Zeit, um über deine Idee nachzudenken, und inzwischen finde ich sie richtig gut. Ja, sie begeistert mich förmlich.«

Stig wusste nicht, was er sagen sollte, sodass Trumborg einfach weiterredete. »Manchmal muss man zweimal über etwas nachdenken. Anfangs war ich voller Ablehnung, aber als ich abends im Bett lag und noch einmal darüber nachdachte, kriegte ich die Idee nicht mehr aus dem Kopf. Das Ganze hat tatsächlich etwas.«

Stig wusste noch immer nicht, was er antworten sollte, sodass eine peinliche Stille aufkam. Schließlich sagte Trumborg:

»Hast du schon jemanden gefunden?« Er lachte. »Alte, die mitmachen wollen?«

»Ja, ja, das läuft. Es war sogar leichter, als ich erwartet hatte«, log Stig.

»Wirklich? Ist ja toll. Ich dachte, dass das schwierig werden könnte.« Wieder folgte ein längeres Schweigen, das schließlich Jack mit einem klagenden Jaulen füllte, als spürte er, wie quälend die Stille war.

»Ich wusste gar nicht, dass ihr nach Lolland gezogen seid?«

»Ja, das sind wir.«

Trumborg lächelte, und mit einem Mal verstand Stig, warum Trumborg seine Meinung geändert hatte. Auch er wollte nach Lolland. Vielleicht hoffte er auf Stigs Hilfe.

Stig wollte nicht weiter darauf eingehen und sagte beiläufig: »Also, wenn es sonst nichts gibt.«

Er stand auf.

»Willst du noch einen Rundgang machen?«

»Nein, danke. Ich habe genug mit den Vorbereitungen zu tun.«

»Tja, dann. Ich habe meiner Assistentin Annette deine E-Mail-Adresse gegeben. Sie wird dir bald schreiben. Wegen Versicherungsfragen und so was.«

»Okay.« Stig stand auf und reichte Trumborg die Hand.

»Na, dann freuen wir uns auf den *Europäischen Frühling*.« Trumborg lachte.

Stig ging mit Jack noch kurz ans Meer, bevor er nach Hause fuhr.

Stig schob es schon seit Tagen vor sich her, aber er musste zu Christian, um herauszufinden, ob dieser sich an den Unfall erinnerte.

Er atmete tief durch und klopfte an. Pam ließ ihn herein. Christian lag nackt im Bett, eine Hand auf der Stirn, als hätte er Schmerzen oder dächte nach.

»Christian«, begann Stig und versuchte, bewusst fröhlich zu klingen.

Christian richtete sich auf und rieb sich die Augen.

»Spendierst du eine Tasse Kaffee?«, fragte Stig. Christian nickte und zog seinen Morgenmantel an.

»Es ist drei Uhr nachmittags, Christian.« Stig lächelte, aber Christian erwiderte das Lächeln nicht.

Sie gingen in die Küche und setzten sich. Pam servierte den Kaffee. Christian hatte seinen Morgenmantel nicht zugemacht, sodass man seinen dicken Bauch über dem kleinen Glied sehen konnte. Er war ungekämmt und starrte leer vor sich hin. Stig dachte, dass er ihn gar nicht erst nach den Zeichnungen oder nach Details des Unfalls zu fragen brauchte. Andererseits musste er sich sicher sein, weshalb er den Skizzenblock hervornahm und auf den Tisch legte. Christians Blick war noch immer abwesend. Stig öffnete das Buch, blätterte zu den Zeichnungen der alten Männer vor, die gestillt wurden, und zeigte auf die Skizzen. Hinter sich hörte er Jack jaulend an der Tür kratzen, aber der musste jetzt warten.

»Erinnerst du dich daran, Christian?« Er sah zu Pam, die Essen vorbereitete, aber sie hatte Kopfhörer aufgesetzt und hörte nicht, was sie besprachen. Christian warf einen kurzen Blick auf die Zeichnungen, schien sie aber nicht wiederzuerkennen. Stig wollte wissen, wie viel er wirklich verstand und warum er nicht antwortete, weshalb er um den Tisch herumging und sich neben ihn setzte.

»Christian, wie geht es dir?«

Christian sah ihn mit benebeltem Blick an. »Seeeehr guuuut«, brachte er langsam heraus. Stig lächelte. Er war also da, reagierte aber trotzdem nicht auf die Skizzen. Jack kratzte mittlerweile so heftig an der Tür, dass Stig aufstand und ihn hereinließ. Jack lief direkt zu Pam, die Schweinefleisch briet. Er stellte sich auf die Hinterbeine und war damit mehr als einen Kopf größer als das Mädchen. Als Christian Jack wahrnahm, stand mit einem Mal die blanke Angst in seinen Augen. Er stand auf und wich jammernd wie ein Kind nach hinten zurück. Jack sah es und reagierte mit lautem Knurren. Christian begann zu heulen. Als Jack die Ohren anlegte und drohend auf Christian zuging, packte Stig ihn am Halsband, zog ihn aus dem Haus und schloss die Tür. Der Hund knurrte wie besessen, und drinnen im Haus heulte Christian weiter, als hätte er nicht bemerkt, dass Jack nicht mehr da war. Stig ging wieder ins Haus und versuchte, Christian zu beruhigen, aber der gebärdete sich immer schlimmer, woraufhin Pam die Musik auf ihrem iPhone ausschaltete und Christian eine knallharte Ohrfeige gab. »Hinsetzen!«, schrie sie und zeigte auf den Stuhl. Christian blieb wie angewurzelt stehen und starrte die kleine Thailänderin mit Angst in den Augen an. Er hatte die Hand auf die Wange gelegt. Pam blieb stehen und zeigte weiter auf den Stuhl, bis Christian mit gesenktem Kopf Platz nahm.

»He afraid of dog«, sagte sie lachend, bekam dann aber Mitleid mit Christian und ging zu ihm. »You drink coffeeee.« Christian sah zu ihr auf wie zu einem Engel und rang sich ein Lächeln ab. Sie nahm seine Hand und führte sie unter ihrer Bluse zu ihren Brüsten, wo er etwas herumfingern durfte. Als er aber wie ein Autist auf seinem Stuhl vor und zurück rutschte, nahm Pam seine Hand weg und sagte: »First drink coffeee.« Sie ging zurück an den Herd, und Christian trank seinen Kaffee. Er versuchte sogar, alles in einem Schluck hinunterzukippen, wofür der Kaffee aber viel zu heiß war. Stig ging, ohne dass jemand es bemerkte, ins Atelier, um noch ein letztes Mal zu überprüfen, ob sich nicht irgendwo Bilder versteckten, die er übersehen hatte. Er war sich sicher, dass ihm Christian bei der bevorstehenden Ausstellung keine Probleme machen würde.

Im Atelier war alles wie vor dem Unfall. Es war nicht mehr so vollgestopft wie das Atelier in der Farvergade, trotzdem hatte sich bereits eine ganze Menge angesammelt, das aber auf seltsam ästhetische Weise verteilt war. Besonders ein Tisch fiel auf, auf dem ein Stapel Bücher neben einem Krug mit Kugelschreibern lag. Daneben stand eine Schneidemaschine. Vier Streichholzschachteln stapelten sich übereinander, zusammengehalten von einer roten Schleife. Auch ein paar Briefe waren auf diese Weise zusammengebunden worden. Hinter den Büchern standen zwei Schachteln. Eine mit Kabeln, die andere mit Batterien. Und am Rand des Tisches war ein alter Bleistiftspitzer montiert worden. Ein Stein und ein Briefbeschwerer aus Silber lagen auf einem Stapel Papiere, auf denen Christian ein paar vorsichtige Bleistiftstriche gemacht hatte.

Vor all dem ungleichen Chaos stand ein winziger Zinnsoldat und verwandelte die Unordnung auf dem Tisch in eine Landschaft aus Wäldern, Bergen und Tälern, über der am blauen Himmel die Sonne in Form einer Messinglampe prangte. Wo er all diese Sachen gefunden hatte, wusste Stig nicht, aber Christian musste einen Großteil seiner Zeit genutzt haben, um alles so zu arrangieren. Es sah irgendwie hübsch aus, wobei das nicht das richtige Wort war. Ganz sicher folgte es aber einer gewissen Ästhetik. Hinter der Staffelei standen zwei weitere Bilder von behinderten Mädchen. Sie waren gut gemalt, und jetzt, da Christian selbst behindert war beziehungsweise einen Hirnschaden hatte, sprachen die Bilder eine andere Sprache. Stig rollte die Leinwände zusammen und schlug sie in eine Decke ein, um sie mit nach Hause zu nehmen. Man konnte nie wissen.

Auf der Staffelei stand ein neues Bild. Stig hatte sich erst gar nicht dafür interessiert, da er davon ausgegangen war, dass es ein weiteres Bild der *Retarded Girl*-Reihe war. Das Gemälde war noch nicht fertig, aber das Motiv war bereits deutlich zu erkennen. Es war Jack. Jacks Kopf aus unmittelbarer Nähe. Er sah bedrohlich aus, geradezu boshaft. Seine gelben Augen starrten den Betrachter auf unangenehme Weise an. Es war meisterlich, dabei war das Bild noch lange nicht fertig. Erstaunlich, dass Christian noch malen konnte, dachte Stig. Diese Fähigkeit musste in einem Teil des Hirns stecken, der nicht verletzt worden war. Stig trat ein paar Schritte zurück, damit er das Bild besser betrachten konnte. Es war faszinierend, glich es Jack doch aufs Haar … und auch wieder nicht. Er starrte ein paar Minuten auf das Bild, dann lief ihm ein Schauer über den Rücken, und für einen Moment blieb ihm die Luft weg. Das war er! Es war Stig, den Christian gemalt hatte, in Jacks Gesicht. Kannte man ihn nicht, sah man das nicht, ansonsten war er deutlich zu erkennen. Jacks Gesicht war zu schmal, und der Ausdruck in seinen Augen war der Ausdruck in Stigs Augen.

Stig taumelte aus dem Atelier, ritt nach Hause und stellte die Bilder in seinen Keller. Dann machte er einen langen Ausritt. Er musste den Kopf freibekommen, fragte sich aber die ganze Zeit, was dieses Bild zu bedeuten hatte. Erinnerte sich Christian doch an etwas? Würde ihm mit der Zeit klar werden, was geschehen war? Oder war das Bild an sich schon eine Anklage? Was, wenn die Polizei es sah? Stig beschleunigte das Tempo. Jack rannte neben ihm her, die Zunge weit aus seinem Hals. Manchmal sah er mit seinen schmalen Augen zu ihm auf. Nein, niemand oder nur sehr wenige würden einen Zusammenhang zwischen dem Bild und dem Unfall sehen. Offiziell war es ja nur ein Unfall, und selbst wenn, bewies das Bild gar nichts. Außerdem, was hatte er schon getan? Gut, er hatte Christian bedroht und ihn sich etwas zu hart vorgenommen, aber schließlich war Christian selbst rücklings ins Regal gestolpert. Es war ein Unfall gewesen, nicht mehr und nicht weniger. Er brauchte sich keine Sorgen zu machen.

Nach einer Stunde machte Stig sich auf den Rückweg, immerhin musste er eine Menge Leute anrufen. Er hatte den Eindruck, als respektierte Jack ihn mehr, seit er richtig reiten konnte. Als unterschiede er nicht mehr zwischen ihm und dem Pferd, wenn er im Sattel saß. Vielleicht kam er ihm dann größer und stärker vor. Auf jeden Fall sah er ihn immer voller Respekt an, wenn sie nach Hause kamen, und auch die Tatsache, dass dem Hund nach der langen Tour die Zunge weit aus dem Rachen hing, war für Stig so etwas wie eine Anerkennung. Jack lief in die Küche, trank etwas Wasser und verschwand dann nach draußen auf die Terrasse. Stig setzte sich ans Telefon und rief ein paar Pflegeheime an, um sich zu erkundigen, ob dort vielleicht alte Männer lebten, die bereit wären, an der Ausstellung teilzunehmen. Aber es war beinahe unmöglich, das Projekt sachlich vorzustellen. Die meisten legten gleich auf, wenn Stig endlich, nach viel Herumgerede, zum Kern der Sache kam und vom Stillen erzählte, einige wollten ihn sogar bei der

Polizei melden. Er telefonierte den ganzen Tag – ohne Erfolg. Dann rief er Künstler an, die er kannte, und fragte sie, ob sie jemanden kannten, der interessiert sein könnte, oder ob deren Großväter vielleicht teilnehmen wollten. Klappte auch das nicht, war es wenigstens eine gute Werbung für die Performance, eine indirekte Art von Publicity in der Kunstszene. Aber auch dort fand er niemanden. Ein einziger alter Mann würde ja schon reichen. Er fuhr nach Kopenhagen und ging ins Floss. Vielleicht fand er dort ja einen alten Bekannten, der gestillt werden wollte. Das Lokal war nur halb voll. Er ging zu Per, dem der Laden jetzt gehörte, und erklärte ihm die Situation. Per erkannte sofort die Coolness des Projekts und glaubte auch jemanden zu kennen, der interessiert sein könnte, wenn er denn Geld dafür bekam. Stig war bereit, fünftausend Kronen direkt auf die Hand zu zahlen. Per rief den Mann an und nickte Stig noch beim Telefonieren über den Tresen zu. Der Mann hieß John Rudolf und war perfekt, wie Stig auf dem Facebookprofil des Alten sah, das Per ihm zeigte. Im Oberkiefer fehlten ihm sogar ein paar Zähne.

»Du solltest ihn im Laufe des Tages zur Sicherheit noch einmal anrufen, aber ich werde es ihm auch noch mal sagen«, meinte Per.

Stig nickte dankbar und fuhr nach Hause. Am nächsten Tag buchte er die Prostituierten. Drei Frauen, die alle gerade stillten. Sie wollten nur tausend Kronen pro Auftrittsstunde. Alle drei waren Osteuropäerinnen, aber der Mann am Telefon garantierte Stig, dass sie weiß waren, als wäre das etwas, womit oft Schindluder getrieben wurde. Stig verstand diesen Punkt nicht ganz. Damit war alles weitestgehend klar. Jetzt musste er nur noch Emil auftreiben, aber das sollte kein Problem sein. Er freute sich sogar darauf, ihm alles zu erzählen.

Emil nahm den Hörer ab, klang aber unglaublich müde. Stig erklärte ihm, wie alles ablaufen und wann er vor Ort sein sollte. Emil sagte nur »Okay«, »Ist gut« und »Tschüss«, bevor er auflegte. Dieser kleine, undankbare Arsch. Immerhin hatte Stig alles arrangiert. Dabei musste Emil nur auftauchen und die Lorbeeren und das Geld einstreichen. Stig bereute es erneut, nicht daran festgehalten zu haben, selbst der Urheber dieser Skizzen zu sein. Aber die Angst, dass ihm nicht geglaubt werden könnte, war zu groß gewesen, dabei gab es maximal zwei oder drei Leute, die ihn durchschauen würden. Jetzt würde Emil die Ehre und einen Teil des Geldes einstreichen, ohne dafür auch nur einen Finger zu heben, vermutlich genau wie in seiner Kindheit irgendwo in Frederiksberg, Hellerup oder wo er sonst aufgewachsen war.

Stig starrte leer vor sich hin, als ihm klar wurde, dass er vergessen hatte, auf welcher Idee das ganze Projekt eigentlich beruhte. Warum verwandte er so viel Zeit für diesen Scheiß?

In den nächsten Tagen ritt er kreuz und quer über Lolland, einfach um wieder bessere Laune zu bekommen. Er hatte sich entschlossen, einen Jagdschein zu machen, wollte aber nicht mit Gewehr, sondern mit Pfeil und Bogen jagen. Er hatte viel darüber nachgedacht, denn wenn er ausritt, sah er eine Unmenge von Tieren, die Jack aufstöberte. Gleich nach der Ausstellung wollte er sich für einen Kurs anmelden. Plötzlich hörte er einen Schrei. Wie von einem kleinen Kind. Jack war nicht zu sehen. Er ritt in die Richtung, aus der das Geräusch gekommen war, und rief mit angsterfüllter Stimme: »JACK! JACK!« In Gedanken stellte er sich bereits vor, dass Jack ein Kind angefallen hatte. Er trieb das Pferd weiter an. »JACK!«, rief er. Als er die Stelle erreichte, sah er Jack auf einem Büffelkalb liegen, die Zähne fest in die Kehle des Tieres geschlagen. Jack sah Stig an und blinzelte ihm vertraulich zu. Stig wusste nicht, was er tun sollte. Es war klar, dass Jack keine Nutztiere reißen durfte. Dass er mal ein Schaf oder ein Lamm riss, war kaum zu vermeiden, aber Schweine und Kühe waren tabu. Trotzdem konnte Stig sich nicht davon freisprechen, so etwas wie Stolz darüber zu spüren, dass sein Hund ein derart großes Tier zu Boden werfen konnte. Er setzte sich hin und zündete sich eine

Zigarette an, während Jack das Kalb tötete. Als es still am Boden lag, ließ Jack das Tier liegen und lief zu Stig, um sich sein wohlverdientes Lob zu holen. Stig fuhr mit den Fingern durch das glänzende, graue Fell.

»Wie stark du doch bist, Jack, wie stark.« Jack jaulte, schloss die Augen und genoss den Moment. Stig ließ Jack fressen, der mit all seiner Kraft große Fleischstücke aus dem Kalb riss. Als Jack fertig war, schnitt Stig ein paar große Steaks für sich und Elisabeth heraus. Er dachte nicht einmal daran, das Tier zu begraben. Sollten die Leute doch denken, was sie wollten. So etwas passierte halt, wenn man die Tiere frei herumlaufen ließ. Die Elster flog herunter und begann zu fressen.

Dann kam der große Tag. Stig zog schon morgens seine besten Sachen an. Eine braun karierte Barbour-Tweedjacke mit Kapuze, ein cremefarbenes Zeeland-Hemd, einen Barbour-Pulli aus grüner Baumwolle, Brees-Knickers, rote Merino-Jagdsocken mit Quasten, ein Paar Oxford-Schuhe und eine kleine, hellbraune Rey-Pavon-Ledertasche, die am Gürtel befestigt war. Auch das Jagdmesser steckte er ein. Er rief Emil an, legte aber auf, bevor dieser antworten konnte. Er wollte sich die Laune nicht durch ein Gespräch mit diesem kleinen Narren verderben.

Dann fuhr er zum Louisiana. Jack und Elisabeth begleiteten ihn. Draußen standen die Menschen bereits Schlange. Stig verstand es nicht gleich. Er glaubte, es handele sich um den ganz normalen Publikumsverkehr oder dass noch eine andere Ausstellung lief, aber Trumborg sagte ihnen schließlich, dass sie alle gekommen seien, um *Europäischer Frühling* zu sehen. Sowohl der dänische Rundfunk als auch TV2 und der Sender 24/7 waren da. Die Kameras waren bereits aufgebaut worden, und natürlich wollten alle gleich einen Kommentar von Stig.

»Wo ist der tiefere Sinn, einen alten Mann von einer jungen Frau stillen zu lassen?«, fragte die Journalistin vom DR und klang dabei trotz ihrer jungen Jahre etwas verärgert.

»Nun, ich sehe darin so etwas wie eine ultimative Geste, tausendmal stärker als jede Umarmung.« Stig war hochzufrieden mit seiner Antwort. Sie wollte noch weitere Fragen stellen, aber er ging einfach weiter. So, genau so musste das laufen. Er durfte ihnen nicht zur Verfügung stehen, durfte nicht zur Zielscheibe ihrer kleinbürgerlichen Verärgerung werden. Es war viel besser, nur kurze Antworten zu geben, statt sich in langen Erklärungen zu verzetteln. Ihm wurde in diesem Moment allerdings schmerzhaft bewusst, dass er Emil nicht gebrieft hatte. Ob der junge Künstler überhaupt damit rechnete, dass die Presse vor Ort war? Es war sicher das erste Mal, dass sich jemand für seine Arbeit interessierte. Sah man einmal von seiner Familie ab.

Die Prostituierten kamen rechtzeitig. Formal gesehen waren alle weiß, obwohl eine, deren Haare lila gefärbt waren, aus dem Nahen Osten zu kommen schien. Sie wirkte extrem jung, aber Stig ging davon aus, dass sie volljährig war. Immerhin arbeitete sie als Prostituierte. Ihr Name war Kelly. Stig forderte sie auf, die zahlreichen Piercings abzunehmen, die sie im Gesicht hatte. Die lila Haare konnten sie mit einem Kopftuch abdecken. Die zweite Prostituierte, eine wirklich schöne, junge Frau, stellte sich mit ganzem Namen vor. Krystal Night, ein verbales Kunstwerk, das sexy war und doch auch an die Kristallnacht 1938 erinnerte. Stig wusste nicht, ob sie keine Ahnung hatte oder Neonazi war, hatte aber nicht die Zeit, das herauszufinden. Die letzte Frau, Irena aus der Ukraine, war auffallend groß. Sie war nicht dick, aber kräftig gebaut.

Den Frauen wurde ein Backstage-Raum zugewiesen, wo sie sich fertig machen konnten. Sie wollten noch ihre Stripkleider und Latexwäsche anziehen. Stig passte das nicht. Er hatte gar nicht an die Bekleidung gedacht, aber das Beste wäre es sicher, sie sähen so normal aus wie eben möglich. Reizwäsche ging gar nicht, und die Sachen, in denen sie gekommen waren, passten auch nicht zu dem Anlass, dafür sahen sie zu nuttig und osteuropäisch aus.

Elisabeth rettete den Tag, indem sie nach unten in den Louisiana-Shop ging und drei Blusen kaufte, die für den Anlass perfekt waren. John Rudolf und Emil waren noch immer nicht gekommen. Emil konnte er verschmerzen, aber John brauchte er. Stig rief ihn immer wieder an, aber der Alte ging nicht ans Telefon. Stig begann zu schwitzen, zog seine Tweedjacke aus und registrierte, dass Irena das Jagdmesser an seinem Gürtel bemerkte.

»It's okay, it's for hunting«, beruhigte Stig sie.

Es klopfte, und Emil kam herein. Er war überraschend gut gelaunt.

»Der DR ist hier«, sagte er.

Natürlich war Emil, wie alle anderen, den Medien hörig, obwohl die Aufmerksamkeit, die ihm entgegengebracht wurde, vollkommen unverdient war. Er hatte sein ganzes Leben als erlöster, nichtssagender Künstler verbracht, für den sich mit Recht niemand interessiert hatte. Dass er sich da über die plötzliche Aufmerksamkeit freute, war nur allzu verständlich.

»Was hast du denen gesagt?«

»Nur, dass es ganz normal ist, gestillt zu werden.«

»Gut, das ist gut. Sag nicht mehr als das, okay?«

»In Ordnung.«

»Gut.«

Alles war bereit, nur der Alte fehlte noch immer. Stig ging nach draußen, um eine Zigarette zu rauchen und den Alten noch einmal anzurufen. Endlich nahm er den Hörer ab. Es war fünf Minuten vor eins.

»Hallo, John. Bist du unterwegs?«, fragte Stig beunruhigt.

John lallte irgendetwas. Stig verstand kaum ein Wort, glaubte aber, so etwas wie »absagen« zu hören.

»Es macht nichts, dass du getrunken hast. Komm einfach direkt hierher, okay?«

»Verdammt, ich bin in Hamburg«, sagte John und legte auf. Die Katastrophe war damit perfekt, denn so schnell würde er niemals Ersatz finden. Es war schwer genug gewesen, überhaupt jemanden zu akquirieren. Er sog ein letztes Mal an der Zigarette und warf sie wütend in einen Busch.

Vielleicht lag es daran, dass er erst kürzlich im Floss gewesen war oder die Performance um keinen Preis der Welt absagen wollte, aber auf einmal fühlte er sich wie Fritz Fatal oder wie der andere Sänger, der aus dem After geblutet, aber trotzdem weitergesungen hatte. Jetzt war er an der Reihe. Jetzt war Zeit für Nastig. Resolut betrat er den Backstage-Raum.

»John kommt nicht. Ich übernehme seinen Part.« Niemand sagte etwas. Stig öffnete die Tür und warf einen Blick in den Saal. In der Mitte des Raumes standen drei Stühle, um die mehrere Hundert Menschen im Kreis saßen.

»Go and sit on the chairs«, sagte Stig zu den Prostituierten, als ihm bewusst wurde, dass er sich über den Ablauf überhaupt keine Gedanken gemacht hatte. Wie sollten die Frauen den Saal betreten? Wie und wann sollte er ihnen folgen? Und vor allem, wie sollte er sich hinlegen und an ihren Brüsten trinken? Auf Kellys Knien konnte er unmöglich liegen. Dafür war sie viel zu klein. Er musste improvisieren. Die Frauen traten ein und setzten sich. Stig wartete noch etwas. Er zog seine Jacke an. Wenn schon untergehen, dann mit Stil, dachte er und fühlte sich wie ein zum Tode Verurteilter. Er streckte den Rücken, knöpfte die Jacke zu, öffnete die Tür und betrat unter dem Klatschen der Zuschauer den Saal.

Wenn man als logisch denkender, erwachsener Mensch vor drei Frauen steht, die einen stillen sollen, beginnt man mit derjenigen, die links außen sitzt. Man liest ja auch von links nach rechts. Ganz außen saß aber Kelly. Elisabeth hatte ihr ein schwarzes Kopftuch umgebunden, mit dem sie wie eine Muslima aussah. Stig war doppelt so groß wie sie. Er kniete sich zwischen ihren Beinen hin, während sie die Bluse hochzog und ihre Brüste entblößte. Dann begann er zu saugen. Es fühlte sich falsch an, sehr falsch. Ganz anders, als er es sich vorgestellt hatte. Nicht wie Kunst, sondern wie eine Pornovorführung. Stig saugte fester und fester, und plötzlich kam die Milch. Sie schmeckte extrem süß und war warm. Instinktiv zog er den Kopf zurück, ließ aber den Mund offen. Kelly spritzte ihre Milch in seinen Mund und über sein Gesicht. Sein Rachen füllte sich, und er musste schlucken, wollte er nicht ertrinken. Sein Magen begann sich zusammenzuziehen, und ihm wurde übel. Er fühlte sich wie ein Kannibale. Oder als pisste einem jemand in den Mund. Stig empfand ein gewaltiges Unbehagen und sackte auf dem Boden zusammen. Kelly setzte sich auf ihn und melkte ihre Brüste, sodass gleich zwei Strahlen auf ihn herabspritzten. Es war unerträglich süß. Er krabbelte von ihr weg. Elisabeth bot ihm ein Handtuch an, aber er wollte es nicht. Was getan werden musste, musste ordentlich getan werden. Wenn schon, denn schon.

Als Nächstes krabbelte er zu Krystal Night, die sich bereit gemacht hatte. Er kniete sich vor ihr hin und legte den Kopf in den Nacken. Ihre Brüste waren größer. Er schloss die Augen, und sie begann, sich zu melken. Ihre Milch schmeckte anders, vollkommen anders. Auch sie war unerträglich süß, aber erträglicher, dabei wirkte sie fettiger. Trotzdem begann Stigs Magen wieder zu krampfen. Tränen pressten sich in seine Augen. Es war kaum auszuhalten, aber Krystal machte einfach weiter. Ohne eine Spur von Mitleid in ihrem Blick. Irgendwann richtete Stig sich auf und drehte ihr den Rücken zu, um wieder zu Atem zu kommen. Es war okay, dachte er. Bald war es überstanden. Er setzte sich wieder hin, legte den Kopf auf ihre Schenkel und ließ sich weiter stillen, bis nichts mehr kam. Dann erbrach er etwas Milch auf den Boden und kroch weinend zu Irena. Sie hob ihn auf ihre Knie, nahm seinen Kopf und legte seinen Mund an ihre Riesenbrust. Instinktiv, wie einem Reflex der Natur folgend, begann Stig zu saugen, bis die warme Milch seinen Mund füllte. Viel zu schnell, sodass er kaum mit dem Schlucken nachkam. Irena kannte keine Gnade und hielt ihn mit eisernem Griff fest. Er bekam noch mit, wie sie etwas in einer Sprache rief, die er nicht verstand. Das Ganze wirkte wie eine Folterszene, bei der sie etwas aus ihm herauspressen wollte. Stig zog den Kopf mit aller Kraft weg und spuckte die Milch aus, um Luft zu bekommen. Schleim rann aus seiner Nase, aber Irena ließ nicht locker. Sie sagte wütend etwas auf Ukrainisch und zog seinen Kopf wieder an ihre Brust, sodass er einfach saugen musste. Er schluckte dreimal, dann musste er sich erbrechen, und dieses Mal erbrach er sich richtig. Es kam alles aus ihm heraus. Erst die Milch und dann all das andere, das er noch im Magen hatte. Irena war plötzlich ganz ruhig. Sie sprach leise auf ihn ein und klopfte ihm sanft auf den Rücken. Ihre Worte klangen tröstend. Als er fertig war und still am Boden lag, begannen die Leute jubelnd zu klatschen. Sie waren vollkommen aus dem Häuschen. Elisabeth und Emil geleiteten Stig in den Backstage-Raum, wo er sich wusch und dann die Frauen bezahlte, die sofort gingen.

»Das war echt stark, Stig«, sagte Emil mit unverhohlener Bewunderung.

»Wenn man es schon tun muss, sollte man es auch richtig tun, nicht wahr?« Stig wollte lachen, spürte aber, dass er dann noch einmal brechen müsste.

»DR und TV2 wollen mit dir sprechen«, sagte Emil entschuldigend. Stig nickte müde. Jack hatte neben Elisabeth gestanden und alles verfolgt. Auch er schien ihn zu bewundern. Winselnd drückte er seine Schnauze auf Stigs Füße. Dann sah er flehend zu ihm auf. Elisabeth legte ihre Arme um ihn und küsste ihn auf die Wange.

»Das war wirklich beeindruckend, Schatz. Und? Fahren wir jetzt nach Hause?«

Stig nickte. Die Presse interessierte sich mehr für Stig als für Emil. Schließlich hatte er sich stillen lassen, aber er beantwortete nur wenige Fragen. Er war zu müde und schlief auf dem Weg nach Hause ein.

Der Europäische Frühling entfachte im Nachhinein eine heftige Debatte. Die Linken deuteten das Werk als einen kritischen Kommentar über den mehr und mehr verbreiteten Hass auf Muslime und die immer wieder an sie gerichtete Forderung, ihre Kultur aufzugeben, sich zu unterwerfen und stattdessen einen Beitrag zu leisten, damit unsere ebenso privilegierte wie dekadente Lebensform erhalten blieb.

Die Muslime hingegen waren wütend, sodass sowohl Emil als auch Stig Todesdrohungen bekamen, was den beiden im Gegenzug Sympathien beim rechten Flügel einbrachte, der das Recht auf freie Meinungsäußerung forderte und sie für ihren Mut und ihre Kompromisslosigkeit lobte. Stig war auf Lolland in Sicherheit, aber Emil wurde eines Tages in Nørrebro überfallen, als er mit seiner Geliebten unterwegs war. Ihm wurde dreißigmal in den Hals, den Bauch und in die Brust gestochen, sodass er verblutete, noch ehe der Rettungswagen eintraf. Seine Geliebte überlebte auch nur kurz, denn ihre Milz war von einem Messer verletzt worden. Die Attentäter waren zehn Jungen zwischen zwölf und achtzehn Jahren. Alle geboren und aufgewachsen in Dänemark.

Die Morde führten zu weiteren Demonstrationen, bei denen gefordert wurde, dass noch mehr Muslime nach Frederiksstad deportiert werden sollten.

Kapitel 30

Der Affe Felix

Felix' Arme und Beine waren die meiste Zeit fixiert, sodass er sich nicht selbst schaden oder die Leitungen herausreißen konnte, die sein Hirn mit einem großen neuralen Netzwerk verbanden, das neben ihm auf einem Rolltisch stand. Sie brauchten einen großen Computer, um aktiver arbeiten zu können als mit den Chips. Je nachdem, wie Felix' Hirn sich entwickelte und auf die Stimulationen reagierte, musste sie die Impulse rasch justieren können. Elisabeth ging jeden Abend noch einmal ins Institut, um Felix für einen Moment freizulassen und mit ihm zu spielen. Stig kam allein zurecht. Sie las Felix dabei auch vor, wie sie es früher bei Emma gemacht hatte. In den Hirnscans sahen sie, dass die menschlichen Gliazellen und Neuronen, die sie eingesetzt hatten, zahlenmäßig gewaltig zugelegt hatten und sich noch immer vermehrten. Der Effekt war viel stärker als bei den Mäusen. Felix war erst zwei Monate alt, sodass Elisabeth ihm noch Milch aus einer Flasche gab. Sie hielt es kaum aus, ihn abends oder nachts zu verlassen, und schlief manchmal sogar bei ihm im Keller, damit er nicht so lange fixiert sein musste. Überhaupt setzte es Elisabeth mehr und mehr zu, dass Felix jede Nacht fixiert war, noch dazu allein in einem Keller. Sie fürchtete überdies das Risiko, dass er dadurch einen psychischen Schaden davontrug. In der Folge entwickelten sie deshalb einen metallenen Helm für Felix, in dem die Leitungen saßen, sodass er sie sich nicht aus dem Kopf ziehen konnte. Den Computer versiegelten sie in einer geschlossenen Box, wenn sie nicht damit arbeiteten, sodass er sich mitsamt dem Rolltisch wenigstens ein bisschen bewegen konnte. Nachts durfte Elisabeth ihn mit nach Hause nehmen. Als sie zum ersten Mal mit dem kleinen Affen in ihr Haus gekommen war, hatte Jack neugierig an ihm geschnuppert. Stig hielt ihn am Halsband fest, um ihn jederzeit wegziehen zu können, sollte er aggressiv werden, aber Jack begann fürsorglich zu jaulen und Felix das Fell abzulecken. Der Affe wurde schnell ein Teil der Familie. Er schlief sogar bei ihr und Stig im Bett. Nachts wachte er auf und wollte essen, und Elisabeth und später auch Stig standen dann auf und wärmten ihm die Milch in seiner Saugflasche auf. Felix führte sich in vielerlei Hinsicht wie ein menschliches Baby auf. Elisabeth fuhr ihn im Kinderwagen spazieren und machte Bilder von ihm, wenn er auf Stigs nacktem Bauch schlief. Es war, als erlebten sie die Zeit, in der Emma ein kleines Kind war, noch einmal, nur mit einem kleinen Affen statt Emma und in einem Dorf in einer fernen Vergangenheit oder einer ebenso fernen Zukunft.

Als Emma noch ein Baby gewesen war, hatte Elisabeth nicht oft an sich selbst gedacht, was dieses Mal anders war. Aus irgendeinem Grund dachte sie immer wieder an ihre Jugend.

Kurz nach dem Beginn ihres Medizinstudiums hatte sie sich in einen Kommilitonen verliebt. Aber irgendetwas hatte gefehlt, und außerdem ... worüber sollten zwei Ärzte reden, wenn nicht über ihr Fach? Alle Ärzte gehen ganz in ihren Aufgaben auf. Vielleicht hatte sie sich deshalb in Stig verliebt. Er war das blanke Gegenteil jedes Arztes gewesen. Sie wusste damals nur, dass er Nastig genannt wurde, seinen richtigen Namen kannte sie nicht. Er hatte etwas Schmutziges, Kaputtes, und das gefiel ihr. Er war wie ein Straßenjunge. Einer, der aus der wirklichen Welt kam, zu der sie sich hingezogen fühlte, ohne je ein Teil davon gewesen zu sein.

Als sie Stig traf, hatte sie keine Ahnung davon, wie schlecht es ihm in seiner Jugend ergangen war und wie sehr sein Vater ihn im Stich und später ganz alleingelassen hatte. Auch seine Mutter hatte sich nie wirklich um ihn gekümmert.

Eines Tages, sie kannten sich schon Monate, waren sie ins Staatliche Kunstmuseum gegangen, wo sie etwas über Stig und ihre Beziehung erkannte, das sie gleichermaßen berauscht und irritiert hatte. Als er in seiner engen Jeans und dem T-Shirt mit den abgerissenen Ärmeln vor ihr hergegangen war und sich zu ihr umgedreht und sie angelächelt hatte, war ihr schlagartig bewusst geworden, dass sie die Erste war, die ihm mit Liebe begegnete, und welche Macht damit verbunden war. Es lag an ihr, ihn von einer nicht liebenswerten Person in eine liebenswerte zu verwandeln. Von einem Menschen, der von niemandem Liebe erwartete, ja der nicht einmal wusste, was Liebe war, in jemanden, der geliebt wurde. Über Jahre hinweg hatte sie seine Veränderung beobachtet. Das war ihr Geheimnis gewesen. Es faszinierte sie, einen Menschen zu erschaffen und zu formen. Was sie damals mit Stig gemacht hatte, unterschied sich nur wenig von dem, was jetzt mit Felix passierte. Auch Felix war Teil einer Welt, zu der sie keinen Zugang bekommen und die sie niemals verstehen würde.

Felix lag mit Windeln und seinem kleinen Helm auf dem Kopf im Bett. Er träumte. Sie sah seine Augen zucken und wie er manchmal eine Hand hob. Er war so klein, sein Fell so dünn und struppig.

Elisabeth transportierte ihn auf einem Kindersitz in einem Lastenfahrrad. Sie fuhr frühmorgens gegen fünf, um niemandem zu begegnen. Das war die einzige Bedingung, die James gestellt hatte, wenn sie den Affen mit nach Hause nahm. Eines Morgens radelte sie mit ihm durch den Wald. Es war noch nicht einmal fünf Uhr, aber bereits hell. Die Drohnen waren noch bei der Arbeit und summten über ihnen herum. Felix lag im Sitz, sah nach oben in den Himmel und lachte, wenn eine Drohne vorbeiflog.

»Das sind Drohnen, mein kleiner Schatz ... Drohnen«, sagte Elisabeth.

Kapitel 31

Emma kehrt heim

Emmas Abreise stand dicht bevor. Von Aya und ihrem Pferd hatte sie sich bereits verabschiedet. Das war's.

Im Alter von zwölf Jahren war sie einmal eingewiesen worden, weil sie sich selbst mit einem Messer verletzt hatte. Es war nichts Ernstes gewesen, was Stig und Elisabeth aber nicht davon abgehalten hatte, trotzdem mit ihr zur Psychiatrischen Ambulanz zu fahren. Der Arzt hatte ihr Valium gegeben. Ähnlich war es jetzt. Es ging ihr nicht wirklich schlecht, aber ihr war irgendwie alles egal, und die Menschen um sie herum registrierte sie nicht einmal. Jeden Tag war sie zwei Stunden im Fitnesszentrum. Sie wechselte zwischen drei verschiedenen Zentren, damit niemand Verdacht schöpfte und sie wegen ihrer Erkrankung rauswarf. Außerdem musste sie all die Zeit, die sie hatte, ja auch irgendwie sinnvoll füllen.

Sie hatte sich einen Fensterplatz im Flugzeug besorgt. Afrika lag wie ein dunkler Teppich unter ihr, nur hier und da dekoriert mit kleinen Lichtflecken, sicher Millionenstädte. Sie dachte an ihren Hals. Glaubte, Krebs zu haben, aber das war okay, es spielte keine Rolle. Sie machte sich nicht einmal die Mühe, ihre Lymphdrüsen abzutasten. Gab es Knoten, dann gab es eben Knoten. Es war ihr egal, ob sie lebte oder starb.

Stig, Elisabeth und Jack holten sie am Flughafen ab. Jack war ganz aus dem Häuschen, sie zu sehen, und seine ekstatische Freude tat ihr gut. Emma bohrte ihre Nase in sein dichtes Fell, und Jack leckte ihr wild das Gesicht ab, bevor er sich auf den Boden legte und seine Freude herausheulte. Emma sah zu Elisabeth, die lächelnd zu verbergen versuchte, dass sie sich Sorgen machte. Emma erwiderte ihr Lächeln. Sie umarmten sich, und dann umarmte sie auch Stig. Es war gut, wieder zu Hause zu sein. Trotz allem.

Emma hatte über lange Zeit keine Medikamente genommen, trotzdem ging es ihr zu Hause wieder besser. Sie trainierte auch weniger, sodass sie mit dreiundzwanzig Jahren zum ersten Mal ihre Menstruation bekam. An den Wochenenden ging sie mehr und mehr aus und lernte so schließlich auch jemanden kennen. Sein Name war Viggo. Es war, als begänne ihr Leben von vorn. Als wäre das Leben, das sie zuvor gelebt hatte, nur ein schlechter Traum gewesen, aus dem sie endlich erwacht war.

Ganze Nächte lang hatte sie Sex mit Viggo. Mit ihm war es aus irgendeinem Grund unkompliziert. Sie tranken Rotwein, hatten Sex und hörten Musik. Sie konnte es sogar genießen.

Morgens gingen sie irgendwo brunchen. Schlenderten gemeinsam durch die Stadt und trafen einige seiner Freunde. Nie zuvor hatte sie so viele Menschen gesehen, aber sie mochte sie, und auch sie wurde gemocht.

Trotzdem fühlte sie einen Abstand zwischen sich und den anderen, schließlich kannten diese sich schon seit der Grundschule. Sie erzählten pathetische Geschichten über sich: wie einer auf dem Fahrrad gestürzt war und ein anderer sich betrunken hatte. Ihre

Unbekümmertheit störte sie. Wie sie derart kleinen, gleichgültigen Begebenheiten so viel Gewicht beimessen konnten, obwohl sie doch komplexe, hoch entwickelte Geschöpfe waren, die ein Recht auf alles Mögliche hatten. Ihr gefiel auch nicht, wie Viggo mit seinen Eltern redete, wenn sie ihn anriefen. Er war immer sauer und abweisend, wie nett und fürsorglich sie auch waren. Manchmal, wenn sie morgens in seiner Wohnung aufwachte, stellte sie sich vor, dass Milat neben ihr lag und schlief. Der Gedanke ließ sie auch beim Frühstückmachen nicht los, und sie stellte sich vor, wie sie neben ihn ins Bett kroch und seinen Nacken küsste. Sie hatte Lust auf ihn. Sie vermisste ihn, und sie spürte, dass sie jetzt auch Sex mit ihm haben könnte.

Ein halbes Jahr nachdem sie nach Hause gekommen war, bekam sie eine SMS von Milat. Der Text war kurz.
»Ich vermisse dich«, schrieb er, sonst nichts.
Sie antwortete sofort, dass auch sie ihn vermisste, und trennte sich noch am selben Tag per SMS von Viggo. Ab diesem Moment schrieben sie sich jeden Tag, abends und in der Nacht unterhielten sie sich via Skype. Fatima war von ihrem Mann geschlagen worden, und Milat hatte ihn daraufhin verprügelt. Er hatte ein blaues Auge bezogen. Seine Mutter war an Krebs erkrankt. Emma wäre gerne bei ihm gewesen, um ihn in die Arme zu nehmen. Er sah so jung aus, aber er war ja auch erst zweiundzwanzig.

Wenige Monate später starb Milats Mutter. Er hatte Emma eine SMS geschrieben, und danach hatte sie ein paar Wochen lang nichts mehr von ihm gehört. Als er sich dann wieder meldete, war er wie ausgewechselt. Er erzählte, dass er gemeinsam mit Fatima den Antrag stellen wollte, zurück nach Dänemark zu kommen. Er meinte, sie hätten gute Chancen. Sein Notendurchschnitt sei sehr gut, und auf lange Sicht würde er auch Fatima und ihre drei Kinder versorgen können. Sie hatte in der Zwischenzeit einen weiteren Jungen bekommen. Vier Monate später wurde der Antrag behandelt. Milat erhielt eine Aufenthaltsgenehmigung für Dänemark. Der Staat hieß ihn willkommen, und er bekam eine Unmenge von Informationsmaterial über Dänemark, als wäre ihm das Land vollkommen unbekannt. Im Grunde war das aber alles egal, denn Fatimas Antrag war abgelehnt worden, und ohne seine Schwester wollte Milat nicht reisen. Nach einer Weile gelang es Emma dann aber doch, ihn zu überreden, nach Dänemark zu kommen. Als Arzt verdiente er dort viel mehr, sodass er Fatima Geld schicken und so besser für sie sorgen konnte, als wenn er bei ihnen blieb.

Emma holte Milat am Flughafen ab. Es war, als wäre nicht ein einziger Tag vergangen, seit sie ihn das letzte Mal gesehen hatte. Sie liebte ihn wie am ersten Tag. Eine geschlagene Viertelstunde standen sie dicht umschlungen am Flughafen, ohne etwas zu sagen. Dann fuhren sie mit der Metro nach Nørreport. Milat starrte aus dem Fenster und saugte alles in sich auf. Es war lange her, dass er Kopenhagen gesehen hatte. Sie setzten sich in ein Café und tranken eine Tasse Kaffee, bevor sie zu ihr nach Hause fuhren.

Milat begann zu weinen. Sie setzte sich zu ihm und nahm ihn in den Arm. »Was ist denn, Schatz?«, fragte sie.

»Ich habe so oft an das hier gedacht«, stammelte er nur.

Als sie nach Lolland kamen, wusch und trocknete sie seine Kleidung. Sie sammelte alles in einem Haufen auf dem Boden zusammen, und dann begannen sie gemeinsam, die Sachen zusammenzulegen. Ihre Sachen waren vermischt mit seinen. Ihre Unterhosen mit seinen Unterhosen. Er nahm ein ausgedehntes Bad, und sie zog sich aus und ging zu ihm. Dann legte sie sich nackt ins Bett, und kurz darauf kam er zu ihr. Auf diesen Moment hatte er seit vielen Monaten gewartet. Er legte sich neben sie und küsste sie. Sie war nicht mehr so verkrampft, wie sie es in Frederiksstad gewesen war. Sie fühlte sich freier und erwiderte seine Küsse. Und dann waren sie zusammen, und zum ersten Mal konnte sie es genießen.

Kapitel 32

Eine Renaissance für die Kunst

Stigs Galerie übertraf alle Erwartungen. Er hatte dreißig Künstler unter Vertrag, die alle Designvorlagen entwarfen, die die Drohnen dann ausführen konnten. Darunter Zeichnungen, Muster, Ornamente, ja sogar Statuen. Vielen der Künstler war bereits eine Wohnung auf Lolland angeboten worden, und die übrigen hofften darauf, auch bald an der Reihe zu sein. Nina und einige der anderen Künstler unterwiesen Interessierte im Zeichnen und Malen, andere in Grafikdesign und Bildhauerei. Die Galerie war mit der Zeit zu einer richtigen, kleinen Kunstschule geworden, sodass Stig mehr Platz brauchte. Der Erfolg der Galerie hatte vielleicht auch damit zu tun, dass die Menschen auf Lolland so viel Freizeit hatten. Er kaufte das dreistöckige Haus, in der die Galerie lag, und richtete in den Räumlichkeiten über der Galerie eine Kunstschule ein. Nakskov und die anderen Städte auf Lolland hatten sich mit den Jahren komplett verändert. An allen Häusern und Fassaden prangten Reliefs, Blumenornamente oder geschnitzte Tiere, ja manchmal sogar historische Geschehnisse. Die Wohnräume der Menschen waren so kunstvoll ausgemalt, dass der Detailierungsgrad sogar den der alten Meister überstieg. Die Nikolai-Kirche gleich gegenüber der Galerie wurde mit Tausenden kleiner Statuen ausgeschmückt, die man an allen möglichen Stellen wie an einem Weihnachtsbaum platzierte. Und in das Mauerwerk wurde ein riesiges Relief geschlagen, das die Geschichte Nakskovs von der Wikingerzeit bis zur Gegenwart darstellte. Das Interesse der Menschen für die Kunst im Allgemeinen wurde dank der Drohnen immer größer, und viele begannen, in ihrer Freizeit zu malen, Gedichte zu schreiben oder zu musizieren.

Wenn Stig nicht in der Galerie war oder Kontakte zwischen seinen Künstlern und den Bürgern vermittelte, machte er mit seinem Pferd lange Ausritte, immer begleitet von Jack. Er hatte begonnen, Pflanzen auszusäen, die es auf Lolland oder in ganz Dänemark nicht mehr gab, um so die Biodiversität der Gegend zu erhöhen. Andere setzten diverse Insekten, Frösche, Schlangen oder weitere Tiere aus. Der Onsebjerg war mittlerweile beinahe fertig. An seinem Fuß wuchs bereits dichter Wald, Bäche und Rinnsale hatten sich natürliche Wege durch die Landschaft gegraben. Stig reiste oft nach Schweden, Norwegen, ja sogar in die Alpen, um Samen von Bäumen und Pflanzen zu finden, die auch noch am Berggipfel wachsen konnten. Bei seiner Arbeit für die Natur bezog er auch die Künstler mit ein. Ulrik Haagerup hatte, wie sich erwies, ein gutes ästhetisches Gespür dafür, welche Farben und damit Blumen man nebeneinander pflanzen konnte. Diese Arbeit war im höchsten Maße zufriedenstellend, und das Resultat enttäuschte nicht: ein wildes Kunstwerk, durch das man reiten und das man aus allen Blickwinkeln betrachten konnte. Ja, man konnte es sogar riechen und sich darin in die Sonne legen und ein Nickerchen machen. Aber es war nicht nur ein Kunstwerk, es war noch viel mehr, denn es entwickelte sich ganz von selbst.

Eines Tages, nachdem Stig über viele Stunden hinweg Pflanzen gesät hatte, saß er oben auf dem Onsebjerg und ließ seinen Blick über Nakskov und den Rest von Lolland schweifen. Er hatte sein Sandwich fast aufgegessen und warf den Rest ins Gras. Jack würde es sich holen, wenn er zurück war. Wo er sich aufhielt, wusste Stig nicht.

Die Sonne schien. Ameisen krabbelten über die langen Grashalme und fanden langsam zu dem Brot. Eine umkreiste es schnuppernd und lief dann zurück. Immer wenn sie einer anderen Ameise begegnete, berührte sie diese mit dem Kopf, und nicht selten brauchte diese Ameise dann ein paar Sekunden, um die Informationen zu verarbeiten. Nach zehn Minuten führte bereits eine Ameisenstraße zum Sandwich, das jetzt unter all den Insekten kaum mehr zu erkennen war. Dabei ist Ameisenhaufen eigentlich eine unzutreffende Bezeichnung, denn die Tiere werfen nicht einfach einen Haufen auf. In Wahrheit besteht dieser Haufen aus einem Wirrwarr an unterirdischen Gängen. Der sichtbare Teil, oft aus Fichtennadeln errichtet, ist bloß die Dachkonstruktion, an der sie ständig arbeiten, um sicherzustellen, dass in den vielen unterirdischen Räumen die richtige Temperatur herrscht. Weit unten befindet sich ein zentraler Raum mit einem großen, weißen Pilz. Die Ameisen fressen nicht, was sie ringsherum finden, zum Beispiel ein Sandwich. Sie tragen es in den Bau, um damit den großen, weißen Pilz zu füttern. Es ist der Pilz, den sie fressen, und sie nutzen diesen auch zum Bauen. Von dem zentralen Raum mit dem Pilz führen in alle Richtungen lange Gänge mit runden Räumen, die wiederum unterschiedliche Funktionen haben. Wird es zum Beispiel in dem Raum, in dem sie ihre Eier aufbewahren, zu warm, senden sie Nachrichten an andere Ameisen, die dann die Nadeln des Haufens anders arrangieren. In Notsituationen bilden sie auch Ketten aus Ameisen, die bis an die Luft führen, um so die Kühle in den Bau zu leiten. Gewisse Ameisen halten Blattläuse als Haustiere in speziellen, optimal temperierten Räumen. Sie reiben den Läusen über die Kopfplatte und verleiten sie damit, ein Sekret auszusondern, das die Ameisen fressen. Stig wusste all das, weil er irgendwann ein Buch über Ameisen gelesen hatte. Der Autor, der das Thema jahrelang erforscht hatte, behauptete, dass man die einzelnen Tiere nicht als Individuen betrachten dürfe, sondern eher als die Zellen eines Körpers, der aus dem ganzen Volk bestand. Werden Ameisen auf einem Küchentisch totgeschlagen, registriert das ganze Volk das bis tief in den Bau hinein. Ein Ameisenvolk ist wie ein Körper aus Zellen, nur ohne einen Körper als äußeren Rahmen.

Stig sprach mit Elisabeth darüber, als sie abends vor dem Kamin saßen. Er fragte sie, wie die Ameisen wissen konnten, was sie tun sollten. Wie sie wissen konnten, was sie zu tun hatten. Oder woher sie wussten, dass ihr Gang nicht einstürzte. Wie konnten sie erfassen, wo die einzelnen Räume liegen mussten, damit die Temperaturen für den jeweiligen Zweck ideal waren? Sie antwortete, dass sich die Neurobiologen ähnliche Fragen über die Funktionsweise des Gehirns stellten. »Das weiß noch niemand«, sagte sie lächelnd. Stig erzählte, er habe einmal eine Sendung über einen Termitenhügel gesehen, den die Forscher in der Mitte durchgeschnitten hatten. Alle Räume des Baus waren verbunden durch einen langen Säulengang, der vom Boden bis nach oben verlief. In etwa wie der im Rundetårn in Kopenhagen. Unten waren die Säulen dick und dicht nebeneinander angeordnet, während sie weiter oben deutlich dünner und in längeren Abständen errichtet worden waren. Woher wissen sie, wie sie das konstruieren müssen? Wie können sie instinktiv bauen, wozu sonst komplizierte statische Berechnungen nötig sind?

Elisabeth sagte wieder, dass dies an das Gehirn erinnere und bislang niemand wisse, wie aus all den physischen und chemischen Prozessen Gedanken und Gefühle, ja ein ganzes Bewusstsein entstehen könne.

»Niemand weiß, wie das Bewusstsein entsteht, auf jeden Fall passiert nichts dergleichen, wenn man ein Gehirn simuliert. Das sind und bleiben dann ganz einfach eine Reihe von miteinander verbundenen Computern«, sagte sie und ergänzte, dass ein amerikanischer Neurologe an der sehr kontroversen Hypothese arbeite, dass nicht die chemischen Übertragungen an den Synapsen des Gehirns das Bewusstsein schaffen, sondern dass dieser Prozess genau umgekehrt funktioniere. Dass sich das Bewusstsein durch die chemischen und physischen Prozesse ausdrücke.

»Was bedeutet das?«, fragte Stig.

Elisabeth lachte. »Das bedeutet, dass man keine Ahnung hat oder dass Gott existiert.«

Kapitel 33

Die Strafe der Unsichtbaren

Die Deportierten waren nach Frederiksstad abgeschoben worden und damit aus dem Blickfeld, und die anderen, die aus unterschiedlichen Gründen um die Deportierung herumgekommen waren, sich aber trotzdem zum islamistischen Terror bekannten, waren untergetaucht und damit ebenso unsichtbar geworden. Die verbliebenen Islamisten hatten sich die Bärte abrasiert und nahmen nicht mehr an öffentlichen Foren teil, sondern kommunizierten nur noch selten und in verschlüsselten Mitteilungen miteinander. Vielleicht hatte deshalb kein einziger europäischer Geheimdienst die Planung des spektakulärsten Terroranschlags in der Geschichte Europas mitbekommen.

Niemand wusste, wie es den Terroristen gelungen war, Atomabfall in solchen Mengen anzuhäufen, ohne dass die Nachrichtendienste der Länder, in denen sie operiert haben mussten, davon Wind bekommen hatten. Auf jeden Fall gelang es fünf Gruppen, sogenannte schmutzige Bomben zu zünden, und zwar gleichzeitig in Paris, Brüssel, London und Kopenhagen. Alles in allem starben an jenem Vormittag achttausend Menschen. Überdies hatten sich Staub und Bombenfragmente über dicht bevölkerte Areale verteilt und diese für lange Zeit unbewohnbar gemacht.

Nach der Deportation der Muslime hatte man in ganz Europa bemerkt, dass die im Land gebliebenen deutlich pragmatischer, demütiger und integrationswilliger geworden waren. Fast keine der Muslima in Dänemark trug noch einen Schleier, sie gingen shoppen, hatten dänische Freunde und heirateten dänische Männer. Es gab weniger Gewalt und weniger Kriminalität. Die verbliebenen muslimischen Schüler unterschieden sich auch in ihrer Leistung nicht mehr von den gleichaltrigen Dänen. Natürlich waren die Menschenrechte der deportierten Muslime missachtet worden, trotzdem waren die meisten Dänen aber der Meinung, dass die Maßnahme richtig gewesen war. Vielleicht hatte man im Übereifer auch Leute deportiert, die man im Land hätte lassen sollen, auf der anderen Seite hatten die Deportationen die Gebliebenen aus den sozialen Zwangsjacken befreit, in denen sie zuvor gesteckt hatten. Außerdem konnte ja auch jeder Bürger von Frederiksstad den Antrag stellen, wieder zurück nach Europa zu kommen.

Weil die Zeit nach den Deportationen so positiv und fortschrittlich war, trafen die Anschläge die europäische Bevölkerung umso härter. Die Betroffenen wurden über Monate mit Jod behandelt und in Notunterkünften untergebracht, während Drohnen die kontaminierten Areale säuberten und radioaktiven Staub und Fragmente entfernten. Zwei Monate nach den ersten Anschlägen wurden Malmø und Barcelona Ziele ähnlicher Anschläge, was dazu führte, dass noch mehr Menschen die Großstädte zu verlassen versuchten. Nach dem Anschlag in Kopenhagen stellten mehrere Tausend Familien Anträge, nach Lolland zu ziehen, und einige fuhren sogar in der Hoffnung, direkt aufgenommen zu werden, mit ihrem gesamten Hab und Gut in Richtung Insel. Nur dank der philippinischen Wachleute konnten sie aufgehalten werden.

Die Anschläge mit den schmutzigen Bomben sollten für viele Jahre die letzten größeren Angriffe auf Europa sein. Keiner der in

Europa verbliebenen Muslime sympathisierte mit den Attentätern oder besser gesagt Terroristen. Hinzu kam, dass die Religionsherrschaft im Iran wenig später abgelöst wurde und schließlich auch in Syrien, Irak und Ägypten westlich gesinnte Diktatoren an die Macht kamen. Mithilfe von Überwachungsdrohnen aus Lolland schlugen die neuen Herrscher schon den kleinsten Aufstand nieder und erstickten jedweden religiösen Extremismus. Weltweit wurden die dschihadistischen Bewegungen wenn nicht ausgerottet, so doch zur Unbedeutsamkeit reduziert.

Kapitel 34

Ein Bericht für eine Akademie

Felix war mittlerweile ein Jahr alt. Er konnte bereits einige Worte sprechen und wurde im Institut rundum geliebt. Die Entwicklung seines Gehirns schien von selbst vonstattenzugehen, weshalb man das externe Netzwerk auf einen Chip von der Größe einer Streichholzschachtel reduziert hatte, der an seinem Schädel befestigt war.

Felix war nicht gerade pflegeleicht und erinnerte in vielerlei Hinsicht an ein gewöhnliches Menschenkind. Als man zu dem Schluss kam, dass er soziale Kontakte und die Gemeinsamkeit mit Gleichgesinnten brauchte, ließ man ihn in einen normalen Kindergarten gehen, was sich als nicht praktikabel erwies. Wenn die Kinder im Wald waren, kletterte Felix hoch in die Bäume und weigerte sich, wieder nach unten zu kommen. Außerdem hatte er mehrmals Kinder gebissen, weil sie ihn gehänselt hatten. Als er einen gleichaltrigen Jungen fast totbiss, nachdem dieser Affengeräusche gemacht hatte, weil er mit Felix spielen wollte, war allen klar, dass Felix im RAID bleiben musste.

Obwohl er die strenge Order hatte, das Gebäude nicht zu verlassen und ganz sicher nicht zu versuchen, in den Käfig der anderen Affen zu gelangen, ging es eines Tages doch schief. Felix nutzte die Freundschaft mit Maybrit aus, der Tierpflegerin des Instituts, und klaute ihr die Schlüssel, als sie auf der Toilette war. Er öffnete den Affenkäfig und ging zu den anderen Affen hinein, die das junge Tier sofort attackierten. Einige Forscher im RAID hörten das Geschrei und konnten Felix im letzten Moment retten. Nur dank einer stundenlangen Operation blieb er am Leben.

Elisabeth wich nicht von seiner Seite und verbrachte mehrere Wochen im Krankenhaus.

»Du darfst nicht zu den anderen Affen gehen, Felix«, sagte sie und streichelte ihm zärtlich über die Stirn.

»Felix ist Affe«, antwortete er und sah mit seinen eng stehenden Augen zu ihr auf.

Elisabeth bot an, Felix in der langen Rekonvaleszenzphase bei sich zu Hause aufzunehmen. Als er zwei Jahre alt war, zog er permanent zu Stig und Elisabeth und wurde ein Teil der Familie – mit allem, was dazugehörte. Sie gingen offen mit ihm in die Stadt, denn die Gerüchte über den kleinen, intelligenten Affen hatten auf ganz Lolland längst die Runde gemacht. Bei den Bewohnern von Nakskov war er schnell beliebt, was nicht erstaunlich war, wenn er sonntags stolz wie ein Pfau mit einer kleinen Geldbörse in der Hand zum Bäcker ging und mit heller Stimme sagte: »Ich hätte gerne ein Sakskøbingbrot.«

Aber Felix war bald schon nicht mehr das kleine Paviankind, das alle liebten. Schon als Vierjähriger war er ausgewachsen und bei Weitem nicht mehr so süß. Seine Eckzähne waren Furcht einflößend und sein roter Arsch ebenso groß wie abstoßend – jedenfalls aus Sicht der meisten. Er musste tagsüber mehrere Stunden an die frische Luft, damit er keinen Ausschlag bekam, und er roch kräftig, weil er mittlerweile geschlechtsreif geworden war. Seine geistigen Fähigkeiten waren so enorm, dass er im Bruchteil einer Sekunde über das neurale Netzwerk, mit dem sein Hirn noch immer gekoppelt war, die anspruchsvollsten Rechenaufgaben lösen konnte, sozial funktionierte er aber weniger gut. Ihm fehlte jegliches Feingefühl, wenn es um andere Menschen und ihre Beziehung zu ihm ging. So verstand er zum Beispiel weder Ironie noch die kleinen Scherze, die Menschen oft in sozialen Zusammenhängen machten. Dieses Defizit wurde zu einem immer größeren Problem, je älter er wurde, denn mit dem Alter wurde er nicht ruhiger, sondern immer aggressiver. Selbst Jack knurrte ihn an, wenn er sich zu dicht näherte oder ihn zu streicheln versuchte.

Elisabeth und Stig unterrichteten ihn selbst, entweder zu Hause oder im RAID und manchmal auch in der Galerie. Der Unterricht bestand darin, Menschen und Tiere zu treffen, ihre Körpersprache und die Unterschiede der jeweiligen Situationen zu erkennen und entsprechend zu reagieren und das Temperament zu zügeln. Stigs Künstler waren mit Felix natürlich vertraut. Sie begrüßten ihn und redeten mit ihm, wenn sie in der Galerie waren. Felix vertraute Nina einmal an, dass er sich als Menschenaffe manchmal schrecklich allein fühle, und sie übertraf sich selbst, als sie auf ihre selbstzentrierte Art und Weise entgegnete, dass sie genau wisse, wie er sich fühle. Es gehe ihr nämlich schon das ganze Leben so.

Als er sechs Jahre alt war, ließ man ihn die Oberstufe eines gewöhnlichen Gymnasiums in Maribo besuchen. Nicht, damit er etwas lernte, dafür sorgte schon das neurale Netzwerk, sondern um den sozialen Umgang mit anderen Jungen zu lernen. Felix hatte trotz seines erwachsenen Affenkörpers ein junges Wesen. Die gesamte Weltpresse erschien, als er mit seiner kleinen Affenschultasche und seinen neuen Affenkleidern vor der Schule stand. Felix gefiel die Aufmerksamkeit nicht, die ihm zuteilwurde. Am liebsten wäre er ein ganz normaler Junge gewesen.

Er freundete sich mit einem Mädchen aus seiner Klasse an. Ihr Name war Leonora. Vielleicht sah Felix mehr und vielleicht auch etwas anderes in dieser Freundschaft als Leonora, auf jeden Fall ging die Sache auf einem Schulfest schief. Felix hatte mit ein paar Freunden getrunken, er hatte getanzt und Spaß mit Leonora gehabt, aber irgendwann zog er sie dann an den Haaren in ein Treppenhaus und versuchte, sie zu vergewaltigen. Leonora schrie, und einige der Jungen und auch ein paar Lehrer versuchten, Felix zu beruhigen und dazu zu bringen, Leonora gehen zu lassen. Das Ganze endete damit, dass er dem Sportlehrer in die Hand biss und anschließend aus der Stadt in den Wald floh. Am nächsten Tag wurde er gefangen genommen. Seine Festkleidung war zerrissen, er war todunglücklich und erinnerte sich an nichts. Man verurteilte ihn, er kam jedoch mit einer Bewährungsstrafe davon. Der Richter betonte, dass Leonora ein rotes Kleid getragen habe und dass dieses Rot einen betrunkenen Pavian an den roten Po eines Pavianweibchens erinnern könne. Außerdem hatte Felix Leonora eigentlich nur einen Schrecken eingejagt. Natürlich konnte er nach diesem Vorfall nicht länger in der Schule bleiben, und auch das Wohnen bei Stig und Elisabeth ging nicht mehr, da er zu unberechenbar geworden war und eine Gefahr für seine Umgebung darstellte. Elisabeth und Stig ließen ihm ein kleines Holzhaus in einem geschlossenen Gehege errichten, von wo aus er von einem Balkon Aussicht auf das Paviangehege hatte. Felix wohnte in den folgenden fünf Jahren in seinem kleinen Häuschen und liebte es, abends mit einem Glas Wein auf seinem Balkon zu sitzen und die Paviane durch sein Fernglas zu beobachten. Auf demselben Balkon schrieb er auch den Roman *Ein Bericht für eine Akademie*, der von seiner Entwicklung vom normalen Pavian zu einem hochbegabten Menschenpavian handelte. Das Buch war inspiriert von der gleichnamigen Novelle von Kafka und dessen Thema, aber während Kafkas Novelle reine Fiktion war, war Felix' Roman eine Autobiografie. Der Roman wurde auf der ganzen Welt ein großer Erfolg, zum einen, weil es der erste seiner Art war, zum anderen, weil sich viele in der Geschichte einer Person wiederfanden, die sich weder in die Gesellschaft noch in den eigenen Körper einfinden konnte.

Nur ein Jahr nach Erscheinen des Romans fand man seine Überreste im Paviangehege, in das er selbst eingestiegen sein musste, obwohl oder gerade weil er wusste, dass die wilden Paviane ihn töten würden.

Das RAID experimentierte nie wieder mit Affen, sondern nur noch mit konventionellen Haustieren. Dafür war Felix' Leben zu problematisch gewesen. Außerdem hatte der Fall Felix viele Fragen über künstliche Intelligenz aufgeworfen, insbesondere was das Ziel ihrer Forschung anging. Drohnen und Roboter mit spezieller Intelligenz waren von großer Bedeutung für die Gesellschaft, weil sie all das erledigen konnten, was für die Gemeinschaft essenziell war. Warum sollte man darüber hinaus aber auch noch intelligente Hybriden entwickeln?

Das RAID hatte ein lebensverlängerndes Programm entwickelt, das man den Bewohnern von Lolland zum Kauf anbot. Es war nicht das einzige Institut, in dem eine solche Technologie und die entsprechende Anwendung angeboten wurde, und allen Angeboten war gleich, dass die Behandlung teuer und sehr exklusiv war. Sie bestand aus mehreren Medikamenten, die die Zellalterung verhinderten und den Körper von den toten Zellen reinigte, die sich nicht selbst aufgelöst hatten. Die Medikamente allein reichten aber nicht, um die Alterung aufzuhalten oder sogar umzukehren. Dafür waren biologische Nanoboter zuständig. Ein Mensch, der an der Antialterungstherapie teilnahm, hatte typischerweise fünfzigtausend kleine Nanoboter in sich. Sie besaßen die Größe von Bakterien, bewegten sich in den Adern und Arterien und reparierten und stimulierten den Körper, falls nötig, mit der Stammzellenbehandlung einer Zelle oder Zellgruppe. Im menschlichen Körper befinden sich etwa hunderttausend Kilometer Blutgefäße, und es braucht mindestens zehntausend kleine Roboter, um sie zu reinigen und zu warten. Das Programm bot sogar eine totale Restaurierung des menschlichen Körpers an. Es war dafür nicht einmal nötig, eine neue Leber zu drucken oder andere Organe zu ersetzen. Denn die Nanoboter konnten den Körper innerlich erneuern, Zelle für Zelle, und das schneller, als der Körper verfiel, womit ein ewiges Leben im Prinzip möglich geworden war.

Die neue Technologie war anfangs nicht gerade billig. Den meisten Bewohnern Lollands wurde die Behandlung allerdings gratis angeboten, weil sie dort wohnten und arbeiteten und man ihren Einsatz würdigen wollte. Doch nicht alle bekamen es angeboten, und diejenigen, die nicht am Programm teilnahmen, zogen sich im Alter beschämt zurück. Man betrachtete sie mit einer Mischung aus Scham und Verachtung, weil sie nicht für würdig erachtet worden waren, am Leben zu bleiben.

Die Menschen außerhalb Lollands konnten sich die Behandlung für viel Geld kaufen, und die meisten derjenigen, die davon Gebrauch machten, zogen mit der Zeit auf die Insel, weil es nicht ohne Komplikationen war, in Städten wie Kopenhagen oder Aarhus einer kleinen, nicht alternden Minderheit anzugehören.

Viel später

Elisabeth informierte Jack, dass Wilhelm festgenommen worden war. Er wurde angeklagt, eine Katze angegriffen zu haben, die dadurch auf einem Auge erblindet war. Elisabeth hatte versucht, das Gericht zu einer Bewährungsstrafe zu bewegen, aber die Gesetze waren eindeutig, was intelligente Tiere und Überfälle anging, mit der Konsequenz, dass Wilhelm direkt und ohne Verfahren aus dem lebensverlängernden Programm flog und diesbezüglich auch keinen Widerspruch einlegen konnte.

»*Wo ist er?*«*, fragte Jack.*

»*Ich glaube, er ist wieder zu Hause.*«

Jack ging.

»*Soll ich mitkommen?*«*, fragte Elisabeth.*

»*Nein, ich würde lieber allein gehen*«*, sagte Jack traurig lächelnd. Elisabeth nickte.*

Die Tür stand offen, sodass Jack direkt ins Haus ging, Küche und Wohnzimmer waren aber leer.

»*Wilhelm!*«*, rief Jack.*

»*Ja*«*, antwortete Wilhelm aus seinem Zimmer.*

Jack ging hinein. Der Boden war überall mit Papieren bedeckt, Wilhelm las. Er schien von dem Urteil überhaupt nicht mitgenommen zu sein.

»*Ich musste das ausdrucken und so hinlegen, sonst hätte ich den Überblick verloren*«, sagte Wilhelm, als wäre es ein ganz gewöhnlicher Tag, an dem nichts passiert war.

»*Was ist das?*«

»*Ein Roman. Also, so eine Art Autobiografie.*«

Jack blickte auf ein Blatt, bei dem es sich um die Titelseite handeln musste. Eine kleine Abhandlung über das Leben eines intelligenten Vogels. Das letzte Wort war durchgestrichen, stattdessen hatte er mit Kugelschreiber darüber geschrieben: Tier. Der Untertitel, ebenfalls mit Kugelschreiber geschrieben, lautete: Über meine Freundschaft mit Jack.

Jack versuchte sich zu beherrschen, konnte die Tränen aber nicht zurückhalten. Wilhelm sah ihn überrascht an.

»*Du heulst doch nicht etwa?*«

Wilhelm hüpfte auf Jacks Schnauze, um ihn zu trösten.

»*Ist doch gut, mein alter Freund. Das wird schon wieder*«, sagte er.

Nach ein paar Minuten hatte Jack sich wieder so weit gesammelt, dass er ein paar simple Fragen stellen konnte.

»*Was soll ich denn ohne dich machen?*«

»*Du wirst schon klarkommen, Jack.*«

»*Aber du wirst sterben.*«

»*Ja, ja, aber nicht heute. Und im Grunde, glaube ich, dass es gut ist, wie es ist.*«

»*Gut?*«

»*Ja, du weißt doch, dass ich immer vorhatte, einen Roman zu schreiben, nicht wahr?*«

Jack nickte.

»*Nach dem Urteil habe ich drei Tage lang ununterbrochen geschrieben. Ich habe schon sechsundsiebzig Seiten.*«

»*Wow.*«

»*Ich glaube, ich hätte niemals angefangen, wäre ich nicht verurteilt worden. Als hätte dieses Urteil etwas in mir in Bewegung versetzt. Ich fühle mich am Leben.*« Wilhelm lachte.

Jack war überrascht. Die Stimmung war ganz anders, als er es erwartet hatte.

»Ich fühle mich stark, und ich habe ein Ziel. Das hier«, sagte Wilhelm und zeigte auf die ausgedruckten Blätter. »Das hier wird meine Unsterblichkeit. Und das ist wirkliche Unsterblichkeit. Dafür werde ich in Erinnerung bleiben«, sagte er und zeigte auf die Blätter, um dann einige davon anders hinzulegen.

»Es ist total verrückt, Jack. Früher hatte ich alle Zeit der Welt, um ein Buch zu schreiben, habe es aber nicht gemacht. Jetzt bleibt mir nicht mehr viel Zeit, und ich tue es. Jetzt lebe ich meinen Traum.«

Jack weinte wieder. Die Tränen waren ihm in die Augen gestiegen, als Wilhelm sagte, dass er nicht mehr viel Zeit habe.

»Aber Jack, siehst du denn nicht das Gute daran? Es ist doch das hier, was ich immer wollte. Warum soll man ewig leben, wenn man das, was man sich eigentlich wünscht, doch nicht tut?«

Jack schüttelte den Kopf und schniefte.

»Ich weiß es nicht«, stammelte er.

»Vielleicht dachte ich, nicht gut genug zu sein, weil ich ›nur‹ ...«, Wilhelm machte mit den Flügelspitzen Anführungszeichen, »... ein Vogel bin. Ich glaube, es gilt generell für uns Tiere, dass wir uns intellektuell unterlegen fühlen. Deshalb habe ich den Titel geändert und ›Tier‹ geschrieben. Ich schreibe dieses Buch für mich und für alle anderen intelligenten Tiere auf dieser Welt, damit sie sich nicht weniger wert fühlen.«

Jack saß mit hängenden Ohren da und beobachtete Wilhelm.

Tage und Wochen vergingen, und Jack vergaß seine Traurigkeit immer mehr, denn man gewöhnt sich an die Trauer, weil ja immer wieder ein neuer Tag beginnt.

Aber für diejenigen, die ewig leben, vergeht die Zeit schneller als für die Sterblichen, sodass es sich für Jack anfühlte, als wären nur ein paar Monate vergangen, als Wilhelm mehr und mehr abbaute. Das Alter schlug unerbittlich zu. Er verlor viele Federn, und das verbliebene

Federkleid war im Vergleich zu früher nur noch matt und stumpf. Er arbeitete noch immer an seinem Buch, aber es war mittlerweile klar, dass das Schreiben erst mit seinem Tod enden würde. Er redete viel darüber und nahm Jack das Versprechen ab, das Buch posthum herauszugeben. Für die Rückseite wählten sie ein altes Foto von Wilhelm aus, und obschon es nur ein paar Jahre her war, dass dieses Foto gemacht worden war, erschütterte es sie beide, wie jung und vital er darauf wirkte. Trotzdem war Wilhelm mit dem Bild nicht ganz zufrieden.

»Jetzt sieht es aus wie ein Vogelbuch«, sagte er. Schließlich kam er selbst auf die Idee, ein neues Porträtfoto aufzunehmen und dabei die schwarze Zorro-Maske zu tragen, schließlich handelte das Buch ja, wie er meinte, von einer Revolution.

Das neue Foto war perfekt. Die Maskierung und die fehlenden Federn oben auf seinem Schädel ließen ihn fast menschlich aussehen. Auf jeden Fall wirkte das Buch jetzt nicht mehr wie ein Vogel-Bestimmungsbuch.

Wilhelm schlief tagsüber immer wieder ein, manchmal sogar mitten in einem Satz oder wenn Jack etwas erzählte. Plötzlich hörte Jack dann Wilhelms charakteristisches pfeifendes Schnarchen. Und eines Tages, als er mit Körnern kam, die er die ganze Nacht über eingeweicht hatte, damit sein Freund sie essen konnte, war Wilhelm nicht zu wecken. Er war tot.

Wilhelm wurde auf der Wiese unter der großen Eiche begraben. Als sie den kleinen Sarg in die Erde herabließen und die Leute mit gesenkten Köpfen dastanden, wünschte Jack sich, dass Wilhelm irgendwie sah, dass mehr als hundert Menschen ihm die letzte Ehre erwiesen, darunter alle Kollegen von Elisabeth.

Am Ende der Beerdigung kamen alle einer nach dem anderen zu Jack, um ihm ihr Beileid auszusprechen. Jack machte das nachdenklich. Er war sich bewusst darüber, dass Wilhelm sein bester Freund gewesen war, wurde den Gedanken aber trotzdem nicht los, dass sie zu ihm kamen, weil er wie Wilhelm ein intelligentes Tier war, und dass Wilhelms Tod in gewisser Weise auch sein Tod war oder mindestens ein Vorzeichen seines Todes. Es war, als wollten die Menschen sich bei ihm entschuldigen.

In den folgenden Wochen las Jack Wilhelms Buch. Fünf Tage lang ging er nicht ein einziges Mal vor die Tür. Das Buch handelte von Jack und Wilhelm und von ihrem gemeinsamen Leben. Es handelte von Wilhelms frühsten Erinnerungen als Vogel und von seinem Leben als intelligentes Tier. Er ging auf seine Angst ein, gefressen zu werden, und auf das Gefühl, im falschen Körper zu stecken. Und auch auf die Frage, wer sie – er und Jack – waren und ob in Zukunft noch mehr ihrer Art hergestellt werden würden.

Wilhelm hatte allem Anschein nach Untersuchungen angestellt und dabei herausgefunden, dass man kaum noch intelligente Haustiere entwickelte, weil es zu viele Probleme mit ihnen gegeben habe, da sie »zu selbstständig und damit illoyal und potenziell gefährlich« seien, wie Wilhelm einen chinesischen Wissenschaftler zitierte. Wilhelm kam daher zu der Erkenntnis, dass seine Art nur eine Fußnote der Geschichte war. Für Jack war die Lektüre aus zweierlei Gründen erschütternd: Zum einen bedeutete es, dass Wilhelm in gewisser Weise umsonst gestorben war. Das, was sein großes Werk für zukünftige Generationen von intelligenten Tieren hätte werden und ihn damit unsterblich hätte machen sollen – jedenfalls in seinen Augen –, löste sich in nichts auf, wenn er recht hatte. Denn wer würde das Buch überhaupt lesen, wenn es keine Tiere gab, die sich mit Wilhelm identifizieren konnten, weil sie dieselben Probleme hatten? Zum anderen fühlte Jack sich einsam, ja er bekam sogar Angst, als er diesen Abschnitt las. Denn wenn Tiere wie sie in Zukunft unerwünscht waren, wurde sicher auch er zum Problem, und wer garantierte ihm dann, dass er nicht dasselbe Schicksal erlitt wie Wilhelm?

Das Buch endete mit einem Abschnitt, in dem Wilhelm die Zeit beschrieb, nachdem er aus dem lebensverlängernden Programm geworfen worden war. Sein Leben glich danach dem Leben der meisten Menschen, die lebten und starben, wie es die Menschen schon immer getan hatten. Er war ein Teil des modernen Proletariats, das nicht dieselben Rechte genoss wie die reiche Elite im Westen oder in Asien.

Die Zeit der politischen Ideologien oder Reformen war ein für alle Mal vorbei. Die Gesellschaft wurde von der Entwicklung der neuen Technologien gesteuert, und diese Entwicklung hatte niemand in der Hand. Sie geschah einfach, und dann mussten sich alle den daraus resultierenden neuen Situationen anpassen. Man konnte auf den Gedanken kommen, dass Menschen und Tiere, auf jeden Fall die intelligenten, wieder zu Jägern und Sammlern geworden waren, nur mit dem Unterschied, dass man nicht von der Natur, sondern von der Technologie umgeben war. Und in diesem Wirrwarr aus Kommunikation und leuchtenden Dioden musste jeder seinen Platz für sich und seine Familie finden, um gemeinsam mit der Technologie leben zu können. Wie kleine Parasiten und Bakterien musste man Wege finden, sich an die Dinge zu koppeln und Symbiosen einzugehen.

Jack nahm Kontakt mit einem kleinen Verlag auf, der sich bereit erklärte, das Buch in einer Auflage von fünfzig Exemplaren zu drucken. Als es fertig war, gab es in Stigs Galerie einen kleinen Empfang und eine Buchpräsentation.

Sehr viel später

Niemand hatte darüber nachgedacht, was aus der Nutzung der künstlichen Intelligenz werden würde, aber eigentlich war diese Entwicklung auch auch ganz logisch, denn wenn man fünf Prozent seines Bewusstseins in einem neuralen Netzwerk haben konnte, konnte man dort auch hundert Prozent haben. Das heißt, vielleicht nicht wirklich die vollen hundert Prozent, aber neunzig, und das war mehr als genug.

Mit der Zeit entwickelte man auch Mittel und Wege, sein Bewusstsein in andere Körper zu übertragen. Ob es nun künstliche Roboter waren oder echte Tiere. Man konnte für eine Zeit ein Weißer Hai sein, ein Wal oder ein Adler. Jedes Tier, das ein Gehirn und nicht nur ein Nervensystem hatte, war möglich. Starb man in der Gestalt, die man angenommen hatte, starb nur der Körper, während das Bewusstsein, das auf einer Harddisk im RAID und zur Sicherheit auch noch in anderen Systemen gespeichert war, zurück in seinen ursprünglichen Menschenkörper transferiert wurde, der in dieser Zeit beatmet und medizinisch überwacht wurde. Kam man wieder zu sich, glaubte man, geträumt zu haben, nur dass es kein Traum gewesen war, sondern die scheinbare Wirklichkeit. Das Einzige, das verloren ging, wenn der Wirtskörper starb, war die kleine Computereinheit, die am Schädel des Wirts befestigt war.

Stig war die meiste Zeit ein Tier irgendwo in Afrika oder zu Hause auf Lolland. Irgendwann hatte er sich einen Leopardenkörper gekauft. Der Körper des Tieres war schöner als alles, was er sich jemals bei Guns & Gents kaufen konnte, und eleganter als jedes Auto, das er gefahren hatte. Als Leopard konnte er springen und klettern und mit achtzig Kilometern in der Stunde laufen. Tagsüber lag er auf einem Baum und schlief, und nachts ging er auf die Jagd. Schleichend näherte er sich Antilopen oder Warzenschweinen und tötete sie mit einem Biss in den Hals, sodass sein Mund von dem warmen Blut überquoll. Löwen, die ihr Territorium nicht mit ihm teilen wollten, ließ er in Ruhe und suchte lieber das Weite. Er war ein ganzes Jahr weg, bis er von Löwen getötet wurde, als er beim Herabklettern von seinem Schlafbaum mitten in ihr Rudel geriet. Beim nächsten Mal begleitete Elisabeth ihn, auch Emma und Milat und einmal sogar Jack waren dabei. Sie jagten als Rudel. Man war dabei gleichzeitig man selbst und ein anderer. War man ein Tier, übernahm man einige der tierischen Veranlagungen. Als Leopard wurde man aggressiver, man war mehr im Augenblick anwesend. Ein Leopard hört besser als ein Mensch, seine Nase ist besser, und er kann im Dunkeln sehen. Es war wie früher im Floss, wenn sie Speed genommen hatten, nur berauschender, denn das Gefühl der Stärke war keine Illusion, sondern Realität. Und die Angst der anderen machte etwas mit dem eigenen Selbstwertgefühl. Leopard zu sein war ein ganz spezielles Erlebnis, schlüpfte man in die Haut eines anderen Tieres, erlebte man die Wirklichkeit wieder ganz anders. War man zum Beispiel ein Adler, war es eines der stärksten Erlebnisse, ein kleines, kilometerweit entferntes Tier zu fokussieren, während man durch die Lüfte schwebte. All diesen Wirtserlebnissen war aber gemein, dass man sie sehr bewusst erlebte und ganz bei sich war.

Es gab natürlich Regeln dafür, wie viele Wirte man nutzen durfte, ohne dass die natürlichen Systeme dadurch Schaden nahmen. Außerdem zeigten die meisten Menschen eine unnatürliche Gleichgültigkeit dem Tod gegenüber, wenn sie sich im Körper eines Wirts befanden. Es gab sogar Clubs, wo man sich in den unterschiedlichsten Tierkörpern ganz bewusst tötete, indem man sich in lebensgefährliche Situationen begab oder an sogenannten Todeskämpfen teilnahm.

Um auch weiterhin unberührte Natur zu haben, grenzte man die Bereiche ein, in denen Menschen Tiere sein durften. Außerdem konstruierte man Tierkörper in Laboratorien, sodass die gefragtesten Arten tatsächlich auch verfügbar waren. Die Preise waren sehr unterschiedlich. Ein Leopard kostete eine Million, aber der ging dann auch in den eigenen Besitz über, sodass man ihn bis zum Tod des Tieres behalten konnte. Oder man verkaufte ihn rechtzeitig weiter. Ursprünglich gab es nicht viele Leoparden, was neben ihrer Schönheit einer der Gründe für ihre Exklusivität war. Dasselbe galt teilweise auch für die Adler. Dafür kostete es nicht mehr als zwölf Kronen, eine Ratte oder ein Eichhörnchen zu sein.

War man ein Raubtier, tötete man andere Tiere, um zu überleben. Diese Befriedigung fehlte einem häufig, wenn man anschließend wieder man selbst war. Einige Menschen hatten aber noch ganz andere Gelüste. Sie wollten gejagt und getötet werden. Man konnte das direkt bestellen oder sich als Ziege oder Antilope einfach nach draußen in die Natur begeben und darauf warten, dass ein Raubtier aufkreuzte.

Für manche war es ein Lebensstil, in andere Körper zu schlüpfen, die meisten erachteten dies aber als Ferien. Als eine wohlverdiente Pause von seinem gewöhnlichen Leben im angestammten Menschenkörper. Außerdem war diese Auszeit gut für den eigentlichen Körper, denn die Nanoboter leisteten während der Beatmungszeit ganze Arbeit. Diese Art von Ferien war fantastisch, da man überall hinkonnte. Stig reiste mit seiner Familie zwei Jahre nach Alaska, wo sie als Wölfe lebten. Auch Jack begleitete sie, wollte nach Abschluss der Zeit aber nicht wieder zurück. Er weinte einen ganzen Monat, als sie zurück auf Lolland waren, weil er sich in diesen zwei Jahren zum ersten Mal im richtigen Körper gefühlt hatte und ganz mit sich im Reinen gewesen war.

Man konnte ein Vogel im Himalaja sein oder ein Wal im Stillen Ozean, eine Schildkröte auf den Galapagosinseln, ein Elefant in Afrika oder eine Ratte in Tokios Kanalisation. Und man stellte sich diese Leben nicht nur vor, man lebte sie wirklich. Nach Absprache und gegen eine substanzielle Summe konnte man sich sogar einen Menschenkörper in einem fremden Land kaufen. Milat und Emma hatten ein paar Monate versucht, richtig arm zu sein, und in einem Slum namens Katutura in Namibia gelebt. Später fuhren sie hinunter und besuchten die Familie wirklich.

Einige reiche Jugendliche wurden festgenommen und eingesperrt, weil sie in der Haut afrikanischer Menschen zahlreiche Unschuldige angegriffen und getötet hatten.

War man zu Hause, entspannte man sich. Nur wenige arbeiteten. Man schuf Kunst oder richtete sein Haus neu ein. Nicht selten war man beeinflusst von den Eindrücken, die man in den anderen Körpern gesammelt hatte. In gewisser Weise waren die Fähigkeiten der Tiere nicht bloß physische Eigenschaften. Das Hirn erinnerte sich. Hatte man über längere Zeit als Affe gelebt, konnte man noch ein paar Monate nach der Rückkehr besser in Bäumen klettern.

Die ganze Welt konnte untersucht und erlebt werden, das Leben nahm ja kein Ende. Emma und Milat bekamen einen kleinen Sohn, den sie Ziggy nannten. Er wuchs mit der neuen Technologie auf und nutzte sie wie die natürlichste Sache der Welt. Er wusste gar nicht, dass man anders leben konnte. Die Ältesten waren diejenigen, die in den Achtzigern jung gewesen waren, weshalb die Achtziger immer mehr idealisiert und fast zu einem ikonischen Zeitalter wurden. Die letzte Jugendgeneration unter den privilegierten Unsterblichen, die noch normal gelebt hatte.

Die Technologie war als solche in der Herstellung nicht teuer, trotzdem hielt man die Preise hoch, damit die Welt nicht überbevölkert wurde. Auch wenn die meisten Menschen, die Armen, noch immer starben, bevor sie siebzig waren, leistete niemand Widerstand oder rebellierte gegen das System oder die Elite oder wie man sie nennen sollte. Die Überwachung war aber auch lückenlos. Jeder wurde unablässig von Mikrodrohnen beobachtet.

In der frühen Drohnenzeit waren die Insektendrohnen noch zu erkennen gewesen, wenn man aufmerksam genug war, doch mittlerweile konnte jede lebende Fliege, jede Wespe Geräusche und Bilder aufnehmen, ohne es selbst zu wissen. Natürlich gab es auch Antiüberwachungstechnologie, aber der Beobachtung entziehen konnte sich niemand. Redete man zu kritisch über die aktuelle Situation, oder plante man gar irgendetwas, wurde man von der Polizei geholt. Die Überwachung mit Mikrodrohnen war ursprünglich in Frederiksstad entwickelt worden, um herauszufinden, wen man ruhigen Gewissens zurück nach Dänemark holen konnte und wen nicht.

Später brauchten die Körper, in die man schlüpfen konnte, nicht einmal mehr Gehirne zu haben. Die Nanotechnologie machte es möglich, sogar in mikroskopische Wesen wie Bakterien und Amöben einzutauchen. Man konnte eine Ameise sein, eine Termite, eine Biene, eine Qualle, ein einzelliger Organismus, ja sogar eine Pflanze oder ein Baum. Das alles waren nicht nur großartige Erlebnisse, sie trugen auch wesentlich zur Forschung bei. So war es zur Überraschung aller ein höchst erotisches Erlebnis, eine Blume zu sein. Es war wie ein Mittelding zwischen Schlafen und Sex, wenn die Sonne auf die Blätter schien und man das Wasser in sich aufsteigen spürte. Stig verbrachte viele Vormittage als Pflanze, besonders als Alpenveilchen, eine Art, die er selbst vor vielen Jahren auf dem Onsebjerg ausgewildert hatte. War man ein Baum, spürte man, wie man durch die Wurzeln und eine Unmenge von Pilzen, die mit den Wurzeln Symbiosen eingingen, mit dem Rest des Waldes verbunden war und kommunizieren konnte. Die anderen Bäume warnten einen vor Insektenangriffen, und wenn ein Baum umgestürzt war oder nicht genug Licht bekam, half man ihm, indem man sich mit seinen Wurzeln verband und ihm Nahrung gab. Das einzige Problem des Daseins als Baum war die Langsamkeit. Das Leben war langweilig, es dauerte mindestens zehn Jahre, bis man alles Geschehene auch tatsächlich begriffen hatte.

All die Bewusstseinsübertragungen in fremde Körper in weit entfernten Gefilden führten dazu, dass die Menschen ein immer größeres Verständnis für die Welt bekamen und auch für die grundverschiedenen Weisen, wie man sie erleben konnte. War man einmal eine Landassel gewesen, sah man einen morschen Baumstamm für den Rest seines Lebens anders. Man kannte das lustvolle Gefühl, in den Stamm zu beißen und sich seinen eigenen, kleinen Hohlraum zu schaffen. Stig war mehrmals für kurze Zeit auch eine Ameise gewesen.

Einige Menschen kehrten nur notgedrungen in ihre eigentlichen Körper zurück, wenn ihr Wirt starb, und schlüpften anschließend schnellstmöglich in die von ihnen gewünschte Lebensform zurück. Manchen gefiel das Leben als Eisbär am Nordpol oder in den menschenleeren Weiten Grönlands. Andere zogen das stille Leben in den Ozeanen vor. Emma, Milat und Ziggy waren Monate und Jahre als Pottwale unterwegs, um wirklich zusammen zu sein, solange Ziggy noch klein war.

Jack hatte die Idee, ein Leben als Elster zu versuchen, wie Wilhelm es gelebt hatte. Er vermisste ihn noch immer und wollte die Welt erleben, wie Wilhelm sie erlebt hatte. Stig und Elisabeth unterstützten das Projekt und kauften ihm einen Elsternkörper. Er war nicht teuer.
    Jack flog herum und sah sich um. Er war zuvor schon einmal ein Vogel gewesen, und es war nicht so spannend, wie er es vielleicht gehofft hatte, eine Elster zu sein. Er hüpfte in der Stadt herum, immer auf der Suche nach der Furcht, von der Wilhelm so oft gesprochen hatte, aber er spürte keine Angst. Es war ja auch nicht sein Körper, sodass er wusste, dass ihm nichts passieren konnte, selbst wenn er von einer Katze angegriffen wurde. Als Elster fiel Jack plötzlich Wilhelms alte Höhle wieder ein. Er flog auf den Berg. Der Eingang war noch zugewucherter als zu Wilhelms Zeiten. Er schob sich durch Wurzeln und Pflanzen und hüpfte hinein. Drinnen ließ er seinen Blick über die verstaubten Bücher schweifen, die im Regal standen oder auf dem Tisch lagen. Er entschloss sich, dort oben zu schlafen, damit er den Ort erleben konnte, wie

Wilhelm ihn erlebt hatte. Als die Sonne untergegangen war, zündete er eine Kerze an. Draußen begann es zu regnen. Er blätterte etwas durch die Bücher, hatte aber keine Lust zu lesen. Stattdessen untersuchte er die Höhle näher. Der hintere Teil war etwas seltsam, denn dort stand ein kleiner Stuhl, obwohl Wilhelm sich nicht auf irgendwelche Stühle gesetzt hatte. Was sollte der dann da? Jack nahm ihn weg, das heißt, er wollte ihn wegnehmen, aber der Stuhl war unten mit Eisenbeschlägen an der Wand befestigt, sodass er nur den oberen Teil der Lehne zog. Der Stuhl war ein Handgriff, mit dem sich eine Luke in der Rückwand öffnen ließ. Jack nahm eine Kerze und warf einen Blick hinein. In dem Hohlraum war ein kleines Fach mit lauter glänzenden Dingen, Gegenstände aus Silber und Gold, Glas und kleine Metallsachen. Er erkannte einen Schlüssel, den er vor Jahren verloren hatte, Emmas alte Haarspange, ein paar silberne Kerzenständer, Kristallgläser mit Silberapplikationen und einige kaputte, silberglänzende Drohnen in verschiedenen Größen. Alles war sorgsam nebeneinander arrangiert.

Der Hohlraum sah fast wie ein kleiner Altar aus, ein Ort, an dem fremde Wesen einen fremden Gott anbeteten, als wäre das Arrangement ein Schnipsel aus einer anderen Zivilisation. Es war faszinierend. Wilhelm musste Jahre gebraucht haben, all diese Dinge zu finden, und Monate, sie so zu arrangieren. Vielleicht war das Ganze ja sogar ein Kunstwerk. Inmitten des Arrangements stand eine kleine Silberdose. Der Deckel stand halb offen, sodass man erahnen konnte, dass die Innenseite mit rotem Samt verkleidet war. Die Dose hatte etwas. Sie leuchtete wie von selbst, und das trotz der dicken Staubschicht, die sich daraufgelegt hatte. Das Glitzern weckte in Jack ein intensives Glücksgefühl. An der Seite der Dose war etwas befestigt, das wie eine Antenne aussah! Vielleicht war es nicht nur eine Dose, sondern irgendein Empfänger? Ein Funkgerät? Eine Drohne oder ein Roboter? Jacks Hirn, das zu Teilen aus einem komplizierten, neuralen Netzwerk mit Billionen von Verbindungen bestand, begriff nicht, was diese Dose war. Keine chemischen Reaktionen zwischen den Neuronen an den Synapsen seines Hirns konnten erklären, was es mit diesem geheimnisvollen

Gegenstand auf sich hatte. Die Dose wirkte einerseits ganz simpel, andererseits aber auch wieder nicht. Vielleicht lag es an Jacks emotionaler Betroffenheit, aber er konnte diese Dose nicht einordnen. Im einen Augenblick erarbeitete sein Hirn ein Muster, im anderen ein neues. Und so ging es die ganze Zeit weiter. Es war, als flimmerte dieses Dings vor seinen Augen, als wäre es gar nicht richtig da.

»Timo Blunck hat den ersten Yacht-Rock-Porno geschrieben!«
Rocko Schamoni

978-3-453-27137-1

Leseproben unter **www.heyne-hardcore.de**

Marlon James

»Kriminalroman, Sittengemälde, Politthriller, Geschichtsbuch, Doku-Fiction und Musik gewordene Sprache.« *WDR 5 Scala*

»Eine neue amerikanische Großliteratur.«
Der Freitag

978-3-453-27087-9

Leseproben unter **www.heyne-hardcore.de**